LA COLONIZACIÓN DE LO IMAGINARIO

Traducción de
JORGE FERREIRO

SERGE GRUZINSKI

La colonización de lo imaginario

Sociedades indígenas y occidentalización
en el México español
Siglos XVI-XVIII

FONDO DE CULTURA ECONÓMICA
MÉXICO

Primera edición en francés, 1988
Primera edición en español
   (corregida y aumentada
   respecto de la francesa), 1991

Título original:
La colonisation de l'imaginaire, Sociétés indigènes et occidentalisation
dans le Mexique espagnol XVᵉ-XVIIIᵉ siècle
© 1988, Éditions Gallimard, París
ISBN 2-07-071090-4

D.R. © 1991, FONDO DE CULTURA ECONÓMICA, S.A. DE C.V.
Av. de la Universidad, 975; 03100 México, D.F.

ISBN 968-16-3629-5

Impreso en México

ADVERTENCIA A LA PRIMERA EDICIÓN
EN ESPAÑOL

La primera edición en francés (*La colonisation de l'imaginaire. Sociétés indigènes et occidentalisation dans le Mexique espagnol, XVIᵉ-XVIIIᵉ siècle*) fue corregida y aumentada por el autor para ofrecer en la presente edición, primera en español, un libro más completo. Las próximas ediciones en otros idiomas, incluida la reedición en francés, estarán basadas en la que aquí ofrecemos.

En el capítulo III ("Los 'Títulos primordiales' o la pasión por la escritura"), se amplía el análisis sobre Títulos otomíes, zapotecos, mixtecos y nahuas, y sobre la relación indígena traducida por indios otomíes a petición de los franciscanos de Querétaro.

Se incluye también en esta edición un apartado sobre "Fuentes y bibliografía", el método de investigación de las fuentes y la diversidad de las mismas: las colecciones de documentos; las fuentes eclesiásticas, civiles, jurídicas, lingüísticas, indígenas y mestizas manuscritas, indígenas pintadas o códices; y, por último, las fuentes bibliográficas.

Agradecimientos

Aprovecho para advertir lo que adeuda mi reflexión a los trabajos de George Devereux, Nathan Wachtel, y a las investigaciones de Solange Alberro, Carmen Bernard, Jean-Michel Sallmann, Nancy M. Farriss, Alfredo López Austin y Monique Legros. En fin, gracias a la ayuda y a la amistad de Jacques Revel, la tesis de Doctorado de Estado que había dirigido François Chevalier fue la obra que Pierre Nora tuvo a bien escoger en su colección. Vaya aquí mi agradecimiento para ellos y para todos aquellos que en Francia, en Italia, en España y en Estados Unidos no escatimaron apoyo ni aliento.

En México, agradezco, entre tantas instituciones que resultaría interminable enumerar, al Archivo General de la Nación su fina ayuda. Para la edición en español, fue de gran valía la atención de Adolfo Castañón, Socorro Cano, Jorge Ferreiro, Diana Sánchez y Antonio Hernández Estrella. A todos, en Europa y América, gracias.

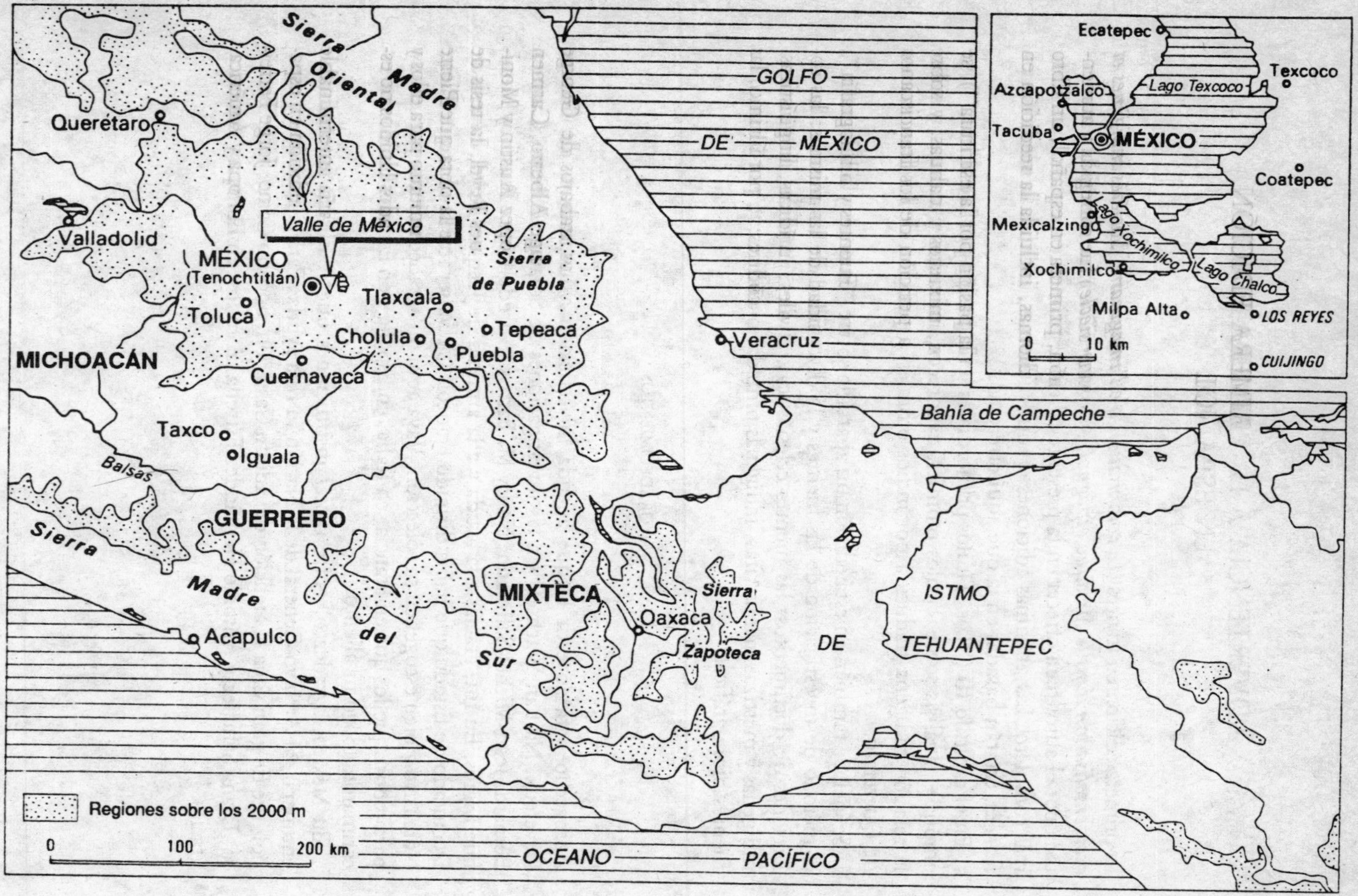
GOLFO DE MÉXICO
Bahía de Campeche
OCEANO PACÍFICO
Sierra Madre Oriental
Sierra de Puebla
Sierra Madre del Sur
Sierra Zapoteca
Querétaro
Valladolid
MÉXICO (Tenochtitlán)
Valle de México
Toluca
Tlaxcala
Tepeaca
Cholula
Puebla
Cuernavaca
MICHOACÁN
Taxco
Iguala
Balsas
GUERRERO
MIXTECA
Oaxaca
Acapulco
Veracruz
ISTMO DE TEHUANTEPEC
Regiones sobre los 2000 m
0
100
200 km
Ecatepec
Texcoco
Lago Texcoco
Azcapotzalco
Tacuba
MÉXICO
Coatepec
Mexicalzingo
Lago Xochimilco
Lago Chalco
Xochimilco
Milpa Alta
LOS REYES
CUIJINGO
0
10 km

INTRODUCCIÓN

¿Cómo nace, se transforma y muere una cultura? ¿Cómo se produce y se reproduce un entorno que tenga credibilidad en situaciones en que los trastornos políticos y sociales, en que las diferencias en los modos de vivir y pensar, y en que las crisis demográficas parecen haber llegado a límites sin precedentes? Y, de una manera más general, ¿cómo construyen y viven los individuos y los grupos su relación con la realidad, en una sociedad sacudida por una dominación exterior sin antecedente alguno? Son preguntas que no podemos dejar de plantearnos al recorrer el prodigioso terreno que constituye el México conquistado y dominado por los españoles de los siglos XVI al XVIII. No para saciar allí una sed de exotismo y de arcaísmo que nada tiene que ver con la labor histórica o antropológica, sino para comprender mejor qué pudo significar la expansión en América del Occidente moderno. Experiencia ésta enteramente nueva y tanto más singular cuanto que América es el único continente que apenas tuvo leves contactos con el resto del mundo durante varias decenas de milenios. Experiencia admirable por la riqueza de testimonios que permiten esclarecerla y por los múltiples interrogantes que no deja de suscitar en torno a los indígenas y, aún más, sobre nosotros mismos.

Yo había tratado de seguir en otra parte la historia del cuerpo, de la alianza y la introducción de una sexualidad occidental, y luego el destino de las representaciones y las prácticas del poder en el mundo indígena. Estas primeras etapas contribuyeron a descubrir y a reevaluar algunas de las cosas en juego y algunos de los instrumentos de la cristianización de México, a dar valor a la pluralidad de los registros culturales en el seno de las poblaciones indígenas, a analizar las modalidades de una creatividad prácticamente ininterrumpida. Aquí, he preferido examinar otros terrenos y construir otros objetos, dedicándome tanto a desentrañar la modificación de las formas y del envite como a describir los contenidos. La revolución de los modos de expresión y de comunicación, el trastorno de las memorias, las transformaciones de la imaginación, el papel del individuo y de los grupos sociales en la generación de expresiones sincréticas no podían escapar al historiador del México colonial. Estos caminos permiten explotar el acervo ya considerable de la historia demográfica, económica y social, y al mismo tiempo rebasar la visión sin relieve, reductora en exceso y demasiado remota de los mundos indígenas, que con frecuencia imponen la aparente exhaustividad de las estadísticas y la rigidez de los modelos caducos.

Aceptemos que los senderos abiertos estaban casi desiertos. La investigación mexicanista ha descuidado un poco estos tres siglos, prefiriendo, por encima de los indios de la Colonia, a sus lejanos descendientes o a sus prestigiosos antepasados. Con algunas brillantes excepciones,[1] la etnología de manera sistemática ha cerrado

---

[1] Por ejemplo, las obras de Aguirre Beltrán.

el paso hacia los tiempos de la dominación española que transformaron a México, escamoteando, a duras penas en unas cuantas páginas, procesos de una complejidad infinita. Tanto la arqueología como la historia prehispánicas han olvidado, frecuentemente, que la mayoría de los testimonios que conservamos de la época precortesiana fueron elaborados y redactados en el contexto trastocado de la naciente Nueva España y que, antes que nada, lo que ofrecen es un reflejo de esa época.

Historiadores y etnólogos por igual han pasado por alto la revolución de los modos de expresión, en pocas palabras, el paso de la pictografía a la escritura alfabética en el México del siglo XVI. Sin embargo, es probable que ésa constituya una de las principales consecuencias de la Conquista española, si se piensa que en unas cuantas décadas las noblezas indígenas debieron no sólo descubrir la escritura, sino a menudo asociarla también a las formas tradicionales de expresión —basadas en la imagen— que seguían cultivando. La doble naturaleza de las fuentes indígenas del siglo XVI (pintadas y manuscritas) nos lleva a fijarnos en la remodelación y la alteración de las cosas observadas que implica ponerlas por escrito, y el modo en que esto invita a evaluar el dominio que algunos medios indígenas siguen ejerciendo o no sobre la comunicación o, cuando menos, sobre algunas de estas modalidades. El uso de la escritura modificó la manera de fijar el pasado. ¿Cómo entonces no interrogarse sobre el modo en que evolucionaron la organización de la memoria indígena y las transformaciones sufridas por su contenido, o en torno a las distancias tomadas en relación con las sociedades antiguas y con el grado de asimilación de las nuevas formas de vida? Y ello con mayor razón puesto que, hasta ahora, este interrogante tampoco ha recibido una gran atención de los investigadores. Pero las modificaciones de la relación con el tiempo y con el espacio sugieren una nueva pregunta, más global y más difícil de contestar: ¿en qué medida, de qué manera y bajo qué influencia pudo cambiar la percepción indígena de lo real y lo imaginario en estas poblaciones? Es cierto que la exigüidad relativa de las fuentes difícilmente permite reconstituir un ''inconsciente étnico'' o ''cultural'', y aún menos captar sus metamorfosis. Fuerza es limitarse a algunas observaciones modestas, marcando ciertos hitos. Y seguir a unas cuantas individualidades en sus intentos por obtener síntesis y establecer compromisos entre estos mundos. Algo para recordar que la creación cultural es propia tanto de los individuos como de los grupos. Modos y técnicas de expresión, recuerdos, percepciones del tiempo y del espacio, imaginarias, brindan así materia para explorar los intercambios de adopciones, la asimilación y la deformación de los rasgos europeos, las dialécticas del malentendido, de la apropiación y la enajenación. Sin perder de vista lo que hay de por medio en lo político y lo social que los rodea, y que hace que un rasgo reinterpretado, un concepto o una práctica puedan afirmar una identidad amenazada, tanto como les es posible, y, andando el tiempo, provocar una lenta disolución o una reorganización global del conjunto que los ha recibido. Por ese lado espero captar la dinámica de los conjuntos culturales que reconstruyen de manera infatigable los indios de la Nueva España.

Como ya se habrá comprendido, la totalidad de estos campos de investigación se articula en torno a una reflexión que trata menos de penetrar en los mundos indígenas para hallar en ellos una ''autenticidad'' conservada de milagro o perdida sin remedio, que evaluar tres siglos de un proceso de occidentalización, en sus manifestaciones menos espectaculares, pero también más insidiosas. Última opción ésta que responde, hay que aceptarlo, tanto a la orientación deliberada de nuestra problemática como a limitaciones inherentes a las fuentes.

Diseminada en México, España, Italia, Francia y Estados Unidos, una documentación considerable permite estudiar a los indios de la Nueva España o, para ser más exactos, captar lo que representaban a los ojos de las autoridades españolas. Una población que pagaba tributo, paganos por cristianizar y, luego, neófitos por vigilar y denunciar, pueblos por crear, por trasladar, por concentrar y por separar de aquellos de los españoles. La de la Colonia es una mirada que contabiliza cuerpos, bienes y almas en los que perpetuamente se leen el encuentro, el choque entre un deseo de empresa ilimitado y unos grupos que (de grado o no) aceptan plegarse a ella. Por lo demás, estos materiales han dado pie a una historia institucional, demográfica, económica y social de los indios de la Colonia, explicada con acierto en los trabajos de Charles Gibson, Sherburne F. Cook, Woodrow Borah o Delfina López Sarrelangue.[2] Para recrear esa mirada disponemos de la obra excepcional de los cronistas religiosos del siglo XVI, Motolinía, Sahagún, Durán, Mendieta y muchos otros preocupados, para acabar con las idolatrías, por describir las sociedades indígenas antes del contacto, pero también por conservar lo que ellos consideraban mejor. En su tiempo fue un enfoque admirable, que prefigura el trabajo etnográfico, pero cuya densidad y cuyo carácter, al parecer exhaustivos, pueden enmascarar las inflexiones sutiles o manifiestas que imprime a la realidad indígena. Y, por otra parte, ¿cómo asombrarse de que estos autores exploren el mundo amerindio con perspectivas y vocabularios europeos?[3] Además, con frecuencia ocurre que ese exotismo que sentimos al leer su testimonio en realidad procede más de la España del siglo XVI que de las culturas indígenas. Lo cual no impide que estas fuentes formen los marcos incomparables de una aprehensión global de los mundos indígenas en el momento de la Conquista y, nos atreveríamos a decir, durante todo el siglo XVI. Pues es lamentable, una vez más, que, explotados profusamente por los arqueólogos y los historiadores para describir las ''religiones'', las sociedades y las economías antiguas, estos textos hayan servido con menor frecuencia para arrojar luz sobre el mundo que les dio origen y que ya estaba cristianizado y aculturado en el momento de darles forma.

[2] Véase nuestra bibliografía, en las páginas 371, 374.

[3] Motolinía (Toribio de Benavente, llamado), *Memoriales o Libro de las cosas de la Nueva España y de los naturales de ella*, México, UNAM, 1971; Bernardino de Sahagún, *Historia general de las cosas de Nueva España*, México, Porrúa, 1977, 4 vols.; Diego Durán, *Historia de las Indias de Nueva España. . .*, México, Porrúa, 1967, 2 vols.; Gerónimo de Mendieta, *Historia eclesiástica indiana*, México, Chávez Hayhoe, 1945, 4 vols.; Juan de Torquemada, *Monarquía indiana*, México, UNAM, 1975-1983, 6 vols.

Están también las fuentes indígenas. Por paradójico o por sorprendente que parezca, los indios del México colonial dejaron una cantidad impresionante de testimonios escritos. Hay en ello cierta pasión por la escritura, vinculada con frecuencia a la voluntad de sobrevivencia, de salvar la memoria del linaje y de la comunidad, a la intención de conservar las identidades y los bienes. . . Así ocurre con los historiadores y los curas indígenas, a los que ayudaron a conocer mejor las obras de Ángel María Garibay, pero sobre los cuales queda mucho por decir. Y lo mismo sucede con la abundante bibliografía menos conocida, por lo general anónima, surgida en el seno de las comunidades indígenas —los Anales, los Títulos Primordiales—, que, en muchas regiones, descubre la existencia precoz de una práctica de la escritura y de un deseo de expresión enteramente original. Más estereotipado, más sometido a las limitaciones del derecho español, a ello se agrega en todas partes el inmenso acervo que constituyen las notarías y las municipalidades indígenas, los testamentos, las actas de venta y de compra, los donativos, las deliberaciones y las contabilidades redactadas en lengua indígena y hacia los cuales han llamado la atención los investigadores James Lockhart y algunos otros. Cierto es que sólo escriben los nobles y los notables. Pero no lo es menos que es preciso abandonar el clisé de los ''pueblos sin escritura''. En muchos pueblos de México se maneja la pluma con tanta frecuencia y tal vez mejor que en aldeas de Castilla o de Europa hacia la misma época. En fin, muchos indios tuvieron que dar cuenta oral de conductas o de creencias reprobadas por la Iglesia. En cada ocasión, el proceso y el interrogatorio aportan su dosis de información, a condición de saber sopesar lo que el filtro de la escritura, las intenciones del investigador, el cuestionario del juez, la intervención del notario y del escribano, o los azares de la conservación pudieron agregar (o quitar) al testimonio original.

El conjunto de esas fuentes es por tanto indisociable de las técnicas de expresión europeas y de las situaciones coloniales. En principio, sólo la arqueología y el análisis de las pictografías permiten atravesar esa pantalla. En principio, porque, paradójicamente, la ausencia del filtro occidental no resuelve gran cosa. Los indios que, alineando sobre los papeles de amate sus pictografías multicolores, pintaron los códices, prácticamente no dejaron guías de lectura (LÁMINA 1). De suerte que la clave, el sentido de ese modo de expresión, sin equivalente en nuestro mundo, todavía se nos escapa en gran parte, sea cual fuere el interés de los trabajos realizados estos últimos años. Más aún cuando, en realidad, muchas piezas ''prehispánicas'' fueron pintadas después de la Conquista y nos hacen correr el riesgo de confundir con un rasgo indígena una asimilación sutil, una primera reinterpretación apenas perceptible. . . Sombra próxima o lejana de una occidentalización que acompaña de manera inseparable los pasos del historiador.

Marcan y precisan los límites de esa travesía por los mundos indígenas el paso sistemático a la lengua escrita (sea cual fuere la fase) y, por tanto, la imposibilidad de alcanzar la oralidad, la inevitable relación con Occidente, en forma del cura, del juez, de los tribunales, de los administradores y del fisco. Mas no se colija de ello

que estemos condenados a desentrañar, a falta de algo mejor, el discurso-sobre-
los-indios. Admitamos simplemente que del mundo indígena sólo aprehendemos
reflejos, a los cuales se mezcla, de manera inevitable y más o menos confusa, el
nuestro. Pretender pasar a través del espejo y captar a los indios fuera de Occidente
es un ejercicio peligroso, con frecuencia impracticable e ilusorio. A menos de hundirse en una red de hipótesis, acerca de las cuales hay que admitir que deben
ponerse sin cesar en tela de jucio. Y sin embargo, queda un campo todavía considerable, el de las reacciones indígenas ante los modelos de comportamiento y pensamiento introducidos por los europeos, el del análisis de su manera de percibir el
mundo nuevo que engendra, en la violencia y a menudo en el caos, la dominación
colonial. Quedan por captar y por interpretar esos reflejos, que siguen siendo de
suyo testimonios excepcionales, cuyo equivalente no siempre se tiene en nuestras
sociedades del lado europeo del océano.

ABREVIATURAS

A   Ruiz de Alarcón
AGI   Archivo General de Indias (Sevilla)
AGN   Archivo General de la Nación (México)
AHPM   Archivo Histórico de la Provincia Mexicana de la Compañía de Jesús
AMNAH   Archivo del Museo Nacional de Antropología e Historia (México)
ARSI   Archivum Romanum Societatis Jesu
BN   Biblioteca Nacional (México)
FCE   Fondo de Cultura Económica
HMAI   *Handbook of Middle American Indians*
INAH   Instituto Nacional de Antropología e Historia
LS   La Serna
P   Ponce de León
PNE   Papeles de Nueva España, Madrid, París, 1905-1906
RGM   *Relaciones geográficas de Michoacán* (edición de José Corona Núñez, 1958).
SEP   Secretaría de Educación Pública
UNAM   Universidad Nacional Autónoma de México

I. LA PINTURA Y LA ESCRITURA

Es DIFÍCIL imaginar la extraordinaria complejidad, el peso demográfico y la diversidad cultural de México en vísperas de la Conquista española. Antes de explorar una de las características más notables de este universo, es preciso imponerse el rodeo de algunos puntos de referencia esenciales, sin los cuales se correría demasiado el riesgo de perderse. Sabido es que el centro de México —de Michoacán y del Bajío, de la frontera chichimeca en el norte, a la región de Oaxaca en el sur— alberga en aquel entonces una población densa, dispersa en múltiples comunidades y en varias grandes aglomeraciones. Se calcula que, en 1519, pueblan estas tierras entre 10 y 25 millones de habitantes.[1] El conjunto conforma un mapa lingüístico, cultural y político singularmente tupido. Al centro, en los valles de México, de Toluca y de Puebla, en el Morelos semitropical y en una parte de Guerrero predominan pueblos de lengua náhuatl. Los purépechas ocupan Michoacán, en tanto que, al sureste, zapotecos y mixtecos comparten las montañas de Oaxaca. Son éstos los grupos más fuertes. Menos numerosos o menos influyentes, otros pueblos poseen una personalidad y una historia que impiden confundirlos con los anteriores. Véase a los mazahuas y sobre todo a los otomíes del norte del valle de México, de la Sierra de Puebla, de Tlaxcala; a los chontales de Guerrero, a los mixes, los triquis, los chatinos —sin mencionar a otros— de la región de Oaxaca. Imposible hacer justicia a cada uno de esos grupos y a cada una de esas culturas. Cuando mucho se puede guardar en la memoria su multiplicidad, su imbricación, su pertenencia a familias lingüísticas sumamente distintas: la yutoazteca para el náhuatl, la maya para el mixe, el zoque y el totonaca, el macrootomangue para el mazahua, el otomí y el matlaltzinca, el mixteco y el zapoteco. . . mientras que el tarasco (o purépecha) de Michoacán constituye todavía un terreno aparte. Algunas lenguas predominaban en ese mosaico: el mixteco, el zapoteco, el tarasco y sobre todo el náhuatl de los valles centrales, que servía de *lingua franca* en las demás regiones.

Al sur del Bajío, poblado por nómadas chichimecas, cazadores y recolectores, existen por dondequiera sociedades campesinas que sostienen, mediante su tributo, a grupos de artesanos, de sacerdotes, de guerreros y de comerciantes, dentro del marco de unidades políticas que los nahuas llamaban *tlatocayotl*, los españoles "señoríos", y que los investigadores anglosajones denominan *city states*, las ciudades estado que, a decir verdad, no son realmente ni ciudades en el sentido griego, ni estados en la acepción moderna del término. Una *city state* es más bien una nebulosa constituida por un centro político, administrativo y urbano (más o menos desarrollado de acuerdo con las etnias), fuera de una serie de pueblos y de aldeas, o incluso de rancherías dispersas. Esos pueblos y esas aldeas correspondían, entre

---

[1] Borah y Cook (1971-1979).

las poblaciones nahuas, a los *calpulli*, en otras palabras, a unidades territoriales, basadas en el parentesco, en una jerarquía relativa de los linajes, en cierta propensión a la endogamia, en la propiedad comunitaria de la tierra, en una solidaridad material y militar, y en el culto a un dios tutelar, el *calpulteotl*, cuya fuerza residía en una imagen o un paquete sagrado. . . Al menos, esto es lo que se puede deducir de fuentes a la vez abundantes, contradictorias y con lagunas debidas a borraduras u omisiones.[2]

Selladas entre los señoríos, algunas alianzas libres u obligadas y confederaciones llegaban a la formación de unidades políticas más o menos vastas, más o menos efímeras y más o menos centralizadas, a semejanza de las que construyeron los mixtecas de Tilantongo, los nahuas de Tlaxcala, y sobre todo los de México-Tenochtitlán, de Texcoco y de Tlacopan, en el valle de México. Las alianzas se hacían y se deshacían al hilo de las invasiones y los desplazamientos de población. De ese modo, durante los tres siglos que antecedieron a la Conquista española, pueblos del norte de lengua náhuatl penetraron por oleadas sucesivas en el valle de México y se mezclaron con las poblaciones locales. Prosperaron y luego declinaron algunas "ciudades": Culhuacán, Azcapotzalco, Coatlinchan. Durante el siglo xv, hacia 1428, Texcoco y Tlacopan, bajo la dirección de los mexicas de Tenochtitlán, pusieron en pie una confederación, una liga, la Triple Alianza, que absorbió los tributos del valle y de comarcas mucho más remotas. Edificada en mitad del lago de Texcoco y surcada por canales, Tenochtitlán fue en ese entonces la mayor aglomeración del mundo americano, pues albergaba una población superior a los 150 000 y tal vez a los 200 000 habitantes. Sin embargo, evitemos ver en ella la sede de un imperio moderno, de una burocracia centralizada, o el corazón de una dominación irresistible. El poder de la Triple Alianza se concretó sobre todo en la extracción del tributo, en la eventual instalación de guarniciones, en la imposición o, mejor dicho, la sobreimposición de sus dioses a los panteones locales y, antes que nada, en la constitución de redes extremadamente cerradas de alianzas matrimoniales y lazos de parentesco. La Alianza era reciente y, en lo político, tan frágil como las hegemonías anteriores, tal vez por no poseer una escritura a la medida de sus ambiciones. Cubría el corazón del centro de México, o sea un territorio de aproximadamente 200 000 km²,[3] con excepción del Michoacán de los tarascos y del señorío de Tlaxcala que, nahua también, junto a sus aliados de Huejotzingo y de Cholula resistió a los mexicas y a la Triple Alianza.

En fin, en el curso de sus migraciones o de su sedentarización, todos esos pueblos estuvieron sometidos a incesantes procesos de aculturación, de los que algunos guardaban el recuerdo, oponiendo a los olmecas y los toltecas de antaño, portadores de los refinamientos de la civilización, con los cazadores y recolectores chichimecas,

[2] López Austin (1980), I, pp. 75-80.
[3] Edward E. Calnek, "Patterns of Empire Formation in the Valley of Mexico. Late Postclassic Period, 1200-1521", *The Inca and Aztec States, 1400-1800. Anthropology and History*, G. A. Collier, R. I. Rosaldo y J. D. Wirth, comps., Nueva York, Academic Press, 1982, pp. 43-61.

e incluso evocando a los grupos tolteco-chichimecas surgidos de su mezcla. Pueblos antiguos y autóctonos coexistían con los recién llegados, que adquirían las tradiciones locales al mismo tiempo que prestaban sus servicios. Estas aculturaciones históricas, estos pasos progresivos del nomadismo a la vida sedentaria formaban, no hay que olvidarlo, el telón de fondo de las memorias indígenas. También evitaremos considerar estas culturas y estas sociedades como conjuntos homogéneos: en el caso de Tenochtitlán (y sin duda en el de otras ciudades) se ha establecido que profundas diferencias oponían a las comunidades urbanizadas, dedicadas al comercio y a las artesanías, y las comunidades rurales. Si a estos múltiples registros económicos, étnicos e históricos se agregan las variables introducidas por la diversidad de los grupos sociales, o de las clases sociales, se obtiene una imagen caleidoscópica que impide asimilar los mundos indígenas con totalidades estables, con sociedades monolíticas e inmóviles, totalitarias antes de tiempo o ancladas milagrosamente fuera de la historia. O incluso confundirlas con las comunidades campesinas, y hasta con las márgenes explotadas que son en nuestra época.[4]

Detengámonos en las noblezas indígenas, pues en su seno aparece uno de los rasgos más notables de estas sociedades. Entre todos los grupos que dominaron las poblaciones del centro de México, los *achaecha* tarascos, los *tay toho* mixtecos, los señores otomíes o zapotecos, es probable que los más conocidos nos sean los *pipiltin*, los nobles nahuas.[5] Los *pipiltin* legitimaban sus poderes y concebían el mundo en el que vivían con apoyo en los conocimientos que conservaban celosamente. Aquel saber señalaba modos de vida, tradiciones por mantener, herencias por transmitir, y todo aquello que, de una manera general, puede designar la palabra náhuatl *tlapializtli*.[6] Al cosmos, se pensaba que esos conocimientos le conferían una norma, una medida y una estabilidad. A la sociedad la proveían de un orden, una orientación y un sentido. Al menos eso era lo que pretendían los cuatro ancianos que inventaron ''la cuenta de los destinos, los anales y la cuenta de los años, el libro de los sueños''. Patrimonio antiguo, conservado y aplicado escrupulosamente, transmitido de un pueblo a otro, aquel saber daba origen a un sistema educativo con un desarrollo único. Templos-escuela reservados para los hijos de los *pipiltin* preparaban a los futuros dirigentes. En aquellos *calmecac* había sabios —''los llamados poseedores de los libros de pinturas'', ''los conocedores de las cosas ocultas'', ''los detentores de la tradición''— que daban a los jóvenes una educación tan austera como elaborada, en la que se asociaban los conocimientos, los modos de decir y las maneras de ser. Entre otras cosas, allí se aprendían ''los versos de canto para cantar que se llamaban divinos cantos, los cuales versos estaban escritos en sus

[4] E. E. Calnek, ''Conjunto urbano y modelo residencial en Tenochtitlán'', *Ensayos sobre el desarrollo urbano de México*, México, SepSetentas, 1974, pp. 11-65.

[5] Carrasco y Broda (1976); López Sarrelangue (1965); Spores (1967); Mercedes Olivera, *Pillis y macehuales. Las formaciones sociales y los modos de producción de Tecali del siglo XII al XVI*, México, Casa Chata, 1978; Jesús Monjarás-Ruiz, *La nobleza mexica*. México, Edicol, 1980.

[6] Miguel León Portilla, *Toltecayotl. Aspectos de la cultura náhuatl*, México, FCE, 1980, pp. 15-35.

libros con caracteres".[7] Además del nacimiento, aquella educación distinguía a los nobles de los plebeyos —los *macehuales*—, haciendo de ellos seres intelectual y moralmente superiores, aquellos "hijos de la gente", "cabello" y "uñas de la gente", que estaban destinados sin excepción y desde el principio a las funciones de mando.[8]

Pero, sin duda, he aquí lo esencial. El conjunto de los conocimientos que explicaban y sintetizaban la imagen que aquellas culturas o, mejor dicho, que aquellos medios dirigentes daban del mundo, se vaciaba en dos modos de expresión que al parecer son predominantes y propios del área mesoamericana: la tradición oral y la pictografía. Así era entre los antiguos nahuas, entre los mixtecas y los zapotecas de la región de Oaxaca o incluso —tal vez en menor grado— entre los otomíes. En cambio, los tarascos de Michoacán tal vez hayan desconocido la expresión pictográfica, puesto que no nos legaron ninguna producción comparable a los anales o los calendarios.

Las culturas del centro de México son antes que nada culturas de lo oral. Ellas tuvieron sumo cuidado en cultivar las tradiciones orales, en codificarlas, en dirigirlas o transmitirlas. Las fuentes nahuas de la época colonial han conservado el rastro de esa creatividad en sus expresiones más diversas. Sólo daremos de ella una breve imagen, para sugerir mejor el alcance de los registros que incluía. Los nahuas distinguían cuando menos dos grandes grupos en los que reunían géneros numerosos y contrastantes: los *cuicatl* y los *tlahtolli*. Los primeros designaban los cantos de guerra, las canciones de "amistad, de amor y de muerte", himnos dedicados a los dioses, poemas en los que se aliaban la especulación intelectual y metafísica. En cambio, los *tlahtolli* se vinculaban al terreno del relato, de la narración, del discurso y de la arenga: en ellos se encontraban por igual "las palabras divinas" (*teotlahtolli*), que hablaban de la gesta de los dioses, los orígenes, la cosmogonía, los cultos y los ritos; los "relatos sobre las cosas antiguas", de tono histórico; las fábulas, las *zazanilli*; y las famosas *huehuehtlahtolli*, las "palabras antiguas", aquellos elegantes discursos que trataban de las más diversas materias: el poder, el círculo doméstico, la educación y los dioses.

Enseñadas en los *calmecac* —las escuelas de la nobleza— algunas de aquellas piezas se recitaban o se cantaban en las grandes festividades que reunían a los *pipiltin*. Si las *huehuehtlahtolli* eran más bien patrimonio de los nobles y los señores, los himnos y los cánticos de carácter ritual también se difundían entre toda la población y, en particular, en las escuelas que les estaban destinadas. El sacerdote encargado de transmitirlos velaba por que se les reprodujera con exactitud —se le daba el título de *tlapizcatzin*, "el que conserva"—, mientras que otro se dedicaba a examinar los cánticos recién compuestos, por lo cual se aprecia que una sociedad sin escritura bien puede conocer tanto la copia fiel como la censura. Es posible

[7] León Portilla, *ibid.*, pp. 190-204.
[8] López Austin (1980), I, pp. 443-467.

que el narrador de *tlahtolli* haya tenido más libertad de palabra, a condición de haber sido agradable y hábil. Pero hay razones para pensar que los "relatos sobre las cosas antiguas" o las narraciones "divinas" también debían ser objeto de regulación y censura. Sometida estrechamente a las instituciones, y vinculada a circunstancias y contextos, la producción oral obedecía además a un juego complejo y sutil de limitaciones internas. La transmisión, el aprendizaje y la memorización de ese patrimonio ponían en acción los recursos más diversos. Era así, por ejemplo, como los *cuicatl* poseían un ritmo, una métrica, una estilística y una estructura propias. Se componían de una secuencia más o menos sustanciosa de unidades expresivas —equivalente de nuestros versos y nuestras estrofas—, que iban asociadas de dos en dos. Los paralelismos (es decir, los miembros de frases simétricas) y los difrasismos (la yuxtaposición de dos metáforas evocadoras de un concepto, como el agua y el fuego para designar la guerra) eran procedimientos permanentes. Es probable que sílabas intercaladas marcaran la métrica, mientras que otras —como *tiqui, toco, toco, tiquiti*— tal vez indicaban el ritmo y el tono del acompañamiento musical. De una manera general, sería imposible desligar el *cuicatl* de los medios de expresión que lo reproducían, aun cuando hayamos perdido todo su rastro: en ese caso se encuentran la música y la danza, que desempeñaban un papel importante en las celebraciones públicas. Sin duda menos variados pero igualmente constantes, procedimientos estilísticos análogos estructuraban los *tlahtolli*, entre ellos el paralelismo, el difrasismo, la acumulación de predicados en torno a un mismo sujeto, acumulación concebida para organizar una secuencia temporal o para servir de explicitaciones convergentes y complementarias. Estas técnicas de composición con frecuencia imprimen a esos textos un paso desconcertante, repetitivo y acumulativo. Sin lugar a dudas eran ellas las que facilitaban su aprendizaje y su memorización, a falta de una versión escrita, al mismo tiempo que ofrecían guías para la improvisación y la creación.[9]

La complejidad de las composiciones confiadas a la transmisión oral, la variedad de géneros, el valor considerable dado a la enseñanza, la elocuencia y la palabra, nos podrían hacer olvidar que aquellas sociedades también poseían un modo de expresión gráfica. Aunque no conocieron ninguna forma de escritura alfabética antes de la Conquista española, se expresaban sin embargo con medios de apoyo múltiples —el papel de amate y de agave, la piel de venado—, que según el caso adoptaban la forma de hojas largas y angostas que se enrollaban o se plegaban como acordeón, o de grandes superficies que se extendían sobre las paredes para ser expuestas. Sobre aquellas bases los indios pintaban glifos. La expresión pictográfica tiene en Mesoamérica una trayectoria larga y compleja, por no decir oscura,

[9] Sobre este capítulo, *véanse* Miguel León Portilla, *Los antiguos mexicanos a través de sus crónicas y cantares*, México, FCE/SEP, 1983, p. 68, y "Cuicatl y tlahtolli. Las formas de expresión en náhuatl", *Estudios de Cultura Náhuatl*, México, XVI, 1983, pp. 13-108; Garibay (1971), I, *passim*; Frances Karttunen y James Lockhart, "La estructura de la poesía náhuatl vista por sus variantes", *Estudios de Cultura Náhuatl*, XIV, 1980, pp. 15-64. Sobre la música prehispánica, Stevenson (1976).

que no podríamos resumir aquí.[10] (LÁMINA 1.) Baste con esbozar lo que nosotros captamos de las prácticas vigentes en el centro de México, entre las poblaciones nahuas. Esas prácticas articulaban tres gamas de signos con desigual importancia, que nosotros incluimos bajo el título de glifos: *pictogramas* propiamente dichos, que son representaciones estilizadas de objetos y de acciones: animales, plantas, aves, edificios, montañas, escenas de danza, de procesión, de sacrificio, de guerra, dioses y sacerdotes. . .; *ideogramas* que evocan cualidades, atributos, conceptos vinculados al objeto figurado: un ojo significa la vista; las huellas de pasos designan el viaje, la danza, un desplazamiento en el espacio; la diadema del noble señala al jefe (*tecuhtli*); los escudos y las flechas expresan guerra, etc. (de una manera general, digamos que si el pictograma denota, el ideograma connota); finalmente, *signos fonéticos*, poco numerosos, que se aproximan a la expresión glífica de los alfabetos occidentales. Transcribiendo exclusivamente sílabas, esos signos se vinculan a la toponimia, la antroponimia y la cronología. A manera de ejemplo, citemos los de los sufijos nahuas del locativo (*-tlan, -tzin, -pan*), que entran en diversas formas en la composición de los glifos toponímicos. Este fonetismo en estado embrionario —que también conocen los mayas y los mixtecas— está emparentado con la creación del jeroglífico en la medida en que recurre a homónimos figurables e identificables con facilidad, que dan un sonido cercano o análogo al que se pretende señalar.

Sobre todo, hay que recordar que, en vísperas de la Conquista española, la pictografía nahua constituía un sistema mixto cuya naciente fonetización tal vez esté ligada a la expansión militar y económica de la Triple Alianza, dominada por los mexicas. No debe descartarse que los reiterados contactos con otras etnias, enemigas o sometidas, hayan podido multiplicar la necesidad de pintar nombres de lugares y de personajes exóticos, y que esta práctica haya planteado el problema de la transcripción fonética de palabras aisladas. Tampoco queda excluido que las características morfológicas del náhuatl se hayan prestado a esta evolución, en la medida en que se trata de una lengua aglutinante que con facilidad se descompone en sílabas. Pero no es menos cierto que no existe vinculación total de la grafía con la palabra, como en nuestros alfabetos.

En las hojas de amate o de agave, los signos pictográficos, ideográficos y fonéticos no se pueden distribuir al azar, como tampoco ocurre al hilo de las líneas que nos son familiares. Los glifos se organizan y se articulan según criterios que en gran parte desconocemos todavía. La compaginación, la escala de los signos, su posición respectiva, su orientación, los modos de asociación y de agrupamiento, a más de los nexos gráficos son otros tantos elementos constitutivos del sentido de la ''pintura'' y, de manera más simple y sencilla, del sentido de la lectura. El color que llena los espacios delimitados por la línea gruesa y regular trazada por el pintor

---

[10] Robertson (1959); Charles E. Dibble, ''Writing in Central Mexico'', HMAI, Parte I, vol. 10, Austin, 1971, pp. 322-331; los ensayos de John B. Glass y Donald Robertson en HMAI, Parte 3, vol. 14, Austin, 1975; Joaquín Galarza, *Lienzos de Chiepetlan*, México, Mission Archéologique et Ethnologique Française, 1972.

—el *tlacuilo*— agrega el significado de sus modulaciones cromáticas, aun cuando los españoles no hayan visto en él sino un elemento decorativo, que los llevó a designar las producciones glíficas con el término "pintura", engañoso pero habitual en el siglo XVI.

Por otra parte, la expresión pictográfica condensa en un mismo espacio planos que la mirada occidental trata de distinguir para analizar, pero que probablemente no serían pertinentes para el "lector" indígena. Así, en una trama compuesta por elementos topográficos pueden venir a agregarse relaciones que nosotros calificaríamos de económicas, religiosas o políticas. Los ciclos de la recolección del tributo, los santuarios prehispánicos y los signos de la hegemonía de un grupo se confunden allí, componiendo una obra marcada por una fuerte unidad temática y estilística. Aun cuando nos permita apreciar el contenido, recurriendo a matrices modernas, nuestra lectura exegética de las "pinturas" con frecuencia nos condena a pasar por alto el carácter específico de una captación de la realidad y de su representación. Especificidad formal que es, añadámoslo, algo enteramente distinto de un artificio de presentación.

Sean cuales fueren sus gravedades aparentes, el campo de la expresión pictográfica es asombrosamente vasto. Incluye terrenos tan variados como la crónica de las guerras, el repertorio de los prodigios y de los accidentes climáticos, los dioses, la cartografía, el comercio, la hacienda pública, el traslado de dominio. Sin embargo, las obras adivinatorias fueron, al parecer, las más numerosas, "libros de los años y tiempos", "de los días y fiestas", "de los sueños y de los agüeros", "del bautismo y nombres que daban a los niños", "de los ritos de las ceremonias y de los presagios por observar en los matrimonios. . ."[11] El predominio de las obras adivinatorias se lee en la representación pictográfica del *tlacuilo*, puesto que el pintor aparece con los rasgos de un indio que sostiene un pincel "arriba del glifo del día". Cierto es que la consulta de los libros adivinatorios marcaba de manera regular la existencia del grupo y de los individuos. Podría creerse que el carácter al parecer rudimentario de la técnica de expresión implica una organización poco elaborada de la información, análoga a la que prevalecía en el antiguo Oriente Medio antes del triunfo de los alfabetos. Y, en efecto, listas o inventarios ordenan los datos contenidos en las "pinturas", listas de señoríos conquistados, listas de límites, de mercancías entregadas como tributo, listas de años o de soberanos. . . Pero reducirlos a inventarios equivaldría a limitar de manera exagerada el alcance de estos documentos. Antes que nada porque, en forma de ideograma, la combinación de significados permite a los indígenas expresar conceptos de una extrema complejidad y evocar las nociones más abstractas y las construcciones más imaginarias: así ocurre, por ejemplo, con la alianza de los pictogramas del agua y del fuego, que designa la noción nahua de guerra sagrada; con el signo *ollin*, que expresa el movimiento del cosmos; con los conjuntos dispuestos para figurar los distintos "avatares" de las divinidades. Pero si las pinturas son más que listas, es porque

11 Motolinía, *Memoriales. . ., op. cit.*, p. 5.

también poseen una dimensión visual que en ocasiones se ha subestimado. Además de textos, las "pinturas" son *imágenes* y exigen que se les considere como tales. Vale decir que competen tanto a la percepción como a lo conceptual. Dimensión que resulta problemática pues, si la percibimos de manera intuitiva, es difícil verbalizarla y, por tanto, transcribirla. Digamos que pertenece a las combinaciones de formas y colores, a la organización del espacio, a las relaciones entre las figuras y el trasfondo, a los contrastes de luz y tonalidad, a las leyes geométricas elegidas y empleadas, al movimiento de la lectura, a la móvil densidad de las representaciones. . .

Nada de lo cual impide que los mecanismos de la "lectura" y, *a fortiori*, de la elaboración de los documentos pictográficos sigan siendo poco conocidos. En general, los testimonios proceden de observadores europeos, por completo ajenos a esas prácticas. Sabido es que los glifos se "leían" señalándolos con una varita, que textos prontuario bien pueden haber guiado el desciframiento de las "pinturas", aportando aclaraciones, complementos de información, incluso lo uno y lo otro a la vez. Instruido en los *calmecac*, el "lector" indígena solía afirmar: "soy cual florido papagayo, hago hablar los códices en el interior de la casa de las pinturas. . .".[12] "Hacer hablar", "decir lo que fue asentado en el papel y pintado. . ." equivalían a tomar de fuentes escrupulosamente memorizadas los elementos de una verbalización que derivaba de la explicación y de la interpretación, en la forma uniformizada de un discurso paralelo y complementario. Resulta tentador confundir este ejercicio con la glosa medieval, pero lo más probable es que fuera pecar de etnocentrismo. Pues las relaciones que vinculan la "pintura" al discurso operan en dos sentidos; si bien es cierto que se "hacía hablar a los libros", también algunas "pinturas" servían de apoyo a la expresión oral: "Se les enseñaban (a los alumnos de los *calmecac*) los cantares, los que se decían cantares divinos, siguiendo los códices." Sin duda, también sería totalmente erróneo considerar las "pinturas" simples auxiliares mnemotécnicos, como fueron proclives a pensarlo los evangelizadores del siglo XVI. Antes bien, parecería que la transmisión de la información hubiera implicado recurrir de modo simultáneo y no redundante a la memoria verbal y al auxiliar pintado, de acuerdo con una alianza siempre constante de la imagen y la palabra.

Sólo una minoría de personas podía conciliar aquel saber, aquellas técnicas y aquellos complejos imperativos: los nobles que asistían a los *calmecac* y que a veces se entregaban al servicio de los dioses —sin que se deban establecer entre laicos y "sacerdotes" divisiones demasiado tajantes— o los *tlacuilo* que pintaban los glifos, también surgidos de los mismos medios. Pero, si bien es cierto que, como lo afirmaba la tradición, "los que tienen en su poder la tinta negra y roja y lo pintado, ellos nos llevan, nos guían, nos dicen el camino",[13] la pictografía y el discurso eran mucho más que la expresión de una clase o el instrumento de un poder. Como

---

[12] León Portilla (1983), p. 64.

[13] León Portilla, *La filosofía náhuatl estudiada en sus fuentes*, México, UNAM, 1959, p. 76 (traducción al francés: *La pensée aztèque*, París, Éd. du Seuil, 1985).

las leyes del discurso y del canto, los cánones de la pintura eran sólo el reflejo de un mundo superior y de un orden invisible. Por encima del contenido de las enseñanzas dispensadas, esos cánones participaban de manera sistemática en el ordenamiento de una realidad que vinculaba íntimamente la experiencia humana y el mundo de los dioses. De éstos tomaban los rasgos más sobresalientes, y señalaban los elementos más significativos, a expensas de lo accidental, lo arbitrario y lo individual. En ese sentido favorecían la representación, la manifestación antes que la comunicación. Ellos contribuían activamente a modelar una percepción de las cosas, una relación con la realidad y con la existencia, que la Conquista española habría de poner profundamente en tela de juicio.

LA RED DESGARRADA

Las perturbaciones que la Conquista provocó durante varios años, y las campañas de evangelización hechas por los franciscanos que llegaron en 1523, contribuyeron a diseminar y en ocasiones a destruir una gran parte de esos patrimonios orales o pintados. Por ejemplo, se sabe que, en 1521, los aliados indígenas de Cortés incendiaron los archivos de Texcoco, una de las tres capitales de la Triple Alianza. Pero fue apenas en 1525 cuando empezó la demolición sistemática de los templos en el valle de México y en Tlaxcala, después de que los franciscanos prohibieron toda forma de culto público. Las persecuciones constantes de que fueron objeto desde aquel entonces los sacerdotes indígenas nos permiten fechar por aquellos años el desmantelamiento de las instituciones educativas y el cierre definitivo de los *calmecac*. De manera simultánea, los primeros evangelizadores decidieron hacerse cargo de la formación de los hijos de la nobleza. Si la destrucción de los templos y los ídolos constituyó el objetivo primordial de los años 1520 a 1530, los franciscanos, seguidos por otras órdenes mendicantes, también confiscaron todas las ''pinturas'' que les parecían contrarias a la fe, ''todo lo que es ceremoniático y sospechoso quemamos''. Cierto es que, en principio, trataron de distinguir la simiente buena de la cizaña, tolerando aquellas obras que les parecían de naturaleza histórica, sin que, no obstante, se mostraran del todo ingenuos. La dificultad de determinar dónde empezaban ''el error y el engaño del demonio'', la desconfianza que pesaba sobre todas aquellas producciones influyeron de manera decisiva en la suerte de las ''pinturas''. Con frecuencia se les destruía sin ninguna distinción, como luego lo deploraron algunos cronistas escasos de fuentes: ''Algunos ignorantes creyendo ser ídolos las hicieron quemar, siendo historias dignas de memoria.''[14]

Los años de 1525 a 1540 fueron la época de las persecuciones violentas y espectaculares. Quince años durante los cuales partes enteras de las culturas indígenas se hun-

---

14 Juan Bautista Pomar, *Relación de Tezcoco*, México, Díaz de León, 1981, pp. 1-2; Motolinía, *Memoriales. . ., op. cit.*, pp. 34-35, 439; Durán, *Historia. . ., op. cit.*, I, p. 226; Torquemada, *Monarquía indiana, op. cit.*, I, p. 6 y IV, p. 331.

dieron en la clandestinidad para adquirir, frente al cristianismo de los vencedores, el estatuto maldito y demoniaco de la "idolatría". En unos cuantos años, algunos señores indígenas tuvieron que proceder a una readaptación total de sus prácticas ancestrales. Les fue necesario abandonar los santuarios de las ciudades, elegir lugares apartados, el secreto de las grutas y las montañas, las orillas desiertas de los lagos y la protección de la noche. Debieron restringir en extremo la práctica del sacrificio humano, formar una red de informadores y escondites que pudiera burlar la vigilancia de los españoles y el espionaje de los neófitos, y obtener mediante el chantaje y la amenaza la colaboración o cuando menos el silencio de las poblaciones.[15]

Desligadas de manera progresiva de su asiento material y social, aisladas por los evangelizadores y los conquistadores de los grupos a los que pertenecían, para constituirse en "religiones" e "idolatrías", manifestaciones totales o parciales de las culturas indígenas sufrían una redefinición incomparablemente más perturbadora que el paso a la clandestinidad. En el momento mismo en que la Conquista las insertaba por la fuerza en un espacio inventado del todo por Occidente, impuesto por los españoles y delimitado mediante términos y conceptos establecidos —"supersticiones, creencias, cultos, sacrificios, adoraciones, dioses, ídolos, ceremonias, etc. . ."—, aquellas manifestaciones eran tachadas de errores y de falsedades. Los indios se enteraban al mismo tiempo de que ellos "adoraban a dioses" y que esos "dioses eran falsos". Lo que había sido el sentido y la interpretación del mundo eran un "rito" y una "ceremonia" perseguidos, marginados y menospreciados, una "creencia" falsa, un "error" por descartar y repudiar, un "pecado" por confesar ante los jueces eclesiásticos. Lo que había correspondido a una aprehensión indiscutible e indiscutida de la realidad, objeto de un consenso implícito e inmemorial, y explicado una totalidad, en lo sucesivo debía afrontar un sistema exótico que obedecía otros principios, basado en otros postulados, concebido con categorías del todo distintas y —no hay que olvidarlo— cerrado de manera radical a todo compromiso. Y sin embargo, la "censura de los libros" no era, a pesar de lo que se piense, una innovación introducida por los conquistadores. Durante el reinado del soberano mexica Itzcóatl, ya en el siglo xv se habían destruido "pinturas" para borrar recuerdos o acabar con particularismos, pero esta vez se trataba de aniquilar un conjunto y no de desvanecer partes. Es comprensible que algunos indios hayan experimentado entonces la sensación de una pérdida de coherencia, de un menoscabo de sentido, por ya no ser el patrimonio ancestral, si hemos de creerles, sino una "red de agujeros".[16] A menos que la falta de sentido se atribuyera al Otro, como lo hicieron unos indios de Tlaxcala, quienes en 1523 consideraban que los

---

[15] Procesos de indios idólatras y hechiceros, México, AGN, 1912, pp. 8, 115 y passim. Motolinía, Memoriales. . ., op. cit., pp. 86-87.

[16] Miguel León Portilla, Culturas en peligro. México, Alianza Editorial, 1976, p. 108, traduce un testimonio de Tlatelolco, los Anales históricos de la nación mexicana (ed. Ernst Mengin, Copenhague, 1945, y con el título de Anales de Tlatelolco por Heinrich Berlin y Robert H. Barlow, México, [1948] 1980).

primeros evangelizadores eran "hombres insensatos". Y a menos de hacer de los religiosos criaturas monstruosas, llegadas para destruir a la humanidad, o muertos en vida, y maléficos hechiceros. Otros se refugiaban en el saber tradicional, en las "profecías de sus padres", para no encontrar en ellas nada que anunciara la "doctrina cristiana". A ejemplo del cacique de Texcoco, don Carlos Ometochtzin, de allí deducían la vacuidad del cristianismo: "Eso de la doctrina cristiana no es nada, ni en lo que los frailes dicen no hay cosa perfecta."[17]

Durante aquellos primeros años, fueron muy numerosos los que, de manera más o menos abierta o deliberada, antes que al cristianismo prefirieron el mundo que expresaban los cantos, las "palabra antiguas" y las "pinturas". Pues los "libros" pintados fueron escondidos como se hacía con los ídolos. El riesgo era por igual considerable, puesto que la celebración de las fiestas o la lectura de los destinos dependían del desciframiento de los cómputos antiguos. En forma clandestina se pedía a los especialistas —los "contadores del sol y de las fiestas de los demonios"— que buscaran en las pinturas la llegada de las fiestas, que "miraran" los detalles de los ritos y el nombre de las divinidades por honrar. Sin duda vale la pena que nos detengamos en los conocimientos fijados por los calendarios antiguos, para evaluar mejor lo que podía significar su pérdida o su destrucción. El *tonalpohualli* —o calendario adivinatorio— se basaba en un concepto del tiempo, del cosmos y de la persona que no podría limitarse a la reducida esfera del rito, ni tampoco a aquella más amplia, pero cuán problemática, de lo religioso. Para los antiguos nahuas, el tiempo mítico —el de las creaciones sucesivas que habían visto aparecer a los precursores del hombre y luego a los propios hombres— ejercía una influencia determinante sobre el tiempo humano, en la medida en que el encuentro o la coincidencia de un momento de éste con uno de los momentos siempre presentes del tiempo mítico determinaba la sustancia del instante vivido. Aquellos encuentros y esas correspondencias obedecían ciclos complejos de amplitud variable, cuya combinación y cuya articulación estructuraban el momento humano. Y, en efecto, la correspondencia de aquellos ciclos dirigía el orden de paso y de llegada, a la superficie terrestre, de las fuerzas faustas o infaustas que actuaban sobre el individuo atrapado, desde su nacimiento, por engranajes cuyo movimiento lo abrumaba, sin que por ello lo aplastara enteramente. Aquellas mismas combinaciones de fuerzas dirigían, de una manera más general, la dinámica del cosmos: ellas producían el cambio y el movimiento, a la vez que conformaban el tiempo. En esas condiciones, se puede adivinar de qué modo el conocimiento de los ciclos, los cálculos a los que daban lugar y el apoyo material, el único que hacía posibles aquellas operaciones, tenían una importancia crucial para el individuo y la sociedad. Para dominar las fuerzas divinas, sacarles partido o contrarrestarlas, era preciso penetrar en su surgimiento y saber aplicar todo un arsenal de prácticas destinadas a garantizar la supervivencia de todos. Ésa era la función de los "contadores del sol",

---

[17] *Proceso inquisitorial del cacique de Tetzcoco*, México, AGN, 1910, p. 2.

los *tonalpouhque*, cuyo saber y cuyas "pinturas" orientaban el conjunto de las actividades humanas: la guerra, el comercio, las artesanías, el cultivo de los campos, los ritos de paso y de alianza: "Todo tenía su cuenta y razón y día particular." Un saber que también era un poder. Como es evidente, el hombre podía cambiar su destino con ayuda de los *tonalpouhque*. Cuando el niño nacía bajo un signo infausto, gracias a ellos era posible elegir un día más propicio para designarle un nombre. Ellos examinaban también la compatibilidad de signos de los futuros cónyuges y podían, dado el caso, desaconsejar una unión.[18]

Numerosos indicios sugieren que aquellos calendarios, y con ellos muchas otras piezas, escaparon con frecuencia a la destrucción: cerca de México, el cacique de Texcoco, don Carlos Ometochtzin, ocultaba en su casa un *tonalamatl*, "la pintura o cuenta de las fiestas del demonio que los indios solían celebrar en su ley"; mucho más allá, en la región totonaca, el cacique de Matlatlán tenía en su poder cuando menos "dos mantas de insignias de ídolos y pinturas antiguas", las cuales quizás haya obtenido de los indios de Azcapotzalco, al noroeste de la ciudad de México. Algunos indios incluso se las habían ingeniado para pintar, en la portería del convento franciscano de Cuauhtinchan, un calendario "con estos caracteres o signos de abusión".[19] Aunque la información disponible sobre la materia sea escasa, hay bases para creer que la circulación —líneas arriba hemos visto ya un ejemplo— y la producción de "pinturas" no se interrumpieron con la Conquista española, a pesar de las persecuciones y de los riesgos que se corrían. Pintores del valle de México, de la región de Tlaxcala y la de Oaxaca, siguieron utilizando "la tinta roja, la tinta negra". En aquellos tiempos revueltos, fueron ellos los que pintaron la mayoría de las piezas que se conservan en la actualidad, y que figuran entre los testimonios más bellos que nos hayan legado las culturas autóctonas. Bajo el dominio español fueron elaborados el *Códice Borbónico* (México) y el *Tonalamatl Aubin* (Tlaxcala), que contienen el cómputo de los ciclos y de las fiestas. Si ahora nos volvemos hacia los mixtecas de Oaxaca, el *terminus ad quem* del *Códice Selden* —obra maestra indiscutible de la manera tradicional— se puede fechar en 1556. La existencia de estas "pinturas" da fe del mantenimiento, durante casi medio siglo, de una producción pictográfica en géneros prohibidos por la Iglesia. A veces, su forma es tan "clásica" que podemos dudar de la fecha prehispánica o colonial de ciertas piezas. Estos documentos confirman, según lo indican otras fuentes, que seguían transmitiéndose los conocimientos y las técnicas del pasado.

Las tradiciones orales resultaban mucho más fáciles de conservar, puesto que el aprendizaje y la recitación de los cantos o los discursos no dejaban rastros comprometedores, a menos que espías al servicio de los religiosos fueran a denunciarles aquellas prácticas. Hacia 1570, el cronista dominico Diego Durán comprueba, no sin horror, que algunos ancianos seguían enseñando a los jóvenes nobles "la vida y

18 López Austin (1980), I, pp. 68-75.
19 *Procesos. . .*, *op. cit.*, p. 215; Mendieta, *Historia eclesiástica indiana*, *op. cit.*, I, p. 107.

costumbres de sus padres y abuelos y antepasados". Por la misma época, algunos cantos, que conmemoraban la pasada grandeza de los príncipes, acompañaban las danzas públicas en las que participaba la nobleza indígena. Entretanto seguían subsistiendo los calendarios y las enseñanzas orales vinculados a ella: "En pocas partes hay que no los tengan guardados y muy leídos y enseñados a los que ahora nacen, para que *in aeternum* no se olviden."[20] La conservación del uso del nombre indígena, escogido en función del día de nacimiento, la habilidad con la que los indios adelantaban o atrasaban las fiestas de los nuevos santos patronos, para hacerlas coincidir con las fiestas prohibidas, la observación de calendarios agrícolas fijados en secreto por los ancianos, corroboran, durante las últimas décadas del siglo XVI, el mantenimiento de una transmisión oral y pictográfica condenada por la Iglesia. En 1585, el III Concilio Mexicano tendría que prohibir de nuevo a los indios entonar "canciones de sus historias antiguas o de su falsa religión". Lo cual no excluye que el género haya evolucionado apreciablemente.

Estos indicios dispersos sugieren la difusión de una actitud impermeable, o casi, a los trastornos por los que pasaron las sociedades indígenas. Es posible que sectores de la población autóctona hayan logrado, no sin cierto riesgo, conservar lo esencial de la tradición. Y sin embargo, lo que podemos adivinar acerca de esta época nos aleja de una visión estática y reductora. No cabe duda de que sería conveniente distinguir un periodo inicial, que cubriría los primeros veinte años posteriores a la Conquista, aproximadamente de 1520 a 1540. Pese a las implicaciones materiales e intelectuales de una clandestinidad hecha regla, y de una confrontación constante e inevitable con el cristianismo, fue posible conservar en aquel entonces numerosas prácticas. En el transcurso de ese lapso, por todas partes, salvo allí donde se habían establecido numerosos españoles —sobre todo en México, Tlaxcala y sus alrededores— los templos que quedaban en pie seguían siendo visitados por sacerdotes indígenas que, con discreción, aseguraban en ellos el culto a los dioses y todavía percibían los ingresos de las tierras vinculadas a los santuarios. Entre los indios otomíes, se iniciaba en el sacerdocio a algunos niños sustraídos del bautismo. Entre los nahuas, se separaba de los demás a adolescentes de quince o dieciséis años, para que fueran *achcautin* —es decir, grandes sacerdotes— o con el fin de que asumieran otras funciones, la conservación de los objetos sagrados o los ayunos propiciatorios.

Las cosas cambiaron de modo considerable después de 1540. Bajo la dirección del obispo de México, la Inquisición episcopal había logrado algunos éxitos espectaculares al deshacerse de opositores activos y peligrosos: ordenó detener a Martín Océlotl, cierto sacerdote del dios Camaxtli, quien intrigaba entre la aristocracia y anunciaba el fin del mundo; echó mano a un indio que recorría la sierra de Puebla, para sublevarla pretendiendo que era dios. En 1539, la Inquisición asestó un golpe aparatoso condenando a don Carlos Ometochtzin, el cacique de Texcoco, a quien entregó al brazo secular. La muerte en la hoguera de esta importante figura de la

[20] Durán, *Historia.* . ., *op. cit.*, I, pp. 227-228, 235.

aristocracia del valle de México al parecer tuvo una honda repercusión en los espíritus. Presas de pánico, muchos indios decidieron entonces destruir sus "pinturas" o entregar aquellas piezas tan comprometedoras.[21] Ese año de 1539 se reunió también la Junta Eclesiástica, que reforzó la regulación ejercida por la Iglesia sobre las poblaciones sometidas. Un mayor número de sacerdotes, penetración ésta más a fondo, ayudada por un mejor conocimiento del terreno y por la represión desatada por una Inquisición monástica, y luego episcopal, bajo el báculo del obispo de México, Juan de Zumárraga, cambiaron las relaciones de fuerza de manera irreversible. Pero es posible que otros factores más determinantes hayan influido en la actitud de los nobles indígenas. Aquellos medios habían perdido su cohesión política y cultural, a partir de su alianza con los vencedores y con el cristianismo.

A esos repartos sobre los cuales el oportunismo y el cálculo tal vez hayan pesado más que la conversión, se agregaron otras divisiones que los propios religiosos habían provocado poniendo a los niños cristianizados contra sus padres "idólatras". A partir de 1540, aquellas nuevas generaciones, que habían participado con un celo quizás mortífero en las campañas de extirpación y delación, asumieron, cada vez en mayor número, el poder. El reclutamiento de sacerdotes paganos sufrió las consecuencias, mientras que las piedras de los antiguos santuarios servían de manera sistemática para la construcción de las iglesias y los conventos. Más decisivos aún, los estragos causados por las primeras oleadas epidémicas debilitaron y sacudieron la totalidad de las sociedades indígenas. Ante aquellas dificultades, y no sin cierta lucidez, las noblezas se resignaron a aceptar el cristianismo y la dominación colonial. Convertidas de modo más o menos sincero, eligieron el camino de la adaptación. Entonces se dedicaron a conservar los vestigios de sus orígenes, las "pinturas" de historias y de genealogías que legitimaban su poder. No hay duda de que en esas circunstancias salieron a la luz el *Mapa de Sigüenza* o la *Tira de la Peregrinación* (hacia 1540), que ilustran el origen y las migraciones de los aztecas al salir de Aztlán, o de que en ellas fueron pintados, entre 1542 y 1548, el *Mapa Quinatzin*, que registraba la historia de los chichimecas, o el *Códice Xólotl*. Antes de 1550, la genealogía inspiró el *Mapa Tlotzin* de Texcoco y, en la región de Oaxaca, el *Lienzo de Guevea* (1540) o el *Códice Selden* (1556).[22] Entre los nahuas, los mixtecas y los zapotecas, la línea que separaba la producción clandestina de la pintura histórica era, desde luego, tan frágil y arbitraria como los criterios cristianos y europeos que distinguían el recuerdo de las "falsas religiones" indígenas de una tradición estrictamente histórica. Cuando, en 1539, un pintor de Culhuacán, cerca de México, pintó la genealogía de su familia, representó "una especie de gruta en la que nacieron sus abuelos, y *también algunos dioses*".[23] El pintor, don Andrés, provenía de una familia de sacerdotes próxima al antiguo soberano mexica. Siendo

---

[21] Gruzinski (1985a), pp. 27-59.
[22] Sobre esas pinturas, *véase* J. B. Glass y D. Robertson, "A Census. . .", HMAI (1975), vol. 14, pp. 197-198; 184-185, 241; 219; 195-196; 131.
[23] *Procesos. . ., op. cit.*, p. 181.

francamente cristiano en 1539, el artista no por ello dejaba de conservar un saber vasto y embarazoso. Esto, por ambiguo, puesto que su genealogía tenía una mezcla de alusiones que se hallaban lejos de limitarse a una ornamentación mitológica. Y aun carecía de aquella obstinación europea para oponer la idolatría a la historia o el mito a lo auténtico.

Sea como fuere, ya por los caminos secretos de la clandestinidad, ya por las vías autorizadas de la historia, una parte de las técnicas y de los conocimientos antiguos seguía sobreviviendo al desastre. Lo mismo ocurrió con las manifestaciones del patrimonio oral, cuyo alcance ético sedujo a los religiosos que trataron de sacarle el mejor partido. Y con los discursos de entronización, que es probable se conservaron mientras existieron los viejos juramentos de fidelidad. Vale decir que, pese a las persecuciones, a las epidemias y a las perturbaciones, las noblezas vencidas enfrentaron la realidad colonial que, poco a poco, tomaba cuerpo ante sus ojos, con un bagaje sin duda menguado y censurado, pero todavía considerable.

UNA NUEVA MIRADA

No resulta menos difícil seguir los pasos que llevaron de la resistencia a la adaptación y que se manifestaron en un alejamiento progresivo en relación con las antiguas culturas. Un alejamiento que, sin embargo, nunca se orientó hacia el abandono irremediable. El análisis de las "pinturas" coloniales y, en menor grado, de la evolución de las tradiciones orales en el transcurso del siglo XVI aporta, sin resolver este problema, preciosas indicaciones y, con frecuencia, testimonios imprevistos. Así, no deja de ser desconcertante la precocidad con la cual algunos indios pintaron la sociedad que se formaba a su alrededor y entre ellos. Por un lado, porque esa precocidad impide considerar la expresión pictográfica colonial como un arte rígido, como una supervivencia inerte o un estorboso arcaísmo. Por el otro, porque da fe de la curiosidad insaciable que se manifestaba con respecto a un mundo insólito y hostil. Desde 1545, en una reunión secreta, algunos nobles indígenas se jactaron de haber aprendido ya todo lo que deseaban saber de los conquistadores, "toda la manera de los españoles, de su pelear y fuerzas y del arte de los caballos e todo lo demás que ignorábamos y no sabíamos".[24] Aquella voluntad de saber y de descubrir, así fuera a costa de viajar a España, es la misma que impulsó a los indígenas a reconstituir o, mejor dicho, a constituir, nuevas relaciones con los seres y con las cosas, llenando así de manera progresiva los vacíos —la "red de agujeros"— dejados por la Conquista española.

Desde los primeros contactos, algunos pintores indígenas se las ingeniaron para registrar la irrupción de aquellos seres a los que, en un principio, se consideró dioses. Por ese medio supo Motecuhzoma, mucho antes de Cortés, de la llegada de la flota de Narváez, y por él transmitieron los indios de Chalco y de Tlalmanalco

[24] *Epistolario de Nueva España, 1505-1818*, t. IV, México, Antigua Librería Robredo, 1939, p. 166.

informaciones estratégicas a Cortés, representando en telas de henequén a las tropas mexicanas que lo amenazaban.[25] Esto quiere decir que, desde un principio, las "pinturas" consignaron la historia inmediata, mientras que algunos años después, entre los vencidos como entre los aliados indígenas de los invasores, ciertos cantos narraban la magnitud del desastre mexica y hablaban de la desolación de las ruinas.

Tras las primeras dos décadas, el paisaje político se transformó. Surgieron nuevas generaciones que habrían de dejar importantes producciones, a ejemplo de la que, más de treinta años después de la Conquista, ilustra y exalta la colaboración tlaxcalteca con la invasión española. El *Lienzo de Tlaxcala* (LÁMINA 2) probablemente fue pintado a solicitud del virrey don Luis de Velasco, entre 1550 y 1564. Se trata pues de una obra de encargo de 7 por 2.5 m, que ofrece la versión tlaxcalteca de los acontecimientos, a lo largo de alrededor de 87 cuadros. Para estos indios, es también un manifiesto político, que no vacila en maquillar los hechos, cuando éstos podían desmentir el indefectible apego de los indígenas tlaxcaltecas a la causa de los conquistadores.[26] Hasta la llegada de los españoles, los nahuas de Tlaxcala habían podido resistir ante los designios de los mexicas y de la Triple Alianza. Tlaxcala era un estado poderoso, situado entre la tierra caliente del golfo y el valle de México, que finalmente se decidió a apoyar la expedición de Cortés, luego de haberla combatido. Sin discusión posible, los españoles pusieron término a la dominación mexica gracias a este aliado, al que supieron agradecérselo concediéndole una autonomía relativa en el seno de la Nueva España. Con el correr de los tres siglos que duró la dominación española, los tlaxcaltecas nunca dejaron de esgrimir el apoyo prestado ni de reclamar sus privilegios. Es casi seguro que, ya con ese espíritu, los autores del *Lienzo* se mostraron prudentes al preferir callar los enfrentamientos que muy al principio los habían opuesto a los españoles.[27]

Aunque de contenido colonial, el *Lienzo de Tlaxcala* no deja de pertenecer, por múltiples conceptos, a la tradición autóctona. Los nombres de lugar, los de los protagonistas y las fechas están representados mediante el uso de glifos. Los indios se muestran de perfil, con los atributos de sus funciones, los signos de su poder —el asiento *icpalli*—, los atuendos de sus jerarquías, y los tocados de sus etnias. Numerosos objetos —canastillas llenas de tortillas, guajolotes, aves enjauladas, canoas, escudos y estandartes— se inspiran en la línea figurativa autóctona. Tanto como la ofrenda de ramilletes a Cortés, en señal de bienvenida, deriva del protocolo indígena, la representación del agua, del fuego y de los ríos permanece apegada a los cánones tradicionales. Lo mismo ocurre con la arquitectura, los palacios, las pirámides o los atrios de los templos: ninguna perspectiva, ninguna proporción

[25] Bernal Díaz del Castillo, *Historia verdadera de la Conquista de la Nueva España*, I, México, Porrúa, 1968, p. 336; Durán, *Historia. . .*, *op. cit.*, II, pp. 513-514.

[26] Glass y Robertson, "A Census. . .", HMAI (1975), vol. 14, pp. 214-217; citemos las ediciones de Alfredo Chavero (México, Secretaría de Fomento, 1892) y de Josefina García Quintana y Carlos Martínez Marín (México, Cartón y Papel de México, 1983).

[27] Gibson (1952), pp. 247-253 y 229-234.

"realista" sino, por el contrario, una estilización marcada que integra el glifo toponímico al edificio que debe designar. Y sin embargo, el Occidente ya hace acto de presencia visual en el *Lienzo*. Por ejemplo, cuando la manera antigua interpreta el universo que descubrieron los indios. Hay que ver los refugios rodantes y las máquinas bélicas construidas por Cortés: los pintores los estilizaron y los redujeron a dos montantes de madera cubiertos mediante un techo. El espectáculo de la novedad incluso lleva a enriquecer el repertorio pictográfico cuando las marcas del hierro de los caballos —a ejemplo de las tradicionales huellas de pasos— señalan los desplazamientos de los jinetes españoles, o cuando un sol a la europea sirve de glifo para designar al conquistador Pedro de Alvarado, a quien los indios asimilaban con *Tonatiuh*, el sol. Pero, de vez en cuando, Occidente invade el espacio del *Lienzo*, en esta ocasión al grado de imponer su propio lenguaje y su percepción de las cosas. Por ejemplo, en el realismo de los ademanes y las actitudes: aquí, unos caballos pacen; allá, unos españoles descansan adormilados, tras su agotadora huida de México. Pero también en el "realismo" de los retratos vistos de frente o de tres cuartos, en la expresividad de los rostros, en el dibujo de los ojos, en la caída y los pliegues de las telas. Y, asimismo, en el principio de cierta tridimensionalidad, cuando algunos grupos se destacan sobre fondos de lanzas que sugieren otras más lejanas. No carece de importancia que los objetos de origen europeo se representen con frecuencia según los cánones occidentales: ése es el caso de la Virgen y el Niño, o de la Crucifixión. La figuración de los conquistadores también está tomada de la iconografía europea, de la que se ha calcado la imagen en movimiento del jinete que carga, lanza en ristre. Y, en fin, las leyendas en náhuatl que, con una frase sucinta, resumen el tema de un cuadro, e instauran una relación con la imagen que ya nada tiene de autóctona.

¿Se podría hablar de la yuxtaposición de dos estilos y de la coexistencia de dos maneras? Imposible no hacerlo respecto a numerosos cuadros. Por ejemplo, en Atliuetzyan (Tehuitzila), donde el grupo de los conquistadores corona el glifo del agua. Pero otras veces sucede que la composición general es de inspiración occidental, trátese de la "Recepción de Cortés en Tlaxcala" o del "Bautizo de los señores tlaxcaltecas": la sucesión de planos, los ademanes de los sacerdotes cristianos, los rostros de los asistentes animan una escena de factura casi europea. Al grado de que nos inclinaríamos por atribuirlos a un pintor más aculturado, si otros rasgos no emparentaran de manera estrecha esos cuadros con el resto de su obra. Por el contrario, y con mayor frecuencia aún, al parecer predomina la organización tradicional del campo. En las batallas libradas en México, los edificios y las ciudades son objeto de una estilización extrema que delimita el marco convencional donde se reparten los protagonistas del drama. Ocurre como si cada vez que los autores tenían que representar un espacio grande y abierto, un templo, una ciudad o unos caminos que atraviesan un paraje, hubieran recurrido al sistema de representación autóctona. A un sistema que permite incluir en la misma composición escenas simultáneas o sucesivas. Así, en el cuadro dedicado a la "Rendición de

Cuauhtémoc'' se escalonan diversas escenas: Cuauhtémoc ante Cortés, la captura de los dignatarios mexicas, la llegada de las damas indígenas, la recepción que les da Cortés. . . En cambio, es cierto que determinados subconjuntos son de concepción occidental: a ejemplo de la escena de bienvenida que dispensa Cortés a las damas mexicas. Pero la disposición general está regida por una puesta en escena propiamente autóctona, aunque no deje de recordar la decoración de las grandes tapicerías de Arrás y de Bruselas. Debe evitarse atribuir a los españoles una concepción del espacio calcada con demasiada fidelidad del *Quattrocento* italiano.

   ¿Qué se puede deducir de estas primeras observaciones? Que los *tlacuilo* tlaxcaltecas practican, a mediados del siglo XVI, un arte híbrido. Que se encuentran perfectamente en posibilidad de representar un elemento exótico —el crucifijo—, e incluso una escena determinada —el bautizo— explotando los cánones del arte occidental, pero que, en cuanto se trata de ir más allá, reasumen la manera autóctona ordenando los planos de acuerdo con distribuciones que no obedecen ni a la perspectiva ni a una escala dada. El parentesco innegable del *Lienzo* con la tapicería de alta liza tal vez no haya disgustado a los españoles que lo contemplaron, instaurando una familiaridad tan inmediata como engañosa. Encuentro imprevisto del que veremos otros ejemplos, y que con probabilidad haya favorecido la conservación o, mejor dicho, la reconversión de modelos antiguos.

   Finalmente, detengámonos ante el gran fresco que corona la obra. Al mismo tiempo que proclama la inserción de los señores tlaxcaltecas en la sociedad colonial y las nuevas jerarquías, este fresco realiza la feliz fusión de los simbolismos occidental e indígenas: la heráldica europea —otro encuentro—, las armas imperiales, los emblemas cristianos (la cruz, los instrumentos de la Pasión, la imagen de la Virgen) se combinan allí con los glifos de los cuatro señores de Tlaxcala. Y en el centro de todo, aplastantes, las armas de Carlos V, dominando la cruz que plantan los conquistadores, mientras que, de cada lado, dispuestas en forma simétrica, se alinean las casas de los señores tlaxcaltecas. Asociando el águila bicéfala de los Habsburgo con la garza de Mazihcatzin, señor de Ocotelulco, el *Lienzo* manifiesta de manera espectacular el encuentro de dos simbolismos del poder, sin dejar de señalar la sumisión de los indígenas ante los vencedores. Yuxtaposición de dos miradas y testimonio espectacular de una inevitable relación de fuerzas.

   Otras ''pinturas'' se empeñaron en representar el nuevo tablero político o, para ser más exactos, en situar el poder autóctono con respecto al aparato de Estado montado por la Corona de España. Modo este de hacer un balance y de redefinirse en un juego de reglas trastocadas.[28] Así ocurre, sobre todo, con el *Códice de Tlatelolco*[29] (LÁMINA 3). Despojado y sometido por México en 1473, Tlatelolco sin embargo había seguido siendo, hasta la Conquista, un importante polo comercial del ''imperio'' mexica. Su mercado absorbía los productos de todo el altiplano y de lu-

---

[28] El hoy desaparecido *Lienzo* del Tecpan de México, inaugurado en 1556.
[29] Robertson (1959), pp. 163-166; Glass y Robertson, ''A Census. . .'', HMAI (1975), vol. 14, pp. 212-213. *Véase también* la reproducción facsimilar en Berlin y Barlow, *Anales de Tlatelolco. . ., op. cit.*

gares aún más lejanos. Saqueado por los conquistadores, Tlatelolco fue poco después de la Conquista uno de los grandes centros de la evangelización franciscana y
abrigó a partir de 1536 el colegio que formó las élites indígenas del siglo XVI. Situado tan sólo a unos cuantos kilómetros al norte de México-Tenochtitlán, la ciudad fue el lugar predilecto de la aculturación religiosa e intelectual de las noblezas
indígenas. En ese contexto eminentemente sensible a la occidentalización fue pintado hacia 1565 el *Códice de Tlatelolco*. En él encontramos descrita la historia
de la ciudad allá por los años de 1554-1564, la expedición del Mixtón narrada por
el cacique don Diego de Mendoza Huitznahuatlailotlac, el principio de la construcción de la nueva catedral de México, la recaudación del tributo, la abdicación de
Carlos V, el advenimiento de Felipe II (1557) hasta la muerte del virrey Luis de Velasco (1564). Tlatelolco no sólo ocupaba un primer plano en el panorama colonial
—por su participación activa en el aplastamiento de los indios rebeldes del Mixtón—,
sino que también se vinculaba a la historia dinástica de ultramar. En esta serie de
representaciones puede verse un acto de alianza a la Corona española, un reconocimiento de la dominación colonial. Y así era. Pero expresa mucho más: muestra el
abandono de la posición de vencido en favor de la colaboración con las autoridades
españolas a las que encarnan, en la pintura, el virrey Luis de Velasco y el arzobispo
Montúfar. Una colaboración que es muy distinta del sometimiento humillante, a
juzgar por la estatura gigantesca del cacique de Tlatelolco ante los miembros de la
Audiencia a los que se dirige o por los caballeros españoles de la expedición del
Mixtón, que son enanos en comparación con los caciques que los acompañan. Este
juego de escalas manifiesta no sólo la conciencia del papel político y militar que
conserva Tlatelolco en las primeras décadas de la colonización, sino que con probabilidad también expresa la exaltación de una grandeza local libre ahora de la tutela
del soberano mexica. Otros textos escritos en caracteres latinos muestran de manera aún más explícita esta inesperada consecuencia de la Conquista española, cuyos
ejemplos podrían multiplicarse: el aplastamiento de la Triple Alianza daba rienda
suelta a una miríada de autonomismos locales en los límites, huelga decirlo, de la
nueva dominación. Al parecer, a todo lo largo de la "pintura" la tarea del *tlacuilo*
estuvo guiada por idénticas consideraciones y éste buscó afirmar formalmente una especificidad autóctona y local al mismo tiempo que tenía cuidado en vincularse a la
cultura y al mundo de los vencedores. Tradición de la base: una franja o tira de papel
de amate de cuarenta centímetros por 3.25 metros, tradición de la organización
del espacio, del empleo y de la distribución de los glifos toponímicos, de la representación de los caciques (sedentes, vistos de perfil y flanqueados por sus glifos).
También tradición de las uniones gráficas —las consabidas huellas de pasos para
indicar los desplazamientos—, de la expresión de la palabra —una voluta que sale
de la boca del orador— y del flujo temporal que obedece al calendario indígena.
Predomina la tradición, sin que el pintor deje de acumular adopciones, como si
tratara de multiplicar los puentes, los empalmes entre el señorío indígena y las
nuevas formas de la legitimidad: de ahí, como en Tlaxcala, la presencia de la em-

blemática europea —las banderas del virrey, la heráldica, las siglas IHS—, de ahí
también la profusión de objetos que denotan la hegemonía española bajo sus avatares
más diversos: cadalso, asientos de las autoridades, campanas, cáliz, tabernáculo e
incluso ese reloj que señala la introducción de otro modo de medir el tiempo. Los
caciques ostentan sobre su persona las selecciones de una aculturación de ropajes que
los iguala a los españoles más notables sin privarlos de sus atuendos indígenas: los
zapatos, las medias, los pantalones blancos, las espadas se agregan así a la diadema
y a la capa de antaño. Adopción de objetos, de insignias y de emblemas. También
adopción de un estilo, el del grabado europeo que inspira el trazo de las telas y las
armaduras, que guía el dibujo de los elementos arquitectónicos y decorativos y de
todo lo que deriva de los modelos occidentales. El catafalco del virrey, el esqueleto
de la muerte o la representación del martirio de San Sebastián repiten tan minuciosamente prototipos renacentistas que su asociación con los cánones autóctonos produce
el más extraño de los efectos. El encuentro es todavía más sutil cuando el *tlacuilo*
disimula bajo la representación del martirio de San Sebastián una referencia cronológica indígena o corona con plumas de quetzal un tabernáculo cristiano.

Ello es hablar de la maestría estilística y expresiva que logra el pintor indígena,
quien incluso aprende a sombrear las superficies para sugerir el relieve. Lo cual no
impide que el recurrir a un código estilístico e iconográfico europeo sólo concierna
a subconjuntos aislados, a unidades figurativas y decorativas que sirven en última
instancia para enriquecer una composición general cuya concepción sigue siendo
tradicional. Si no puede negarse que el *tlacuilo* esté familiarizado con las formas
europeas al grado de hacer intervenir una doble codificación, aún más manifiesto
es que continúa situándose dentro de un modo de expresión autóctono, como si la
organización global del campo pictórico escapara a la influencia de Occidente,
como si el pintor se situara en las fronteras de su propia cultura, en confines abiertos
a todas las adopciones, sin que, sin embargo, la matriz original sea puesta jamás
en tela de juicio. Más que una incapacidad para reproducir la manera occidental,
prefiero ver en ello el deseo de satisfacer el gusto y la demanda de una nobleza local
y, sobre todo, la traducción pictórica de una estrategia cultural y política. Como en
Tlaxcala, las ambiciones locales buscaron forjarse un espacio propio abriéndose al
mundo español sin renegar de sus raíces. A través de la creatividad y la receptividad del *tlacuilo* asoma el dinamismo de una doble figuración de la realidad, en
que las representaciones indígenas integran felizmente ciertos elementos de la percepción occidental. Pintando la sociedad colonial unos cuarenta años después de
la Conquista, el *Lienzo de Tlaxcala* y el *Códice de Tlatelolco* revelan algunas de las
facetas de una identidad en gestación de la que este último desarrolla una imagen
elocuente cuando hace danzar a los caballeros águilas y los caballeros tigres a los pies
del virrey y del arzobispo. Reminiscencia de una nobleza, evocación de los atuendos y de las danzas que expresaban su poder y su valentía, pero también acto de
alianza a un nuevo orden político cuya doble naturaleza, temporal y espiritual, se
ha aprendido a distinguir.

Tanto para hablar de la historia inmediata como del régimen colonial, las "pinturas" sirvieron para llenar tareas más materiales. Si bien es cierto que, desde antes de la Conquista, los indios usaban ese apoyo para llevar el registro de los tributos, anotar las cantidades debidas y los términos por observar, las "pinturas" ejecutadas bajo la dominación colonial se emplearon muy pronto para registrar las transformaciones económicas, comerciales y financieras introducidas por los invasores. Por ejemplo, desde los años 1530, los comerciantes de Tlatelolco tienen inventarios pictográficos donde figuran unas al lado de otras las piezas de algodón y las monedas de oro de los conquistadores. Uno de los ejemplos más convincentes de esta apertura nos lo ofrece sin lugar a dudas el *Códice Sierra*.[30] A diferencia de los anteriores, este documento no sale del estudio de artista de una de las capitales del mundo nahua. Proviene de Tejupan, un pequeño señorío situado en uno de los pocos valles de la Mixteca Alta. Esta región de montañas que se extiende hasta el valle de Oaxaca fue asiento de culturas cuyo apogeo se sitúa en el siglo XIV. Éstas dejaron admirables piezas de orfebrería a más de los testimonios de una tradición pictográfica cuya excepcional importancia todos están de acuerdo en reconocer. En el siglo XV, los mixtecas hubieron de defenderse, a veces de manera infructuosa, contra las empresas de los mexicas. Por lo demás, fue en esas circunstancias en que Tejupan cayó bajo su dependencia y tuvo que rendirles tributo. Contemporáneo del *Códice de Tlatelolco*, pintado entre 1550 y 1564, el *Códice Sierra* es un libro de cuentas, el cual describe los gastos efectuados por el pueblo de Tejupan (LÁMINA 4). El libro recurre a las notaciones antiguas: glifos mixtecos indican el año y su jerarquía, 7 Técpatl (1552), 8 Calli (1553), 9 Tochtli (1554); otros sirven para señalar los nombres de lugares (México, Tejupan, Ocotepec) o las cantidades (la bandera *pantli* para 20) mientras que los objetos de origen autóctono o local reciben sus figuraciones acostumbradas: el asiento *icpalli*, la estera, las plumas de quetzal. . ., y se perpetúan los nexos gráficos y el simbolismo habitual: las huellas de pasos para el viaje o las volutas de la palabra. Pero la expresión pictográfica se abre a una extensa gama de objetos "exóticos" como lo hacen por lo demás el *Lienzo de Tlaxcala* o el *Códice de Tlatelolco*, con la diferencia de que el procedimiento es aquí sistemático. Se entra en los terrenos más diversos: la vida material, la cría del gusano de seda y el cultivo de la vid, la cría de ovejas, la alimentación (el vino, el queso), los utensilios de mesa (cuchillos, cucharas, platos, manteles, servilletas), el mobiliario (la silla, el escritorio). La mirada capta también la irrupción de la técnica occidental en la que figuran otros tantos glifos nuevos. La hoja se cubre de objetos antaño desconocidos, ahora casi familiares: clavos, cerraduras, cadenas, goznes, cerrojos para la herrería, tornos para hilar la seda, escardillos, tamices, zapapicos, jabón, sillas de montar, cálices de oro y ornamentos litúrgicos a los que hay que agregar los escritos, los títulos, las ordenanzas y las cédulas de la administración española. La enumeración heteróclita transmite una imagen de lo que podía materializar y significar

[30] Nicolás León, *Códice Sierra*, México, Museo Nacional, [1933] 1982.

la penetración de Occidente a mediados del siglo XVI en una remota aldea mixteca: puertas que se cierran, modales inusitados en la mesa, objetos de hierro —un metal nuevo bajo estos cielos—, animales domésticos, caballos, remedios de Castilla y. . . la escritura. Las frecuentes alusiones a la compra de larvas de gusanos de seda y luego, a partir de 1561, a la venta de este producto recuerdan la importancia internacional que había adquirido en este terreno la Mixteca Alta bajo el impulso de los españoles. De todo ello nos dejan las pictografías sus respectivas instantáneas preciosas. Pero también se muestran por igual capaces de fijar nuevas referencias, mucho más abstractas. Tal es el caso de las fechas cristianas a las que corresponden glifos determinados y creados para la circunstancia: una rueda dentada para Santa Catalina, un establo para Navidad, una llave y una espada para San Pedro y San Pablo, una oriflama rematada por una cruz para Santiago. Aunque sea más bien la naturaleza contable del documento lo que llame la atención. El *Códice Sierra* conjuga tres formas de numeración distintas: glifos que expresan el sistema vigesimal indígena, números arábigos y letras romanas. Las monedas españolas se representan mediante formas que amplían aún más el repertorio pictográfico: discos adornados con un 8, otros atravesados por una cruz de Malta reproducen el peso de ocho reales. Las monedas se hallan alineadas una junto a otra hasta llegar a veinte: el *tlacuilo* se contenta entonces con dibujar una sola moneda rematándola con la bandera *pantli*, signo del número 20 en la contabilidad autóctona. No se podría indicar mejor la irrupción de la economía monetaria en un universo que hasta entonces sólo había conocido como unidades de cuenta los granos de cacao y las piezas de algodón.

Pero merece señalarse un rasgo más. El *Códice Sierra* no es exclusivamente pictográfico. También incluye textos en lengua náhuatl —hasta el siglo XVII la *lingua franca* de la Nueva España— y por tanto en caracteres alfabéticos que explican el contenido de los glifos y confieren al conjunto del documento una estructura mixta: cada página está dividida en franjas horizontales donde se suceden reunidas las pictografías, algunas líneas en náhuatl y el monto en pesos y números arábigos. El conjunto tiene el aspecto de un libro de contabilidad europeo que reuniera los fragmentos rotos de una "pintura" tradicional. La invasión de la escritura y sus relaciones con las pictografías constituyen innegablemente una notable innovación que era mucho menos sensible en el *Lienzo de Tlaxcala* o el *Códice de Tlatelolco*. La expresión pictográfica puede integrarse a un libro de cuentas a la manera occidental y aportar a la perfección todos los datos materiales y monetarios exigidos por ese instrumento. Nada podría hacer sentir mejor esa plasticidad que una pequeña escena pintada por el autor del *Códice Sierra*. En ella asistimos a la verificación anual de las cuentas de Tejupan: tres españoles se reúnen ante una mesa cubierta con un tapete verde; al centro, uno de ellos apila monedas para contarlas, a su derecha el intérprete traduce, a su izquierda el escribano anota las sumas en una hoja de papel. Mirada del pintor indígena a otras técnicas contables, a otros modos de expresión (la escritura) y otros modos de pago (las monedas). Una mirada cuya riqueza estamos lejos de haber agotado y que se ha mostrado perfectamente capaz

de responder a las condiciones de un entorno trastocado y a las exigencias de los
nuevos amos, a costa de algunos arreglos (la escritura alfabética y la moneda) para
darse a entender. En todas partes de la Nueva España hubo pintores que se esfor-
zaron por enfrentar la misma prueba. Bástenos con citar al del *Códice Chavero*
quien, en una época más tardía (1579-1580), cerca de unas medidas llenas de granos, figura las cantidades de dinero que los indios de la región de Huejotzingo deben entregar cada año a la Corona. Qué duda cabe de que, aplicando una política
fiscal que retoma por cuenta propia la recaudación del tributo, las autoridades españolas hayan incitado por todas partes a los pintores a llevar adelante los viejos
registros al mismo tiempo que los adaptaban a las necesidades del tiempo, a la
aparición de la moneda, al nuevo calendario.

Es posible que desde la época prehispánica se hayan presentado "pinturas" ante
tribunales o instituciones equivalentes. No conservamos de ellas el menor rastro.
En cambio, es indiscutible que sirvieron de modo útil a los indios que recurrieron
a las nuevas instancias judiciales instauradas por los españoles. Muy pronto, desde
los años 1530, ciertos indios penetran los mecanismos de los procedimientos civiles
o eclesiásticos y a veces saben sacar partido. En 1545, algunos tradujeron al náhuatl
las leyes de la Corona que los protegían, mientras que otros, cada vez más numerosos, nobles, comunidades o particulares, apelan a la justicia del rey.[31] Es probable
que las "pinturas" continúen desempeñando el papel que habían tenido antes de la
Conquista, cuando "pintores muy diestros que con sus caracteres ponían las personas que pleitaban y sobre qué''. El libreto suele ser el siguiente: el quejoso presenta
a las autoridades españolas —por ejemplo, al corregidor— una pintura que expone
el objeto del litigio y con base en este documento se oye a los testigos y se desarrolla el detalle de los interrogatorios. Se podrían multiplicar los ejemplos al respecto.
Las piezas presentadas en 1549 por indios de la región de Cuernavaca contra el
marqués del Valle[32] —nada menos que el hijo de Hernán Cortés—, a quien acusa-
ban de haber usurpado sus tierras, son de factura tradicional: en ellas hay glifos
que expresan las medidas y la forma de los campos, los nombres de lugares, el tipo
de árbol o de planta cultivado, el lapso de la usurpación, los caminos, la identidad de
los quejosos. Todos los informes necesarios se consignan en cada "pintura" con
una notable economía de medios. En toda la Nueva España, otros documentos se
cubrieron en forma progresiva de glifos nuevos para denotar, como en Tlatelolco o
en Tejupan, las innovaciones introducidas por los españoles. En 1552, una "pintura" de la región de Tepotzotlán, debida a unos indios que se quejaban de haber
sido maltratados, representa monedas, puercos y un sillón español donde se sienta
un juez indígena. Un proceso de Cuautitlán, del 8 de abril de 1558, rememora
la desavenencia entre carpinteros indígenas y el alcalde mayor, a propósito del
pago de una banca: este mueble de factura española está pintado de frente, sin

[31] Spores (1967), pp. 113, 119-120; *Epistolario. . .*, IV, p. 165.
[32] *Códices indígenas de algunos pueblos del Marquesado del valle de Oaxaca*, México, Talleres Gráficos de la Nación, 1933.

perspectiva, por tanto a la manera tradicional, mientras que la cadena que simboliza el encarcelamiento injusto de los quejosos denota un tratamiento demasiado
"realista" para estar indemne de influencias occidentales. Para expresar la fecha
de domingo —un círculo blanco rematado por una cruz— y los nombres cristianos de
algunos de los protagonistas, el pintor abrevia profusamente en un registro pictórico
ya modificado de un modo considerable, a ejemplo del autor del *Códice Sierra*. En
otras palabras, las "pinturas" todavía participan con eficacia en la defensa de los
intereses indígenas en la medida en que representan muy bien las nuevas situaciones a las que deben enfrentarse continuamente los indios. Y ello hasta el siglo XVII,
como lo muestra el *Códice Teteutzinco*, que enumera las quejas de una comunidad
india de la región de Taxco en 1622.[33] Sería conveniente examinar muchas otras obras
—el *Fragmento Humboldt VI*, el *Códice Kingsborough* o *Memorial de los indios de
Tepetlaoztoc*, el *Códice Osuna*, el *Códice Acasuchitlán*—, pero éstas no harían más
que corroborar la eficacia conservada por las "pinturas" en un terreno tan crucial.

No hay ninguna de las "pinturas" que hemos considerado que no evoque en
una u otra forma la huella de la evangelización. El *Lienzo de Tlaxcala* consignaba
escenas enteras: piénsese en el bautismo de los señores tlaxcaltecas; el *Códice de Tlatelolco* pintaba a los representantes del clero católico —los franciscanos, el arzobispo—, temas hagiográficos —el martirio de San Sebastián—, representaba objetos
del culto, campanas, que materializaban las fechas memorables de la historia del
cristianismo local; el *Códice Sierra* hacía inventarios todavía más precisos y, como
el *Códice de Cuautitlán*, se dedicaba a señalar las fechas del calendario cristiano y a
atribuir glifos a los santos de los vencedores. El cristianismo multiplicaba por doquiera sus imágenes en las grandes ciudades del altiplano o en las montañas de la
Mixteca Alta. Mas, ¿podían las "pinturas" prestar un apoyo más inmediato y aún
más activo a la empresa de la evangelización?

Lo hicieron, pero, en esta ocasión, por medio y al impulso de los evangelizadores que descubrieron en la imagen el medio cómodo —sobre todo en las primeras
épocas— de paliar su desconocimiento de las lenguas indígenas. Es conocida la experiencia del franciscano Jacobo de Testera quien, habiendo llegado en 1529, uti-
lizaba un lienzo donde estaban pintados los misterios de la fe que un intérprete
indígena explicaba a los neófitos. Surgieron otras técnicas más elaboradas: una, a
la manera de un jeroglífico, consistía en encontrar imágenes de objetos cuya pro-
nunciación se aproximara a las palabras contenidas en las plegarias cristianas. De
ese modo, los signos de la bandera *pantli* y de la tuna *nochtli* debían corresponder
a las primeras sílabas del *Pater noster* (*Pan. . . Noch*). *Amén* se expresaba agregando
al signo del agua *atl* el del maguey *metl*. A tal grado que el dominico Las Casas podía escribir hacia 1555 que había visto "mucha parte de la doctrina cristiana escrita
por sus figuras e imágenes que [los indios] leían por ellas como yo la leía por nues-

---

[33] Tepotzotlán: AGN, *Tierras*, vol. 2719, exp. 8, fol. 20; Cuautitlán: Joaquín Galarza, *Estudios de
escritura indígena tradicional azteca-náhuatl*, México, AGN, 1979, pp. 133-157; Teteutzinco: AGN,
Tierras, vol. 3331, exp. 24, fol. 3.

tra letra en una carta". Es innegable que, aunque explotado por los españoles, el procedimiento exigía la colaboración constante de indios familiarizados con los repertorios de glifos, capaces de proveer signos y de pintarlos a solicitud de los misioneros. Se verá en ello una desviación o, más bien, una explotación de la expresión pictográfica que hacía hincapié en el fonetismo, precipitando tal vez así una evolución hacia la notación silábica a la que hemos de volver. Tampoco se pueden pasar por alto los catecismos impropiamente llamados "testerianos", que alinean imágenes cristianas esbozadas de prisa (Dios Padre, la Virgen, la Trinidad. . .) de acuerdo con un sentido de lectura que por lo común sigue planos horizontales, cubriendo el anverso y el reverso de una hoja. Esta vez, lo que se impone es recurrir a la memoria visual y a la iconografía occidental, a la que se mezclan de manera más esporádica glifos de inspiración prehispánica —la flor, el cielo— o de creación colonial. Su origen no se conoce a ciencia cierta mas, por lo que se ve, aunque el procedimiento al parecer fue creado por los evangelizadores, los indios participaron de manera importante en su desarrollo. De ahí el homenaje que no dejó de rendir el jesuita José de Acosta a la "vivacidad de los espíritus de estos indios". Por otra parte, también hubo iniciativas indígenas al margen de estas experiencias dirigidas. Por ejemplo, las que el cronista franciscano Motolinía fecha en los años 1530: algunos indios dibujaban sus pecados antes de confesarse y mostraban al sacerdote aquella información gráfica por no poder comunicarse verbalmente en español o en náhuatl. Una vez más, en ello se perciben lo ingenioso y los límites de la empresa: era preciso que esos indios supieran "pintar", en el sentido tradicional de la palabra, y que dieran a los signos que formaban el sentido que en ellos creían descubrir los confesores. Como en el caso de los jeroglíficos, no dejaron de multiplicarse los malentendidos, las aproximaciones, las confusiones. Lo cual no impedía que las "pinturas" trataran de captar de nuevo las categorías, los seres y las cosas que les imponían los recién llegados. Penetraban poco a poco en un universo cristiano al parecer irreductible al suyo, acaso incluso antes de describir la sociedad extraña, las instituciones, los poderes, las relaciones políticas y económicas que inventaba e instauraba la colonización.[34] Algunas incluso franquearon los límites de la ortodoxia mezclando a las imágenes de los antiguos dioses el dibujo del Crucificado y la representación de la misa.[35]

Esta apertura al mundo colonial se matizará subrayando hasta qué grado estas diversas empresas no hicieron sino proseguir caminos prehispánicos, así fuese adaptándolos y modificándolos. De la crónica de la Conquista al catecismo testeriano, todas tienen más o menos un equivalente o un antecedente autóctono. Sin embargo, hay un terreno en que, impulsados por los religiosos, los pintores indígenas fueron llevados a modificar radicalmente su mirada, la de la introspección socio-

[34] J. B. Glass, "A Census of Middle American Testerian Manuscripts", *HMAI* (1975), vol. 14, pp. 281-296; León Portilla (comp.), *Un catecismo náhuatl en imágenes*, México, Cartón y Papel de México, 1979.
[35] Pedro Ponce, "Breve relación de los dioses i ritos de la gentilidad", *Anales del Museo Nacional*, México, 1892, Época primera, 6, pp. 3-11.

lógica y etnográfica. Sabido es que franciscanos como Motolinía, Olmos, Sahagún y dominicos como Durán, alentaron investigaciones sistemáticas sobre el mundo prehispánico que les permitieron elaborar obras excepcionales. De ese modo, impulsaron a sus informantes a llevar adelante una reflexión profunda sobre el conjunto de las culturas de las que eran originarios y a obtener de ella una imagen exhaustiva y sintética en lo posible. Esta obra sin precedente de selección y de organización de los datos iba acompañada de un doble proceso de distanciamiento dado que las culturas descritas eran en principio las de antes de la Conquista y que una parte de los rasgos evocados pasaba en adelante por demoniaca. Más adelante insistiremos en el efecto de esta periodización y en las modalidades de esta irremediable condena. Las crónicas de los mendicantes o los escritos de un Alonso de Zorita no fueron los únicos en recoger el fruto de aquel esfuerzo. Llevaron su marca "pinturas" como la tercera parte del *Códice Mendoza*, de la que no se conoce ningún antecedente precortesiano.[36] Pintado con la dirección del maestro de pintores Francisco Gualpuyoguálcal a solicitud del virrey Antonio de Mendoza, a partir de los años 1541-1542, el *Códice Mendoza* muestra la película de la existencia cotidiana en el mundo nahua. El nacimiento, el matrimonio, la educación, la guerra, la justicia, la represión de los delitos, de la embriaguez, del adulterio, del robo se evocan allí en imágenes. Las clases inferiores y lo cotidiano tienen una aparición destacada: el campesino con su bastón (la coa) y su cesto (el huacal), el artesano, el carpintero, el cantero. Hasta los descarriados de toda laya: el ladrón, el vagabundo, el jugador inveterado. Como si de pronto surgieran a la existencia pictórica estratos de la población y tipos por los que, al parecer, poco se habían preocupado los *tlacuilo* de antaño, más proclives a captar la imagen grandiosa de los poderosos y de los dioses que la silueta de los humildes. La extensión del campo de observación parece además ir acompañada de una pequeña revolución iconográfica: la descontextualización de la imagen. Antes, la expresión pictográfica se vinculaba a elementos contextualizados: evocaba las bodas de un príncipe y no la institución del matrimonio; describía el castigo de un noble y no la represión *per se*. En el *Códice Mendoza*, las composiciones en cambio se hallan desvinculadas de toda coloración anecdótica, de toda referencia singular de orden histórico o ético. Son instantáneas ejemplares, prototipos, escenas costumbristas anónimas con posibilidad de satisfacer la mirada de los evangelizadores y los virreyes. Igual ocurre con las imágenes que tratan del nacimiento o de la educación de los niños. La tercera parte del *Códice Mendoza* es testimonio de que la expresión pictográfica *también* podía ofrecer una mirada global y enciclopédica sobre el mundo y la sociedad de los que emanaba, registrando lo que antaño habría considerado demasiado banal o demasiado evidente para ser pintado. Mas esa mirada a sí mismo y con frecuencia a un sí mismo terminado no era inocente puesto que conformaba e imponía —al mismo tiempo que fijaba— la imagen estereotipada que debíamos conservar o encontrar

---

[36] Robertson (1959), pp. 95-107; Glass, "A Census. . .", *HMAI* (1975), vol. 14, pp. 160-161.

en esas sociedades extintas. En general se olvida que la inmensa mayoría de los testimonios que poseemos sobre el mundo prehispánico se produjeron en las circunstancias excepcionales posteriores a la Conquista y que lo reflejan a él tanto como a las sociedades desaparecidas. Finalmente, el distanciamiento que implicaba ese paso no estaba circunscrito a los reducidos círculos de los pintores y los informantes, era sólo el coronamiento intelectual de un proceso en curso en el conjunto de las sociedades indígenas, confrontadas dondequiera con modelos de comportamiento cristianos, con prácticas familiares, matrimoniales, rituales, etc., nuevas, obligadas dondequiera a aislar, a singularizar y a poner en tela de juicio conductas que hasta entonces se imponían por su propio peso.[37] Vale decir que incluso antes de destruir un rasgo o de modificarlo, la aculturación puede intervenir de manera más insidiosa, obligando a captarlo desde una perspectiva distinta, a alterar su claridad. A decir verdad, la demolición de los templos y la indagación etnográfica no son sino dos modos de señalar y de acrecentar la separación entre el mundo de los vencidos que se aleja y la nueva sociedad que surge de las ruinas.

LAS TRANSFORMACIONES DE LA EXPRESIÓN PICTOGRÁFICA

Si los pintores indígenas lograron transmitir la realidad colonial que descubrían y responder a la demanda de los españoles permaneciendo fieles a su arte, es porque supieron modificar su instrumento y desarrollar sus potencialidades. Favorecida por el interés que pusieron los conquistadores en el modo de expresión pictográfico, producto de una interacción constante entre la tradición y el aporte exótico, entre el libre albedrío y lo imperativo, aquella plasticidad devela en el campo de la expresión algunos de los procesos que señalaron de manera más general el surgimiento de una cultura híbrida a mediados del siglo XVI.

El glifo, como hemos señalado, no es ningún signo estereotipado. Ya hemos dicho que los nahuas se habían visto obligados a transcribir palabras extranjeras, por ejemplo, en ocasión de las conquistas que los llevaron hasta los mixtecas y los zapotecas de la región de Oaxaca. Esta necesidad pudo dar principio a un esbozo de fonetismo precipitado por la Conquista española. Pues ¿cómo expresar la pléyade de palabras desconocidas que introdujeron los invasores? Los trabajos de Joaquín Galarza[38] llamaron la atención hacia el problema planteado por la expresión pictográfica de los nombres de santos y de las fiestas cristianas. Aquellos vocablos muy pronto se habían constituido en referencias esenciales puesto que todos los indios estaban obligados a observar el calendario cristiano —aunque, en la clandestinidad, conservaran otros cómputos— y, en el momento del bautismo, habían recibido un nombre que obligatoriamente debía designarlos en sus relaciones con la Iglesia o con la administración colonial. Se derivaron soluciones de las que el *Códice*

---

[37] Gruzinski (1982).
[38] Galarza, *Estudios de escritura indígena, op. cit.*

Sierra nos ofreció algunas ideas. Fue así como ciertos pintores eligieron descomponer fonéticamente el vocablo exótico vinculando los elementos aislados de ese modo a palabras nahuas dotadas de un equivalente pictográfico: por ejemplo, el signo que representaba un "muro de ladrillo", un parapeto, sirvió para pintar la palabra santo (o san) puesto que su valor fonético era *xan* y *xante*. Otro paso consistió en enriquecer el repertorio tradicional procediendo a una reducción y a una estilización gráficas de los atributos y de los símbolos cristianos. La llave designaba a San Pedro, la parrilla a San Lorenzo, la espada a San Pablo, etc. Lejos de ser una innovación, la selección de un rasgo para indicar el todo retomaba el uso ancestral de figurar a las divinidades indígenas usando una prenda o un ornamento. También solía suceder que un signo fuese producto de una creación original, como aquel cadáver preparado para la incineración y rematado por un cirio que supuestamente debía indicar la celebración de muertos del 2 de noviembre. Ninguno de los dos procedimientos, el fonético y el metonímico, implicaba la exclusión del otro. Por ejemplo, para San Francisco, por encima del dibujo del sayal o de la soga con tres nudos que caracterizaban al santo, a veces se prefería una solución fonética. Tercera vía por considerar: el pintor explotaba el valor fonético y simbólico de un glifo tradicional. En fin, era posible constituir un glifo compuesto que articulara un símbolo y un signo fonético y, por ejemplo, expresar el nombre *Miguel* agregando alas de ángel al signo *miquetl* (cadáver).

La diversidad de las combinaciones no podría disimular los límites pronto alcanzados de estos procedimientos. Las transcripciones de los nombres cristianos con frecuencia eran parciales tanto como las equivalencias fonéticas tomadas. De ese modo, *Cilco* supuestamente había de expresar *Francisco*, en tanto que *Xo* (de *xochitl*, flor) debía remitir a *Jcsé*. Tocaba al lector indígena adivinar y completar este principio mnemotécnico. Por lo demás, el simbolismo cristiano no siempre se percibía con claridad. Para representar a San Juan, los pintores figuraban una copa de la que surgía un dragón que a veces tomaba el aspecto de un cisne o de un águila. ¡Es que no resultaba fácil representar el bestiario fantástico de Occidente! Lejos de estar uniformadas, las transcripciones derivaban de iniciativas múltiples y dispersas. Cuando menos existían dos transcripciones fonéticas para Esteban y, por tanto, dos glifos enteramente distintos. En fin, en el mismo documento un glifo nuevo se podía dibujar de varias maneras: en el *Códice Aubin*, el convento de San Agustín de las Cuevas está figurado por un corazón ardiente traspasado por una flecha cuyo dibujo obedece sucesivamente los cánones occidentales o la tradición autóctona. Por encima de estas preferencias, más allá de las vacilaciones y las aproximaciones de un modo de expresión que se buscaba, se presienten las preocupaciones de medios indígenas confrontados directamente con las instituciones coloniales y con exigencias políticas y culturales nuevas: era preciso poder transcribir un nombre de pila en una "pintura" para que fuera recibida por los tribunales españoles, era menester encontrar los medios de pintar el calendario cristiano para asimilar la periodicidad de las festividades católicas y para familiarizarse con el tiempo de los vencedores. Por lo demás, en ello no sólo ha de verse la adaptación forzada y oportunista del mundo antiguo al mundo nuevo. Entre los indios de la segunda generación sin duda hubo también un esfuerzo considerable para reencontrar un orden perdido tanto como para determinar e inventarse nuevos puntos de referencia con ayuda de un conocimiento preciso de la iconografía cristiana de la que estaban visiblemente empapados. Aunque sea cierto que sólo indios poseedores de este saber se hallaban en posibilidad de descifrar las invenciones de los *tlacuilo* cristianos y de hacerlas circular.

Este esfuerzo sólo se explica en sociedades donde la expresión pictográfica seguía siendo preponderante y ordenaba ''hacer pasar'' un acervo esencial en una forma, a pesar de todo, tradicional. Empero, se adivina ya la presencia del adversario que habría de imponerse. El recurrir al simbolismo cristiano por parte del pintor y de sus ''lectores'' no se apoyaba de un modo exclusivo en la contemplación de las figuras y los frescos con que se adornaban las iglesias y los conventos, en su mayoría en proceso de construcción. En ello habrá de reconocerse el efecto del libro europeo, único que en sus viñetas podía ofrecer un repertorio preciso y abundante o en su texto incluso ayudar a identificar los dibujos y a encontrar las palabras latinas —*Visitatio, Expectatio*, etc.— que los nuevos glifos se empeñaban en representar. No es imposible que la influencia del libro haya sido todavía más profunda y que, cautivados por el sistema de notación enteramente fonético que tenían a la vista, pintores indígenas hayan tratado de explotar este filón en su propio campo. No está descartado que la práctica de la lectura incluso haya estimulado la invención de procedimientos pictográficos más complejos. Es sabido, entre otras cosas, que para expresar el plural *santos*, algunos pintores dieron en utilizar la terminación náhuatl del plural (*-me*), expresada de manera fonética por el glifo del agave *metl*. ¿Quiere esto decir que la expresión pictográfica se dirigía hacia una lenta pero inexorable fonetización? Desde mediados del siglo XVI, la evolución parece emprendida de manera clara. De ella se da fe, antes de 1550, en el *Códice Mendoza*. El *Códice Kingsborough* (hacia 1555) multiplica los elementos que componen el glifo (hasta cinco en vez de uno o dos), atribuyéndoles un valor fonético y ordenándolos de acuerdo con la sucesión de las sílabas.[39] El paso de la sílaba a la letra incluso se esboza —por ejemplo, para la vocal *a*— sin que por ello haya nunca la constitución de un alfabeto. Las cosas pararon allí. ¿Acabaron los pintores indígenas por rendirse ante las comodidades del alfabeto latino? ¿Consideraron superfluo proseguir la creación de una notación alfabética y silábica? ¿O aprovechando el refuerzo y la estabilización de la presencia colonial, habrá adquirido la escritura occidental, en la segunda mitad del siglo XVI, una supremacía definitiva que habría causado el sofocamiento y luego el abandono progresivo del sistema pictográfico? Dejemos estas preguntas en suspenso limitándonos a recordar que tal vez sea excesivo, si no

[39] Dibble, ''Writing in Central Mexico'', *op. cit.*, p. 331; Robert Barlow y Byron MacAfee, *Diccionario de elementos fonéticos en escritura jeroglífica*, México, UNAM, 1949.

es que erróneo, asignar por fuerza un destino silábico o incluso alfabético a un modo de expresión que es mucho más que una forma de escritura en cierne. El arte consumado del *tlacuilo* del *Códice Mexicano 23-24* (1570), quien pintó una versión pictográfica del calendario cristiano, o el del autor del *Códice Santa Anita Zaca-tlalmanco* (1600-1604), quien todavía muy a principios del siglo XVII mezcló los signos fonéticos, los glifos cristianos y los glifos tradicionales, invitan a interrogar aún más a la especificidad de ese lenguaje y esos convencionalismos.

La atención concedida al signo, a la originalidad de las creaciones de las que fue objeto, nos pone en peligro de perder de vista el conjunto en que se inserta. Aislado del plano en que se articula con otros signos en sus relaciones de sentido, de formas y de colores, el glifo ya no es cabalmente lo que era. Ahora bien, ocurre que muy pronto esta estructura global sufre cierto número de modificaciones. Una vez más, la influencia del libro occidental no es en ello ajena, pues ofrece el ejemplo de un formato cuya adopción impone a los pintores una reorganización insidiosa del espacio pictórico. Reducción de tamaño en el caso de los lienzos sometidos a pro-porciones más modestas o redistribución por página en el caso de los *screenfolds*. Así es como, en el *Tonalamatl Ríos* y en el *Telleriano Remensis* (1562-1563), un tablero llega a ocupar dos páginas, de suerte que la disposición de los glifos de los días y las divinidades protectoras se ve apreciablemente modificada. Pero hubo transformaciones todavía más profundas. El sistema de líneas, de marcos que antaño —y todavía en el *Códice Borbónico*— servía de estructura, de esqueleto al conjun-to de las representaciones se desplomó. Se tiene la sensación de pasar de un espacio saturado de formas minuciosamente distribuidas —el *scattered attribute space*— a una hoja vacía en que flotaran figuras sin sustento: lo que Robertson llamó un "paisaje sin espacio", una figuración sin fondo que parece pedir una tercera di-mensión, una línea de horizonte, un trasfondo cualquiera.[40] Otro *tonalamatl*, el de Sahagún en el *Códice de Florencia*, muestra el desenlace de esta mutación: se bosqueja un paisaje, se instala la tercera dimensión pero ya la imagen pictográfica se transforma en ilustración de un texto en caracteres latinos. El conejo —que designa un día del calendario— en lo sucesivo se pinta en este *tonalamatl* con los rasgos (para nosotros) familiares de un animalito que salta en un paisaje.

Hasta aquí sólo hemos tomado ejemplos y trayectorias nahuas. Pero con facilidad se destacaría entre los mixtecas una evolución análoga: mientras que el *Lienzo de Zacatepec* I (1540-1560) sólo lleva signos de lugares y de personajes, el *Lienzo de Zacatepec* II —creado hacia 1580-1600, o sea una o dos generaciones después— se puebla con profusión de animales y plantas cuya presencia probablemente sea más decorativa que significativa. Pintado en 1579, ya el mapa de Tejupan que acompaña a la *Relación geográfica* de este pueblo también da testimonio de la irrupción del paisaje ornamental.[41]

[40] Robertson (1959), pp. 60-62, 111-113.
[41] Smith (1973), pp. 89-121.

Por consiguiente es posible, con Robertson, reconstituir en pocas palabras las principales etapas de esta evolución: paso de un flujo continuo de imágenes a una paginación europea, a una división más limitativa y luego a una desestructuración de un espacio bidimensional en beneficio de una tridimensionalidad. Huelga decir que nosotros esquematizamos una evolución mucho más compleja de la que en otra parte se encontrarán análisis detallados. Bástenos insistir en que la transformación de los glifos en el plano formal y fonético es contemporánea e inseparable de una reorganización de la totalidad del espacio pintado. Otros elementos permiten apreciar los cambios de la expresión antigua. Por ejemplo, la línea. La línea tradicional marcaba con un trazo grueso, preciso y continuo los contornos de las formas representadas que aislaba del espacio cotidiano. Tras la Conquista pierde consistencia, su grosor varía sin que se sepa bien a bien si esa evolución corresponde a la pérdida de la antigua maestría o a la voluntad de dar la expresividad de la línea de contorno occidental, imitando sus efectos visuales y su forma plástica. Sin embargo, en esta ocasión ya no es al libro español al que se acusaba sino al grabado.

El trazo de la figura humana constituye un caso particular pero no menos instructivo de estas evoluciones. En una generación, desde los años 1540 hasta los años 1560, algunos pintores abandonan una figuración que respetaba las proporciones tradicionales para optar por una línea cursiva, más expresiva, que sustituye las cabezas toscas por rostros de contornos más delicados, trazando cráneos más breves, cuerpos más espigados como los que se descubren en el ''Plano de papel maguey''. Al parecer, es gradualmente como las ''pinturas'' mixtecas tienden a apartarse de una representación del cuerpo hecha de un ensamble, de un *collage* de piezas autónomas para dibujar una silueta homogénea, concebida de una sola pieza. Sea como fuere, se trata de una tendencia análoga. Cabe preguntarse sobre el sentido de esta última evolución pictórica y sólo descubrir en ella la influencia estética de los modelos occidentales. Sin embargo, aventuraré otra hipótesis. ¿Habrá algún nexo entre la transformación de la representación corporal y de la persona humana y la introducción, mediante el rodeo de la evangelización, de una concepción enteramente distinta del ser? Los antiguos nahuas hacían del hombre la conjunción de tres entidades vitales autónomas situadas en la cabeza, el corazón y el hígado. Cada una de éstas guardaba estrecha correspondencia con los tres niveles superpuestos del mundo y podía en ciertas condiciones abandonar la parte del cuerpo que le servía de receptáculo. En cambio, la dicotomía cristiana del alma y del cuerpo no sólo ponía en tela de juicio la unidad de la persona sino que también procedía de un discurso que favorecía la singularidad y la autonomía de cada ser ante la divinidad. ¿Será preciso creer que, cuando esbozaba personajes menos estereotipados y exentos del hieratismo antiguo, el *tlacuilo* colonial expresaba una relación distinta con el cuerpo y con la persona, donde se conjugaban la predicación de los misioneros y la iconografía del Renacimiento?

Señalemos para terminar, en otro registro y sin detenernos más en ello, la evolución de la línea narrativa cuya ejemplificación precisa nos ofrecen las pinturas mixtecas: aún tradicional en el *Lienzo de Zacatepec* I (pintado entre 1540 y 1560), en forma de meandro (*meander pattern*), en el mapa de Teozacoalco (1580) sigue un movimiento de abajo arriba a todo lo largo de las columnas, como si tendiera a aproximarse al modelo europeo y, por tanto, a la escritura.

Fueran cuales fuesen las variantes locales, en la segunda mitad del siglo XVI se asiste, del valle de México a las regiones mixtecas, al nacimiento de un enfoque diferente del campo pictórico y de las formas. No sólo es el glifo el que se transforma, sino también el marco el que cambia y sufre, al parecer, las alteraciones más decisivas. No se podría hablar de mutaciones sino más bien de una acumulación de inflexiones de la que surgen algunas grandes tendencias: desarrollo de la fonetización, adopción más o menos avanzada de la tercera dimensión, occidentalización de la figura humana y del rasgo. Estas innovaciones fueron obra de generaciones de indígenas, formadas tras la Conquista, que alcanzaron la edad adulta después de 1550 y que, por consiguiente, eran capaces de desligarse de los cánones tradicionales para adoptar y fijar modos de expresión más próximos de los españoles y de los cuales se encuentran avatares hasta el siglo XVIII en regiones tan distintas como Oaxaca, Guerrero o el valle de Puebla.

La expresión pictográfica no sólo sobrevivió en las "pinturas". Logró mantenerse allí donde siempre se la había visto como en la arquitectura monumental, así fuera la de los invasores. Interesados en señalar espectacularmente su presencia y en sustituir los templos destruidos por edificios aún más imponentes, franciscanos, dominicos y agustinos lanzaron por todo el país campañas de construcción cuyos maestros de obras fueron ellos, pero que contaron con la colaboración constante e indispensable de las poblaciones locales. Al punto florecieron glifos en las grandes construcciones de piedra levantadas por los religiosos, en las paredes de los conventos, las fachadas de las iglesias, las capillas abiertas y los pórticos que cubrieron la Nueva España en el transcurso del siglo XVI. Algunos provenían de los antiguos santuarios como muchos materiales usados, mientras que otros se habían esculpido *ex professo*. Glifos de lugar en Tultitlán y Tlalnepantla; glifos de fecha en Cuilapan, en la capilla abierta de Tlalmanalco, en Huaquechula, etc. Sin embargo, algunos signos desconciertan más por lo que evocan de la antigua cosmogonía: el águila, el *chalchihuitl* —una piedra preciosa de color verde—, el Quinto Sol *Nahui Ollin* ornan numerosos santuarios cristianos. El conjunto de estos glifos brinda una especie de resumen de la cosmogonía nahua. Para retardar la muerte del quinto y último Sol, ¿no había acaso que alimentarlo con agua preciosa (*chalchiuhatl*), un agua que era la sangre de los cautivos de la guerra sagrada (*atl-tlachinolli*) cuyo glifo (que entrelaza el agua y el fuego) se desliza también sobre fachadas de iglesia?

La inserción de estos glifos se presta a interpretaciones contradictorias. ¿Se tratará del síntoma discreto de la reapropiación pagana de un edificio cristiano, de la instauración de una continuidad subrepticia allí donde los misioneros sólo toleraban la ruptura? Cabe pensar en ello por lo que toca a las primeras décadas de la evangelización y verlo como desquite silencioso de aquellos cuyas "pinturas" se quemaban.

¿Se tratará más bien de una interpretación, de una transcripción indígena de temas cristianos? Indiscutiblemente eso es cuando en los blasones franciscanos el glifo del agua preciosa se asocia a la sangre de Cristo en vez de serlo a la de las víctimas sacrificiales. ¿O bien habrá que ver en ello simples búsquedas decorativas que vincularían, por ejemplo en Apasco, el águila bicéfala de los Habsburgo con la de los indios o que de los glifos sólo conservarían un geometrismo y una estilización propias para fundirse con facilidad en grandes conjuntos decorativos? Según los casos y los escultores, la continuidad pudo ser simbólica o más sencillamente ornamental. También según los casos, varía el modo de inserción: puede adoptar la forma de una incrustación —en una pila de agua bendita, en un muro. . .—, de una yuxtaposición —un glifo al pie de la estatua de un santo— o de una explotación decorativa que desmultiplique el glifo y lo alterne con motivos de inspiración europea, por ejemplo, a la manera de ese rosetón de piedra de San Miguel Chapultepec, hecho con los cuatro círculos del signo de calor solar repetidos once veces.[42] La escultura y la arquitectura coloniales y cristianas brindaron entonces su apoyo inesperado a ciertos glifos antiguos. Permitieron a los artesanos indígenas conservar a la vista de todos signos oficialmente eliminados sin que los religiosos percibieran lo que éstos podían ocultar de incompatible con la nueva fe. Pero el malentendido que podían aprovechar estos glifos podía volverse en su contra: tolerados a título decorativo, y por tanto sin referente simbólico, sacados de sus contextos tradicionales, desvinculados de las estelas, de los bajorrelieves de antaño, entraban en composiciones de dominante europea que los empleaba como motivos ornamentales. A diferencia de los glifos de manuscritos pictográficos, eran partes de un todo que había dejado de ser indígena. Por consiguiente, no podemos dejar de preguntarnos en qué medida este sometimiento sistemático al código iconográfico occidental desviaba los glifos de su sentido y de su uso originales, pervirtiendo y agotando a mediano plazo la inspiración de los escultores. El interrogante se plantea por igual en cuanto a la pintura colonial indígena, donde glifos antiguos llegan a perderse en medio de composiciones europeas. La asociación podía producir efectos sorprendentes, semejantes a los que manifiestan los frescos de la iglesia agustina de Ixmiquilpan donde, en medio de un derroche de grutescos y de hojas de acanto, centauros griegos se enfrentan a los caballeros tigres de los ejércitos precortesianos. Mas, por lo común, la presencia de las pictografías es mucho más discreta, como ocurre con los frescos del Apocalipsis de Tecamachalco, sin embargo debidos por entero a la mano de Juan Gerson, un pintor indígena. La vía puramente ornamental adoptada por la expresión pictórica se agrega a las transformaciones y a las tendencias cuya lista ya he esbozado. Esa vía corrobora la vitalidad y la omnipresencia de este lenguaje indígena, y también anuncia su crisis y su estancamiento, que ahora queda por explorar.

Pero esto no es nada fácil, a causa de la dispersión, del carácter numéricamente reducido y de la incertidumbre contextual y cronológica que rodean la mayor

---

42 Reyes Valerio (1978), pp. 288, 286, 278, 272, 246-266, 276, 265, 262.

parte de los testimonios conservados hasta nuestros tiempos. Escrutar su degradación —es decir el momento en que el objeto se modifica a tal grado que pierde su sustancia y su razón de ser— representaría por consiguiente una ilusión si no se contara con una fuente excepcionalmente abundante a la que designaremos con el cómodo vocablo de mapas pictográficos. La cartografía que practicaban los antiguos nahuas se halla muy lejos de las que nos son conocidas. Al parecer estuvo basada principalmente en una representación del espacio que distribuía los nombres de lugares de una manera regular, geométrica, un poco a la manera de nuestros mapas ferroviarios. El conjunto constituía especies de diagramas regidos por la forma de la hoja que ocupaban y no por la topografía. Huelga decir que este enfoque favorecía el orden de sucesión de los topónimos a expensas de las distancias reales que los separaban. Además de este modelo "ferroviario" (un ejemplo del cual sería el mapa de Cuauhtinchan en el valle de Puebla [LÁMINA 5]), habría existido un prototipo considerablemente distinto que habría aparecido en la región de Texcoco. Este segundo modelo habría tomado en cuenta ciertos accidentes topográficos y su posición respectiva. En otras palabras, varios enfoques habrían guiado a los pintores antes de la Conquista:

—una representación estilizada y en extremo convencionalizada del primer tipo;

—la reproducción, aunque sea aproximada, de la orientación y de las distancias entre los lugares (tipo texcocano);

—un tipo mixto en que se conjugan los dos anteriores y cuya parte central denotaría el deseo de respetar la distribución topográfica en tanto que las orillas recogerían una información organizada según criterios mucho más convencionales;

—finalmente una cartografía urbana. . .[43]

Esta tipología no deja de ser menos apreciablemente hipotética en la medida en que, si el estilo "ferroviario" es prehispánico sin discusión, se tiene toda razón para preguntarse si el "prototipo texcocano" no es la proyección en el pasado precortesiano de un trazo ya aculturado. Lo mismo ocurre con los mapas de ciudad cuya existencia se induce de documentos exclusivamente coloniales. Cierto es que, según las hipótesis aceptadas o descartadas, según que se acepte o no la existencia de un prototipo texcocano con "realismo" geográfico más persistente, las innovaciones introducidas bajo la influencia española adquieren un relieve muy distinto. No por ello deja de ser cierto que, a ejemplo de las "pinturas" anteriores, los mapas sufrieron transformaciones sorprendentes, desde el *Códice Xólotl* hasta el *Mapa de Santa Cruz*. Y ello con tanta más razón cuanto que desempeñaron una función esencial en una sociedad colonial que concedía a la propiedad privada de la tierra un interés principal y obligaba a indios y españoles a delimitar derechos y terruños. Ahora bien, al parecer en este terreno, a falta de cartógrafos suficientemente numerosos, la administración española no fue insensible a la habilidad y al saber

---

[43] Robertson (1959), pp. 179-180; Keiko Yoneda, *Los mapas de Cuauhtinchan y la historia cartográfica prehispánica*, México, AGN, 1981.

indígenas, incluso al complejo sistema de convencionalismos que proponían los glifos. Por consiguiente, la administración recurrió normalmente a los pintores indígenas y lo hizo sobre todo en las décadas que correspondieron a las encuestas de las *Relaciones geográficas*, a la política de concentración de las poblaciones indias o al otorgamiento máximo de tierras a españoles, o sea *grosso modo* de 1570 a 1600.[44]

Como las pinturas históricas o económicas, el mapa indígena colonial supo abrirse a las nuevas realidades. Junto a un simbolismo tradicional, empeñado en señalar los ríos, las fuentes, las montañas, los caminos, el hábitat, dio cabida a signos nuevos hechos indispensables por la penetración colonial: la iglesia con su atrio y su campana, el trazo reticulado del pueblo, la estancia y la hacienda, el corral, los molinos de agua, las carretas con toldo, tiradas por bueyes (LÁMINAS 6 y 7). . . Aunque nuevos, esos signos observan los cánones de la iconografía indígena. La estancia (por lo general una granja para cría) es un desarrollo del glifo "casa" al que se agrega un techo en punta mientras que la iglesia se representa de un modo simplificado, bidimensional y retomando de ser necesario elementos decorativos autóctonos.[45]

Sin embargo, el enriquecimiento de los repertorios no podría ocultar la lenta degradación de las formas. Si todavía a fines del siglo XVI se encuentran glifos de dibujo clásico pintados con seguridad, la mayoría de las veces el rasgo se desnaturaliza. En las dos últimas décadas del siglo el glifo "río" se reduce a dos líneas onduladas, a una espiral esbozada burdamente, e incluso a una simple línea (LÁMINA 10); el signo "montaña" se transforma en una eminencia de contornos imprecisos, privada de su base estilizada; dibujadas someramente, las huellas de pasos —que indican las vías de comunicación— son todas manchas irreconocibles. El glifo "casa" con frecuencia es sólo un *graffitto* apenas identificable. Hasta los signos más comunes acaban por perder su identidad. El abandono del color es contemporáneo de la degradación de los glifos. Cuando todavía se puede apreciar, la gama cromática tal vez reúna una decena de tonalidades distintas. En los mapas de los años 1570 se alternan el azul verdoso o el azul grisáceo de los ríos y las fuentes, el ocre amarillento de las colinas y las tierras incultas, el malva, el marrón y el rosa del hábitat y de las iglesias, el verde de las estancias españolas, el marrón de los caminos (LÁMINA 8). . . Sabido es que el cromatismo indígena constituyó un dato esencial de la expresión pictográfica, aun cuando a menudo se nos escapen su sentido y su función. Es probable que ese cromatismo indicara la calidad o el destino de las tierras representadas, pero también que situara cada espacio en una escala sensible y sacra, marcando oposiciones, umbrales o continuidades, señalando presencias perfectamente extrañas a la mirada española. Por ejemplo, el color y el

[44] Nuestro análisis trata del periodo 1530-1619, o sean 858 mapas de los cuales 39 son anteriores a 1570; los mapas de origen (probablemente) indígena representan poco más de la tercera parte de la producción total (306). Todos están enlistados en los *Catálogos de ilustraciones*, vols. II, III, IV, V, México, AGN, 1979.

[45] Núms. 1822, 1088, 1679, 1678, 2133, 2018, 867.

dibujo del agua son también, antes que nada, el símbolo y el atributo de Chalchiuhtlicue, la diosa acuática, la Señora de las aguas corrientes. Aun así, el cromatismo no deja de ceder terreno. En las series que se conservan, raros son los mapas pintados en su totalidad. Cuando subsiste, el color se refugia en ciertos glifos, a menos que ya no sirva sino para sugerir el paisaje tal como lo percibimos, como si los pintores hubiesen trocado su percepción del entorno por una mirada occidentalizada. Aquel río que en 1599 es ya el listón azul por nosotros conocido, 30 años después corre entre dos burdas márgenes de un café terroso.[46] Este abandono sin duda tiene varias causas. La pérdida brusca o progresiva de un saber de los colores, memorias muertas o desintegradas; la imposibilidad o sólo la dificultad de procurarse los colorantes en una sociedad y una economía desorganizadas por la colonización; en fin, y sobre todo, un ansia de rapidez y de adecuación a una exigencia europea que no tiene relación con una señalización cromática, como dan fe los mapas españoles trazados en esas circunstancias. . . . Es evidente que, según los lugares y los tiempos, estos factores tuvieron una incidencia distinta.

En su estructura global, el mapa indígena se adaptó a la visión occidental del espacio. Salvo algunos ejemplos que recuerdan los mapas-diagrama de la época prehispánica, por lo común la disposición de los elementos topográficos suele reflejar de manera más o menos aproximada su distribución sobre el terreno. En ella puede verse el resultado colonial de un hipotético prototipo prehispánico o la influencia victoriosa de la occidentalización y de los modelos españoles. O bien y asimismo la imperiosa necesidad de presentar ante los ojos de los españoles documentos legibles donde pudieran orientarse sin demasiadas dificultades. Es posible que precedentes precortesianos, modelos occidentales y concursos de circunstancias se hayan conjugado a expensas de la estilización y del geometrismo.

En esa organización espacial vino a incorporarse una serie de adaptaciones que acentuaron su occidentalización. Antes que nada, la orientación del espacio. Introducida por doquiera para representar el pueblo, conforme a la tradición cristiana que dirige el coro hacia el oriente, la iglesia con frecuencia se abre hacia el oeste (LÁMINA 9). Como siempre se la figura de frente, tiende a imprimir al mapa su propia orientación. Con menor frecuencia, un sol en lo alto de la hoja señala el oriente. En otras partes, distancias indicadas sobre el mapa en pasos o leguas (LÁMINA 10) esbozan un rudimento de escala. Orientado, el espacio por consiguiente también se mide. La medida y la orientación no son incompatibles con cierto espíritu conservador en el dibujo. Si bien es cierto que las indicaciones de la distancia y de los puntos cardinales corresponden generalmente en el mapa a la intervención de un autor español, ello no impide que esta intervención hubiese sido imposible si el apoyo, si una mano indígena no la hubiera preparado[47] (LÁMINA 11).

La aparición del paisaje —la mayoría de las veces en forma de perfiles montañosos plantados de árboles que extrañamente sugieren aguadas de Durero (LÁMI-

[46] Núms. 1626, 2131, 2133, 2152, 2177, 1611, 2206, 2015, 1240, 1448, 1449.
[47] Núms. 1685, 566, 1088, 1540, 1822, 1829, 1705, 1867, 1868, 1882, 2064, 2091.

NA 8)— o incluso la sugerencia de horizontes lejanos azulados y degradados, delatan la influencia del grabado y de la pintura europeos y aún más de los numerosos frescos que adornaban las iglesias y los conventos. Esta innovación, que ya habíamos notado en otros documentos pictográficos realizados también hacia los años 1570, tampoco es incompatible con la conservación del cromatismo y de los convencionalismos antiguos. Incluso se tiene la sensación de que, más que una apreciación "fotográfica" de los alrededores, con frecuencia constituye un signo suplementario para señalar confines. ¿Conversión al paisaje o adopción de un neoglifo? En más de una ocasión nos haremos esta pregunta.

En cambio se define otra tendencia que disgrega mucho más la manera antigua. Algunos mapas indígenas abandonan el color, descartan todo diseño del trazo, todo acabado de los contornos y de las curvas, para reducirse a un dibujo tosco, en extremo ahorrativo, que a veces linda en la torpeza (LÁMINA 10). Sin embargo, estos mapas no son esbozos de "pinturas" más elaboradas. Son la versión indígena de mapas españoles trazados en la misma época y que tienen el aspecto indefinible de esbozos más o menos garabateados: un vago aborregamiento señala en ellos el relieve, el zigzag rápido de la pluma indica un río, un sombreado hecho de prisa señala la existencia de un pueblo. El rasgo entero, el esquematismo elemental y, cuando aparece el color, el embadurnamiento nos arrastran a mil leguas de la complejidad caligrafiada de las "pinturas", al terreno inasible del croquis. Más personal, más subjetivo, portador de una información sumaria y unívoca, trazado con *pluma* y ya no con pincel, el croquis español constituye una forma de abstracción de la realidad que recurre a un juego de convencionalismos menos normalizados y mucho menos fácilmente identificables que el del mapa indígena. La elección de elementos pertinentes es variable, desde las amplias configuraciones hasta los ínfimos segmentos. El croquis español asocia datos inmediatamente legibles con variantes facultativas que dependen del contexto o derivan del estilo personal del autor. Trátase de un "código débil" que da libertades a la intervención individual al grado de que en ocasiones uno se perdería en él, a no ser por la leyenda que comenta el trazo. Pues el croquis español y la escritura alfabética son de toda evidencia inseparables, como si sólo fuesen las dos modulaciones de un mismo trazo de pluma. A veces, la leyenda se confunde con el dibujo hasta producir el "mapa escrito" en que leyendas pintadas en cartelas colocadas en el lugar geográfico que les corresponde invaden la totalidad del documento y determinan su composición. En ciertos casos, la escritura incluso sustituye del todo al dibujo. Encuentro paradójico, tan imprevisto como involuntario: ¿no acaso ofrecerá el mapa escrito —variante extrema del croquis— la pareja europea del mapa indígena más tradicional? En vez de disponer glifos sobre el perímetro de un rectángulo, distribuye inscripciones alfabéticas sobre ejes y cuadriláteros. En igualdad de circunstancias, el grado de abstracción es comparable, aunque no sería cosa de hacer del glifo el equivalente de la escritura latina. Vale decir sobre todo que, en éste como en otros casos, sería inútil asociar de manera sistemática la occidentalización y la visión "realista" del entorno. Por una y otra partes, todo es formalización y convencionalismo. Lo que, por lo demás, no implica que el paso de uno a otro sistema haya constituido una empresa fácil. Y ello por múltiples razones.

Técnicamente, la práctica del croquis a la española supone el dominio consumado de la escritura alfabética y la asimilación de convencionalismos pictóricos que no existen sino en estado empírico e implícito, mezclados con una dosis nada despreciable de improvisación y subjetividad. El croquis es creación de una sociedad y de una cultura que toleran hasta cierto punto el juego del individuo con los códigos, cuando la tradición indígena parece imponer de una manera más rígida la uniformidad de sus convencionalismos. Según esta hipótesis, el paso de los pintores indios al croquis correspondería a una transformación profunda de la relación consigo y con la sociedad. Mas, ¿no habíamos notado ya la eventualidad de esta mutación en el terreno de la representación de la figura humana?

Había sin embargo otro obstáculo principal, más insalvable. El paso al croquis nunca se planteó en función de la sustitución de un sistema de convencionalismos por otro que más o menos sería su equivalente. Por el lado español cuando se bosqueja, cuando se escribe, es que se trata de captar en exclusiva lo esencial a costa de anotaciones periféricas, religiosas, míticas, ecológicas y fuera de toda consideración estética. En cambio, la expresión pictográfica es polisémica: por ejemplo, los glifos *Coatepec* (LÁMINA 6) —una serpiente sobre un cerro— o *Citlaltepec* (LÁMINA 10) —una estrella sobre el mismo cerro— no sólo identifican lugares sino que actualizan un saber de los orígenes y toda una cosmología. En cambio, el sol español —un círculo rodeado de rayos— que señala la orientación del mapa (LÁMINA 9) es un convencionalismo de valor débil, en esencia geográfico y decorativo. Por lo demás, así como el glifo es autónomo, es decir de suyo portador de sentido, así también el dibujo español exige el comentario de la escritura so pena de ser ambiguo o ilegible. Un trazo ligeramente curvo sólo señala una montaña si se le agrega la mención *serranía*, mientras que el glifo ''cerro'' es de una inteligibilidad absoluta, *así sea para un español*. En lo sucesivo tal vez se capte mejor la distancia que separa ambas diligencias cartográficas. Distancia que es a un mismo tiempo de orden intelectual, técnico y práctico. Si el croquis español es ahorrativo de medios, trazado rápidamente y sin floritura alguna, es porque sólo persigue una meta limitada: localizar una explotación, una donación de tierras en un espacio, mientras que el mapa indígena tradicional trata, de manera antitética y complementaria, de la totalidad del terruño. Transmite por tanto un número mucho más considerable de informaciones y con frecuencia expresa un conocimiento profundo de los lugares pintados. Vale decir que el pintor indígena que había adoptado el croquis debía haber adquirido una visión distinta de sí y de su comarca al mismo tiempo que un cabal dominio de la escritura alfabética. Elementos todos que no era fácil reunir y que suponían una aculturación avanzada. Mas es fácil imaginar que el croquis español haya ejercido sobre el estilo indígena una influencia más superficial y más deletérea inspirando simplemente una modificación del trazo y de la línea, sugiriendo una mayor rapidez de ejecución tanto como el abandono de todo lo que parecía superfluo —el color— o demasiado complejo: los glifos. Se tiene la sensación de que, mucho más que la inclusión del paisaje, la adopción o mejor dicho la evolución hacia el croquis contribuyeron profundamente a disgregar el estilo indígena quitándole lo que aún le quedaba de especificidad.[48]

Cuidémonos de imaginar una evolución lineal de los modos de expresión que permitiría fechar con precisión el abandono de un procedimiento o la difusión de una técnica nueva. Cuando mucho se pueden deducir tendencias globales. La causa no es sólo la relativa debilidad de nuestra base documental. Fuerza es darse cuenta de que las modificaciones de la composición espacial, del juego de los convencionalismos, de los elementos considerados pertinentes observan ritmos muy diversos de acuerdo con los lugares y los pintores. Por el rigor de su trazo, el empleo del color y de los convencionalismos "clásicos", por la ausencia de paisaje, un mapa hecho en 1601 en Tepeji del Río, actual estado de Hidalgo, da fe, a principios del siglo XVII, de la persistencia relativa de un estilo tradicional. Tres años después, en la región de Puebla, el mapa en cambio toma el aspecto de una burda improvisación en que los signos antiguos se hallan prácticamente ausentes y donde triunfa un paisaje de bosquecillos y montañas. Pero 20 años antes, cerca de Malinalco, el mapa ya estaba bosquejado y las colinas sembradas de árboles. Estas variantes impiden cualquier cronología precisa y más bien llaman la atención hacia la coexistencia de modos distintos de representación cartográfica de los que uno sería más tradicional y otro más occidentalizado. Ambos modos pueden coincidir en una misma comarca, en dos pueblos vecinos, pero también se encuentran en el mismo mapa cuando los glifos se mezclan con las líneas de coronación o cuando las iglesias se representan tanto de frente, y por consiguiente a la antigua, o de tres cuartos en un bosquejo de perspectiva.[49]

Sin embargo, estos dos modos distan mucho de tener el mismo peso: la occidentalización del espacio es una experiencia prácticamente definitiva mientras que la lengua antigua tiende a desnaturalizarse y las pictografías desaparecen de la mayoría de los mapas levantados después de 1620 —cuando menos, de los que fueron hechos a solicitud de las autoridades españolas—, síntoma de la pérdida de una técnica y de un saber, que es preciso apreciar sin dejar sin embargo de matizarlo. Este agotamiento no debe disimular la conservación de una cartografía propiamente indígena hasta fines de la época colonial, hecha de compromisos, de adopciones, de arreglos concebidos y puestos en práctica en las últimas décadas del siglo XVI. Un repertorio pictográfico mermado, de factura a menudo burda e irregular, de los glifos ahogados en un paisaje, una perspectiva esbozada a veces, pero también el deseo conservado del geometrismo y de la formalización, en ocasiones incluso el retorno —¿o el mantenimiento?— de una estructuración autóctona

---

[48] Mapas indígenas y españoles "bosquejados": núms. 1692-1, 2126, 2015, 1682, 1758; mapas "escritos": 2159-1, 2110.

[49] Núms. 2016, 2019, 2126; *cf.* 589 y 590; 2049.

del espacio salpican estos mapas cuyo inmovilismo aparente obedece a que son copiados meticulosamente por sus poseedores sucesivos.

El uso conjunto de dos códigos iconográficos o cartográficos entre los pintores indígenas de la segunda mitad del siglo XVI es sólo un aspecto de una prodigiosa capacidad de asimilación y de adaptación cuyos ejemplos se han tratado de multiplicar. Pero hay un terreno, ya tocado en repetidas ocasiones, donde esta facultad abandona el campo en resumidas cuentas familiar de la expresión pictográfica para intentar una nueva aventura. Reabramos el *Códice Sierra*. Unas pictografías se afanan por representar en él la innovación gráfica introducida por los vencedores: la escritura y el acto de escribir. Pintan uno tras otro el papel, el libro virgen, el libro encuadernado, el breviario, el libro de música, el acto oficial y al escribano español en el momento de escribir. La mirada penetrante de este *tlacuilo* mixteca o chocho a la escritura alfabética expresa de manera elocuente el grado en que la historia colonial de la expresión pictográfica es inseparable de la asimilación de la escritura alfabética. A decir de los religiosos, parece ser que el aprendizaje de la lectura y la escritura no topó con ninguna dificultad importante. La experiencia empieza en Texcoco hacia 1523, donde el franciscano Pedro de Gante enseña a jóvenes nobles ''a leer y escribir, cantar y tañer instrumentos musicales y la doctrina cristiana''. La empresa se extiende progresivamente a los vástagos de la nobleza de México (1524-1525) y de los alrededores, a las regiones de Tlaxcala (1527) y de Huejotzingo (1525), mientras que algunos franciscanos emprenden la alfabetización de la lengua náhuatl. De la alfabetización a la redacción de obras en náhuatl sólo había un paso, que dio probablemente Pedro de Gante al componer su *Doctrina Christiana*, tal vez el primer libro en náhuatl impreso en Europa desde fines del decenio de 1530. Durante ese tiempo, los evangelizadores recogen los primeros frutos de sus enseñanzas. Desde 1531, el obispo Zumárraga observa que *''multi enim puerorum istorum bene legere, scribere [. . .] sciunt''* [algunos niños saben leer y escribir bien]. Hacia 1537, el franciscano Julián Garcés describe al papa Pablo III un cuadro igual de entusiasta. En enero de 1536 se crea el Colegio de Santa Cruz de Tlatelolco, que ofrece a las élites indígenas una educación de una excepcional calidad bajo la dirección de los franciscanos más insignes. Los adelantos de los jóvenes indios son tales que pronto hay colonos que se alarman y recuerdan que ''el leer y escribir, muy dañoso como el diablo''.[50]

Según los testimonios, los indios adquieren con facilidad la maestría del signo gráfico, siendo ''muy grandes escribanos de todas letras, chicas y grandes, quebradas y góticas'', hábiles para ''contrahacer la materia que les dan sus maestros''. Cierto es que el aprendizaje del latín —la ''gramática'' de la época—, que comienza hacia 1533 bajo la férula del francés Arnaldo de Basaccio, presenta problema en la medida en que el náhuatl no posee términos que expresen las reglas gramaticales.

[50] Mendieta, *Historia eclesiástica indiana*, *op. cit.*, II, p. 62; III, pp. 62-65; IV, p. 53; Motolinía, *Memoriales. . ., op. cit.*, pp. 236, 238; Joaquín García Icazbalceta, *D. Fray Juan de Zumárraga. . .*, México, Porrúa, 1947, II, p. 307. Sobre la bibliografía, *véase* Lino Gómez Canedo (1982).

Obstáculo vencido al cabo de varios años de esfuerzos, pues los alumnos "salieron tan buenos latinos que hacían y componían versos muy medidos y largas y congruas oraciones". No trataremos, a través de estas cuantas anotaciones, de reconstruir una historia de la educación indígena, de la que otros han tratado profusamente, sino tan sólo de destacar hasta qué grado, desde fines de la década de 1530, el alfabeto latino penetra en las élites indias a medida que comienza a fijar las diversas lenguas autóctonas empezando, como ya lo hemos recordado, por el náhuatl. No es tarea fácil esbozar el menor balance cuantitativo de esta empresa de alfabetización. Cuando mucho recordaremos que se halla lejos de ser insignificante, puesto que cada fundación franciscana se duplica entonces con una escuela donde los indios, según su jerarquía, aprenden el catecismo o algo más. La instrucción de las élites indígenas avanza así al ritmo de la expansión de la orden. Agreguemos que los agustinos siguen una política análoga. Al iniciar la década de 1530, tal vez lleguen a seiscientos los jóvenes indios que se inician ya en la escritura. Al lado de los religiosos aprenden indios, e incluso algunas indias, a leer y escribir. En manos de sus maestros o en las bibliotecas aún modestas de los conventos descubren ese objeto extraño que es el libro. Contemplan las imágenes grabadas que adornan las páginas de los volúmenes. Tal vez se pregunten ya por una técnica, por la imprenta, en la que algunos de ellos se ilustraron con posterioridad.[51]

Con toda seguridad sería falso imaginar que la escritura latina suplantó de inmediato la expresión pictográfica. Los *tlacuilo* pintaron glifos durante los tres siglos de la dominación colonial y la expresión pictográfica todavía se hallaba casi indemne de toda influencia cuando ya en las décadas de 1530 y 1540 algunos nobles dominaban la lectura y la escritura. Ni inmediato ni ineluctable, el paso del glifo a la escritura tampoco adoptó la forma de una sustitución sino más bien la de un encuentro en el espacio indígena de la "pintura". A este respecto es significativo que en el siglo XVI las palabras *cuiloa*, *tlacuilo*, *tlacuilolli* y muchas otras que en náhuatl se vinculaban al pintor, al acto de pintar y a la pintura, se hayan aplicado también al mundo de la escritura. Pero veamos primero el caso mixteco.

Las "pinturas" mixtecas de la región de Oaxaca fueron conservadas en número suficiente para sacar de ellas algunas indicaciones preciosas. Aunque de origen prehispánico, el *Códice Colombino* —que presenta la biografía de un personaje llamado 8 Venado— fue anotado en dos ocasiones entre 1522 y 1541. Pero sus dueños, los señores de Tututepec, no se preocuparon por mandar transcribir ni glosar su contenido. Se valieron de él para consignar en letras latinas los límites de su territorio. Esta finalidad del todo pragmática favorecía la autenticidad y la antigüedad del apoyo a expensas del contenido, modificaba la función y el sentido del *Códice* que de tal suerte era equivalente a un título de propiedad. El *Lienzo de Jicayan*, pintado en 1550, ya muestra, en cambio, una diligencia enteramente dis-

[51] José María Kobayashi, *La educación franciscana como conquista*, México, El Colegio de México, 1974, pp. 248, 281-283; Motolinía, *Memoriales. . ., op. cit.*, p. 137.

tinta: al margen de las pictografías tradicionales, lleva inscripciones mixtecas alfabéticas que constituyen una glosa parcial de los glifos. Pero esta glosa es posterior por varias décadas a la realización de la pintura. Este intervalo desaparece en el *Lienzo de Ocotepec* (1580), que fue comentado en náhuatl desde la época de su realización, aunque ¿acaso no estaba ya abolido 25 años antes, con motivo de la redacción del *Códice Sierra*? Más tardía, la "Genealogía de Tlazultepec" (1597) comparte también su espacio entre la escritura alfabética y los signos antiguos.[52] Contemporánea o posterior a la pintura, discreta o desbordante, pertinente o no, la glosa alfabética se inmiscuyó en el espacio pictográfico siguiendo modalidades muy diversas cuyo equivalente se descubre en las sociedades nahuas. La glosa trata allí de topónimos (*Mapa de Sigüenza*, *Mapa Quinatzin*), de personajes (*Mapa Tlotzin*) o del conjunto de la información pictográfica (*Matrícula de Tributos* y *Códice Mendoza*). De una manera general, es un agregado posterior, debido con frecuencia a una mano europea, concebido a fin de hacer el documento inteligible para los españoles y que no trastorna la organización de la pintura a menos que el espacio de la glosa haya sido reservado desde la concepción de la obra. Sin embargo, la inclusión de la escritura alfabética puede rebasar el simple comentario, como lo muestra la *Historia tolteca-chichimeca*. Hecha en Cuauhtinchan, en los alrededores de Puebla, entre 1547 y 1560,[53] esta obra descubre ampliamente la gama de las relaciones posibles entre el glifo y la escritura. Como antes, en ella se encuentra una escritura-glosa que se aplica a los documentos pictográficos reproducidos por el pintor: la escritura precede, sigue o rodea las pictografías que se limita a comentar o de las cuales ofrece un equivalente, creando así una verdadera duplicación de la información. Mas la glosa también puede remitir a "pinturas" que el pintor no ha reproducido pero que el escritor ha explotado como fuentes de información. En consecuencia, pronto se da el paso que lleva desde el comentario de documentos exteriores a la obra hasta la composición de una escritura autónoma, desvinculada de toda figuración y de toda referencia pictográfica. Lo que la escritura alfabética gana en continuidad lo pierde el material pictográfico en consistencia. Rotas en fragmentos dispersos, aisladas de su contexto original, las pictografías se pliegan a las exigencias del comentario tanto como a las restricciones del formato hasta la pulverización, hasta que ya sólo subsisten islotes glíficos casi reducidos al papel de viñetas decorativas (LÁMINA 11). Conservadas, son ilustraciones en las que se desliza un paisaje, a menos que adopten la función ornamental de un frontispicio europeo. . . La *Historia tolteca-chichimeca* exigiría un análisis infinitamente más profundo. En ella se descubren los múltiples vaivenes entre dos modos de expresión, pero también a veces vacilaciones y arrepentimientos que permiten suponer que el autor no era insensible a la pérdida de sentido que implicaba el desmembramiento de un tablero pictográfico.

[52] Smith (1973), pp. 15, 13, 170, 147, 161, 170-171.
[53] *Historia tolteca-chichimeca*, México, INAH-SEP, 1976 [comps. Paul Kirchhoff, Lina Odena Güemes y Luis Reyes García].

Las etapas sucesivas de la obra del franciscano Bernardino de Sahagún trazan itinerarios análogos. Si en los *Primeros Memoriales* reunidos entre 1558 y 1560 las pictografías dominan el comentario escrito, en ello sin duda hay que apreciar la marca de informantes ya adultos en el momento de la Conquista y todavía familiarizados a la perfección con la expresión pictográfica. En cambio, en la suma mucho más elaborada que constituye el *Códice de Florencia* (1578-1579), el texto escrito (en náhuatl) relega a segundo término no sólo el resumen español que de él se hace, sino también las imágenes. Éstas han dejado de ser verdaderas pictografías para constituirse en ilustraciones coloreadas o monocromas, subordinadas a la escritura. Sin dificultad se verá en ellas la mano de una nueva generación de informantes formados por los religiosos, que escriben un náhuatl alfabetizado, asiduos del libro y de la imagen grabada. Textos propiamente indígenas redactados en los últimos 25 años del siglo corroboran esta mutación decisiva: el Diario de Juan Bautista, un indio de la ciudad de México, alguacil y recaudador del tributo de Su Majestad, ya sólo despliega un texto escueto y lo mismo puede decirse de las crónicas y las relaciones indígenas posteriores.

A veces se olvida que el descubrimiento y la conquista de América son contemporáneos no sólo de la difusión del libro impreso sino también del libro ilustrado. Por tanto no se puede separar la penetración de la escritura de la influencia decisiva que ejerció la imagen grabada.[54] Por lo demás, ambos campos se hallan estrechamente imbricados. Los libros que abrían los religiosos y muy pronto sus discípulos indígenas tenían sus letras decoradas, dispuestas sobre fondos de follaje, de personajes y de símbolos. La letra se fundía en una imagen un poco a la manera del glifo, pero el nexo que la unía a su decorado seguía siendo en general arbitrario, al imponerse el ornamento, el efecto al sentido por dar. Su equivalente se encuentra en los anagramas esculpidos que adornan las fachadas de las iglesias construidas por las órdenes mendicantes. El grabado propiamente dicho ofrecía a los indios, supieran leer o no, imágenes tan extrañas como las que los españoles observaban en los manuscritos pictográficos. Cubriendo un repertorio principalmente religioso, les presentaban escenas de la vida de Cristo y, más allá, un simbolismo de la divinidad desconcertante para el ojo indígena. Los grabados abrían las puertas de la imaginación occidental extrayendo de sus bestiarios monstruos fabulosos. Alineaban una profusión de motivos decorativos, de frisos y de mascarones cuya réplica encontraban los indios en los muros recién pintados de los claustros y de las iglesias. Cabe interrogarse sobre el sentido que podían dar a estos ornamentos los indios que los contemplaban o que incluso los pintaban. ¿Con qué mirada percibían las quimeras y las criaturas fantásticas? ¿Cómo separaban lo "demo-

[54] Sobre el libro en la Nueva España, *véanse* Joaquín García Icazbalceta, *Bibliografía mexicana del siglo XVI*, México, FCE, 1954; José Toribio Medina, *La imprenta en México, 1539-1821*, I, Santiago de Chile, 1907; Francisco Fernández del Castillo, *Libros y libreros en el XVI*, México, AGN [1914] 1982; y la ilustración: Jesús Yhmoff Cabrera, "Los capitulares y los grabados en los impresos de Antonio de Espinosa. . .", *Boletín del Instituto de Investigaciones Bibliográficas*, México, UNAM, 10, 1973, pp. 17-111.

niaco'', lo "decorativo" y lo que les sugería su propia tradición? Pero los grabados también tendían un espejo a los vencidos cuando los mostraban orando, casándose o confesándose: así era la visión que el arte español y flamenco nutría de ellos y la imagen que pretendía inculcarles. Con las temáticas y las iconografías circulaban los elementos fundamentales de los códigos icónicos occidentales del Renacimiento, la representación de la figura humana, del ademán, de la profundidad y de la perspectiva. E incluso excepcionalmente de las lógicas, de los modos de razonamiento que ponían en imágenes los esquemas grabados en México obras del teólogo agustino Alonso de la Vera Cruz. Como en Occidente en la misma época, el grabado fijó la idea que uno se hacía del mundo, y los indios, como los demás, no escaparon a este acto de dominio visual, primer esbozo de nuestras guerras de las imágenes. Como tampoco a la curiosidad que despertaba: indios que robaron libros incautados por la Inquisición confesaron que ''no los querían para leer sino para verlos'', a decir verdad para contemplar las imágenes que contenían de los santos. La difusión del grabado europeo tuvo cuando menos tres implicaciones específicas principales: impuso una visión monocroma a diferencia de las "pinturas" indígenas que jugaban con el color; propuso el ejemplo de una sintaxis y de una trama lineales, sin relación con la línea de contorno que encerraba las pictografías; mantenía con la escritura una relación específica basada en la yuxtaposición de un código visual y de un código alfabético, mientras que las pictografías confundían o, antes bien, fusionaban ambos modos de información. En otros aspectos el grabado al parecer podía aproximarse al modo de representación indígena o distanciarse de él radicalmente: en el primer caso, organizaba la disposición de los objetos en todo el espacio de la hoja un poco a la manera del *scattered-attribute space* de la tradición prehispánica; en el segundo actuaba sobre la perspectiva, el paisaje y la tridimensionalidad, componiendo una visión que no podía dejar de confundir profundamente al observador indígena.

Aunque en apariencia más accesible que el alfabeto que se apoyaba en una abstracción total del signo, la imagen grabada no por ello exigió menos de los indios un aprendizaje acerca del cual estamos por lo demás informados. Favoreció la copia, la imitación. Muy pronto algunos indios se mostraron capaces de hacer réplicas sorprendentes de grabados y de toda especie de documentos que iban de la bula a la partitura musical. Esta aptitud explica que el simbolismo cristiano pudiera deslizarse tan fácilmente en la expresión pictográfica para expresar nombres de santos o de fiestas litúrgicas, o que motivos renacentistas viniesen a invadir el *Códice de Tlatelolco*. Mas, por fiel que sea, la copia no implica la comprensión de la organización global ni de los principios que ordenan la disposición de conjunto de la imagen. La copia autoriza la extracción de elementos aislados mucho más de lo que permite la concepción de imágenes nuevas. Esta dificultad para separar una estructura y esta facilidad para reproducir las partes parecen regir la cronología de las adopciones que los pintores indígenas tomaron del repertorio occidental. Que dos o tres generaciones hayan vivido las mutaciones que a Europa le llevó siglos

iniciar, que esas mutaciones hayan sido impuestas desde el exterior y no experimentadas y vividas espontáneamente es lo que plantea el viejo problema de la
dependencia cultural, intelectual e incluso sensible entre Occidente y los mundos
que domina. Nos habría gustado contar con el tiempo y el espacio para confrontar
la experiencia flamenca, la italiana y, desde luego, la española con los procesos que
se presienten en la obra de los artistas indígenas, comparar las etapas de una reconstrucción de la realidad y del espacio, hurgar en el trocar caótico de un espacio
plano, sin sombras (en su concepción plotiniana o mixteca) a la profundidad, al
relieve. . .

Pero habría sido un rodeo demasiado largo, por implicar un conocimiento del
arte español que no tenemos y trabajos que difícilmente existen.

EL ÚLTIMO RENACIMIENTO

Se podría pensar que las imágenes y las letras no sirvieron sino para duplicar y
perturbar modos de expresión que todavía lograban justificar su existencia. Se
podría sostener muy por el contrario que por el camino de la fonetización y del
enriquecimiento de los repertorios iconográficos contribuyeron a su mantenimiento,
confiriéndoles al mismo tiempo dimensiones inesperadas y orientaciones insospe-
chadas. Pero una vez más equivaldría a restringir de modo considerable la permeabilidad del mundo indígena a la sociedad colonial. Sin la obra inmensa empezada
desde 1533 por algunos misioneros y sus informantes, poco se sabría de las culturas
prehispánicas. Describir las ''antigüedades'' sobre el papel ayudó a salvaguardar
del olvido cuadros enteros de esas culturas. Sería demasiado largo el catálogo de
esa producción que entre los españoles dominan los trabajos de Andrés de Olmos,
de Toribio de Benavente llamado Motolinía, de Bernardino de Sahagún, de Diego
Durán, de Juan de Tovar, de Mendieta, de Torquemada, de Alonso de Zorita, sin
olvidar en cuanto a Oaxaca las obras de Francisco de Burgoa o respecto a Michoacán la *Relación de las ceremonias y ritos*. . . A ellos se agregarán los escritos de
historiadores mestizos tan afamados como Alva Ixtlilxóchitl o Muñoz Camargo.
Pero recordemos que los propios indios salieron de su papel de informantes para
tomar la pluma, interpretar las ''pinturas'' y ''escribir'' los discursos y los relatos
de antaño, como lo hicieron los autores de los *Anales de Cuautitlán* hacia 1560-
1570, inspirándose en los antiguos ''libros de años'' o *xiuhamatl*, o el redactor
anónimo del *Códice Aubin*. Un tenochca, Alvarado Tezozómoc, incluso llegó a
escribir dos crónicas, una en español y otra en náhuatl, la *Crónica mexicana* (1559)
y la *Crónica mexicayotl* (1607). La historia cercana de la Conquista inspiró escritos
tal vez desde 1528, en Tlatelolco. En 1548 el tlaxcalteca Thadeo de Niza escribía
su historia de la conquista de Tlaxcala incluso antes de que se pintara el famoso
Lienzo, y cinco años después sin duda aparecía una primera versión india de la
Historia de la conquista de Tenochtitlán, que ulteriormente Sahagún integró a su

obra. Tanto como las "pinturas", la escritura nueva fijaba las peripecias de la Conquista.[55]

La sustitución de la expresión pictográfica por la escritura alfabética fue mucho más que un simple asunto de traducción o de transcripción. Mientras que los cantares y los *huehuehtlahtolli* se podían fijar fácilmente en caracteres latinos —cierto es que a costa de una cristalización y una cristianización de la tradición oral—,[56] el proceso de poner las "pinturas" por escrito nos parece que tuvo un alcance mucho más decisivo, aunque a primera vista pase inadvertido. Recordemos que las "pinturas" poseen una dimensión específica en cuanto dependen tanto de lo perceptivo como de lo conceptual. ¿No era el *tlacuilo* "un poseedor de muchos colores, un colorista, un dibujante de sombras, un hacedor de pies, un hacedor de caras"? Haciendo intervenir relaciones de forma, de colores, valiéndose del espacio, ofreciendo modos de lectura y enfoques múltiples, las "pinturas" manifiestan una especificidad intuitiva e inmediatamente perceptible, pero en parte verbalizable, su "iconicidad", para usar el lenguaje de los semiólogos. Las "pinturas" son tanto imágenes como textos y las palabras no podrían ofrecer el equivalente exacto de una imagen. En otras palabras, parecería que la explotación escrita de la información pictográfica implicó obligatoriamente una pérdida de sustancia, pérdida tanto más preocupante cuanto que resultaba irremediable y no era verbalizable. Esa pérdida rebasaba el campo de las categorías intelectuales o estéticas para derivar del de los fundamentos implícitos de toda representación de la realidad. Concernía a los principios de selección y de codificación de los elementos pertinentes del entorno. Es probable que en ella se toquen los sedimentos más profundos y menos explorados de una cultura, incluso aquellos que, no hechos nunca explícitos ni puestos nunca en tela de juicio, fundamentan la singularidad de una configuración cultural. El mantenimiento de la expresión pictográfica en el siglo XVI probablemente se haya debido al arraigo de esta relación en la realidad y en su representación, mucho más que a motivos ideológicos (las "idolatrías"), pseudoculturales (la "inercia de la tradición") o a la incapacidad intelectual o técnica de dominar la escritura. Pero el abandono de la pictografía por la escritura no sólo significaba la renuncia a un modo privilegiado de tomar en cuenta la realidad; también sancionaba otras emancipaciones: la ruptura con el uso ritual, público, ostentoso de la "pintura" y del papel de amate que se ofrecía en los sacrificios. No más imágenes *para ver* dioses ni antepasados, no más papel para consumir ritualmente, sino hojas cubiertas de escritura *para leer*. Hechas por indios cristianizados, las transcripciones o, mejor dicho, las versiones alfabéticas, aun conservando una resonancia sagrada —de una sacralidad sin duda demoniaca para los neófitos más convencidos—, rompían de un modo radical con la materialidad del objeto *pintado* e instauraban una relación probablemente mucho más neutra con el apoyo. Se

[55] Baudot (1977), pp. 119-157, 395-429; Charles Gibson, "Prose Sources in the Native Historical Tradition", *HMAI*, 1975, vol. 15, pp. 311-400; Garibay (1971), II, pp. 267-313.

[56] John Bierhost, *Cantares mexicanos. Songs of the Aztecs*, Stanford, Stanford University Press, 1985.

objetará que los españoles también poseían textos sagrados —las Sagradas Escrituras, por ejemplo— a los que los indios los veían rodear del mayor respeto, y que esos mismos indios primero habían observado con estupefacción la magia del "papel que habla". No obstante, ese asombro sólo fue de un momento y la relación ordinaria de los españoles con la materialidad de la escritura, aunque tratara de textos religiosos o mágicos, era más distante o más episódica. Vale decir que, cuando en 1558, un indio mexica asentó por escrito la *Leyenda de los Soles*, al mismo tiempo que protegía del olvido un relato esencial de la cosmogonía nahua, lo recreaba extrayéndolo de "pinturas" que tenía ante sus ojos y de poemas que llevaba en la memoria. Más todavía, le confería una condición nueva favoreciendo su valor documental a expensas de su alcance hermenéutico y de sus funciones rituales. Dicho de otro modo, poner las pinturas por escrito implicó no sólo la selección, la censura y la síntesis de tradiciones plurales —ejercicio al cual se dedicaban ya los antiguos *tlacuilo*— sino también una secularización y una desmaterialización de la información que no dejaba de ser *mostrada*. La distancia tomada por los indios cristianos ante su pasado no habría podido encontrar ejemplo más concreto.

Mas esta distancia es también una recomposición en la medida en que la escritura alfabética imprimía al relato su continuidad lineal, su sentido único de lectura, marcado de manera imperativa por un principio y un fin en tanto que, a este respecto, las "pinturas" parecían mostrar mayor flexibilidad. Y el efecto sin duda era más fuerte aún en la medida en que la escritura rompía la antigua distinción entre lo dicho y lo pintado, sustituyéndola por un modo de expresión común y único: el texto alfabético. Para los nuevos escritores quedaba el cuidado de ordenar, de conjugar y encadenar, sin precedente ni guía alguna, la interpretación de la pintura, el fragmento oral, la anécdota curiosa, el detalle sorprendente, el testimonio vivido. A menudo lo hicieron con asombrosa maestría.

¿Concluiremos de ello que el efecto de la escritura trastornó por completo las memorias indígenas y su visión de las cosas? Como lo hemos visto con claridad, durante todo el siglo XVI coexistieron la escritura alfabética y las "pinturas", a veces en el mismo espacio y sin que las tradiciones orales se perdieran siempre. Por otra parte, no todos los manuscritos respondían a encargos españoles que orientaran su redacción. Algunos trataban de perpetuar usos prehispánicos como, por ejemplo, la conservación de anales locales. En ese caso la ruptura era menor, el objetivo análogo, el uso invariable, sólo el sostén era distinto. Mas, ¿se puede decir lo mismo de esas notas breves que un autor dedica a su carrera, a los hechos insignificantes de su existencia? ¿Favoreció la escritura la mirada introspectiva? ¿Contribuyó el cristianismo a conceder a la existencia y la vivencia individuales un interés que difícilmente se les reconocía? Rompiendo las jerarquías tradicionales o poniéndolas en tela de juicio, ¿menguó paralelamente la colonización las antiguas solidaridades al grado de favorecer la expresión personal mediante la inserción en el grupo doméstico y la comunidad? Es muy posible que el conjunto de estos factores sociales, ideológicos y técnicos pueda explicar la aparición de textos del tenor de

ese Diario de Juan Bautista en que este recaudador del tributo de los indios "vagabundos" de México cuenta sus padecimientos, habla de los que lo rodean, describe las corridas de toros y las fiestas, recoge fragmentos de sermones, anota el
precio del papel de Castilla y de las gallinas. No es improbable que los cantares
cristianizados tan atentos a la introspección y al destino personal hayan sufrido la
doble influencia de la nueva religión y de la nueva escritura.[57] Por consiguiente, ni
siquiera cuando no favorecía la aparición de estas formas nuevas sino que se limitaba a fijar patrimonios antiguos, la escritura nada tenía de ejercicio inocente. Alte-
raba el contenido de la herencia y la naturaleza de la relación que los indios habían
tenido con él. Plegándola a un modo de expresión exótico practicado por indios
aculturados, y por consiguiente sometida a una educación cristiana y occidental, la
escritura latina asumía una función ambigua y subrepticia: aseguraba el salvamento
de las "antigüedades" a costa de una mutación imperceptible que fue también
una colonización de la expresión.

Sin embargo, la transformación de la expresión no se puede disociar de intereses
más inmediatos. La escritura fue el instrumento de una asimilación o mejor dicho
de un sometimiento menos sutil y más generalizado ante las exigencias de la sociedad colonial. Si bien es cierto que las autoridades españolas concedían un valor
legal a los testimonios pictográficos, todavía era necesario que éstos fuesen glosados
o acompañados de una interpretación en náhuatl o en español. A decir verdad, la
comunicación con la burocracia del virreinato necesitaba la práctica de la escritura
tanto como recurrir al intérprete. En mixteco, en zapoteco, en matlatzinca y
sobre todo en náhuatl aparecieron ordenanzas, listas de barrios cada vez más numerosas durante la segunda mitad del siglo XVI. Escritores indígenas e intérpretes
—los *nahuatlatos*— redactaron solicitudes, testamentos, actas de venta y de donación. A los jueces eclesiásticos, al virrey, al corregidor o a un visitador cualquiera
fueron dirigidas querellas legales, denuncias.[58] Captamos el alcance igualmente
ambiguo de esta adopción. Los indios se pliegan a formas que les son extrañas,
pero también aprenden a valerse de ellas en beneficio propio. Adquieren así una
información sin precedente y los medios para intercambiarla, al grado de que, 20
años después de la Conquista, en 1541, algunos españoles se inquietan: "[Los
indios] tienen amanuenses tan buenos y tan numerosos que no podría decir su
número, y que redactan cartas que les revelan muy a la ligera todas las cosas del
país de un mar a otro, cosa que antes les era imposible." Idéntica actitud cuando
en 1545 se procuran el texto de las leyes que los favorecen o cada vez que redactan
o mandan redactar las quejas que denuncian la suerte que les afecta. La más ilustre
de estas manifestaciones probablemente sea la carta que dirigen en 1556 al rey de
España los nobles indígenas de México y sus alrededores. Los nombres más encum-

---

[57] Bierhost, *op. cit.*

[58] Por ejemplo Pedro Carrasco y Jesús Monjarás Ruiz, *Colección de documentos sobre Coyoacán*, México, INAH, 1976-1978, 2 vols.; Hildeberto Martínez, *Colección de documentos coloniales de Tepeaca*,
México, INAH, 1984; Anderson (1976).

brados de la aristocracia indígena no vacilan en suscribir ese panorama bastante sombrío de la condición indígena ni en solicitar que el dominico Bartolomé de Las Casas —de quien conocen manifiestamente la actuación y probablemente los escritos— sea su protector titular.

Por otra parte, una bibliografía religiosa en español o traducida a una lengua autóctona —el náhuatl y de manera más excepcional el huasteco, el totonaca, el tarasco, el mixteco, etc.— empieza a circular en la década de 1530 en ciertos medios indígenas: en ella se reúnen textos bíblicos —las Epístolas, los Evangelios, el Eclesiastés, los Proverbios, el Libro de Job, el de Tobías—, catecismos, sermones, manuales de confesión, devocionarios —*Corona de Nuestro Redentor, Horas de Nuestra Señora, Espejo divino*—, vidas de santos. Primero se trató de obras manuscritas y luego de textos impresos que reparten los religiosos y que éstos destinan expresamente a un público indígena, como explica al respecto el franciscano Alonso de Molina en la introducción de su *Confesionario mayor* (1564), que él quiso llenar de "materias útiles y necesarias a los penitentes para saberse confesar y declarar sus pecados". Todavía en 1607, Joan de Mijangos expone que redactó su *Espejo divino* en forma de coloquios "porque sea más fácil de entender a los naturales que la leyeren". Pero los indios no permanecieron en absoluto como lectores pasivos. Copian de unos a otros todo lo que pasa por sus manos. Tanto que, en 1555, el Primer Concilio mexicano se inquieta por ello, considerando "muy grandes inconvenientes hallamos que se siguen de dar sermones en la lengua de los indios, así por no los entender como por los errores y faltas que hacen cuando los trasladan".[59] El Concilio no sólo ordena incautar todos los sermones en posesión de los indios sino que insta a cuidar muy de cerca los textos que se les entreguen en el futuro, "para que no puedan ni falsearlos ni corromperlos". Incluso llega a prohibir especialmente la venta a los indios de un "libro de las suertes" que circula en castellano. En 1565, el Segundo Concilio mexicano se preocupa de nuevo por las obras manuscritas en poder de los indios, pretendiendo retirarles todos los libros de sermones y los textos sacados de las Escrituras para sólo dejarles el catecismo aprobado por las autoridades eclesiásticas. Estas medidas no sólo revelan la difusión de la lectura entre los indios, sino también la existencia de medios que reproducen textos sin rendir cuenta alguna a la Iglesia. Así como la transmisión de las antiguas "pinturas" rituales apenas nos sorprende, así esas copias "salvajes" poco más de 30 años después de la Conquista desconciertan. ¡Qué no daríamos por descubrir ejemplares de esos trabajos y por determinar si las "corrupciones" y los "errores" con que se los rellenaba no eran fruto de una primera interpretación indígena de los textos cristianos, y por ende una primera herejía de la que al parecer la Iglesia desconfió igual o más que de las "supervivencias idolátricas"! Por lo demás, ¿no se aprecia acaso un reflejo de ella en las versiones cristianizadas de los famosos *cantares mexicanos*?

[59] Fernández del Castillo, *Libros y libreros, op. cit.*, p. 36; *Concilios provinciales Primero y Segundo. . .*, México, Superior Gobierno, 1769, pp. 143-144.

Fueran cuales fuesen los adelantos de la escritura, ésta no podía ahogar la expresión oral; pero es probable que haya modificado considerablemente su estatuto. Algunos indios siguieron entonando los cantares antiguos en sus hogares o en las casas señoriales durante todo el siglo XVI, a pesar de las prohibiciones lanzadas por la Iglesia y los concilios provinciales. A decir verdad sólo se trataba de una actividad clandestina o cuando menos sospechosa. Lejos de fosilizarse de pronto, la tradición oral se pudo mantener viva, quizás al grado de expresar un *revival* ritual centrado en la exaltación de la ética guerrera y de los soberanos de antaño. Pero había dejado de ocupar entre la nobleza el lugar excepcional que había sido el suyo antes de la Conquista. Por lo demás —como toda transmisión oral— difícilmente era separable de una ''escenificación'' pública en que se cimentaba, junto con otros elementos visuales, sonoros, lúdicros o dramáticos. Privados con frecuencia del complemento y del sostén de ''pinturas'' ocultas, extraviadas o quemadas, aislados de las instituciones que aseguraban su difusión, su regulación y su expresividad, los cantos y los discursos del pasado hubieron de coexistir con otras composiciones inspiradas por los evangelizadores.

Comprendiendo el partido que podían sacar del gusto de los indios por el canto y la expresión oral, algunos religiosos enseñaron el canto llano y el canto gregoriano al mismo tiempo y con el mismo éxito que la escritura. Cantores y maestros de capilla proliferaron en los pueblos en tan gran número que se pensaba que la aldea más ínfima contaba con tres o cuatro indios que cantaban todos los días en su iglesia las *Horas de Nuestra Señora*. Pero la Iglesia también pensó en explotar las formas tradicionales, en recuperar los antiguos cantares para loar la fe cristiana, ''la vida de Cristo y de los santos'' vaciando un contenido nuevo en una forma conocida y aprobada. Algunos religiosos lo intentaron y, lo que es aún más interesante, algunos indios compusieron poemas que se cantaban en ocasión de las grandes fiestas religiosas. Obras producidas a lo largo de todo el siglo hablaron de la Creación del mundo, de la Anunciación, la Natividad, la Redención; retomaron las imágenes y los convencionalismos estilísticos usados antes de la Conquista —las flores, las mariposas, las plumas de quetzal— y volvieron a recurrir a temas paganos confiriéndoles un matiz cristiano. Sin embargo, es impensable que esa continuidad formal haya ocultado una ruptura decisiva en la composición. Sin hacer de ello una regla sistemática, parece ser que esos cantos recibieron una forma escrita desde su concepción; dicho de otro modo, que el proceso de creación ya no se confió sólo a la memoria sino que dio lugar a un trabajo de escritura que delata el enlace infinitamente complejo y nuevo de los temas antiguos y las adopciones cristianas. En ellos se descubre de nuevo la penetración de otra técnica de expresión y de organización del pensamiento, cierto es que sin poder captar su alcance exacto. El teatro de evangelización, cuyo extraordinario éxito en el medio indígena conocemos, estimuló un proceso análogo: fue la escritura franciscana la que sirvió de trama a la expresión oral de los actores indígenas tanto como a sus intentos de composición. Tanto el teatro como el canto colonial se basaban en la primacía o cuando menos en la anterioridad de la escritura.[60]

Cuidémonos de generalizar, aunque se encuentren otros ejemplos de este retroceso de la oralidad antigua y de los adelantos de la escritura. Las circunstancias más encontradas se prestaban a ello. Preocupados por verificar el contenido, los religiosos recababan transcripciones de lo que cantaban los indios en tanto que, por su parte, otros indígenas conservaban esos cantos por escrito, adornándolos con palabras cristianas para burlar las censuras. Las regulaciones de los extirpadores de "idolatrías", los esfuerzos secretos de los guardianes del pasado, la inmersión obligada en una sociedad que vinculaba el poder temporal y espiritual con la escritura, la curiosidad por esta técnica nueva, todo concurría para privar a lo oral de la autoridad de que había gozado en tiempos de los *cuicatl* y de los *tlahtolli*. Como es evidente, esto se presentaba dentro de los estratos dirigentes que trataban con los empleados y los administradores y en menor medida entre los macehuales. En su decadencia progresiva, lo oral tendió a no ser ya entre los nobles del siglo XVII sino el instrumento de una reminiscencia histórica y se identificó más cada día con la cultura de las masas campesinas y citadinas. Se puede decir, con mayor exactitud, que fue la agonía de una oralidad aristocrática, ligada a la "lectura de las pinturas" y a dirigentes prestigiados en beneficio, tal vez, de formas más modestas y menos reguladas.

Es difícil delimitar con la precisión deseada los medios en que se elaboraron esas formas nuevas, esos compromisos sin precedente. Por lo general, el anonimato cubre a los pintores, a los testigos del pasado condenado tanto como a los observadores del presente colonial. Disimula a los creadores y a los escultores de glifos, a los lectores de libros, a los amantes de los grabados y los croquis. ¿Cuántos eran los que se dedicaban a tender puentes entre ambos mundos, a vacilar entre modos de expresión sin proporción común? Puede parecer paradójico estudiar el producto, la práctica antes de interrogar al autor, pero es que la propia naturaleza de las cosas casi no deja otra opción. Sin embargo, es posible hacer intervenir varios puntos de referencia. Hemos de recordar que en enero de 1536 se abrió, bajo la dirección de los franciscanos, el colegio de Santa Cruz de Tlatelolco. Desde el primer año acogió a unos 60 muchachos salidos de la nobleza nahua del país, quienes "vinieron a entender todas las materias del arte de la gramática y a hablar latín y entenderlo y escribir en latín y aun a hacer versos heroicos". Durante unos 20 años, de 1546 a 1565, los estudiantes indígenas formados por los religiosos incluso tuvieron a su cargo la dirección de la institución y una parte de las enseñanzas. Con frecuencia se insiste en la mala administración que durante este periodo estuvo a punto de arruinar la empresa, olvidando preguntarse sobre el alcance de la autonomía temporal pero excepcional de la que disfrutaron estos indios. Sin em-

---

[60] Fernando Horcasitas, *El teatro náhuatl. Épocas novohispana y moderna*, Primera Parte, México, UNAM, 1974.

bargo, fue en esa misma época cuando aparecieron muchas de las formas que
hemos descrito. Allí se enseñaban la gramática, la retórica, la poética, la filosofía
y la medicina. Se leía a Plinio, Marcial, Salustio, Juvenal, Tito Livio, Cicerón,
Boecio, los Padres de la Iglesia, Nebrija, Erasmo, Luis Vives, etc. Del colegio de
Santa Cruz salió una pléyade de indígenas que se iniciaron con brío en la cultura letrada de los europeos. Allí se encuentran indios de México, de Tlatelolco,
de Azcapotzalco, de Xochimilco, de Texcoco e incluso de Huejotzingo, en el
valle de Puebla. "Sabios" que también supieron ser hombres de poder, puesto
que varios de ellos desempeñaron funciones de gobernador y que el más insigne,
don Antonio Valeriano, "buen latinista, lógico y filósofo", incluso dirigió a los
indios de la capital por espacio de 30 años. Entre ellos con frecuencia se reclutaron
los informantes y los colaboradores que guiaron las investigaciones de los religiosos
y sobre todo las de Bernardino de Sahagún: Martín Jacobita, profesor y rector del
colegio; Antonio Bejarano, profesor también; Pedro de San Buenaventura. . . Es
sorprendente que estos indios que habían recibido una educación occidental particularmente compleja hayan sido también los que continuaban poseyendo los
saberes antiguos. ¿No fue Pedro de San Buenaventura quien explicó a Sahagún
el cálculo del principio del año prehispánico y quien copió o puso por escrito los
Himnos de los dioses, uno de los textos más densos y menos reformados sobre
los cultos antiguos? Pero también fueron ellos mismos quienes fijaron en los *Coloquios* una versión de los únicos grandes debates que opusieron a los franciscanos
a los sacerdotes indígenas, o que esbozaron el relato de la conquista española, la
Historia de la Conquista. Se tiene la impresión de que estos testigos privilegiados
lograron dominar, entre 1550 y 1580, los dos espacios culturales, el indígena y el
cristiano, y, aún más, expresar el encuentro inicial.[61]

También fueron traductores notables que corregían o establecían la versión náhuatl de los textos latinos o españoles que les presentaban los franciscanos. En ello
les aportaron una ayuda incalculable. Así fue como Hernando de Ribas —muerto
en 1597— participó en la redacción de los *Diálogos de la paz y tranquilidad del
alma* de Juan de Gaona, como don Francisco Bautista de Contreras trabajó con
el franciscano Juan Bautista en la versión náhuatl del *Contemptus mundi* y en el
libro de *Las vanidades del mundo*. No sólo, a ejemplo de Esteban Bravo, usaban
un náhuatl de una excepcional riqueza, sino que escribían un latín que asombraba
a los lectores españoles. De Antonio Valeriano, quien murió en 1605 tras haber
sido gobernador de los indios de México durante mucho tiempo, se decía que incluso en los últimos años de su vida "hablaba [latín] *ex tempore* aun en los últimos
años de su vejez con tanta propiedad y elegancia que parecía un Cicerón o Quinti-
liano". De don Francisco Bautista de Contreras se admiraban las cartas "tan bien
compuestas" que redactaba en castellano. También se hicieron traducciones del

---

[61] Sahagún, *Historia. . .*, *op. cit.*, III, pp. 165-167; Juan Bautista, *Sermonario en lengua mexicana*,
México, López Dávalos, 1606-1607 ("Prólogo" en Garibay [1971], II, pp. 218-256).

náhuatl al latín. El ejemplo más espectacular sigue siendo la obra de medicina indígena debida a Martín de la Cruz, traducida al latín hacia 1552 por el indio Juan Badiano de Xochimilco con el título de *Libellus de medicinalibus Indorum herbis*.[62]

Este dominio de las lenguas estuvo acompañado del desarrollo de una reflexión lingüística que en lo sucesivo hacía posible la alfabetización del náhuatl. Permitiendo aislar, descontextualizar y escribir todas las palabras, el alfabeto facultó lo que quedaba totalmente fuera del alcance de la expresión pictográfica: la compilación de gramáticas y de ''vocabularios'' indígenas, de los que el más acabado sigue siendo sin objeción el *Vocabulario* del franciscano Alonso de Molina en el que, por otra parte, colaboró el indio Hernando de Ribas. Don Antonio Valeriano aportó su contribución en los campos de la etimología y la semántica. Sin dificultad adivinamos las pacientes investigaciones hechas sobre la adopción y la traducción de las categorías occidentales, sobre ''las sutilezas de los conceptos y del lenguaje'', de las cuales más de una terminó en la creación de neologismos a los que por lo demás el náhuatl se prestaba fácilmente. Depuración de términos demasiado cargados de resonancias paganas, interpretaciones cristianizadas de ideas tradicionales, desvalorización de vocablos que evocaban conductas ya inaceptables dentro del nuevo orden de cosas, pero también búsqueda de elegancia y deseo de exactitud. Rara vez colaboración intelectual alguna se llevó tan lejos. Y en efecto, gracias al trabajo de estos lingüistas y de estos informantes indígenas pudieron los religiosos elaborar el náhuatl de iglesia que debía regir las relaciones de los indios con el clero y con los dogmas durante toda la época colonial. Estudiante y luego rector del colegio de Santa Cruz, don Pablo Nazareo confiaba que se había propuesto, infatigablemente noche y día, ''traducir del latín a nuestra lengua todo lo que en el transcurso del año se lee en las iglesias de la tierra: los Evangelios y las Epístolas de los domingos, de los santos, de la Cuaresma y de las fiestas. . .''. Ni siquiera la tipografía hacía retroceder la inteligencia y el tacto de los indios del colegio. Originario de Tlatelolco, Diego Adriano ''componía en la imprenta en cualquier lengua tan bien y tan expeditamente como lo pudiera hacer cualquier maestro por diestro que fuera en este arte''. Lo mismo podría decirse de Agustín de la Fuente, quien murió hacia 1610 y a quien se deben numerosas ilustraciones del *Códice de Florencia*.[63] Estas actividades de traductor, de experto del lenguaje e incluso de impresor pusieron a este grupo de indios en estrecho contacto no sólo con textos destinados a la predicación, al catecismo, a la confesión, sino también con obras cuya traducción al náhuatl basta para dar fe de la lenta pero segura asimilación de la cultura de los sabios europeos: citemos, entre otros, el *Contemptus mundi*, es decir, la *Imitación de Jesucristo* de Tomás de Kempis, el *De Consolatione Philosophiae* de Boecio o las *Fábulas* de Esopo. . .

[62] Garibay (1971), II, pp. 180, 221-224.
[63] *Ibid.*, p. 231; *Epistolario de Nueva España, 1564-1569* (1940), X, pp. 89-108.

En ello se descubre indiscutiblemente la aparición y la constitución de una élite letrada profundamente cristianizada cuya característica principal fue la de estar íntimamente ligada a las órdenes mendicantes y en particular a los franciscanos. Es sabido que la finalidad inicial —pero pronto abandonada— del colegio de Santa Cruz había sido la de formar indios para el sacerdocio. El proyecto fracasó ante la hostilidad de una parte de la Iglesia e incluso la de sus promotores, decepcionados por las flaquezas de algunos de sus estudiantes. No por ello es menos cierto que los indios del colegio proporcionaron a la Iglesia los medios intelectuales y lingüísticos para penetrar mejor en el mundo indígena, aportando el conocimiento que de él tenían y apoyando en todas las formas posibles la evangelización de las poblaciones. A título informativo sólo mencionaremos el colegio agustino de Tiripitío, donde la nobleza tarasca pudo aprender el latín, el griego e incluso el hebreo repitiendo —cierto es que en menor escala— el ejemplo de Tlatelolco. Su alumno más ilustre, don Antonio Huitziméngari Caltzontzin —quien fue gobernador de Michoacán y murió en 1562—, tenía numerosas obras en latín y la amistad del cronista Cervantes de Salazar. Muy lejos de allí, en la región de Oaxaca, el cacique mixteca más poderoso sólo mencionaba dos libros en su testamento de 1591, aun cuando se tratara del *Flos Sanctorum* y del *Contemptus mundi*. La cultura letrada occidental desbordaba así las tierras nahuas para penetrar en comarcas más distantes, para alcanzar otras etnias.[64]

Pero los indios letrados del colegio de Tlatelolco o de otras partes no limitaron su acción a apoyar la empresa de la cristianización. Se dedicaron con igual energía a defender sus privilegios y su jerarquía. Muchos de ellos estaban ligados a las familias principescas de Texcoco, de México o de Tlaxcala. Éste era el caso de don Antonio Pimentel Ixtlilxóchitl y de su padre don Fernando; de los mestizos Juan de Pomar y Fernando de Alva Ixtlilxóchitl; de don Alfonso Izhuezcatocatzin Axayacatzin, hijo del rey Cuitláhuac, quien fue gobernador de Texcoco y escribió en español y en náhuatl la historia de su pasado. Don Pablo Nazareo, el infatigable traductor, era esposo de una sobrina de Motecuhzoma, de quien descendía también el autor de la *Crónica Mexicayotl*, Fernando de Alvarado Tezozómoc. Pedro Ponce de León —autor de una *Breve relación de los dioses y ritos de la gentilidad*— tenía lazos con el linaje de los señores de Tlaxcala. Antonio Valeriano resulta aquí la excepción pues al parecer no pertenecía a la nobleza, lo cual no impidió a su hijo Diego casarse con una dama noble de Azcapotzalco. Sin pertenecer a estas aristocracias, nobles de provincia o de señoríos más modestos, principales, participaron en la elaboración de esa nueva cultura conservando la herencia, ejercitándose en la escritura, consignando la historia que se hacía ante sus ojos. Francisco Acaxitli, gobernador de Tlalmanalco, redactó hacia 1550 un libro sobre la expedición del virrey De Mendoza contra los chichimecas. De Tepeapulco y de Huexotla, cerca de Texcoco, de la región de Chalco y de Amecameca salieron archivistas, compiladores,

---

[64] López Sarrelangue (1965), pp. 173-175; Spores (1967), p. 242.

informantes que coleccionaban los manuscritos pictográficos, los conservaban, los anotaban, los hacían circular, redactaban relaciones en náhuatl y leían en español. En la Mixteca Alta, don Gabriel de Guzmán, cacique de Yanhuitlán de 1558 a 1591, dominaba perfectamente el español. Y Michoacán, como hemos visto, no quedaba a la zaga con don Antonio Huitziméngari o esos indios de Taximaroa quienes, en 1560, recibían del franciscano francés Mathurin Gilbert la promesa de que se les devolverían las obras incautadas por la Inquisición.[65]

Bajo aquellas tentativas múltiples se adivina el deseo tenaz de reconquistar una identidad maltrecha, de colmar el abismo abierto, la "red" rota por la Conquista, de adaptarse a las nuevas reglas del juego —así fuesen religiosas, políticas, sociales o económicas— tratando de salvar lo esencial: el estatuto, los bienes y los privilegios de los antiguos grupos dominantes. La nobleza indígena aprendió a conocer mejor a su vencedor y a conformarse al modelo que le ofrecía la Corona española, el del hidalgo ibérico de quien adoptó la vestimenta, los emblemas —las armas, el blasón, el caballo—, la piedad ostentosa sin romper por ello con un pasado que ocultaba "el comienzo, el asiento y la raíz del tlahtocáyotl". De ahí ese celoso cuidado por reunir las "pinturas", por guardarlas dentro del linaje, por sacar copias y transcripciones para aportar las pruebas de una legitimidad que los trastornos traídos por la Conquista a veces ponían a dura prueba. De ahí también esa solicitud para ocupar las funciones de escribanos y de intérpretes —o *nahuatlatos*— que aseguraban la unión entre ambas sociedades. Sobrevivir socialmente conciliando lo que ya no era sino un pasado en parte prohibido y la inevitable realidad colonial, tal fue, al parecer, la constante diligencia que materializan los manejos de la pintura y la escritura entre esos nobles vencidos, pero eso sí, muy conscientes de ser todavía enlaces indispensables entre los conquistadores y las poblaciones autóctonas.[66]

La extensa digresión de la "pintura" y de la escritura tenía como fin escrutar el surgimiento de una cultura radicalmente nueva, a partir de los años 1540, en el seno de los antiguos medios dirigentes. El estudio de la coexistencia de modos de expresión y de códigos distintos, el análisis del paso de uno a otro, de las transformaciones de las formas antiguas y de su conservación, la derivación con frecuencia tentativa de soluciones originales son imagen de las transformaciones, las preferencias y los compromisos a los que se entregó la nobleza indígena de las tierras nahuas, de Michoacán o de la región de Oaxaca. Cuando el *Quattrocento* italiano hace malabares con los modos de representación, valiéndose de sistemas antiguos o nuevos según los objetos que pinta, abreva en un mismo acervo cultural, en una misma sociedad, se inspira en registros distintos pero a pesar de todo emparenta-

---

[65] Garibay (1971), II, pp. 228-230, 299; Spores (1967), p. 179; Fernández del Castillo, *Libros y libreros. . .*, *op. cit.*, pp. 14-16.

[66] Carrasco, *Colección de documentos. . .*, *op. cit.*, II, pp. 15-16 y *passim*; sobre las obligaciones del escribano indígena, *véase* Alonso de Molina, *Confesionario mayor en lengua mexicana y castellana*, México, Antonio de Espinosa, 1569, fols. 58r°-58v°.

dos. El interés excepcional de la experiencia mexicana obedece a la conjunción de prácticas que podrían considerarse irreductibles, a la relación de tradiciones desarrolladas fuera de todo contacto previo. Pluralidad de los apoyos de la expresión: los glifos se juntan con el alfabeto y la notación musical; la imagen pintada se encuentra con el grabado; la transmisión oral oscila entre formas prehispánicas o cristianizadas; el canto llano, la polifonía suceden a las danzas ancestrales. . . Pluralidad también de las lenguas: el latín, el español, se agregan a las lenguas indígenas dominadas por el náhuatl que sirve en todas partes de *lingua franca*. Pluralidad de los calendarios en los anales que consignan al mismo tiempo el año indígena y el año cristiano. O en esas "pinturas" —el *Códice de Tlatelolco*, el *Códice mexicanus 23-24*— que discretamente, en el secreto de las memorias, bajo las imágenes cristianas o la reutilización de los símbolos de antaño, marcan las correspondencias. O bien, incluso en esos "repertorios de los tiempos" que inician a algunos indios en el zodiaco europeo. Pluralidad de los espacios que alían en las construcciones monásticas el recinto cerrado y cubierto de las iglesias con la extensión vacía, inmensa de los atrios que se inspiran en las grandes explanadas prehispánicas. Pluralidad más prosaica del vestido del que ofrece muy buenos ejemplos el *Códice de Tlatelolco*. Pluralidad en fin de las prácticas económicas que saben agregar a la explotación de los recursos tradicionales —el tributo en hombres y en especie, los regalos obligados de los subalternos— los ingresos de la cría o los productos de la sericicultura. . . No se trata sin embargo de definir un conjunto estable en que cada rasgo vendría a ocupar un lugar determinado, sino, por el contrario, el ejemplo se ha tenido repetidas veces, de configuraciones múltiples en embrión, donde lo antiguo se modifica, se descompone para integrarse a creaciones improvisadas o para integrar elementos exóticos. Las relaciones se invierten al capricho de los contextos, de las convergencias y de los lugares: la iconografía occidental domina en los conventos, su equivalente indígena se impone hacia la misma época en las "pinturas". En acercamiento, yuxtaposición o articulación, coexisten dos modos de representación y de inteligibilidad de lo real, es decir también dos sistemas distintos de expectativa y de convencionalización que no sólo rigen la imagen que uno tiene de la realidad, sino asimismo, de manera más inmediata, los propios códigos perceptivos. Como si aquellos indios hubieran puesto en las cosas una doble mirada, tan sensible a la estética, a los cánones de antaño, como abierto a nuevas relaciones, a pasados distintos: "Han venido a saber todo el principio de nuestra vida por los libros que leen y de dónde procedemos y cómo fuimos sojuzgados de los romanos e convertidos a la fe y todo lo demás que se escribió en este caso."[67]

Queda por determinar si esa duplicación de los esquemas, de las categorías y de las perspectivas podía repercutir intelectualmente en la instauración de un nuevo "idiolecto", de una estructuración de conjunto, homogénea y duradera cuya aso-

---

[67] *Epistolario*. . . (1939), IV, pp. 168-169.

ciación, en algunas "pinturas", del paisaje y de la cartografía indígena (prefiguración inesperada de lo que Holanda llevó a la perfección en el siglo XVII) o la dimensión pictográfica de las láminas botánicas del *Libellus de medicinalibus*. . . aportaría ejemplos notables. O si no rebasó el orden de la síntesis individual y de la iniciativa local, de la experiencia parcelaria, vacilante, de la colección de muestras que en ocasiones evoca la arquitectura monástica cuando agrega las adopciones tomadas de los estilos más diversos. Mas, ¿acaso el *Quattrocento* no balbuceaba también en sus principios?[68]

La experiencia cultural, social y política de la que hemos seguido algunas manifestaciones no pudo instaurar una dinámica capaz de dominar la irrupción de Occidente, de asimilarla y de conjugarla con la herencia autóctona. El "milagro" abortó. O, más exactamente, la experiencia fue desviada del curso que había tomado, hacia medios más modestos donde prosiguió bajo otras formas condenadas a una existencia marginal y a un estatuto culturalmente minoritario en el universo colonial. Las razones son múltiples. Las filas de la nobleza indígena habían sido diezmadas por las guerras de la Conquista, las expediciones lejanas, las matanzas y las ejecuciones. Cuando sobrevivió y pudo negociar su reunión tras la humillación de la derrota, le fue preciso aprender a perpetuarse en un medio colonial hostil e imprevisto, que sometía la costumbre india a la ley del rey y de Dios. Los primeros afectados y condenados al eclipsamiento fueron los hijos de las madres repudiadas por esposos a los que la Iglesia instaba a abandonar la poligamia. Mujeres y bastardos fueron apartados brutalmente de la jerarquía que les pertenecía. El sustrato de las alianzas se vio así desquiciado. Cierto es que la Corona tuvo cuidado de proteger el estatuto de los nobles, de concederles privilegios, favores y bienes. Lo hizo tanto por respeto al orden establecido —fuera cual fuese su origen— como porque no podía privarse de esos intermediarios demasiado preciosos de los que dependían la recaudación del tributo y la obediencia de las poblaciones. A los descendientes de los señores prehispánicos y a los que se hallaban inmiscuidos en sus filas, la Corona les concedió el título de cacique y les abrió las funciones de gobernador.[69] Con frecuencia, la innovación produjo la mayor de las confusiones dado que las condiciones de ingreso dependían menos de la tradición local que de la buena voluntad de las autoridades coloniales, cuando no estaban sometidas a la incertidumbre de la intriga y la corrupción. El favor de los españoles, de un encomendero o de un eclesiástico era una preciosa carta y la acusación de idolatría un arma segura para neutralizar o apartar a un rival al que la costumbre hubiera retenido. Para macehuales ambiciosos, hábiles y enriquecidos en el comercio había ahí la posibilidad de apoderarse de tierras destinadas a los templos o al soberano mexica, de escapar del tributo y de ser principales. Aunadas a las presiones de los españoles, esas usurpaciones numerosas y cotidianas alimentaron un sentimiento de inseguridad

[68] Elisa Vargas Lugo, *Las portadas religiosas*, México, UNAM, 1969.
[69] Gibson (1967), pp. 168-174; López Sarrelangue (1965), pp. 83-108, 123-124.

y de incertidumbre que no perdonó a la aristocracia. Su eco se encuentra, desde 1545, en el testamento de don Antonio Pimentel, cacique de Texcoco, y en la correspondencia que la aristocracia de la capital cruzó con la Corona en la segunda mitad del siglo. A partir de 1570, la crisis demográfica cobró tal amplitud que los nobles perdieron a numerosos macehuales que les eran fieles. Los sobrevivientes prefirieron alquilar sus brazos a los españoles, mientras que la Corona se esforzaba por reducir a la categoría de tributarios a la mayoría de indios posible, así fuesen de sangre noble, al mismo tiempo que limitaba los derechos de los *pipiltin* sobre los plebeyos. Para recurrir a los términos de Charles Gibson, estas dificultades dieron por resultado "una pérdida de ingresos, de poder y de prestigio que afectó a caciques y principales".[70] Los matrimonios con españoles, el mestizaje, la venta de bienes patrimoniales, el constante fortalecimiento de la presencia europea y sobre todo los estragos de las epidemias acumularon sus efectos para acentuar la regresión de una nobleza a la que, desde ese momento, las autoridades ya no tenían por qué tratar con miramientos. A ello se agregó el desmoronamiento de las redes de dependencia que dominaba la nobleza indígena. Al mismo tiempo que perdía el dominio de la repartición del tributo, la nobleza autóctona dejaba de formar conjuntos jerarquizados donde cada cual debía tener su rango. Y es probable que la desmultiplicación de nexos individuales con la sociedad española no hiciera sino acelerar el proceso. A este respecto es significativo que el historiador Chimalpahin, a pesar de todo cantor apasionado de la grandeza de los señoríos de Chalco y de Amecameca, haya optado por agregar a su apellido indígena el patronímico de sus protectores españoles, don Sancho Sánchez de Muñón, maestro de escuela del arzobispado, y don Diego de Muñón. La práctica era de lo más común. Así, a medida que esta nobleza se acercaba a los europeos, desataba los lazos gracias a los cuales había edificado su poder, aun cuando conservara, a ejemplo de Chimalpahin, el recuerdo precioso de su origen.

Deseosa de llegar a las élites y carente de medios, durante las primeras décadas la Iglesia se preocupó sobre todo por formar a la nobleza. En la segunda mitad del siglo se mostró proclive a desatender toda distinción social, en parte porque la estratificación de la sociedad indígena se hizo más vaga y las poblaciones menos numerosas. Nobles y plebeyos con frecuencia aprenden pues a leer y a escribir juntos,[71] y los segundos logran progresivamente llegar a funciones importantes en el seno de la comunidad siendo alcaldes, regidores, escribanos e incluso gobernadores. Pero hay otras brechas, también abiertas por la Iglesia. Alrededor de los conventos fundados por las órdenes mendicantes y desde fines del decenio de 1530 gravita una multitud de servidores indígenas que están exentos del pago del tributo y en realidad dependen exclusivamente de los religiosos que ejercen sobre ellos una jurisdicción y una autoridad discrecionales que todavía nadie les discute. La

[70] Gibson (1967), p. 159; López Sarrelangue (1965), p. 144.
[71] Torquemada, *Monarquía indiana, op. cit.*, V, p. 172.

mayoría no posee ninguna calificación, son porteros, jardineros, cocineros pero aun así descubren y aprenden prácticas nuevas, desde el cultivo de los árboles frutales hasta los rudimentos de la cocina monástica.[72] Algunos adquieren una familiaridad más cercana con las cosas de la Iglesia. A ejemplo de esos sacristanes que acompañan a los sacerdotes y tienen a su cargo los objetos del culto, de esos topiles y alguaciles que se encargan de la seguridad de las familias y reúnen a los fieles para la misa; al de los músicos y de los cantores que participan en los oficios. Cantores y músicos, organistas, flautistas, trompetistas, tocadores de caramillo, de sacabuche y de gaita incluso llegan a ser tan numerosos que el Concilio de 1555 se alarma por ello. En general, se cuenta cerca de una docena por pueblo y los hay hasta en las aldeas más modestas. Esta inflación es ejemplo de un proceso que afecta a la totalidad de los indios de iglesia. Pues al lado de los cantores y los fiscales surgidos de la nobleza se deslizan sin cesar recién llegados felices de sustraerse al tributo y de adquirir un estatuto al que no se habrían atrevido a aspirar antes de la Conquista. Lo que se juega es importante pues concierne a la responsabilidad espiritual en el sentido más amplio de la comunidad. Los cantores y los fiscales preparan a los agonizantes para la confesión o para la muerte; les ayudan a redactar su testamento; administran el bautismo en ausencia del cura. Enseñan el catecismo y anuncian el tiempo de las fiestas. Llevan el registro de las limosnas y las ofrendas y cuidan los objetos del culto y los ornamentos de la iglesia con un esmero tan celoso como el que otros han puesto o ponen aún en conservar los ''ídolos''. Es muy probable que entre ellos se recluten los indios que *motu proprio* copian los manuscritos de los religiosos o componen cantares sobre temas que esbozan un cristianismo que parcialmente corre ya el peligro de escapar de sus propagadores.

Otro medio, próximo al anterior, mantiene contactos cercanos con las formas occidentales. Son los albañiles, los escultores y los pintores quienes, bajo la dirección de los religiosos, edifican en más de 300 localidades conventos e iglesias, esculpen fachadas y capiteles, y pintan miles de metros cuadrados de frescos. Son ellos los que, insensibles —y con razón— a la sucesión cronológica de los estilos europeos, inventan el estilo *tequitqui*[73] y dan a sus obras apariencias sucesivamente románicas, góticas, manuelinas, mozárabes, renacentistas o platerescas. Entre ellos sin duda se descubre la misma distinción que opone a los aristócratas de las ciudades y a los notables segundones de provincia: formados en el montón, los artesanos que laboran en los villorrios aislados no podrían ser confundidos con los de los talleres de San José de los Naturales en México, de Santiago Tlatelolco o de Tlaxcala, quienes reciben pedidos de todo el valle de México, del de Puebla, de Michoacán y de la región de Oaxaca y se inspiran cercanamente en los estilos occidentales.

Desde luego es difícil conocer la proporción de los pintores y los escultores, los indios de iglesia y las autoridades civiles de los nobles y de los macehuales. Sin

---

[72] *Descripción del arzobispado de México hecha en 1570*, México, J. J. Terrazas, 1897, pp. 53-66; *Códice franciscano, Siglo XVI*, México, Chávez Hayhoe, 1941, p. 57.

[73] Reyes Valerio (1978), pp. 133-165.

embargo se puede considerar que, en la segunda mitad del siglo, lejos de limitarse a los empleos subalternos, algunos plebeyos invaden todos los peldaños de la jerarquía, son cantores, fiscales o gobernadores. De ello resulta, en el altiplano, en Michoacán y en Oaxaca, la formación de un conjunto de notables cuyo poder no tiene raíz prehispánica, que ya no se vinculan a dominios o a casas señoriales y, sobre todo, cuyo horizonte se limita a la tierra de la comunidad. Esas modificaciones progresivas del cuerpo social vuelven a poner en duda los procesos culturales que hemos recorrido. La compleja formación que se destinaba a la nobleza perdía sentido y eficacia en la medida en que el poder y la influencia social de este grupo menguaban de manera irresistible. La irrupción de nuevos notables rompía la cadena de los conocimientos que antaño detentaban los *pipiltin*. El proyecto de una alianza entre la tradición nobiliaria y la aportación cristiana y occidental se veía condenado a plazo más o menos breve en tanto que proliferaban principales que no debían nada ni a la "sangre" ni a la "antigüedad". Pero la redistribución de las cartas sociales o mejor dicho su confusión en el mundo indígena no bastan para explicar este callejón sin salida.[74]

La difusión de la escritura y de lo escrito, el estudio y la conservación parcial de las culturas indígenas suponían por parte de la Iglesia y de la Corona (de la que aquélla dependía estrechamente por medio del patronato) un clima de apertura y de curiosidad que manifiestamente se esfumó en los años que siguieron a la abdicación de Carlos V (1556) y a la clausura del Concilio de Trento (1563). España se constituyó en defensora de la Contrarreforma. En la Nueva España, este endurecimiento se manifestó en el establecimiento del Tribunal del Santo Oficio (1571) y en una mayor regulación de la impresión y la circulación de los libros y los escritos. Pero, en particular, de los que estaban en lengua indígena.[75] Decisión determinante aún, la Iglesia cerraba a los indios el ingreso al sacerdocio y a las órdenes religiosas y los sustraía a la incumbencia de la Inquisición: los indígenas se instalaban en la condición de eternos neófitos y de menores espirituales, aun cuando mucho después algunos llegaron al sacerdocio. Estas medidas condenaban a la desaparición la experiencia del colegio de Tlatelolco, que poco a poco redujo el número de sus mentores, perdió a sus estudiantes en las epidemias para ya no ser, a principios del siglo XVII, sino una escuela donde se enseñaba a leer y escribir. En 1585 el arzobispo se declaró contra la enseñanza: "no conviene que sepan latinidad, retórica, filosofía ni otra ciencia alguna". Mas por encima de estas medidas y estos abandonos no podemos dejar de recordar el retroceso de las órdenes mendicantes, y en particular de los franciscanos, para comprender mejor este cese de las experiencias realizadas en el transcurso del siglo XVI. Los franciscanos habían soñado con una Nueva España en que sólo los indios y ellos pusieran las bases de una nueva cristiandad,[76] se habían esforzado por servir de pantalla protectora entre las pobla-

---

[74] López Sarrelangue (1965), pp. 95-96; *Epistolario*. . . (1940), VII, p. 297.
[75] Fernández del Castillo, *libros y libreros*. . ., *op. cit*., pp. 1-47, 247, 81, 513.
[76] Phelan (1972), pp. 69-88.

ciones sometidas y los conquistadores, habían tratado de difundir las técnicas de Occidente al mismo tiempo que conservaban lo que podía recibirse de las antiguas culturas. Como hemos visto, inspiraron muchas de las actividades, de las tentativas, de los compromisos que rodearon la definición de una cultura indocristiana. Sin dejar de constituir una fuerza económica considerable y de gozar de los privilegios extendidos, la Iglesia regular hubo de aprender a contar con otros poderes concurrentes: la administración del virrey, la audiencia, el clero secular, los obispos; hubo de medirse con una sociedad colonial en que el peso de los españoles, los mestizos, los negros y los mulatos crecía a medida que la población india disminuía en proporciones considerables y a un ritmo acelerado. Más que útiles, irremplazables auxiliares de la Conquista y la colonización, las órdenes mendicantes (como los indios nobles), en la segunda mitad del siglo fueron compañeros que se imponían mucho menos. El abandono progresivo del colegio de Tlatelolco, fuerza es recordarlo, fue contemporáneo del cese de las grandes construcciones monásticas, de la renuncia a los inmensos atrios cuyo espacio inútil ya sólo acogía poblaciones escasas.

La decadencia demográfica que afectaba a todos los indios y el trastocamiento de la relación de fuerzas que derivó de él contribuyeron pues a detener el pleno desarrollo de una cultura original que lograba integrar la aportación cristiana y europea a un acervo y una tradición autóctonos. Pues era una cultura que moría a medida que surgía:

> Vemos en la era de ahora [últimos años del siglo] que en las ciudades y pueblos de mayor nombradía de esta Nueva España no haya por maravilla quedado indio principal ni de lustre, los palacios de los antiguos señores por tierra o amenazando caída, las casas de los plebeyos por la mayor parte sin gente y desportilladas, los caminos y calles desiertas, las iglesias vacías en las festividades. . .[77]

No fue entonces la irreductibilidad de las culturas en presencia lo que provocó el fracaso de las síntesis empezadas. Por el contrario, pese a los "traumatismos" de la Conquista y a la prueba de la colonización quedamos sorprendidos de la precocidad del aprendizaje de la escritura o de la capacidad para captar mediante el pincel la nueva sociedad. Estas reacciones, esta permeabilidad dan fe de que la comunicación y el intercambio no sólo eran posibles sino que fructificaron a costa de ajustes a veces sutiles. ¿Hasta qué punto eran viables, hasta qué límite se podía obrar sobre dos modos de enfocar la realidad y la persona que parecen irreconciliables y mantener un equilibrio entre dos lenguajes para obtener una síntesis original? La pregunta invita a escrutar otros contextos que igualmente pusieron a élites autóctonas ante un trastorno de sus modos de expresión bajo la imposición o la influencia de una religión monoteísta acompañada de una dominación exterior. Pensemos en las reacciones de las culturas locales en los pueblos de África

---

[77] Gerhard (1972), pp. 181-182; Mendieta, *Historia. . .*, *op. cit.*, III, pp. 223-224.

penetrados o alcanzados superficialmente por el Islam y puestos ante una *literacy* importada. Con ello, la originalidad de la experiencia mexicana destaca mejor: permite renovar el debate sustituyendo la pareja oral/escrito por una relación más compleja entre el alfabeto, la imagen pintada y lo oral y, por encima de las preocupaciones del antropólogo y del historiador, muestra el recorrido de una cultura que de pronto se desliza de la imagen a la escritura, a contracorriente de lo que en la actualidad podemos observar a nuestro alrededor. Tampoco dejemos de comparar las reacciones de las noblezas mexicanas con los comportamientos adoptados por los chinos ganados para el cristianismo, a fin de medir la importancia decisiva de las relaciones de fuerza y apreciar mejor el grado de plasticidad del catolicismo.[78]

Limitémonos a subrayar que la conquista española, concebida en el sentido más lato, no sólo acabó en prohibiciones, destrucciones y aboliciones. Tuvo implicaciones menos espectaculares aunque igualmente disolventes en el largo plazo. Implicaciones latentes, mudas, que adoptaron tanto la forma de la descalificación (de lo oral), de la descontextualización (del lenguaje pictográfico respecto a sus referentes habituales, o de los elementos de este lenguaje respecto a la totalidad que los organizaba), como de la singularización, del encogimiento del campo de las connotaciones o del distanciamiento. Esas inflexiones, esos desplazamientos no fueron juegos mentales o producto de un enfrentamiento abstracto entre grandes entidades que por comodidad llamamos culturas, sino resultados concretos de prácticas tan diversas como la pintura de glifos, la puesta por escrito, el dibujo cartográfico o la creación plástica. A través de estas prácticas se transmitió la revolución de los modos de expresión y de comunicación que desencadenó la colonización española. Revolución inconclusa por ser ahogada demasiado pronto, la experiencia mexicana sólo prosperó mientras se prestó a ello el equilibrio de fuerzas. Pues todo nos conduce al peso de los hombres y a la muerte colectiva: el retroceso y la mortandad de las antiguas noblezas, la movilidad social, la decadencia del "imperio de los mendicantes", el ascenso de los mestizos y los blancos. Por lo demás, del *Códice Telleriano-Remensis* al *Códice Aubin* o al *Códice Sierra*, las "pinturas" no dejaron de evocar las epidemias, los enfermos y los muertos que éstas dejaban. Sin embargo, si la incidencia inmediata, social y económica de la hecatombe de las poblaciones indias es claramente perceptible (y relativamente conocida), todavía es preciso definir su impacto sobre las memorias antes de observar en otros medios el surgimiento de nuevas opciones culturales, a medida que la nobleza indígena se hundía en un interminable crepúsculo.

---

[78] Jack Goody, *Literacy in Traditional Societies*, Cambridge, Cambridge University Press, 1968; Jacques Gernet, *Chine et Christianisme. Action et réaction*, París, Gallimard, 1981.

II. MEMORIAS POR ENCARGO

LA ORIGINALIDAD de las formas que hemos visto aparecer en el México indígena del siglo XVI difícilmente es disociable de lo que es preciso llamar la "modernidad" de esta España conquistadora y del imperio de Carlos V. Aun cuando haya habido el precedente morisco, se sabe que fue en la Nueva España donde la Iglesia y el Estado lanzan la colosal empresa de someter poblaciones considerables a una "policía", a un género de vida uniforme, que también es ahí donde la práctica impone una definición precisa del matrimonio cristiano, o una pedagogía en gran escala de la confesión, que igualmente es ahí donde la Corona hace la economía del feudalismo... "Modernidad" sorprendente es también la de esos cuestionarios enciclopédicos concebidos, reconsiderados, luego adaptados antes de ser lanzados por toda la península y por la inmensidad de un continente apenas conocido.

De 1578 a 1585 en toda la Nueva España de entonces los corregidores y los alcaldes mayores convocaron a los responsables de los pueblos indígenas, pues éstos debían responder a un cuestionario elaborado por el cronista y cosmógrafo del rey, Juan López de Velasco, en 1577. La empresa no tenía nada de nuevo pues se inspiraba en las conquistas y los cuestionarios preparados por Juan de Ovando y Godoy, quien se había propuesto —hasta su muerte ocurrida en 1575— reunir tantas informaciones como fuera posible sobre los territorios sometidos a la Corona. Cuestionarios de 37 (1569), 200 (1570) y luego de 135 preguntas (1573) fueron sucesivamente perfeccionados y transformados por el famoso legista. Una encuesta análoga se realizó en Castilla a partir de 1574. Ésta produjo el cúmulo considerable de las *Relaciones topográficas de los pueblos de España*. Por consiguiente, un cuestionario impreso fue enviado en 1577 a Nueva España y dirigido al virrey, quien lo transmitió a los corregidores y a los alcaldes mayores. Se componía de 50 capítulos, a su vez subdivididos en varias preguntas cuyo conjunto abordaba más o menos todos los aspectos del mundo colonial. La geografía física, la toponimia, el clima, los recursos agrícolas y minerales, la botánica, las lenguas, la historia política, la población, las enfermedades, el comercio son algunos de los numerosos temas traídos a colación por esas preguntas. Por sí sola, la gama da fe de la ambición del proyecto que alimentaban el Consejo de Indias y el cosmógrafo del rey. La empresa fue llevada a feliz término y las *Relaciones* enviadas a España aunque nunca se explotaron, buen ejemplo del abismo que separaba las curiosidades del Estado de su capacidad de "tratar la información" que había recibido.[1]

Las 168 *Relaciones* de la Nueva España que subsisten tratan aproximadamente de 415 pueblos. Constituyen un *corpus* excepcional aun cuando esté incompleto.

[1] Sobre las *Relaciones, véanse* los estudios de H. F. Cline y D. Robertson contenidos en HMAI, parte I, vol. 12, 1972; Manuel Carrera Stampa, "Relaciones geográficas de Nueva España, siglos XVI y XVIII", *Estudios de Historia Novohispana*, II, 1968, pp. 233-261.

Unas *Relaciones* nunca salieron a la luz, otras fueron destruidas, algunas más todavía esperan ser exhumadas. Un buen número de las que aún existen van acompañadas, conforme a las instrucciones del cuestionario, de mapas entre los que muchos fueron pintados por indígenas. El total constituye un material de un interés considerable, prácticamente inagotable y que todavía sólo ha sido objeto de explotaciones parciales. De él no se examinará aquí sino un aspecto muy limitado: el que concierne a la manera en que los indios o más exactamente los informantes indígenas describieron su propio pasado a la luz de las orientaciones de la encuesta. Antes de abordarlo, tal vez no esté de más evocar el torrente de preguntas a las que fueron sometidos aquellos informantes. Sucesivamente, tenían que dar cuenta del significado del nombre del pueblo; de las circunstancias de su descubrimiento o de su conquista; de las características físicas de la comarca; del número de habitantes y de sus variaciones; del hábitat; de los modos de vida: inclinaciones y manera de vivir; de las lenguas; de los caminos y de las distancias; de las circunstancias y de la fecha de la fundación del pueblo; del número de sus primeros ocupantes; de su sitio; de su estatuto y de su régimen político en la época prehispánica; del tributo; de las "adoraciones, ritos y costumbres, buenas y malas, que tenían"; de las formas de gobierno; de la guerra; de las modificaciones del vestido, de la alimentación y de la condición física; de la salubridad de la región, de las enfermedades que hacían estragos, de los remedios con que se combatían; de la geografía, de la fauna y de la flora; de las minas y de las canteras; del comercio, etc. La lista, como vemos, resulta asombrosa. Las respuestas, por lo general, lo son también. En otras palabras, los encuestadores pedían números, fechas, hechos, comparaciones, interpretaciones, juicios de valor y señalamientos objetivos. Tarea considerable para la cual pocos indios estaban preparados y que complicaban las circunstancias particulares que instauraba la encuesta.

Lejos de surgir en el seno de la comunidad o del linaje, en el marco de una enseñanza, de una festividad, de un litigio de sucesión o incluso de ritos clandestinos, las respuestas indígenas fueron así fruto de una coacción externa, perfectamente ajena al medio y al grupo. Convocados por el alcalde mayor, los gobernadores indígenas de la comarca, los principales y todos los ancianos de los pueblos que dependían de su jurisdicción se hacían explicar el cuestionario antes de informarse sobre todos los puntos requeridos con la misión de "confiar a su memoria" el mayor número de respuestas posible y de presentar una declaración verídica que dijera lo "esencial", es decir "la verdad de lo que todos y cada uno de ellos supiese y alcanzase así por experiencia como por oídas".[2] La comunicación de la información por consiguiente era objeto de una coacción (a veces brutal), en la medida en que era inseparable de los grupos que implicaba. Sus poseedores y sus portadores, como sus eslabones intermedios, pertenecían a los estratos dominantes de la sociedad indígena —a ello volveremos— o de la sociedad colonial. Así, por encima del in-

---

[2] *Papeles de Nueva España*, Francisco del Paso y Troncoso (comp.), Segunda serie (citado PNE), Madrid, 1905, VI, p. 13.

térprete y del notario, los indígenas se dirigían al corregidor, al alcalde mayor, a veces en presencia de regulares o de seculares que asistían, incluso que participaban en la encuesta. Es evidente que de la relación de fuerzas y de la calidad de los lazos establecidos entre los notables indígenas y las autoridades españolas, tanto como de la presencia o la ausencia de un clérigo sensible a los resabios de idolatría, dependieron por una parte la abundancia y la densidad de las informaciones recibidas. A ello se agregaron factores personales: el tiempo dedicado a la encuesta, la curiosidad manifestada por los encuestadores y la familiaridad que tenían con las cosas indígenas. Huelga decir que se podría epilogar indefinidamente sobre la confiabilidad y la calidad de las informaciones reunidas en esas condiciones y que, como la mayor parte de las fuentes tocantes a los mundos indígenas, éstas sufrieron a todas luces los azares habituales o imprevistos de la comunicación social, lingüística y cultural, sus malentendidos tanto como sus aproximaciones.

Parece ser que fueron las circunstancias específicas de cada encuesta las que pesaron principalmente sobre las respuestas registradas y la amplitud de las reticencias y las censuras. Nada indica que informantes oficialmente cristianos desde hacía unos 40 años hayan tratado *de manera sistemática* de guardar silencio en el terreno de la idolatría. Incluso allí donde —en ciertas regiones del obispado de Oaxaca— flotaba aún el recuerdo reciente de campañas de extirpación, algunos indios describieron el origen de los sacrificios y la naturaleza de sus prácticas, lo que, según los contextos, no excluye intervenciones más o menos confirmadas. En cambio, es más difícil evaluar en qué medida trataron los indios de disimular la naturaleza de los recursos y el número de hombres que ocultaba su comarca. Sabido es que la carga fiscal dependía directamente del número de los tributarios declarados por cada pueblo. Ciertas *Relaciones* agregan un sesgo complementario que complica aún más su análisis. Ocurre así que las de Texcoco y de Tlaxcala fueron redactadas por Pomar y Muñoz Camargo, dos historiadores mestizos muy enterados de las tradiciones locales. Pese al inmenso interés de sus obras, he preferido descartarlas aquí en la medida en que el estudio de la aculturación de las memorias indígenas a través de una reinterpretación mestiza mezclada con ambiciones historiográficas y políticas presenta escollos demasiado considerables.[3]

Sin pretender que se ha evitado el obstáculo del filtrado y de las interferencias, por el contrario quizás sea posible sacarles partido. Tal vez con dos condiciones. La primera, seleccionar como objeto de estudio las inflexiones, incluso las distorsiones que los indios imprimieron a sus declaraciones para responder a las exigencias españolas, en vez de partir tras la búsqueda sistemática de materiales prehispánicos. La segunda —correlativa a la primera—, aceptar que la encuesta española no se reducía a un juego más o menos torpe de preguntas y respuestas, sino que desarrollaba confrontaciones tan sutiles y subterráneas que escapaban a la generalidad

[3] Pomar, *Relación de Tezcoco, op. cit.*; Diego Muñoz Camargo, *Descripción de la ciudad y provincia de Tlaxcala. . .*, México, UNAM, 1981.

de los protagonistas. Y es que al mismo tiempo que una demanda de informaciones a la que los indígenas respondían o no, la encuesta imponía una concepción del saber que quizás no era la que preferían los indios. ¿Qué podía significar, por ejemplo, para unos informantes indígenas, esa doble exigencia de ir a lo *esencial* y de decir lo *verdadero* frente a la cual se veían de pronto? ¿Podían los criterios de enunciación ser los mismos para colonizadores y colonizados? Por el contrario, ¿no dependía todo de la manera en que cada grupo percibía la realidad y medía la exactitud y el sentido de una información? Igual cabe preguntarse sobre la pertinencia que concedían los indios a un dato surgido de la experiencia personal —la *espiriencia*— o transmitida de boca en boca. ¿No equivalía a suponer e imponer una concepción del saber y de su comunicación que tendía a apelar tanto al individuo como a la tradición recibida, aunque hubiera sido pintada o dicha?

Mas la encuesta no paraba ahí. Con un mismo movimiento juntaba un enfoque de la sociedad, de la política, de la religión y de la economía, en otras palabras un desglose de la realidad, con su prefabricado, sus supuestos previos, sus lógicas explícitas e implícitas, sus evidencias mudas, su organización inconsciente. Obligaba a todos los informantes indígenas a entregar datos pasados por el tamiz de categorías y de asociaciones que no necesariamente eran las suyas.[4] Por lo demás, la diligencia no operaba en un solo sentido en la medida en que los encuestadores españoles se veían obligados no sólo a traducir en el sentido literal del término, sino también a interpretar lo que los indios accedían a decirles. A decir verdad, lo esencial de la empresa recaía sobre las espaldas de los informantes. Si bien la situación no era nueva dado que se remontaba a los primeros momentos del contacto, la encuesta de 1578-1582 contrastaba con todas las anteriores, pues la demanda española tal vez nunca había cobrado un giro tan sistemático y enciclopédico dado que se extendía a toda la Nueva España y abordaba prácticamente todos los campos del saber, de la geografía a la economía, de la población a la historia, de la religión a la alimentación. Por vez primera todos los pueblos indígenas eran invitados a describirse y a hacerlo en el lenguaje de los dominadores.

Visto desde este ángulo el asunto ya no —o no sólo— era apreciar la autenticidad o el carácter incompleto de los testimonios indígenas, escrutar el efecto de las relaciones de fuerza o el celo de los funcionarios de la Corona. Alcanza niveles más fundamentales. Concierne a las matrices conceptuales que ordenaron esas informaciones y a la manera en que pudieron alterarlas. La percepción del tiempo y la relación con el pasado fueron, como ya lo sospechamos, dos de los terrenos en que, presionadas por los encuestadores españoles, las memorias indígenas hubieron de decir ''lo más esencial y verdadero''. Así lo hicieron entre 1579 y 1582 del valle de México a las montañas de Oaxaca, del golfo de México a las costas del Pacífico. Como en España unos años antes (1575), otras memorias habían respondido

---

[4] Por ejemplo la concepción del clima, el mecanismo de los vientos, la noción de excepcional y de maravilla natural.

más o menos a los mismos rubros, empeñándose también en distinguir "lo verdadero de lo dudoso".

Las *Relaciones geográficas* con frecuencia han servido de base para describir el pasado de las sociedades mexicanas, por no disponer de otros testimonios, o para dar cuerpo a saberes lacunarios. Sin embargo, nada indica que los indios de las *Relaciones* percibieran su pasado de la manera en que los españoles del siglo XVI podían concebirlo o, *a fortiori*, en que nosotros pretendemos aprehenderlo en la actualidad. Por consiguiente, fuerza es hacer a la par el análisis de los contenidos y el estudio de la organización y de los azares de la memoria indígena. Del valle de México a la región de Oaxaca o a Michoacán, la tradición oral parece haber desempeñado por doquiera un papel importante en la vuelta atrás que suscitaba la encuesta española. Fueron los ancianos —los antiguos viejos— quienes la mayor parte del tiempo parecen confundirse con los nobles y los notables locales, los principales, quienes hurgaron en su memoria para sacar de ella con qué responder a las autoridades coloniales. En reiteradas ocasiones se alegó su desaparición para explicar la amnesia, incluso la confusión y las incertidumbres del saber. Las fuentes atribuyen a esos ancianos edades avanzadas: los de Ixtepejí, al noreste de Oaxaca, tenían entre 75 y 90 años. Poco importa aquí el margen de error o la aproximación. Recordemos más bien que los ancianos, quienes en la época de la encuesta (1579-1582), llegaban a los 80 años, habían nacido antes de la Conquista española (1519) y por tanto se habían formado en un medio prehispánico exento aún de toda influencia occidental. Tratábase de los últimos testigos de un mundo acabado, portadores no sólo de una información preciosa sino también de las técnicas que aseguraban su conservación y su transmisión, así se haya tratado del aprendizaje de la tradición oral, de la rememoración —tal como la practicaban las sociedades indígenas— o del examen de las "pinturas". Es comprensible que su extinción haya podido al mismo tiempo afectar la memoria del grupo como también los medios de conservarla y de comunicarla.[5]

Por otra parte, es sabido hasta qué grado estaba la oralidad estrechamente vinculada a la observación de las "pinturas" y cómo de su acción sutil dependía la conservación de la integridad de la información. La consulta de las "pinturas" a veces fue mencionada de un modo explícito por los indios interrogados. En ocasiones, sólo la naturaleza y la densidad de los testimonios permiten augurar su existencia. Existencia ésta que implicaba no sólo la conservación material del objeto sino también la facultad conservada de interpretarlo. Y, nos atreveríamos a agregar, de reproducirlo e incluso de elaborarlo de nuevo con base en documentos antiguos e informaciones más recientes, como lo sugieren las fechas de realización de los mapas indígenas que todavía acompañan un buen número de *Relaciones*. La *Relación de Mexicalzingo* incluso nos da el nombre de uno de aquellos pintores, Domingo Bonifacio, a quien el corregidor encargó el mapa del pueblo en 1579.

[5] PNE, IV, p. 11.

Cuando aún existían, aquellas "pinturas" fijaban el recuerdo de la fundación, la sucesión de los caciques, la toponimia, los cómputos del tiempo y de las fiestas, a la manera de la *Tira de Tepechpan* que probablemente consultaron los informantes de este pueblo. Ellas "enseñaban las cosas de antaño", eran "la memoria de los venideros". Resulta imposible establecer —salvo en cuanto a los mapas— en qué medida estos documentos eran de concepción tradicional o si ya los había invadido la glosa en caracteres latinos, lo que probablemente ocurría con frecuencia en aquellos fines del siglo. ¿Disponían ya los informantes de textos en escritura latina que consignaran la historia local, por ejemplo, en forma de anales? Es difícil descubrirlo. Lo más que se sabe es que en Tepeaca, Mexicalzingo o Huichapan había indios que llevaban esos registros. Cierto es que si el altiplano nahua (e incluso otomí) es rico en documentos de esta especie, esos documentos son más raros en Michoacán y casi inexistentes en la región de Oaxaca.[6] Sea como fuere, las *Relaciones* siguieron siendo muy discretas en este capítulo, limitándose a revelar la difusión de la firma, sistemática entre los gobernadores indígenas, más irregular entre los principales y los alcaldes que sirvieron de informantes, y a mencionar escuelas y a indios que sabían leer y escribir.

En aquel siglo XVI que expiraba, los apoyos de la memoria indígena enfrentaron los ataques conjuntos de la muerte en masa y de la desculturación. Muerte de los informantes que habían memorizado las "palabras de los ancianos", pérdida de las técnicas de lectura y de elaboración de las "pinturas", desaparición en fin de aquellos documentos extraviados, confiscados por los religiosos, destruidos por los propios indios u olvidados a medida que se hacían indescifrables. Pero la situación era aún más crítica cuando las culturas locales habían desarrollado poco el lenguaje pictográfico y es probable que a esta desventaja se deba la pobreza y la escasez de las memorias de Michoacán. Así se habían reunido en las últimas décadas del siglo las condiciones difíciles y precarias del surgimiento de memorias profundamente distintas de lo que habían sido.

¿Podían confundirse las múltiples "historias" recabadas de Michoacán a la región de Oaxaca con una visión indígena del pasado y de la dinámica de los acontecimientos? No cabe duda de que, aunque consignado torpemente por el escribano español, se haya tratado de relatos indígenas. Mas el cuestionario invitaba a los indios a evocar su pasado de una manera fragmentaria y desde una perspectiva burdamente lineal, sin preocuparse por referencias cíclicas que sin embargo aún se hallaban muy presentes en las sociedades europeas del siglo XVI. Los informantes incluso se hallaban intelectualmente obligados a ello si deseaban ofrecer elementos de respuesta satisfactorios, por lo cual entiendo inteligibles, para interlocutores que desconocían los arcanos de los pensamientos indígenas. El cuestionario exigía de los

---

6 Mención de pinturas: PNE, VI, pp. 41 (Coatepec), 65 (Chimalhuacán), 79 (Chicoloapan); IV, p. 22 (Ixtepejí), 70 (Tilantongo); V, pp. 70-73 (Petlalcingo); Gibson y Glass, "A Census of Middle American Prose Manuscripts. . .", *HMAI*, vol. 15 (1975), pp. 344, 337, 325-326; Gibson, "A Survey. . .", *ibid.*, p. 314.

pueblos que se remontaran a sus orígenes, que dieran el año, que evocaran su historia política y militar hasta la Conquista española y, sobre todo, que confrontaran bajo numerosos aspectos el pasado de la "infidelidad" o de la "gentilidad" con el presente cristiano de la Colonia. Sometidos al lecho de Procusto de una historia en esencia lineal, los informantes fueron conducidos a sacar de su pasado episodios conformes con los criterios de una encuesta que favorecía las indicaciones de fecha, de identidad y de cantidad.

Es cierto que los antiguos nahuas y sin duda otros grupos —por ejemplo los mixtecas— conocían y practicaban el registro de los hechos singulares cuando les era menester marcar de manera irrecusable el origen y la justificación de los derechos adquiridos o conquistados, la delimitación de un territorio o la distribución de los *calpulli* en un terreno. Mas esta aprehensión lineal de los acontecimientos al parecer estuvo subordinada al retorno de los ciclos, puesto que terminaba por alimentar con sus materiales lo que a falta de un nombre mejor llamaríamos "mito". El acontecimiento era catalogado, interiorizado y comprendido en la medida en que podía insertarse en una matriz preestablecida, dentro de esquemas preexistentes. La asimilación de la imprevisible llegada de Cortés con el regreso esperado del dios Quetzalcóatl nos ofrece un ejemplo notablemente elocuente. El cómputo de los ciclos (del día, de la trecena, del mes y de los años) ejercía pues una indudable primacía dentro de una percepción del tiempo que ya hemos entrevisto líneas arriba. Culminaba en el *xiuhmolpilli*, es decir el periodo de 52 años al término del cual, habiendo recorrido todos los nombres de años (que resultaban de la combinación de 13 números y de cuatro signos), se creía que el universo podía tocar a su fin. Como aquellos ciclos de 52 años se sucedían sin recibir nombres para identificarlos, todo punto de referencia cronológico a la europea resultaba extremadamente difícil.[7]

En cambio, la encuesta española modificaba el sentido, las modalidades y la sustancia de la rememoración indígena. El sentido, porque aquella encuesta no se interesaba por una exégesis de ese orden. Las modalidades, porque instauraba una situación de escucha, de actualización del pasado del todo inhabitual y ficticia. La sustancia, porque situaba al acontecimiento como hito singular de una trayectoria que conducía a un desenlace colonial y cristiano. Para responder a ella, los informantes indígenas hubieron de esbozar una verdadera construcción histórica declinando un *pasado* y una *historia* (más o menos) en favor de la manera en que los entendían los representantes de la Corona. Partiendo de una fecha indígena —que no lo era para los europeos— les fue preciso descubrir una equivalencia con el calendario cristiano. En este caso, decidir un punto de partida desde el cual se contarían los años transcurridos y señalar cuántos ciclos de 52 años separaban la fecha de la "pintura" del presente de los informantes. Ocurrió así que en Tepeaca, al sureste de Puebla, se presentaron sucesivamente dos fechas de fundación.[8] La pri-

[7] López Austin (1973), pp. 79-106.
[8] PNE, V, p. 13.

mera, tomada con toda probabilidad de una "pintura", estaba de acuerdo con el viejo calendario: *Ce-Tecpatl*, 1 Sílex. Hecha de un número y un nombre, no permitía ninguna localización cronológica, cuando mucho daba la indicación de una posición en un ciclo de 52 años y de una serie de 13 números y de cuatro nombres de año. Por consiguiente, carecía de pertinencia a ojos de los españoles. La segunda fecha tomó la forma de una cuenta hacia atrás: "Ha que se fundó esta ciudad trescientos y trece años." Y esta cuenta que partía del año de la encuesta (1580) permitía medir un periodo, aunque no se llegara nunca a la forma de fijación de fecha al parecer absoluta y universal que nos es conocida. La reflexión india recorría por tanto una parte del camino que la separaba de una cronología occidental sin llegar a producir una fecha cristiana, pues el curso de tiempo indicado —313 años para Tepeaca— sólo podía tener sentido respecto al momento preciso del desarrollo de la encuesta. El procedimiento fue el mismo en Chimalhuacán Atenco (320 años), Coatepec (415), entre los otomíes (de Tornacuxtla: 160 años; de Hueipoxtla: 360 años o de Tezcatepec: 300 años), entre los nahuas y los totonacas de Jonotla, algunos de los cuales se hundían mucho más lejos aún en el pasado. Una información de Ixtepejí describió excepcionalmente este procedimiento: "Podrá haber nueve o diez edades o tiempos, contando por edad ciento y más años, por manera que puede haber novecientos años poco más o menos salieron tres señores del pueblo de Yoloxonecuila. . ." En consecuencia, el cálculo del número de edades —aquí probablemente de 104 años que corresponderían a dos ciclos indígenas de 52 años— era lo que permitía remontarse en el tiempo y fijar la fecha de fundación.[9]

De lo anterior se desprende que nahuas, totonacas o zapotecas y otros grupos más se hallaban en perfecta posibilidad de tender un puente entre su cómputo del tiempo y el de los españoles, y de efectuar lo que era a la vez una conversión y una modificación profunda de la aprehensión del tiempo y de la fecha de un acontecimiento. Pues si es evidente que ambos sistemas no eran irreductibles, no por ello dejaban de expresar preocupaciones radicalmente distintas, poniendo uno el acento en la medición, la localización cronológica, mientras que el otro favorecía la calidad, la naturaleza del momento. "*Ce-Tecpatl*, 1 Sílex" no remitía a un *siglo* pasado, a un lapso temporal singular, sino a un tipo de año, a una gama de influencias recibidas o a otros años de nombre similar. Y la puesta en Ixtepejí de dos ciclos de 52 años uno detrás del otro para dar casi uno de nuestros siglos no podría hacernos olvidar que estas dos unidades —el ciclo de 52 años y el siglo— emanaban de conceptos del tiempo profundamente disímbolos. Sin contar con que los dos mundos se oponían en un registro complementario: mientras que el calendario cristiano era único y tenía aspiraciones de universalidad, los cómputos indígenas eran múltiples, variando su punto de partida y el año inicial del ciclo de 52 años según los grupos y los señoríos. En lugar de seguir el flujo de una cronología uniformada,

9 PNE, VI, pp. 66, 42, 24, 26, 32; V, pp. 131, 139; IV, p. 14.

muchas genealogías e historias dinásticas dividían lapsos de tiempo que tenían cada cual su coherencia, su duración y su sustancia propias. Es probable que la unicidad y la universalidad de la fijación de fecha cristiana hayan desconcertado a las poblaciones tanto más cuanto que eran inmediatamente perceptibles.

El tiempo que había transcurrido entre la fecha de fundación y el año de la encuesta también se aprehendía desde una perspectiva colonial en la medida en que se concebía como una sucesión de periodos. Para los españoles y el cuestionario, la Conquista y sobre todo la cristianización debían constituir la ruptura principal en torno a la cual se ordenarían el pasado próximo y el pasado lejano. Todo inducía implícita y explícitamente a los informantes a pensar su pasado de acuerdo con esa separación que adoptaba también la forma de una dicotomía —evidente, banal para los encuestadores y para nosotros— entre el antes y el ahora. De ese modo aquellos indios fueron llevados a interrogarse sobre las transformaciones alimentarias, de vestido y sanitarias que habrían acompañado la colonización y, de tal suerte, a hacer balances que se apoyaban en una oposición potencial entre el tiempo de la "gentilidad" y la sociedad posterior a la Conquista. Como si por su propio peso se impusiera que había tenido lugar una ruptura esencial e imborrable.

Aún faltaba que los indios tomaran el camino que los españoles les abrían de manera más o menos implícita. Mas, como de costumbre, las reacciones indígenas resultaron sorprendentemente diversas y complejas. Algunos se asieron a la percha que se les tendía por simple comodidad. En efecto era cómodo arrojar a un pasado ya lejano, de 50 años atrás, todo lo que podía vincularse con la idolatría, con los "ritos y ceremonias que practicaban y hacían antiguamente en tiempos de la infidelidad", lo que permitía escamotear a la vez el tema harto espinoso de la conservación del paganismo. Al tiempo bien terminado de los ídolos sucedía el presente sin tacha de la cristianización, como si de manera enteramente involuntaria la formulación de la pregunta española centrada en la época antigua y la prudencia de los informantes convergieran para oponer los dos periodos. ¿Equivalía a decir que los indios adoptaron tal cual la articulación cronológica basada en la Conquista española y que concedieron a este episodio una resonancia crucial? De manera bastante paradójica, sobre ese capítulo sus respuestas fueron vagas y alusivas. A este respecto el testimonio de Tamazula que evocaba la irrupción de "otro mundo" hace las veces de excepción. También es cierto que no se invitaba a los indios a expresar su sentir sobre la Conquista sino sólo a dar el nombre del español que había descubierto o sometido la comarca. Cuando se mencionó la Conquista, por lo común se hizo mediante el rodeo de una cronología ("en cuyo tiempo llegaron los españoles a conquistar esta tierra. . ."), mientras que la evangelización sólo apareció de vez en cuando en ocasión del bautizo de un cacique. No por ello es menos cierto que los informantes difícilmente se detuvieron en estos acontecimientos, en tanto que sí lo hicieron en torno a otros puntos sin que, por otra parte, los españoles lo hubiesen solicitado. Sin duda fue que, si bien la Conquista española instauraba un corte innegable, no era excluyente de rupturas más antiguas igualmente brutales y percibidas tal vez como igual de decisivas, pues los indios no dejaron de introducir en la relación de su pasado secuencias del todo ajenas al esquema diacrónico y binario postulado por los españoles. En vez de limitarse a distribuir su pasado entre un *antes* y un *después* de la Conquista, los informantes de algunos pueblos se mostraron capaces de evocar etapas lejanas y perfectamente diferenciadas de las que los españoles no podían tener la menor idea. Al hacerlo esbozaban, libre de toda envoltura cíclica, una historia lineal compuesta de un encadenamiento de periodos más o menos contrastados: el origen autóctono (zapoteco, mixteco) o la migración lejana (nahua); la fundación del pueblo, la sucesión de los caciques; las campañas y las invasiones; las transformaciones culturales en el sentido más lato del término. Los periodos se sucedían un poco a la manera en que los diferentes planos del paisaje, la tridimensionalidad, invadía los mapas indígenas en aquel fin de siglo, como si la difusión de la profundidad histórica acompañara la adopción de la profundidad de campo. Esto, desde luego, en el mejor de los casos.

Operaciones bastante complejas parecen animar este esfuerzo de presentación del pasado. Por principio de cuentas está el recurso implícito de esquemas prehispánicos fundamentales: pienso, por ejemplo, en el tema de la migración originaria salida de Chicomoztoc, el antro primordial, el "Lugar de las Siete Cuevas", común a numerosos testimonios nahuas,[10] en el del origen telúrico de Oaxaca,[11] en el relato sobre el encuentro en el sitio del pueblo de un animal prodigioso, futura divinidad protectora, o incluso en la introducción de la agricultura o en la llegada a formas rituales complejas. Mas con ello se mezclan otros procedimientos nacidos, al parecer, de la necesidad de plegarse a la demanda española y que pueden haber conjugado, en grados diversos, la negativa a informar, la depuración de los datos, la manipulación política e ideológica de los hechos y el levantamiento de las censuras ejercidas antaño por un vecino poderoso, una metrópoli quisquillosa o los emisarios de la Triple Alianza. Estos procedimientos fueron conscientes y calculados.

Pero ocultan otros aún, más difícilmente detectables. Reunidos en torno al alcalde mayor o al corregidor, interrogados por intérpretes o encargados de transmitir a sus comunidades las demandas españolas, los informantes en cierto modo fueron obligados a hurgar en su memoria y a sacar de ella hechos abstraídos de su contexto cíclico, retirados de su inserción en secuencias preestablecidas y recurrentes, convertidos, reducidos en acontecimientos singulares. A este respecto las *Relaciones* de manera muy evidente guardan silencio. Por lo demás, ¿cómo habrían podido registrar un proceso de poda que se les escapaba plenamente a unos españoles incapaces de concebir que se pudiera evocar el pasado y pensar la historia de un modo distinto del que ellos empleaban? Esta descontextualización de la información fue correlativa e incluso perfectamente indisociable de la readopción

---

[10] Christian Duverger, *L'Origine des Aztèques*, París, Éd. du Seuil, 1983; López Austin (1973), pp. 56, 80 y *passim*.

[11] PNE, IV, pp. 73, 78.

de categorías que respondían a los criterios de las autoridades españolas. Fue el caso, entre otros, de las preguntas sobre las "ceremonias y los ritos", erigidos en terreno específico, mutilados de sus prolongaciones sociales, políticas y económicas. Así ocurría también con aquellas fundaciones atribuidas a iniciativas *individuales*, cuando derivaban de esquemas cosmogónicos o repetían episodios arquetípicos. De tal suerte, los indios fueron inducidos a seleccionar en su memoria materiales que podían entrar en las casillas del cuestionario español, a costa de las configuraciones originales que antaño les daban sentido. Agreguemos sin embargo que, lejos de permanecer pasivos, ciertos informantes supieron desviar y explotar esas cribas para hacer hincapié en pasados lejanos, sin ídolo, destinados a hacer olvidar la actualidad de un embarazoso paganismo. Vale decir que si bien impuso a las memorias indígenas acrobacias y ejercicios con frecuencia empobrecedores, la encuesta española no las paralizó ni las asfixió.

La dificultad provino de otra parte. El pasado más reciente era portador de una ruptura profunda cuya intensidad rebasaba el efecto múltiple de las invasiones de la Triple Alianza o incluso de la Conquista española. Una ruptura vivida por doquiera cuyas proporciones inauditas difícilmente daban pábulo a las matrices recurrentes de una historia cíclica, a diferencia de las conquistas que se habían sucedido en suelo mexicano. Más que la "llegada del marqués [Cortés]", esta catástrofe que desafiaba el entendimiento, la interpretación y la comparación, transmitió a los indios la sensación de haber entrado en una era aterradora y sin proporción común con lo que hasta entonces habían vivido. En su simplicidad, las estimaciones modernas sólo aciertan a darles la razón: de una población de quizás 25.2 millones de habitantes (según los investigadores de Berkeley), el centro de México había descendido en 1532 a 16.8 millones, luego a 6.3 en 1548, antes de alcanzar los 2.6 millones en 1568. En 1585, el país ya sólo contaba con 1.9 millones de indígenas y, sin embargo, el estiaje todavía estaba lejos de alcanzarse. Hecho aún más crucial, en vísperas de la elaboración de las *Relaciones*, las poblaciones indígenas habían sido diezmadas por una epidemia de *cocoliztli*, la más mortífera del siglo, cuyos múltiples síntomas disimulan todavía su naturaleza exacta. Aunadas a la ausencia de sistemas de defensa adaptados a las enfermedades introducidas por los europeos, sus nuevas condiciones de vida explican esa inverosímil hecatombe.[12]

De acuerdo con los testimonios indígenas, la mayoría de las veces la muerte epidémica fue sentida como un fenómeno sin precedente. Sin embargo, las poblaciones indias habían conocido los estragos de las epidemias, aunque su recuerdo se había borrado y tal vez no habían revestido el carácter generalizado y la frecuencia cercana de las que habían acompañado y seguido la Conquista española. Ante males nuevos

---

[12] Borah y Cook (1971-1979) y *The Indian Population of Central Mexico, 1531-1610*, Berkeley y Los Ángeles, 1960; Enrique Florescano y Elsa Malvido, *Ensayo sobre la historia de las epidemias en México*, I, México, Seguro Social, 1982.

o recrudecidos —la viruela, el sarampión, la fiebre tifoidea—, los testimonios sólo pudieron denunciar la impotencia de los curanderos —cuando la muerte los perdonaba— y de la vieja farmacopea: "A las cámaras han tomado muchas yerbas y que no han hallado provecho para ellas", "no es poderosa ningún género de medicina de yerba ni purga a librarse del dichoso riesgo tan arrebatado".[13]

La conciencia de la envergadura de la catástrofe asoma en las relaciones que hicieron los informantes y entregaron a los españoles. Los indios de Chimalhuacán Atenco confesaron haber pasado de 8 000 a casi nada, los de Coatepec Chales de 10 000 guerreros a 700 tributarios y 400 niños en su mayoría huérfanos; Cuzcatlán, en los confines de los obispados de Puebla y Oaxaca, se derrumbó de 40 000 a 900 tributarios; Xalapa, en el actual estado de Veracruz, de 30 000 a 639 tributarios. El pueblo mixteco de Mitlantongo había perdido las tres cuartas partes de su población en las epidemias y la provincia de la Chinantla sólo contaba con 1 000 tributarios cuando antes de la Conquista pretendía haber alineado 100 000 guerreros. Cualquiera que haya sido el margen de aproximación, de pánico y en ocasiones de cálculo que las desvirtúe, estas cifras nos revelan en su simplicidad la mirada de una población que estaba asistiendo a su propia desaparición. La observación se hace en todas partes: "antes había mucha gente", "la comarca por el contrario rebosaba de gente". Antaño, según los nahuas de Coatepec, los indios vivían hasta edad avanzada, hasta "ochenta, noventa, y ciento y ciento y diez, y ciento y veinte años, y otros más tiempo", "había pocas pestilencias", en tanto que desde 40 años atrás proliferaban enfermedades y pestes "que no había en aquellos tiempos", diezmando a los pueblos. En Coatepec, en Chimalhuacán Atenco, en Chicualoapan, en Tepoztlán se hacía el inventario mórbido de aquellas "mil especies de males": el sarampión o *matlalçagua*, "el punto de lado", el *cocoliztli*, la fiebre tifoidea o *matlaltotonque*, el entumecimiento, las paperas, las hemorroides, la viruela, los flujos de sangre.[14]

Pero el cuestionario también pedía a los indios interpretar el fenómeno y explicar las modificaciones que afectaban su condición física. Ahora bien, esta interrogación cerraba una larga pregunta que trataba de las formas de gobierno, las prácticas guerreras, alimentarias, de vestido y sus transformaciones: "¿Cómo se gobernaban y con quién traían guerra y cómo peleaban y el hábito y traje que traían, y el que ahora traen y los mantenimientos que de antes usaban y ahora usan, y si han vivido más o menos sanos antiguamente que ahora y la causa que de ello se entendiere?" Tal como se planteaba, la pregunta no necesariamente implicaba articulación o relación de causa efecto entre la primera parte (el gobierno, la guerra, el vestido, la alimentación) y la segunda (la salud). Por el contrario, parece contentarse con yuxtaponer temas sin nexo entre sí (lo político y el vestido, por ejemplo). Mas por un extraño fenómeno de deslizamiento y de colisión, numerosos informan-

[13] PNE, VI, pp. 243, 125, 246, 258-259; IV, p. 240.
[14] PNE, VI, pp. 67, 46; V, pp. 49, 100; IV, pp. 80, 59; VI, pp. 278, 57, 245, 315.

tes indígenas intentaron responder a la última pregunta relacionando todos los temas anteriores y confiriendo a la partícula de coordinación "y" un valor que probablemente no poseía.

No siempre ocurrió así, prueba ésta, si acaso, de que debemos más a la reflexión indígena que al texto de la pregunta, la instauración de un nexo entre la mortalidad y la evolución de los tipos de vida. En diversos lugares la ignorancia y el desconcierto se impusieron a todo ensayo de interpretación. En la amnésica Chiconautla, al norte de México, los naturales "se dejan morir como bestias sin hacer remedio". En Tepexpan, no lejos de Teotihuacán, "poco antes de la venida [de Cortés], que sería un año, les dio una enfermedad por todo el cuerpo como viruelas de que murieron muchos de ellos y después nunca acá les han faltado enfermedades y no entienden la causa por qué". La misma respuesta hubo en Totolapan, en el actual estado de Morelos; entre los nahuas y los tepehuas de Huejutla, en la Huasteca; entre los mazatecas de Ixcapuzalco, en Guerrero, en Michoacán o incluso entre los chontales de Toltepec. Otros indios parecieron refugiarse en una visión idealizada de un pasado sin males en Tezcatepec o en Teloloapan, también en Guerrero. Los indios de Oaxaca dieron respuestas análogas. Por más que los zapotecas de Ixtepejí tenían conciencia de una considerable disminución de la longevidad y de haber vivido más sanos, "con todos los trabajos que padecían", confesaron que no comprendían nada de lo que los afectaba. La misma incapacidad había entre los indios de Teotitlán del Valle, entre los mixtecas de Tilantongo o de Nochixtlán, de Acatlán o de Chila.[15]

Sobreponiéndose a su desconcierto, otros informantes trataron de aportar respuestas retomando las preguntas que antecedían a la que trataba de la salud. Estas respuestas se hallan lejos de ser uniformes. Cada cual a su manera, revela el esfuerzo de una sociedad que trata de explicar lo inaudito, de pensar lo singular. Ciertos enfoques parecen desembocar en la línea de una explicación tradicional. En Coatepec se recuerda que es la muerte de las personas jóvenes en aquello que podía tener de excepcional lo que antaño exigía ser interpretado, "lo tenían por agüero y ponían entre ellos admiración y decían que debían de haber hecho algún pecado pues morían mozos". En otras palabras, era atribuir las desapariciones prematuras a la violación de algo prohibido que podemos suponer de orden ritual y sexual. La observación de los informantes nahuas de Coatepec es repetida por los de San Juan Tututla, cerca de Tetela, en la sierra de Puebla. En ambos casos la muerte golpeaba al individuo que era un *tetzahuitl*, una criatura de la que emanaban fuerzas nocivas y que inspiraba temor, inquietud y escándalo. Si se recorre la continuación de la respuesta de Coatepec, se encuentra en ella una apología del antiguo orden que excluía la ociosidad y limitaba el consumo de alcohol, y, como la intuición de la vida, una ruptura generalizada de las normas tradicionales, sin que

---

[15] PNE, VI, pp. 175, 235, 10, 189, 97; *Relaciones geográficas de la diócesis de Michoacán*, José Corona Núñez, comp., Guadalajara, 1958, I, pp. 12, 33; PNE, VI, pp. 150, 33, 147; IV, pp. 19, 106, 75, 208; V, pp. 61, 67.

se llegara sin embargo a vincular este estado de hecho con la mortalidad. Estos indios ponen así una tras otra, pero sin articularlas entre sí, las ideas de que una muerte prematura es la sanción de una transgresión, la pérdida de las reglas de vida y la catástrofe demográfica. Por lo demás, ¿cómo aunar esta interpretación antigua sobre decesos individuales y excepcionales a una muerte colectiva e incesante? El pueblo vecino de Chicoloapan tampoco se arriesga por este camino, contentándose con agregar a la lista de normas perdidas y abandonadas el matrimonio tardío de antaño (a los 30 años para los hombres y 25 para las mujeres). "Espantados" por la disminución de la población, los chontales de Coatepec de Guerrero también se limitan a oponer los dos modos de vida, el antiguo y el nuevo, sin hacer de ello la clave de la mortalidad. En la misma región, los tepuztecos de Utatlán se reducen a señalar la paradoja de una existencia pasada que asociaba condiciones de vida precarias a una longevidad y una robustez muy por encima de las ulteriores, aunque, confiesan, sin comprender las razones.

En cambio, los ancianos y los notables de Chimalhuacán Atenco dan el paso denunciando lo que consideran que es la "causa", "la ociosidad mucha que tienen los naturales por andar hechos holgazanes por el grande vicio que tienen en sus borracheras y, aunque tienen tierras para labrar, no se quieren valer de ellas y por lo dicho, en dándoles la más pequeña enfermedad, se mueren". Los mismos razonamientos se oyen en la región de Teotihuacán, o hacia el sur en los pueblos de la región de Cuernavaca o del estado de Guerrero.[16]

Independientemente de que los indios hayan relacionado de un modo directo la mortalidad con las modificaciones de sus condiciones de vida o de que sólo hayan esbozado prudentes acercamientos, en numerosísimas *Relaciones* presentaron un análisis al parecer paradójico puesto que exaltaba la sufrida existencia de antaño y denunciaba la ociosidad del presente como si la explotación colonial casi no hubiese pesado a sus ojos. La existencia sufrida y laboriosa que evocan los informantes según parece quiso expresar menos una tarea agotadora que un conjunto de actividades reguladas, organizadas por la autoridad tradicional y que incluían hasta la guerra. Implicaba la idea de una resistencia y de una costumbre al esfuerzo adquiridas mediante un entrenamiento constante y regulado: según los otomíes de Jilotzingo, "nunca paraban, ejercitándose en muchas cosas que les hacía ligeros". A ese ritmo tan característico de los tiempos antiguos se oponían el regalo, la "vida fácil, cómoda" que prevalecieron en lo sucesivo y que sustituían ese régimen intensivo por una ociosidad y una pereza insoportables, acompañadas de un claro mejoramiento cuantitativo y cualitativo de la comida que consumían los indios, "el pan horneado, las gallinas, la carne de res y de cordero". Otros agregaban a ello las transformaciones del lecho (las camas sobreelevadas) y del vestido ("las camisas españolas que se les obligaba a usar"), incluso el abandono de prácticas corporales del tipo de aquellos baños tomados dos veces al día en Tepoztlán o a medianoche en Ocope-

16 PNE, VI, pp. 57, 84, 135, 91, 119, 129, 76; V, p. 171; VI, pp. 224, 229, 217, 244, 91, 102, 111.

tlayuca. Otra paradoja: la paz colonial fue percibida como un factor suplementario de la disminución de las poblaciones indígenas porque en todas partes ponía fin a los conflictos periódicos y por consiguiente a las actividades militares en que se ocupaban los indios.[17]

El análisis sorprende. La austeridad, la frugalidad, las labores incesantes habrían estado vinculadas entonces a una existencia más sana y más larga, mientras que la "mayor comodidad" de las condiciones de vida bajo la dominación española daba por resultado esa sorprendente hecatombe. En primer lugar se piensa en ver en aquella evaluación del régimen colonial la huella de un encuestador español, propenso a minimizar la explotación de que eran objeto los indios y a presentar su gestión ante la Corona bajo una luz halagadora. Si no cabe duda de que el encuestador con frecuencia aplicó a la época colonial fórmulas estereotipadas ("la poca actividad y la gran comodidad. . .") y de que no podía sino acoger favorablemente comentarios que ofrecían una imagen dura y severa de los tiempos prehispánicos, si es patente que en ocasiones incluso dio rienda suelta a un profundo desprecio con respecto a las poblaciones dominadas, se halla muy lejos de haberse puesto en lugar de aquellos a los que interrogaba. En primer término, porque resultaba bastante incómodo el razonamiento que conducía a hacer de los "beneficios" de la aculturación material y del régimen español el origen de un fracaso demográfico que asustaba tanto a los españoles como a los indios. En seguida, porque la interpretación indígena con frecuencia resultaba demasiado circunstanciada para que hubiera sido apuntada o fabricada por la administración colonial que, por ejemplo, ¡difícilmente tenía alguna razón para sospechar que en el abatimiento de la edad en el matrimonio —¿cómo habría podido apreciarlo?— residiera una causa o la causa de la mortalidad indígena!

En realidad, bajo los mismos términos, mezcladas las declaraciones indígenas y la transcripción española, sin duda es preciso distinguir dos lenguajes inconfundibles. Por una parte la mirada occidental, moralizadora y en ocasiones "racista", que deploraba la pereza, la ociosidad, el vicio que supuestamente prevalecían en la Nueva España. Por la otra el análisis indígena que, en resumen, se dedicaba menos a evaluaciones morales en el sentido europeo de la palabra que a un juicio más global, sobre la aculturación en su conjunto o, retomando la explicación de los informantes de Ocopetlayuca, sobre "el hecho de haber cambiado de costumbres". Lo que en aislamiento puede parecer un notable mejoramiento del hábitat, de las prendas de vestir, de la alimentación (y que tal vez lo fue para los indios), antes que nada fue aprehendido por los informantes como la ruptura de un modo de vida, la alteración de un arreglo, de una totalidad de prácticas y de costumbres —las costumbres— tan diversas como la guerra, la edad para el matrimonio o los cuidados corporales. Tomemos por caso la embriaguez. Los españoles deploraban su difusión y el espectáculo despreciable. Por su parte, los indios insistieron en una

[17] PNE, VI, pp. 84, 57, 227, 244, 259; IV, pp. 117-118.

dimensión más profunda, en cierto modo más sociológica, denunciando el abandono de las reglas sociales y de las represiones rigurosas que regían —aunque sin prohibir— el consumo prehispánico del alcohol, así fuesen prohibiciones temporales (las fiestas) o proscripciones vinculadas a una categoría social o a un grupo de edad. Se observaban normas —"la ley que existía entre ellos"— y se castigaba a quienes las infringían, ejecutándolos si era preciso. Otros terrenos experimentaron igual puesta en duda: el consumo alimentario que en la Colonia dejó de señalar distinciones de jerarquía y estatuto, o incluso las prácticas matrimoniales que escapaban cada vez más a las prescripciones tradicionales.[18] Con frecuencia fue pues —las *Relaciones* de Oaxaca lo corroboran—[19] la desaparición de una tensión continua, de una regulación obligatoria, lo que parecía preocupar a los informantes, como si de ella procedieran las calamidades que los golpeaban una y otra vez.

La explicación de la mortalidad mediante el derrumbe de las normas constituía un enfoque particularmente original, aun cuando el pensamiento nahua establecía ya relaciones entre la armonía cósmica, social y el estado de equilibrio garantizado por la salud física. El enfoque era nuevo en la medida en que, obligado a expulsar las alusiones a la "idolatría" prehispánica, se encerraba en el terreno de la vida social y material y se apoyaba en una reconstrucción estereotipada y con frecuencia incluso idealizada del antiguo modo de vida: la norma habría reinado aquí por entero, quedando sometida a ella la totalidad de las actividades del individuo. Era ésa una reconstrucción, una extrapolación que evitaba meticulosamente tocar el capítulo de los ritos y de las creencias tanto como poner en tela de juicio el régimen colonial. Sin embargo, algunas comunidades no se dieron por satisfechas con este análisis (¡que yo casi me vería tentado a calificar de prepositivista!) y se arriesgaron por brechas más conformistas o en ocasiones más peligrosas.

Se imponía una interpretación más simple que asombra leer con tan escasa frecuencia. A los informantes les bastaba retomar el discurso eclesiástico que hacía de las epidemias el castigo divino de la idolatría. Así lo hicieron los chontales, los nahuas y los itzucas de Teloloapan, considerando que su decrepitud física debía atribuirse a los "pecados de sus antepasados", o los mazahuas de Temazcaltepec que invocaron "la voluntad de Dios", los tarascos de Pátzcuaro o incluso los zapotecas de Amatlán. Mas esta interpretación fue rara y en ocasiones hasta parece haberse sobrepuesto al tema más indígena de la debacle de las normas de antaño.[20]

Falta lo indecible, la explicación "anticolonialista" y a veces incluso anticristiana. Desde luego minoritaria, pero cuando menos tan frecuente como la interpretación cristiana que por consiguiente los indios habrían interiorizado relativamente poco. Se la descubre en comarcas tan distantes como la sierra de Puebla (Tetela), el Guerrero de Taxco y de Chilapa o el corazón del valle de México. Los informantes de Mexicalzingo, al sur de la capital, no vacilaron en poner en duda el aumento de

[20] PNE, VI, p. 147; RGM, II, p. 114; PNE, IV, p. 121.
[18] PNE, VI, pp. 57, 146-147, 16, 29, 91.
[19] PNE, IV, pp. 179, 141, 146; RGM, II, p. 114.

las agotadoras faenas (más trabajo) y de manera un poco más velada la monogamia cristiana. Zumpango incriminó el peso de la explotación colonial y Taxco se quejó de las deportaciones de mano de obra indígena. Lo mismo ocurrió en Tepeaca y en Tetela en la sierra de Puebla, donde la tomaron en particular con el encomendero Pedro de Escobar. Los zapotecas de Tehuantepec denunciaron la "congregación", en otras palabras el reagrupamiento forzado de las poblaciones en la cabecera de distrito. En Epazoyucan y en Zempoala, se consideró que los "servicios personales", el porteo de los *tamemes*, el trabajo de las minas y la mala alimentación habían elevado la mortalidad. E incluso en Yuriria, Michoacán, la construcción del monasterio agustino. Al hilo de estos testimonios el término trabajo al parecer fue tomado esta vez en su acepción occidental y colonial de tarea agotadora y no, como en Coatepec, de actividad reglamentada e importante. Por lo demás, en ocasiones se adivina la presencia benévola de un corregidor o de un religioso que compartía bastante las dolencias de los indios para unir a ellos su voz. En la región de Oaxaca los mixtecas y los zapotecas de Guajolotitlán, recordaron también que en tiempos de Motecuhzoma el tributo era más ligero y que en aquel entonces estaban exentos de servicios personales. Según los pueblos, la denuncia de la explotación podía adoptar un giro virulento o limitarse a algunas instantáneas con el rodeo de una frase, como la evocación de aquellos chinantecos muertos cuando extraían oro de sus ríos o a raíz de su deportación a tierras frías.[21] Pero donde algunos indios nahuas se atrevieron a atacar de frente la cristianización, fue en la diezmada costa del Pacífico: "Los apartaron de sus dioses que les solían decir lo que habían de hacer para sanar cuando caían enfermos y, como después que vinieron los cristianos se perdieron sus dioses, luego comenzaron a morirse. . ." Por su parte, los zapotecas de Ocelotepec habían pasado a la acción reanudando en 1577, tras una epidemia que causó 1 200 víctimas, sus antiguos sacrificios para que sus dioses pusieran término a la enfermedad.[22] Estos dos testimonios revelan que medio siglo después de la Conquista algunos indios aún podían y se atrevían a oponer un tratamiento tradicional a la enfermedad. Por ejemplo, se sabe que los nahuas vinculaban el origen de los padecimientos con la violación de prohibiciones, con el surgimiento de ciertos signos calendáricos, con la acción maléfica de los hechiceros y con la intervención de las divinidades. Esos mismos dioses podían curar males que ellos enviaban. Que unos indígenas hayan podido expresar ese razonamiento blasfemo ante funcionarios de la Corona dice mucho sobre lo arraigado de esta interpretación, sobre la superficialidad de la cristianización y, antes que nada, sobre el profundo desconcierto de las poblaciones locales. Evidentemente resulta imposible saber en qué medida lo expresado abiertamente por indígenas de Huatulco reflejaba el pensamiento de otros grupos que se habrían refugiado en el silencio, en la explicación cristiana o la invocación en apariencia —pero sólo en apariencia— más neutra de

---

21 PNE, VI, pp. 196, 318, 278; V, pp. 32, 145; RGM, II, p. 167; PNE, VI, p. 286; IV, pp. 200, 63.
22 PNE, IV, pp. 236, 140.

la alteración de los modos de vida. Y eso que sólo concernía a la interpretación de la impotencia para hacer frente a la enfermedad. Los informantes de Coatlán aportaron una versión más precisa de la etiología de la peste: "Desde el día que los españoles desembarcaron, les comenzó Nuestro Señor a castigar, que luego hubo enfermedad general de cámaras de sangre y muchos granos que por el cuerpo les salían, de que murió en general mucha suma de gente, y dicen que fue de miedo la primera enfermedad que tuvieron por que vinieron los *teutl* —que quiere decir gente del cielo— que fue mucho *el miedo y espanto*[. . .] que les sobrevino la dicha enfermedad."[23] Es reconocida la importancia que los indios concedían y aún conceden al miedo, al susto, al espanto en el surgimiento de las enfermedades.[24] Ese "Nuestro Señor" puede manifestar la introducción de un razonamiento cristianizado pero la falta de motivación precisa —por ejemplo, el castigo de los pecados— sugiere más una alusión velada a la ira de una antigua divinidad. Sea como fuere, el relato de Coatlán, tanto como el de Huatulco y de las prácticas clandestinas de Ocelotepec, emana de una región difícilmente accesible, largo tiempo agitada, sacudida en 1544-1547 por las rebeliones mesiánicas de Tetiquipa. Su combinación da fe de que, todavía en 1580, se conservaban al sur del obispado de Oaxaca todos los elementos de una interpretación tradicional de la enfermedad y de la muerte.

Pero tal vez haya que atribuir menos peso a la permanencia —al fin y al cabo banal— de un sistema de interpretación prehispánico que a su censura en un mundo colonial y cristiano y a la necesidad correlativa de recurrir a explicaciones nuevas de la catástrofe demográfica. Necesidad de explicar su *singularidad* y, llegado el caso, de compararla con un balance global de la transformación de las sociedades. A nuestro entender, mediante la comprobación de esta singularidad presente por partida doble en la muerte epidémica y la instauración de formas de vida radicalmente distintas pudo infiltrarse una percepción lineal de un tiempo sin retorno y sin recurrencia en las condiciones indígenas, al menos en las de los informantes que, para responder al cuestionario, tuvieron que exponer "lo que comprenden, aclaran e intercambian con otros". Singularidad de un presente que con frecuencia los dejaba sin voz, a menos de esbozar una interpretación de orden cultural y material que en muchos aspectos puede parecer más "moderna" y más elaborada que los razonamientos providencialistas que difundía la Iglesia. Dentro del marco limitante y del todo inhabitual de una encuesta española —e involuntariamente provocada por ella— se tendría allí la manifestación original de pensamientos confrontados con exigencias intelectuales y con esquemas mentales basados en una aprehensión muy distinta del tiempo, del acontecimiento y de la realidad. Invitación a confeccionar un pasado reducido a una cadena lineal de hechos singulares y desligado de sus horizontes cíclicos.

¿Será acaso que del tiempo indígena ya no queda sino una temporalidad aplas-

---

[23] PNE, IV, p. 135.
[24] Aguirre Beltrán (1973), pp. 109, 224 y López Austin (1980), II, p. 246.

tada, reducida a la expresión pura y simple de una sucesión lineal? Dista mucho
de ser cierto. Al margen de ese pasado vaciado en el molde burocrático surgen de
manera subrepticia otras perspectivas, otros modos de captar un tiempo que sería
reiterativo y predeterminado. Paradójicamente, la ocasión la ofreció la pregunta
relativa "a los ritos y a las ceremonias", aunque los españoles no hayan tratado en
absoluto de explorar una temporalidad que no dependía ni del campo inmediato
de la encuesta ni de sus marcos de pensamiento. Para responder a esa pregunta
algunos indios trajeron a colación sus antiguos calendarios, revelando así que ni
todos estaban perdidos ni todos olvidados. Por el contrario, ciertos informantes a
veces se refirieron a ellos con una facilidad tan sorprendente que corrían el peligro
de exponerse al cargo de idolatría. Basándose en el calendario de 18 meses, el
xiuhmolpilli o *xiuhpohualli*, los de Teotihuacán informaron que tenían 18 fiestas
cada año, una cada 20 días. Los informantes muy cercanos a Acolman describieron
los ritos a que daba lugar cada una de aquellas fiestas, con una abundancia de
detalles que sólo se lee en Teotitlán del Camino. Vinculado al sistema vigesimal
por doquiera presente en Mesoamérica, el ciclo de 20 días dejó huellas profundas
en las memorias: se le encontraba entre los nahuas de Cuetzala, Guerrero, entre
los otomíes de Ajacuba o de Tecpatepec. Los chontales de Oztoman, en Guerrero,
explicaron que "contaban los meses de veinte en veinte días y que cada mes hacían
una fiesta [. . .] Hacían el año de trescientos y sesenta días". En la región de
Oaxaca los mixtecas de Tilantongo recordaban haber celebrado diez grandes fiestas
anuales, los chinantecos cuatro en tanto que los cuicatecos de Atatlahuca también
tenían un año de 360 días al término del cual ofrecían sacrificios a su dios principal.
Aquí y allá fueron señalados periodos más largos: el servicio de siete años que
cumplían los sacerdotes de Atatlahuca, la costumbre de cortarse el cabello a rape
cada cuatro años entre los mixtecas de Tilantongo, los ayunos colectivos de cada
ocho en Texcoco, etc. El retorno regular de los periodos de ayuno marcaba con tal
fuerza el transcurso de lo vivido que numerosos informantes los evocaron de Guerrero a las montañas de Oaxaca, del valle de México a Michoacán, distinguiendo
lapsos de tres, cuatro, nueve, 40, 80 o 140 días en el transcurso de los cuales los
indígenas evitaban consumir ciertos productos o tener alguna relación sexual. El día
también tenía sus divisiones inmutables: estaba marcado por seis sacrificios entre los
mixtecas de Tilantongo o por dos baños rituales en Tepoztlán, mientras que en
Epazoyucan, cerca de Zempoala, resonaban tres veces en la noche los llamados del
caracol marino. En fin, el nacimiento, el matrimonio, la muerte abrían periodos
de duración variable cuyas obligaciones describieron los indios de Tepoztlán y de
Ixcateopan a los encuestadores españoles.[25]

Otros informantes se detuvieron en la periodicidad del tributo y a veces incluso
en la de la guerra. Acolman entregaba cada 80 días el tributo que debía a su señor,

---

[25] PNE, VI, pp. 222, 214-217, 139, 16, 36, 107; IV, pp. 73, 61, 166, 167, 79; VI, p. 74; IV, pp. 34,
101, 61, 48, 74; VI, pp. 244, 242, 90.

Chila seguía una frecuencia análoga en tanto que Taxco expedía cada 20 días y una vez al año los productos que México-Tenochtitlán exigía del pueblo. En otras partes esta sangría de las riquezas locales tenía lugar tres o diez veces al año. Es cierto que en la extensa región de Oaxaca la periodicidad de los 80 días se mantuvo hasta 1555. Los ciclos del tributo remiten a los ciclos del trabajo. Alterar estos ritmos regulares equivalía a desorganizar la actividad cotidiana, a crear tiempos muertos. De ahí la sensación al parecer paradójica de una sobreocupación prehispánica y de una ociosidad colonial. Dicho lo cual, no se podrían identificar todos los ciclos con un equilibrio feliz, alterado o progresivamente roto por la Conquista. Los indios de Ucila observaban que también la dominación mexica había significado la imposición de obligaciones rituales (un ayuno de 140 días, el cual consistía en comer sólo una vez al día absteniéndose de la carne y el vino, y dos sacrificios anuales), como si el poderío del vencedor hubiese llegado hasta someter a sus propios ciclos a esta población chinanteca.[26]

No intentemos sacar más de esos jirones de ciclos que recogieron en desorden los redactores españoles. Formaban parte de una concepción global de la temporalidad que orquestaba todas las actividades del hombre y que al azar de las respuestas sólo llega hasta nosotros irremediablemente disgregada y profundamente empobrecida. Lo que los indios realmente habían podido salvar en 1578-1582 dependía, como es sabido, tanto de la conservación de los calendarios pintados como de la supervivencia de los especialistas del *tonalpohualli*, el calendario adivinatorio. Los evocaron testimonios chontales, mazatecas, tepuztecas o cuitlatecas. Los nahuas y los otomíes de Epazoyucan, al sudeste de Pachuca, describieron las actividades de sus "herbolarios" que "por sus cuentas [. . .] contaban cada día por sus pinturas y les decían a cada uno el día que nacía, los trabajos que habría de tener, si ha de ser rico o pobre o si ha de morir desastrado. Estos les llamaban *tonalpouhques*". Entre los tepuztecas de Utatlán "los que nacían tenían puesto entre sí los nombres de los días". En otras parte tampoco se había olvidado que prácticas adivinatorias acompañaban los grandes momentos de la vida política, anunciaban la suerte de una guerra, el resultado de una enfermedad o la oportunidad de un matrimonio. Pero se apresuraban a agregar: "murieron los que lo sabían". Por lo demás, a diferencia del encuestador que afirmaba que si los indios difícilmente decían más al respecto "es que habían sido castigados por ello".[27]

Fueran cuales fuesen las prácticas todavía en vigor en la época de las *Relaciones*, no cabe duda que algunos indios siempre tenían presentes los ciclos diurnos y nocturnos, las secuencias de 13 y 20 días y las periodicidades anuales que estructuraban la temporalidad tradicional y le conferían una densidad, una sustancia, pues regían, como se recordará, la llegada y la combinación de los influjos que descendían de los cielos o subían de los mundos inferiores. Habíamos mencionado su persistencia

---

[26] PNE, VI, p. 213; V, p. 66; IV, pp. 48, 73; VI, p. 276.
[27] PNE, VI, pp. 90, 95, 133, 129; IV, p. 167.

hacia esas fechas, subrayando ya el riesgo principal que revestía la conservación de este uso. Rebasaba ampliamente la esfera de la confrontación religiosa, el campo estrecho de los ritos y de las creencias, y sin duda en ello radica su profundo arraigo. Raros fueron los religiosos que se mostraron sensibles a la especificidad profunda del tiempo indígena y se escandalizaron por ella como Bernardino de Sahagún, quien hacia 1578-1580, por consiguiente en las mismas fechas, consignaba este refrán indígena: "Lo que se hacía hace mucho tiempo y ya no se hace, otra vez se hará, otra vez así será, como fue en lejanos tiempos; ellos, los que ahora viven, otra vez vivirán, serán. . .", para agregar: "esta proposición es de Platón y el diablo la enseñó acá porque es errónea, falsísima, es contra la fe". [28]

Sin embargo, esta idea era la que afloraba de manera implícita bajo los testimonios que se orientaban menos a situar un momento en una escala cronológica que a penetrar en su sentido político, religioso, social como si las sociedades indígenas —a ejemplo de los balineses a los que describe Clifford Geertz— [29] hubiesen tratado más de descifrar, clasificar y describir las diversas manifestaciones de la realidad que de medir un tiempo o situar un acontecimiento. Así lo sugiere la fecha indígena (*Ce-Tecpatl*) de la fundación de Tepeaca. Será más comprensible que indios que se confesaban y se decían cristianos hubieran podido seguir alimentando una percepción cíclica del tiempo si se recuerda que ésta no sólo escapaba a las predicaciones del clero español, que por lo común se limitaba a las manifestaciones visibles del paganismo, sino asimismo que la Iglesia había impuesto un calendario litúrgico también cíclico, para confundir más los espíritus. Aunque no por ello es menos cierto que para conservar su sentido y sus funciones, esta temporalidad exigía disponer de técnicos que muy bien podían haber desaparecido y que las obligaciones de la sociedad y de la vida coloniales, de las que la encuesta es un ejemplo, presionaban a los indios para establecer correspondencias entre su enfoque y la cronología española.

Invisible para los españoles, otro tiempo se ocultaba en los ríos, dentro de las montañas, en lo más recóndito de las selvas. Allí donde los encuestadores sólo entendieron una interpretación anodina del paisaje, algunos indios transmitieron informaciones fugitivas que rebasaron considerablemente el terreno de la toponimia o de la geografía. De ese malentendido nació un conjunto de datos que en vano se buscarían en el capítulo de los ritos y de las ceremonias. Sin embargo, la percepción indígena del paisaje no tenía nada de inocente aunque escapara a la vigilancia de los españoles. Los indios no sólo "tenían también creído que todos los montes eminentes y sierras altas participaban de esta condición y parte de divinidad", sino que también consideraban que los lagos, las cuevas, las montañas eran puntos de contacto privilegiados entre el mundo de los dioses y la superficie terrestre. Eran los conductos que comunicaban el tiempo siempre presente de las crea-

---

[28] Bernardino de Sahagún, *Florentine Codex, General History of the Things of New Spain*, 12 vols., trad. por Ch. E. Dibble y A. J. O. Anderson, Monographs of the School of American Research, Santa Fe, University of Utah, 1950-1969, vol. VI, p. 235 y López Austin (1980), I, pp. 71-72.
[29] Clifford Geertz, *The Interpretation of Cultures*, Nueva York, Basic Books, 1973, pp. 391-394.

ciones y de los dioses con el de los humanos, los cambios que podían adoptar las potencias divinas, los hombres y 'os chamanes "frecuentemente se hace mención de la perplejidad de los personajes al regresar a la superficie de la tierra en un tiempo distinto del que esperaban encontrar".[30] Lugares de evolución de un tiempo a otro, objetos por naturaleza indestructibles a diferencia de los templos, de las imágenes y de las "pinturas", puntos de referencia secretos y guaridas de los dioses, estos elementos del paisaje manifestaban y mantenían en su inmutabilidad una antigua relación con los tiempos y con el entorno. En lo sucesivo tal vez se capte mejor por qué la introducción del paisaje occidental en los mapas indígenas pudo, dado el caso, significar algo enteramente distinto de una opción decorativa y de un "progreso realista", y sí en cambio la inclusión disimulada de otra realidad inmanente en los bosques y en los montes.

Enclavado al pie de las montañas en las brumas luminosas y tibias del norte del estado de Morelos, Tepoztlán ejemplifica de maravilla esta geografía sagrada de los lugares, esta inercia de los paisajes. El pueblo toma su nombre del dios Ometochtli Tepuztecatl que allí se adoraba; al este, la estancia de Santa María Magdalena se denominaba Amatlán "porque en tiempo antiguo tenían en él un ídolo en que adoraban que llamaban Amatecatl y que reconocía vasallaje al Tepuztlán diablo". Los peñones que rodean el pueblo y todavía guardan el recuerdo de los sacrificios de niños y de los dioses que lo habitaban: *Cuauhtepec*, el "Cerro del Águila"; *Chicomocelotl*, el "Cerro de los Siete Tigres que así lo llamó el demonio"; *Tepuztecatl*, "porque el demonio tenía allí su asiento"; *Tlahuiltepec* "porque iban a hacer allí sus sacrificios y hacían lumbre y por eso le decían el Cerro de la Lumbre". "Los cuales dichos nombres eran según los nombres de los ídolos que en los dichos cerros había donde subían antiguamente a hacer sus sacrificios": el Cerro del Viento, Huerta del Mico, el Cerro de las Piedras Preciosas, el Cerro del Cuervo, la Casa de la Noche.[31] En ocasiones una comarca entera conservaba su significado divino: la región otomí del norte del valle de México se seguía designando mediante la palabra *Teotlalpan* por ser "tierra que en su gentilidad no era poblada ni habitaba nadie en ella, porque la tenían dedicada a sus dioses"; y sobre todo el país de origen, las cuevas de *Chicomoztoc* de donde surgieron a la superficie de la Tierra los grupos nahuas. En lo cual nada hay de mítico ni de fabuloso para los informantes que, por el contrario, veían una dimensión esencial de su propia realidad. A veces, la alusión sólo se refería a un rasgo local y apenas revelaba la manera en que los indios captaban su medio: la aparición de una serpiente prodigiosa en una montaña (Coatepec Chalco y Coatepec de Guerrero), un juego de pelota (Taxco), una piedra de sacrificios (Tetela del Río), un ídolo suspendido o colgado (Pilcaya), un cerro de luz que iluminaba todos los alrededores (Tequisistlán), lagunas con ofrendas, cuevas dedicadas al dios del viento (Texcaltitlán), un árbol de los dioses en el cual "les aparecían

[30] Torquemada, *Monarquía indiana*, *op. cit.*, III, p. 78; López Austin (1980), I, p. 74.
[31] PNE, VI, pp. 239-245.

al pie de dicho árbol muchos demonios".[32] Más que en Tepoztlán, en Coatepec Chalco los cerros todavía resonaban con hechos a los que se consideraba pertenecientes a un pasado nunca acabado. Un monte pelado de mediano aspecto, el *Tonaltepec* —el "Cerro del Sol"— escondía en su flanco "una cueva oscura, hondable y temerosa" donde antaño los indios empezaron a ofrecer sacrificios al demonio en tanto que sus sacerdotes consultaban a un dios de piedras que les respondía. En la sierra más alta de *Quetzalcóatl*, la famosa divinidad se mostraba antes en forma de serpiente de plumas verdes, "se mudaba de una sierra en otra [. . .] Daba grandes silbos y aullidos que ponían grande espanto". Los informantes de Teotihuacán no podían dejar de describir el grandioso sitio donde se levantaban y se levantan aún los "cues de la luna, del sol *Tonacatecutli* y del señor del infierno", ciudad de los dioses adonde antes venían a depositar sus ofrendas los pueblos de los alrededores y el soberano mexica, ruinas divinas a las que dominaba el Gran Cerro de la Madre, *Tonan*. . . En fin, Michoacán y la región de Oaxaca podrían engrosar la lista de estos ejemplos.[33]

Como un inmenso lienzo imborrable, el paisaje y la toponimia mantenían la memoria con una presencia inevitable que reflejaban los comentarios indígenas al referirse tanto a la naturaleza profunda de los lugares como al significado de su nombre. Pues si la toponimia disimulaba por doquiera una cosmogonía, es que eran indisociables una de otra. Para un buen número de indígenas, una montaña, una fuente, no podían ser sólo el marco material y efímero de una mala fábula supersticiosa; poseían una densidad sensible, afectiva, incluso sonora, inconmensurable. Aún estaban marcadas por aquella presencia inquietante que infundía temor, por aquel *tetzahuitl* tan vinculado a la percepción autóctona de la divinidad. Por no hablar de aquellas teofanías cuya huella conservaban y cuya memoria repetían los múltiples Coatepec. Será comprensible que, partiendo de enfoques distintos del medio y de la realidad, cada cual haya obedecido a su propósito y que el pasado según los españoles con frecuencia haya podido ser el presente de los indios, lo que se imponía por su propio peso, pues ese pasado era parte de la misma inmutable realidad. Por lo demás, sus testimonios no establecían diferencia alguna entre el "mito" y la historicidad. Cuando mucho había veces en que guardaban silencio sobre aspectos demasiado embarazosos. Sin embargo, aun edulcorado, el relato conservaba su coherencia, basando en un mismo registro lo "fabuloso" y lo político. En Chimalhuacán Atenco, en Coatepec Chalco o en Alahuistlán, los ancianos informaban de la intervención del numen protector sin precaución retórica ni correctivo de ninguna especie: Teotonoc "aparecíaseles muy a menudo en figura de hombre, hablaba y trataba con ellos y decíales lo que habían de hacer". Incluso mostraban las huellas dejadas por el dios en la montaña, la marca hecha en la roca por el báculo divino.[34]

[32] PNE, VI, pp. 32, 34, 14, 26, 42, 118, 263, 132, 269, 229; V, p. 152.
[33] PNE, VI, pp. 45, 222; RGM, II, p. 21; RGM, I, pp. 11, 25, 33; PNE, IV, pp. 198, 184, 84, 79.
[34] López Austin (1973), pp. 86-90; PNE, VI, pp. 101, 45, 73; IV, p. 79.

Sin duda todavía equivaldría a expresarse imperfectamente el hacer del paisaje un cuadro pleno de susurros, saturado de colores y de presencias. Es un microcosmos en que el indio se incluye, se define, donde la vida cobra sentido, un universo orientado que quebraron los evangelizadores y los representantes del rey cuando se empeñaron en desplazar a las poblaciones y en reagruparlas en otros sitios. Basta con volver a los mapas indígenas de fines del siglo XVI para encontrar allí en un glifo-paisaje, en una línea del horizonte aquella presencia que las palabras son incapaces de sugerir.

En vez de afanarse por obtener de las *Relaciones* con qué conocer mejor las sociedades prehispánicas, quizá no estaría de más detenerse en las imágenes que de ellas conservan los indios a unos 60 años de la Conquista española —a riesgo de extraviarse en el dédalo de las culturas y los accidentes de la memoria que configuran un terreno tan apasionante como caótico y heterogéneo— sin que por ello deje esta visión plural de obedecer a presiones repetidas por todas partes: los informantes fueron sumergidos en el contexto insólito y exótico de una encuesta occidental; fueron obligados a presentar, en toda la extensión de la Nueva España, una información que pudiera adaptarse a una percepción lineal y descontextualizada de su historia; fueron arrastrados por la lógica de la encuesta a hacer abstracción de toda una dimensión cíclica o, antes bien, a aislarla como tal, encerrándola en esferas reducidas (los ritos) y de nuevo circunscritas por categorías occidentales; en fin, fueron llevados a hacer una reflexión global sobre la sociedad indígena de antaño y por ello mismo a distanciarse de ella. En lo cual no hay nada que se emparentara con un movimiento espontáneo ni tampoco con las relaciones más confiables y más personales que rodeaban a las encuestas realizadas por los religiosos franciscanos. Los informantes se encontraban ante los representantes locales de las autoridades españolas y esos representantes sólo compartían de manera esporádica la curiosidad de los religiosos. Puestos ante una red de análisis del tiempo y de la sociedad que para los españoles era del orden de lo evidente, los informantes reaccionaron de diversos modos. No todos respondieron. Pero, cuando lo hicieron, con frecuencia fue conservando un apreciable margen de maniobra cuyas múltiples manifestaciones hemos podido seguir, aunque hayan adoptado la forma de una censura política o de una periodización original.

¿Tuvo la experiencia del cuestionario un efecto real en las memorias indígenas trastornando o desarticulando su concepto del tiempo y su visión del pasado? Ello sin duda equivaldría a conceder un alcance desmesurado a un encuentro demasiado breve y a intercambios con frecuencia superficiales. ¿O bien esa experiencia precipitó o profundizó simplemente una aculturación cuyos grados, huelga decirlo, variaban según los grupos y las regiones? Es lo que más bien parece ocurrir sobre todo en las comarcas más expuestas a la hispanización: el valle de México, la región de Puebla, Pátzcuaro en Michoacán, las zonas mineras. Lo que no impide que en ocasión de esas encuestas los informantes de todos los grupos étnicos sin excepción pudieran familiarizarse con la concepción del pasado que alimentaban los encuestadores de la Corona. Tenían que ofrecer un relato "verídico", es decir conforme a los criterios de la administración española, tejido con hechos singulares, construido con base en una división entre el pasado de "gentilidad" y el presente cristiano. Indígenas de todas partes —y no sólo los que habían sido interrogados por eclesiásticos con curiosidad por las "antigüedades"— descubrían la manera adecuada de hablar del pasado, de hacer su "historia" en el sentido español de la palabra, es decir ofrecer una versión que pudieran aceptar las autoridades coloniales, una interpretación "plana", "unidimensional" en que el tiempo ya no era sino una sucesión de hechos y el espacio un paisaje banal y una toponimia.

Resulta más fácil ponerse de acuerdo sobre la degradación de las memorias indígenas, que se hace perceptible al hilo de las respuestas por los fragmentos suministrados y con mayor frecuencia por sus silencios. Al margen de memorias ricas que se debilitan —para los encuestadores y para nosotros— en las tres facetas de lo lineal, de lo cíclico y de la perennidad, cuántos testimonios hay confusos y sobre todo inconsistentes que no son imputables sin excepción a un administrador con prisa o a la negativa a informar. La pérdida y la destrucción de las "pinturas", el ahogamiento de la tradición pictográfica, la poca difusión de la escritura alfabética —apreciable, por ejemplo, en la región de Oaxaca y en Michoacán—, la desaparición de los testigos y, sobre todo, la extinción de las memorias humanas parecen haber pesado considerablemente en la instantánea que ofrecen las *Relaciones* conservadas hasta nuestros tiempos. Tanto como una desestructuración profunda de la percepción del tiempo o una recomposición del pasado en las conciencias indígenas, en aquellas últimas décadas del siglo XVI al parecer empezó el triple desdibujamiento de las categorías, de los soportes y de los hombres.

Múltiples, desiguales, diversas hasta la contradicción, esas memorias no por ello dejan de compartir un rasgo común que imprime su sello a todas esas construcciones. Y es que las imágenes esquemáticas que nos tienden, las opciones que eligen, los acentos que subrayan obedecen menos al azar de las reminiscencias que al origen social de los informantes. Reclutados en el seno de lo que subsistía de la nobleza, entre los caciques y los principales, y en ocasiones descendientes directos de los señores prehispánicos, los informantes nahuas elaboraron por pinceladas sucesivas el cuadro de sociedades ordenadas donde el poder era indiscutible e indiscutido. La independencia política de la que antaño gozaban estos pueblos, la educación, la rigidez de la justicia y de las leyes, el respeto y la obediencia absoluta debidos a los caciques, el trabajo concebido como imperativo social constituían, si hemos de creerles, un conjunto extraordinariamente estable en el que cada cual permanecía en su sitio. Pero la situación había cambiado mucho y en más de una ocasión asoma la nostálgica amargura del informante cuando describe la etiqueta de los tiempos antiguos, cuando opone el recuerdo de los caciques de suntuosos atavíos de plumas que evocaban "tigres, leones o aves" a los macehuales cubiertos de un simple taparrabo y de una capa de henequén. Las prohibiciones alimentarias, atropelladas ahora por las nuevas comidas y la confusión de las jerarquías, antes contribuían a separar lo que debía estarlo puesto que "en su gentilidad ningún indio común podía comer sino tamales y un poco de atole y no gallinas", en tanto que "los señores usaban comer gallos y gallinas y cazas antiguamente y carne humana". Pues no podríamos olvidar que, fuera de sus funciones rituales y "dietéticas", el canibalismo servía de marcador social, puesto que los plebeyos no tenían derecho a comer carne de los sacrificados ni de absorber así la fuerza divina que contenía. Aboliéndolo e introduciendo el consumo de carne de puerco, de res y de cordero, los españoles habían sustituido las distinciones sociorreligiosas tradicionales por criterios de orden económico que se aplicaban de un modo enteramente distinto.[35]

El discurso sobre la autoridad no tenía pues nada de inocente. Sea entre los otomíes, sea en el Guerrero chontal y tepuzteco, se escucha la misma apología del antiguo orden, de las prohibiciones y de la estricta regulación bajo los cuales vivía el individuo. Como tampoco se privan de recordar que los antiguos ritos funerarios —en adelante suprimidos— significaban la distancia entre el vulgo y las élites chontales, tepuztecas y mazatecas.[36] Cierto es que en la región de Oaxaca la idealización del pasado está claramente menos afirmada. Tal vez no sea indiferente que uno de los pueblos en que más se trató de exaltar la antigua sociedad haya sido el señorío nahua de Teotitlán del Camino. Los informantes incluso se arriesgaron a rehabilitar en parte el medio sacerdotal indicando que los sacerdotes de antaño "vivían como santos", tras haber evocado sus mortificaciones, su castidad y su sobriedad. Como si las culturas nahuas y sus áreas de influencia hubieran vivido con la obsesión de una ciudad civilizada mientras que otros pueblos zapotecos o mixtecos al parecer escaparon a ella. Estos testimonios sugieren organizaciones políticas menos complejas o cuando menos más flexibles que las de los nahuas. Agreguemos que la interposición frecuente de una dominación exterior —por ejemplo, la de Teozapotlán en Macuilxóchitl— probablemente contribuyó a matizar o ahogar la nostalgia de los informantes. Las memorias de Oaxaca con frecuencia fueron memorias de la dependencia, satélites de vecinos más poderosos. Tampoco queda excluido el que ciertos testimonios hayan emanado de sectores nuevos en ruptura con los antiguos medios dirigentes.[37]

Por encima de esas diversidades regionales cuyos ejemplos sería preciso multiplicar, recordemos que todas estas memorias se confundían con las de los poderosos, que en ellas se mezclaban a la vez el saber de los últimos testigos del tiempo ido con el de los indios que fueron los más expuestos a la aculturación, como lo revela la mención de su firma. Por consiguiente, en el plano local reflejaban el surgimiento y la difusión de una cultura cuya génesis hemos seguido y de la que ahora tal vez apreciemos mejor, para toda la Nueva España, el alcance, el dinamismo y los límites. A esos notables de fines del siglo XVI correspondía la tarea de conciliar

[35] PNE, VI, pp. 84, 242, 243, 141, 286. Sobre los cambios en la alimentación introducidos por los españoles, *véase* Borah y Cook (1979), III, pp. 129-176.

[36] PNE, VI, pp. 16, 36, 129, 91, 146, 123, 96.

[37] PNE, IV, pp. 220, 111, 149, 102, 146.

dos concepciones del tiempo. La de la administración española con sus referencias cronológicas, su periodización, su sentido del acontecimiento, sus criterios y sus exigencias. Y la de la tradición indígena que se preocupaba más por establecer el paralelismo de los hechos que por el análisis de su sucesión y para la cual, con el transcurso del tiempo humano, los estratos de acontecimientos se superponían, "perfeccionando una imagen que en cada vuelta el hombre perspicaz y ordenado podía ir delimitando en sus contornos vagos".[38] Entre estos dos enfoques existían sin embargo puntos de coincidencia: el tiempo litúrgico español era cíclico a su manera, mientras que la tradición nahua no sólo conocía una linealidad menor, sino que además alimentaba la idea de que un ciclo se ubicaba en una temporalidad destinada sin remedio a la degeneración y la desaparición: el Quinto Sol era perecedero y era el último. Agreguemos a ello los efectos más imprevistos de la muerte demográfica que familiarizaron a las poblaciones con un hecho singular y sin precedente. La incapacidad para explicar el infortunio de los tiempos, la pérdida y el abandono de las técnicas adivinatorias y por tanto de los medios de leer el presente y de prever el futuro debían precipitar la toma de conciencia de una temporalidad que, sin ser realmente aprehendida como irreversible, en lo sucesivo era vivida como aberrante e insoportable. Como lo sugiere este abrumador testimonio del año 1582:

Nos somos informados que en esta tierra los indios naturales de ella por los malos tratamientos que sus encomenderos les hacen [. . .] muchos se ahorcan y otros se dejan morir sin comer y otros toman yerbas venenosas; y que hay madres que matan a sus hijos en pariéndolos, diciendo que lo hacen para librarlos de los trabajos que ellas padecen. . .[39]

[38] López Austin (1973), p. 97.
[39] *Cédula real* de mayo de 1582 de Felipe II, en Genaro García, *Documentos inéditos o muy raros para la historia de México*, México, Porrúa, 1974, pp. 498-499.

III. LOS "TÍTULOS PRIMORDIALES" O LA PASIÓN POR LA ESCRITURA

¿SE PUEDE proseguir el análisis un siglo después e incluso corregirlo abandonando la visión panorámica por un estudio más riguroso? Sin duda, pero con la condición de tener presentes el origen y los límites de las únicas fuentes de que disponíamos, a falta de encuestas realizadas al término del siglo XVII. En los testimonios consignados por las *Relaciones geográficas* los dirigentes indígenas de fines del siglo XVI hacían un balance forzado de lo que habían guardado en la memoria. Con frecuencia representaban un medio amenazado en lo social, una nobleza hundida en la tormenta demográfica pero que conservaba lazos directos, a menudo humanos, con el pasado de antes de la Conquista. Un siglo después, cuando el número de hombres dejó de disminuir, en pueblos de poca o mediana importancia nuevos grupos se dedicaron a fijar otras memorias que parecen haber asimilado parte de la lección difundida por las *Relaciones*. Para explorarlas disponemos de fuentes doblemente notables, tanto por su concepción como por su contenido. Es probable que desde el siglo XIX se haya dado en designarlas con el nombre de *Títulos primordiales*.[1] Redactados en lengua indígena en el seno de una comunidad o de un pueblo, estos documentos anónimos consignan los confines de una tierra exhortando a los indios del lugar a defenderlos con obstinación. En ciertos aspectos están emparentados con una familia de documentos extendidos con frecuencia en el transcurso de la época colonial y aun en nuestros días: los títulos de propiedad. En este caso se trataba de expedientes más o menos abultados, que reunían actas de donación, de venta, de otorgamiento de jurisdicción, peritajes practicados *in situ* —las *vistas de ojo*— y destinados a definir los límites de las tierras, interrogatorios contradictorios, en fin, actas de confirmación para sancionar una toma de posesión. El conjunto consignado y autentificado por un notario español era conservado como objeto precioso por los interesados, citado y mostrado en caso de impugnación y de litigio. Los títulos auténticos presentan un interés considerable para el estudio de la propiedad indígena pero, en la medida en que se conforman a la norma española, dan poco lugar a la intervención de los indios y a la expresión de una visión distinta de la de los representantes de la Corona. Por eso no me detendré en ellos, recordando que su presencia enfrentaba constantemente a los indios con aquello que la administración española en lo formal y lo material consideraba procedente. Los *Títulos primordiales* se distinguen en la medida en que son *falsificaciones* cuya composición por regla general es muy posterior a los hechos

---

[1] Gibson (1967), pp. 278, 295, "A Survey of Middle American Prose Manuscripts. . .", *HMAI*, vol. 15 (1975), pp. 320-321; James Lockhart, "Views of Corporate Self and History in some Valley of Mexico Towns: Late Seventeenth and Eighteenth Centuries", *The Inca and Aztec State. . ., op. cit.*, pp. 367-393.

que pretenden establecer y sobre todo a las fechas que exhiben. Son falsificaciones en la medida en que consignan hechos históricamente inexactos, incluso inventados totalmente, falsificaciones encargadas de sustituir títulos auténticos que pueden no haber existido nunca o haber desaparecido, así hayan sido destruidos, extraviados, vendidos u olvidados por comunidades y pueblos con el tiempo incapaces de descifrar documentos redactados originalmente en español durante el siglo XVI. Pero, con toda evidencia, la propia "falsificación" constituye el incomparable valor de los títulos, puesto que en un marco indígena relativamente autónomo manifiestan un considerable esfuerzo de creación aunado a un apreciable dominio de la escritura. Al mismo tiempo sería preciso evitar confundir desde un principio nuestra mirada con la de los españoles, subrayando que lo que es *falsificación* según los criterios de la historiografía y del derecho colonial puede expresar una aprehensión distinta del pasado, una apreciación singular del acontecimiento y de la historia. Entre otras cosas, es lo que los distingue de los falsos cronicones que florecieron en España hacia la misma época, haciendo su análisis en extremo delicado, pues éste plantea problemas de fijación de fechas que en la mayoría de los casos sólo podrían ser aproximadas; innumerables dificultades de lectura debidas a paleografías engañosas, a grafías y a transcripciones arbitrarias, al uso de lenguas indígenas sobre todo —el náhuatl, el zapoteco. . .— que se apartan de su forma clásica, al mal estado de conservación de los documentos y a su dispersión.[2] Por otra parte, los escasos ejemplos que he tomado no podrían hacer justicia a la riqueza excepcional de esta fuente cuyo agotamiento sólo podrá lograr una gran encuesta colectiva.

Nuestros títulos al parecer fueron puntualizados y redactados en la segunda mitad del siglo XVII. Sus grafías, las fechas de su presentación a la justicia, el dominio de la escritura de que dan fe, la naturaleza de su contenido y de sus referencias, los errores que los demeritan y la confrontación con documentos del siglo XVI y de principios del XVII sugieren esa fecha aproximada. Pero no es menos importante destacar que, en el siglo XVIII y a veces hasta fines del XIX, constituyeron la memoria del pueblo. Corresponden pues a una cristalización del recuerdo, al resultado de un proceso sujetado por la Conquista española. La mayor parte de los títulos seleccionados aquí es de origen nahua. Dos proceden del valle de Toluca: San Bartolomé Capulhuac y San Martín Ocoyoacac, cabeceras distantes unos 10 kilómetros entre sí. El resto nos conduce al sur y al sureste del valle de México, a los alrededores de Mixquic, Chalco y Amecameca. Cuijingo, Zoyatzingo y San Miguel Atlautla

---

[2] A falta de un conocimiento satisfactorio de las lenguas autóctonas en la época colonial, lenguas cuyo estudio sistemático apenas se empieza en la actualidad —a falta también de instrumentos de trabajo adecuados—, me he apoyado en gran parte en las traducciones establecidas por los intérpretes oficiales, por los propios interesados (o, para algunos textos, por especialistas contemporáneos), al mismo tiempo que recurría al original para tratar de esclarecer o de establecer ciertos puntos importantes. Ocioso es decir que este análisis no podría ser sino una entrada en materia, que sólo un verdadero estudio lingüístico y filológico permitiría explotar estos documentos tal como lo ameritan.

dibujan un triángulo al suroeste de Amecameca; a esta zona pertenece también Cuacuauzentlalpan; Santiago Sula se sitúa más al norte, entre Chalco y Tlalmanalco, no lejos de Los Reyes; hacia el oeste, San Nicolás Tetelco ocupa las inmediaciones de Mixquic, San Gregorio Atlapulco las de Xochimilco y Santa Marta las de Milpa Alta. Agreguemos al suroeste, en el cerro del Ajusco, el pueblo de Santo Tomás. En fin, apartado de este conjunto meridional y más al noreste, cerca de Texcoco se levanta el pueblo de Tetzcotzinco. En lo material, estas piezas ocupan una o varias decenas de hojas y pueden ir acompañadas de dibujos o incluso de mapas.[3]

"A quien quiera que seas. . . y que sepas leer y escribir, les distinguirás las razones que aquí quedan puestas de los viejos" (Santa Marta). Los títulos insisten con obstinación en la importancia crucial que conceden a la escritura, de la que incluso llegan a hacer un imperativo categórico: "Mando que se haga este escrito [. . .] Lo mando escribir y poner en este papel. . ." Y ello por diversas razones. Trátase antes que nada de fijar una información y de transmitirla a fin de constituir una memoria "para que en cualquier tiempo estéis noticiado de ello", "para que no estéis ignorantes de lo que sucedió. . .". Esta información se orienta, lo cual es evidente, a proteger los intereses del grupo, "en su defensa de los del pueblo" (Sula), "para que os sirva de adarga y ejemplo de cómo quedáis bien cercados en redondo" (Santa Marta), "a poder hablar y responder en defensa de vuestras tierras" (Cuijingo). Por consiguiente, la escritura claramente está concebida aquí como la forma, el modelo del discurso por pronunciar, del camino a seguir en caso de litigio llevado ante los tribunales de la Corona. Entonces se entiende que esos documentos puedan estar revestidos de una importancia casi sagrada, son los "papeles reales de guardar" en Santa Marta, "el papel escrito de Dios" en Atlautla. Al grado de que su conservación constituye una tarea decisiva que se confía a ciertos miembros de la comunidad, los guardapapeles, que a veces son designados en especial. Esos "papeles" tan preciosos son así parte del patrimonio de la comunidad al igual que la tierra, y los indios temen tanto prestarlos a los españoles como alquilarles tierras. La valorización de la escritura coincide con el respeto del que se rodeaba, antes y después de la Conquista, a las "pinturas". Más allá de la preocupación vital de conservar a toda costa un título territorial, se presiente en ello la inserción deliberada en una tradición antigua que viene a corroborar el empeño

---

[3] Estos títulos provienen del acervo *Tierras* del AGN: vol. 2860, exp. 1, fols. 59r.-73r. (San Bartolomé Capulhuac); vol. 2998, exp. 3B, fols. 1r.-38v. (San Martín Ocoyoacac); vol. 2819, exp. 9, fols. 40r.-87v. (San Matías Cuijingo); vol. 1665, exp. 5, fols. 166r.-190v. (San Antonio Zoyatzingo); vol. 2674, exp. 1, fols. 6r.-19r. (San Miguel Atlautla); vol. 2548, exp. 11, fols. 20r.-28v. (Santiago Sula); vol. 3032, exp. 6, fols. 262r.-286r. (Los Reyes Acatliscoayan); vol. 1671, exp. 10, fols. 13r.-24v. (San Nicolás Tetelco); vol. 3032, exp. 3, fols. 190r.-218v. (Santa Marta Xocotepetlalpan); San Francisco Cuacuauzentlalpan (*Tlalocan*, IV, 1, 1962, pp. 64-73); San Gregorio Atlapulco (Tlalocan, III, 2, 1952, pp. 122-141); Santo Tomás Ajusco (*Tlalocan*, VI, 3, 1970, pp. 193-212); Tetzcotzinco (*Tlalocan*, II, 2, 1946, pp. 110-127). A ello se agregarán los Títulos de San Pedro Tláhuac y Santa Catarina Tlamacatzonco, que se conservan en la Biblioteca Nacional de México.

puesto en subrayar la antigüedad: "Este escrito no es nuevo ni hecho de ayer acá como dicen porque desde inmemorial tiempo a esta parte está hecho" (Cuijingo).

Los españoles denunciaron a la ligera la ingenua treta de un documento que autoproclamaba su antigüedad. Antes bien se descubrirá en él la afirmación de una especie de intemporalidad que situaba los títulos tanto en un pasado remoto como en un pasado próximo o en un presente inmediato. Memoria y fuente de información, instrumento de defensa puesto al servicio de la comunidad, el "papel" debía estar protegido por el secreto. Por tanto se hallaba prohibida su comunicación a los españoles. Sólo las más altas autoridades podían enterarse de su tenor, sólo "los esclarecidos de México", "el alto rey" leerían su traducción. Destinados a probar la autenticidad de los derechos adquiridos, a recordar los privilegios concedidos, los títulos por consiguiente iban dirigidos al mismo tiempo a la comunidad y a los amos de la Nueva España.[4] Vale decir que en esta segunda mitad del siglo XVII modestas comunidades indígenas usaban la escritura con un sentido agudo de sus múltiples empleos, asignándole la conservación, la transmisión y la demostración de la información. Y, desde luego, su manipulación. Sopesando el instrumento que se habían apropiado y forjado, hacían de él un objeto valiosísimo cuyo prestigio se confundía con el de las antiguas "pinturas".

Antes de examinar las fuentes prehispánicas o indígenas, es conveniente considerar los títulos como lo que pretendían ser, como documentos análogos a los que elaboraba la administración colonial. Es innegable que los autores de los títulos estaban familiarizados con las formas más comunes que asumía el escrito colonial. Su dominio de la escritura invita a ver en ellos al personal indígena local que conservaba, leía, difundía las actas emanadas de las autoridades coloniales, e incluso en ciertos casos que intervenía directamente en su redacción. Resulta revelador que los títulos de Sula vayan seguidos de actas auténticas que sancionan compras de tierras hechas por indios del lugar, tres *cartas de venta* o *de concierto* fechadas en 1593, una "petición" dirigida por los indios al juez gobernador, un "mandamiento" de este último, una "puesta en posesión" efectuada por el *alguacil mayor* en presencia del *escribano de la república*. En ello interviene todo un juego de fórmulas, de fechas, de acumulación de firmas, de listas de testigos, una terminología en la que se conjuga el lenguaje administrativo y legalista en el que se inspiraron los títulos de Sula y los demás pueblos. De ahí el esfuerzo de la fijación de fecha del que todos dan fe, las referencias constantes a las autoridades coloniales, el recurrir a un vocabulario jurídico y esta declaración, que no puede ser más explícita, hecha en Cuijingo: "Os doy la forma para poder saber hablar y responder en la defensa de vuestras tierras." Modelo de escritura, la retórica administrativa fue tomada como un medio de defensa. Los indios se la apropiaron como se habían apoderado de la escritura, para garantizar la salvaguarda de su tierra.

En el siglo XVII circulaba en tierra india otro tipo de escrito colonial que los in-

---

[4] Atlautla, fol. 14v.; Ocoyoacac, fol. 35r.

dios se contentaban con leer y, sobre todo, con escuchar: aquella palabra cristiana que al hilo de los sermones, de las plegarias, de las misas desgranaban los curas y sus *fiscales*. Esa palabra ocupa en los títulos un lugar apreciable en forma de las invocaciones trinitarias con que se abren o de esta breve plegaria que precede a la *Mersed de Zoyatzinco*: "O mi Dios y Señor, pues nos has dado luz y gozamos de la claridad de las estrellas que son hechuras de la Divina Majestad de Dios y Señor de todo el mundo. . ." Otras fórmulas cristianas cierran otros títulos. Incluso ocurre que el lenguaje y el discurso cristianos participan íntimamente en la concepción del texto y en la evolución del razonamiento, a ejemplo de esta meditación sobre la muerte que nos ofrece Sula: "Y si Dios nos dejó ejemplar que murió, aunque murió Dios, no murió en cuanto Dios murió porque tuvo nuestra humana carne y ansi estos nuestros antiguos padres, aunque murieron, no murieron, que han de resucitar el Día del Juicio. Entonces hemos de resucitar todos. . ." El tema cristiano de la resurrección venía muy a propósito para apoyar la afirmación de la continuidad y de la perennidad del pueblo en la persona de sus más antiguos fundadores.

Agreguemos un tipo particular de documento que deriva tanto del procedimiento administrativo como del acto espiritual: el testamento con el que pronto se habían familiarizado los indios. Los Títulos de San Bartolomé Capulhuac se presentan como una sucesión de testamentos que se apartan de la forma tradicional, pero conservan varias de sus cláusulas y sobre todo la intervención del narrador en primera persona. La elección del modelo testamentario personaliza el discurso, agregándole al parecer un toque raro de subjetividad y de emoción: "Ahora ya puse lo que pertenece a los santos que prometí delante de Dios Nuestro Señor con melancólicas lágrimas cuando vide lo que me pasó, pues no había gentes, que yo solo estaba padeciendo aunque contento. . ." Evitemos, sin embargo, generalizar. En otras piezas el que habla conserva el anonimato, lo reivindica incluso con energía.[5] Paradoja de los títulos que pretenden ser una voz colectiva y tratan de darle un nombre, de *poner* en ella una firma, obligados como están a *identificar* una tradición para hacerla admisible a los españoles.

Confrontar los títulos exclusivamente con el escrito de la Corona y de la Iglesia nos encerraría en una problemática de la calca y de la falsificación, incluso de la distorsión, para valernos de un término al parecer más neutro. En éste, como en muchos otros terrenos, los indios fueron más que receptores hábiles o torpes, productos de la dominación colonial, y disponían de recursos propios cuyo inventario voy a tratar de esbozar. Los títulos se presentan en forma de relatos orales, de discursos o de un modo más secundario de diálogos entre varios protagonistas, de los cuales algunos podían ser españoles. Aun cuando en ocasiones los ancianos sean los interpelados, interrogados, tomados por testigos, el discurso invariablemente se dirige a las generaciones futuras designadas mediante fórmulas estereotipadas, periódicamente insertas en el transcurso del relato. Son "los que comienzan a pararse, los que ya gatean [. . .] los que se arrastran [. . .] los que empiezan a

5 Sula, fol. 20r.

voltearse boca abajo [. . .] los del vientre que aún no nacen [. . .] los que están por venir de nuestro linaje [. . .] los que hacia atrás vienen andando a gatas" (Atlautla). Desde luego, no son éstas las únicas fórmulas ni las únicas imágenes que dan brillo a los títulos. Habría que citar muchas otras.

Estos discursos adoptan comúnmente la forma de advertencias, de consejos, de reprimendas. Enuncian normas de conducta para uso de los notables y de los nobles de antaño, exaltan el respeto debido a la palabra de los ancianos, regulan el ejercicio de la justicia y del poder, amenazan con la degradación a quienes no sepan merecer la obediencia de los macehuales. Diversos textos resuenan también con exhortaciones al parecer premonitorias, disuaden vivamente a los indios de frecuentar a españoles que tarde o temprano los despojarán de sus tierras y de sus títulos. Lo cual nos vale desgarradoras denuncias de los peligros de la aculturación:

> En acompañándose con los que traen el sombrero encasquetado y sus espadas debajo del brazo [los españoles], quienes también andan a caballo en juntándose con los susodichos y comiendo de lo que ellos comen, serán perdidos porque estos pretenderán quitarles sus tierras [. . .] No consintáis que vuestros hijos se dejen aconsejar de los españoles porque por engaño les pretenderán quitar sus tierras, que los irán obligando con cariño y les darán de lo que comieren; y entendiendo los naturales que es agasajo, cuando recuerden, ya les habrán ido asentando los españoles todo lo que les dieren de comer y el dinero que les dieron y, desta manera, les coxerán sus papeles y cuando vuelvan en sí, se habrán quedado sin las tierras. [Cuijingo.]

Situada en un pasado mal definido, la exhortación "premonitoria" no hacía sino reflejar prácticas que podían observar directamente e incluso padecer los redactores de los títulos. Mas, para expresarse, esa exhortación retomaba el tono de una tradición oral estandarizada e incluso de un género cuya importancia se ha visto en la época prehispánica, el *huehuehtlahtolli*, la "palabra antigua" de la que se traslucen el estilo metafórico y la retórica. Otros pasajes —la aparición de la codorniz prodigiosa de Sula o la historia del demonio del agua— derivan más bien de la narración (*tlaquetzalli*) o del "relato sobre las cosas antiguas". Entre los títulos que presentaron en 1710 los indios del pueblo de Santo Tomás Ajusco hay uno, fechado el 4 de febrero de 1531, que asombra por la virulencia con la que ataca la Conquista española. El tono es de una aspereza y de una desesperanza sin igual: la intensidad de la emoción, el apego a los antiguos dioses —que hace decir de Tezcatlipoca que "él es el legítimo y verdadero dios"—, el recuerdo de las profecías de los antepasados y el funesto cumplimiento de la "palabra antigua", todo concurre para poner este texto al mismo nivel que los famosos cantares de la derrota, que las imprecaciones anticristianas atribuidas al cacique de Texcoco o que las palabras subversivas de los indios a los que perseguía la Inquisición de Zumárraga en el transcurso del decenio de 1530. Pero en él también se encuentra, formulada de manera expresa, la política de acomodamiento forzado que ya he mencionado:

Acuerdo formar un templo de adoración donde hemos de colocar al nuevo Dios que nos traen los castellanos. Ellos quieren que lo adoremos. ¿Qué hemos de hacer, hijos? Conviene que nos bauticemos, conviene que nos entreguemos a los hombres de Castilla a ver si así no nos matan. . .

Es probable que este texto excepcional haya sido redactado después de 1531, hacia mediados del siglo XVI si nos atenemos a la fecha (1551) que consigna la versión náhuatl y a algunos otros indicios. Ello no obsta para que ignoremos con qué actitud lo leían o lo escuchaban los indios cristianizados de fines del siglo XVII. No es imposible —ya hemos visto algunos ejemplos en la región de Oaxaca— que la antigüedad del texto haya constituido entonces todo su valor, independientemente de un contenido en resumidas cuentas embarazoso de presentarse —como ocurrió— ante los tribunales de la Corona. Estos cuantos ejemplos revelan que los títulos tomaron de la tradición oral indígena formas, recetas y fórmulas en las que se apoyan en parte. Mas no queda descartado que ciertos elementos de esa tradición hayan sido transcritos previamente y que por consiguiente de ellos sólo haya quedado un recuerdo estereotipado: es probable que así ocurra con el cántico de deploración de Santo Tomás Ajusco. Lo cual plantea el problema aún más complejo de las fuentes escritas.

Resulta verosímil que los títulos no hayan sido los primeros textos alfabéticos elaborados en los pueblos. El tenor de las informaciones que consignan, y la difusión de la escritura en el siglo XVI, hacen que nos sea difícil imaginar que hayan surgido directamente de la tradición oral o hayan sido compuestos en su totalidad con base en actas auténticas conservadas por las comunidades. Al punto pensamos en los anales que numerosos pueblos empezaron a redactar en la segunda mitad del siglo XVI. Mas quedaría por encontrar su huella en los títulos que se han conservado. Varios textos presentan episódicamente similitudes que sugieren la existencia de una fuente común o, antes bien, de un acervo común en el que hubieran abrevado. A propósito de la Conquista española, los Títulos de Atlautla, los de Santa Marta y los *Anales de San Gregorio Atlapulco* aportan precisiones y señalamientos bastante cercanos sobre los primeros tiempos de la Conquista, las batallas de México y Tlatelolco, la duración y la fecha de las hostilidades.[6] A propósito comparamos los *Anales de San Gregorio* con estos dos textos, pues fueron integrados a los títulos del pueblo. Los *Anales de San Gregorio* —cuyo parentesco con el *Códice Aubin* y los *Anales de Tlatelolco* hemos señalado— constituyen un catálogo de acontecimientos que combina hechos de interés general —la llegada de Zumárraga (1529), la acuñación de la primera moneda de plata (1537), la ejecución del cacique de Texcoco (1539)— con datos de orden regional o local. Esos anales permiten pensar que una memoria común y escrita circulaba en el siglo XVI en los pueblos del valle de México, y que esta memoria tal vez se empezó a debilitar —al menos en esa forma— en los límites del siglo XVII. Así ocurre con nuestros

---

[6] *Compárense* Atlautla, fols. 7r.-8r., Santa Marta, fol. 2r., San Gregorio Atlapulco, p. 104.

anales, que se interrumpen en 1606 tras haber cubierto de un modo bastante deficiente las dos últimas décadas del siglo XVI. Habrá de notarse que a partir de 1580 ya casi no son sensibles sino a las catástrofes naturales y descuidan en su totalidad el campo propiamente político. En ello se aprecia una frecuente interrupción de la memoria indígena, que con toda probabilidad corresponde a los efectos acumulados de la crisis demográfica y del retroceso social de la nobleza india que por tradición aseguraba su conservación.[7] Pero también puede verse la brecha abierta al desarrollo de otra memoria. En efecto, los títulos no son el relevo de los anales, aunque resulte innegable que se inspiran en ellos tomándoles elementos. De ese modo permiten grandes libertades con la fijación de fechas y la cronología en el sentido en que nosotros la entendemos y la practicamos. Por ejemplo, los de Zoyatzingo señalan al margen del texto el año de los acontecimientos que describen consignando las fechas más sorprendentes (1945, 1947, 1005. . .). Estas fechas van acompañadas de una extrema contracción de los horizontes. Comparemos los Títulos de San Gregorio Atlapulco con los anales que los preceden. Los autores de esos títulos abordan de manera casi exclusiva acontecimientos relativos a la historia del pueblo —la demarcación de los límites, la elección del santo patrono— y lo mismo ocurre con los demás documentos. De una manera general, aunque la forma de los anales se respete tan burdamente, la organización interna de los acontecimientos, la elección y la sucesión de las fechas cuando menos causan perplejidad. Por consiguiente —no es más que una hipótesis—, parecería que los autores de los títulos sólo hubiesen utilizado anales antiguos para evocar un acontecimiento de consecuencias importantes —la Conquista española— y para recordar su fecha, como si no hubieran sabido qué hacer con los demás materiales que debían parecerles desprovistos de interés y pertinencia en el marco de una "historia" estrictamente local de la tierra.

Además de los anales indígenas, no se puede descartar la existencia de modelos que de manera más directa habrían guiado la redacción y la composición de los títulos. Especies de cañamazo que habrían circulado profusamente y sido copiados y plagiados por numerosos pueblos. Al menos así lo sugiere la lectura de los Títulos de Atlautla, de Santa Marta y de San Gregorio. Los tres documentos describen en términos semejantes una época de perturbaciones y de guerra civil, en el transcurso de la cual los indios se habrían establecido en sus tierras antes de recibir mercedes de la Corona, antes de la instauración de las "congregaciones" y del establecimiento formal de los pueblos. Las analogías de estructura y de contenido no podrían ser fortuitas aunque no por eso haya una calca pasiva de un texto preexistente. Por el contrario, la explotación de ese material escrito en cada ocasión dio lugar a modificaciones más o menos acusadas. Resulta revelador que estas coincidencias se produjeran en lugares tan distantes como Atlautla al sur de

---

[7] Una evolución análoga en la parte colonial del *Codex Telleriano-Remensis* (H. León Abrams, Jr., "Comentario sobre la sección colonial del *Códice Telleriano-Remensis*", *Anales del INAH*, Ep. 7a., III, 1970-1971, pp. 139-176).

Amecameca y Ocoyoacac[8] en el valle de Toluca, a cerca de 80 kilómetros a vuelo de pájaro y a muchos más por los senderos que atraviesan las montañas y los bosques que los separan. Como otras fuentes sobre las cuales hemos de insistir, revelan que a lo largo del siglo XVII circulaban, se copiaban y se intercambiaban escritos en el mundo indígena del altiplano, textos que podían ser anales locales y regionales, Títulos auténticos o fabricados, transcripciones de la tradición oral. ¿Y por qué no "pinturas"?

A primera vista los títulos se presentan como documentos escritos de un modo integral, sin relación alguna con las viejas "pinturas". Un análisis menos superficial desmiente rápidamente esta sensación. Algunos títulos (San Francisco Cuacuauzentlalpan, Santa María Nativitas Tetzcotzinco) se inspiran a ojos vistas en documentos pictográficos de los que habrían sacado de manera más o menos hábil mapas o genealogías. Mas, sin descuidar estos indicios, tal vez baste con detenerse en los propios títulos. Parece ser que muchos de ellos están "ilustrados", y que sus imágenes a veces transmiten una información que no aborda la escritura o que al menos no comenta expresamente. De allí la perplejidad de los intérpretes de la Audiencia ante dibujos que carecían de correlato escrito en lengua indígena.

Varios tipos de representaciones se desprenden fácilmente. Algunas se sitúan en línea recta con las pictografías cristianizadas cuando, por ejemplo, figuras de santos o el trazo de una iglesia designan nombres de pueblos.[9] Otras evocan más bien imágenes prehispánicas, como esas escenas donde están frente a frente los ancianos del pueblo y los representantes de las localidades limítrofes.[10] En fin, otras más, en las que se ve la mano derecha del virrey rodeada de una inscripción alfabética que se despliega a los cuatro lados de la hoja, parecen inspiradas muy libremente en grabados europeos.[11] La misma diversidad se da en los estilos. Si los santos de Ocoyoacac son sólo una calca o una interpretación de la iconografía cristiana, otras representaciones resultan más desconcertantes. A decir verdad, el trazo del cuerpo humano, las cabezas de perfil, el juego de los convencionalismos y la utilización del espacio dan fe de una indiscutible filiación autóctona. Ésta es particularmente sensible en un último tipo de representación que procede de Cuijingo. En una (LÁMINA 12), el intérprete español creyó reconocer la representación de los descendientes de los conquistadores del pueblo, proclamando bajo juramento su posesión de la tierra. En la otra (LÁMINA 13), identificó a ocho caciques que dieron su nombre a los límites y a los linderos del territorio.[12] Lo que rige la distribución global de las figuras es el formato rectangular de las dos hojas. Dentro de esos cuadriláteros definen subconjuntos una especie de cruz de San Andrés o cinco

---

[8] *Compárense* Santa Marta, fol. 193r. y Atlautla, fol. 12v.; San Gregorio, p. 126 y Santa Marta, fol. 193r.; Ocoyoacac, fol. 35r. y Atlautla, fol. 14r.

[9] Ocoyoacac en *Catálogo de ilustraciones. . .* (1979), vol. 5, núms. 2270-2277.

[10] Cuijingo, núm. 2234; Zoyatzingo, núm. 1178.

[11] Zoyatzingo, núm. 1177; Cuijingo, núm. 2235.

[12] Cuijingo, núms. 2236 y 2237.

franjas horizontales. En cada ocasión el centro del rectángulo y de la composición está ocupado por elementos notables, la iglesia de Cuijingo, una fecha, una cruz. Un constante deseo de equilibrio y de simetría parece imponerse por encima de la evidente torpeza de los trazos. Todo hace creer que tenemos ante nuestros ojos mapas indígenas cuya compaginación sigue inspirándose en la cartografía prehispánica. Los personajes de una (LÁMINA 13) se relacionan con lugares o pueblos limítrofes que corresponden a los linderos de la tierra y se suceden en la hoja —con una sola excepción— en el orden del recorrido y de la enumeración que enuncia el texto escrito. En la otra representan cuatro personajes de pie, cada uno de ellos asociado a un pueblo vecino, como si sólo se tratara de situar de un modo muy sumario Cuijingo en relación con las tierras colindantes (Tenango, Xochitepec) (LÁMINA 12). Si bien es cierto que el espacio se halla cristianizado en la medida en que tiene por centro la iglesia, no podemos evitar señalar el extraordinario "arcaísmo" de su concepción o, más exactamente, la fidelidad a una representación precortesiana del espacio, basada en el diagrama y la sucesión de los lugares, indiferente al paisaje y a la consideración de las distancias reales. Un espacio a su vez percibido todavía en lo fundamental como distribución de cuatro planos alrededor de un centro, conforme a lo que establecía el pensamiento nahua tradicional.[13] Esos dos "mapas" difieren considerablemente de los que fueron elaborados a fines del siglo XVI para la administración española en que expresan el espacio de una manera más antigua, con un mínimo de concesiones. Como los títulos son en primer lugar y antes que nada documentos elaborados en el seno de las comunidades y para ellas mismas, es probable que esos mapas reflejen una percepción indígena menos aculturada (aunque más tardía) e incluso que sugieran de un modo indirecto lo que era la "cartografía" nahua anterior a la Conquista.

Aún sería preciso ponerse de acuerdo sobre el sentido que ha de darse al término con que los designamos. Esos "mapas" son algo más que instrumentos geográficos. El más esquemático está emparentado más bien con una representación simbólica del pueblo en la afirmación "jurada" de sus límites, como lo revelan las palabras pronunciadas por los cuatro personajes: "Mi mojón, mi pueblo." (LÁMINA 12.) El segundo, pese a que ofrece los puntos de referencia esenciales para definir los límites, no deja de poseer igualmente el valor de un signo global que expresa, exalta y ratifica visualmente la influencia indígena sobre el espacio de la comunidad (LÁMINA 13). A su vez, es probable que este mapa constituya la condensación de un documento más complejo por lo demás mencionado y comentado por el intérprete, pero en la actualidad desaparecido o extraviado. Una "figura" en él "señalaba" el nombre de cada paraje; unas "pinturas" —un águila, unos cerros, una cruz, un águila con unos cerros, un cerro coronado por un ave y un nopal, etc.— designaban los linderos fijados, mientras que los pueblos limítrofes aparecían en forma de capillas y de iglesias; otras "señales" marcaban a su vez los caminos. En la

[13] López Austin (1980), I, p. 65.

medida en que este mapa llevaba también las vías de comunicación y los pueblos de los alrededores, alcanzaba un grado de precisión superior al de los dos documentos anteriores. Mas, a juzgar por la perplejidad del intérprete, obedecía a los mismos cánones. En otras palabras, cada uno de esos tres documentos correspondería a un distinto grado de abstracción y de esquematización, sin dejar de hacer. eco a una percepción prehispánica del espacio.

¿Puede decirse lo mismo de las formas de expresión que los acompañan? La escritura alfabética ocupa en ellas un lugar importante, puesto que sirvió para consignar los nombres de los personajes, de los lugares, de lo pueblos vecinos, las gestas y hasta las fechas. Lo mismo ocurría con el mapa grande, si hemos de creer en la descripción del intérprete. Pero todas amparan también "figuras", es decir pictografías que aún son discernibles en las dos piezas que se conservan. Ambas tienen un valor onomástico y topográfico: una serpiente (*coatl*) y un colibrí (*huitzil*) están dibujados tras la cabeza de Clemente *Huitzil* Mizcoatl, un escudo (*chimal*) aparece detrás de la de Miguel Te*chimal* (LÁMINA 13), etc. A ello se agregan los ideogramas más habituales, las volutas de la palabra que se resuelven en flores, las huellas de pasos que señalan los desplazamientos o las vías de comunicación junto a signos igualmente familiares introducidos por la colonización: la iglesia, la cruz. Reducidos a la parte congruente, garabateados más que dibujados y nunca pintados a pesar del término *pintura* que los designa, obligados a compartir la expresión con la escritura, los glifos prosiguen, al parecer, el retroceso que les habíamos visto empezar en el siglo XVI, pero sin desaparecer ni, sobre todo, dejar de integrarse a conjuntos de inspiración prehispánica. Por el contrario, estos documentos manifiestan un movimiento opuesto al que habíamos definido en la segunda mitad del siglo XVI. Mientras que el glifo de entonces se mantenía casi intacto, pero aislado en un espacio ya occidentalizado, cerca de un siglo después los "mapas" de los títulos despliegan signos de trazo degradado en un contexto tradicional.

Este trastocamiento es falso. Es probable que esta vez se trate de producciones interiores del grupo y que procedan de estratos expuestos de manera menos directa a las exigencias españolas de lo que habían estado las noblezas indígenas del siglo XVI. Más que una evolución paradójica y regresiva, veré en ello la conservación, en medios más modestos, de una tradición de inspiración autóctona, centrada en la transmisión, la copia y la reinterpretación *internas* de piezas prehispánicas. Ello no impide en absoluto que en éste, como en otros casos, el repertorio glífico se haya reducido progresivamente, degradado los rasgos y perdido los colores y que el mapa-croquis a la española haya inspirado la rapidez del trazo. Adelantaré que el mantenimiento de una representación tradicional del espacio se explica también, si no es que tanto por condicionamientos profundos, vinculados a la estructuración cultural de la percepción, cuanto por el dominio frágil de un saber y de una técnica. La observación del dibujo de la figura humana invita a consideraciones análogas. En Cuijingo, los personajes se representan de perfil como en las pinturas de antaño. Sin embargo, todos los semblantes están individualizados con esmero. Véanse la forma de la nariz, el dibujo del ojo, la abundancia de la barba. Una occidentalización similar caracteriza el traje de los personajes de pie, vestidos a la española, cuyos cuerpos están de tres cuartos, inmóviles o en movimiento. En los dos documentos de Cuijingo la representación de la figura humana es por tanto innegablemente híbrida (LÁMINAS 12 y 13). Resulta evidente que encaminándose hacia una mayor personalización, aunando las adopciones, los indios esbozaron un nuevo lenguaje, libre o amputado de una parte de sus convencionalismos antiguos: el color, el trazo sostenido, las estilizaciones estereotipadas. Pero el énfasis en la cabeza, la descomposición del cuerpo en segmentos independientes, la dominante del perfil siguen siendo tradicionales. La estructuración global deriva pues todavía de los cánones prehispánicos. Denota una percepción análoga a la que vincula el empobrecimiento del glifo con la conservación de un enfoque indígena del espacio.

Queda aún por distinguir según los títulos y los pueblos: algunos no hacen más que esbozar el cuerpo de los personajes, mientras que otros se inspiran considerablemente en la iconografía cristiana. No obstante, incluso en este último caso, los antiguos cánones siguen siendo perceptibles, como lo demuestran dos de las páginas de los Títulos de Ocoyoacac, en el valle de Toluca. Contra el trasfondo de un cerro, una escenifica varios episodios de la delimitación de los linderos del pueblo.[14] La diversidad de actitudes, de ademanes y de drapeados, el realce de un primer plano apoyado en un trasfondo montañoso, la sensación de movimiento que se desprende de la escena se hallan en las antípodas del estilo de Cuijingo. Mas la falta de un verdadero empleo de la perspectiva en lo alto de la hoja nos conduce de regreso a una concepción tradicional, que lo es aún más en una especie de cuadrito que evoca la celebración de una misa en el pueblo[15] (LÁMINA 14). En él abundan los rasgos coloniales: elementos del vestido (pantalones, capas, sombreros) y arquitectónicos (la bóveda de la iglesia, la pila bautismal), actitudes simbólicas (la oración de rodillas), referencias a la iconografía cristiana (Cristo, el Espíritu Santo), la escritura de los nombres de los protagonistas revelan la marca indiscutible de la cristianización y de la dominación colonial. Pero la estructuración del conjunto, si bien esboza un vago primer plano, desdeña la perspectiva y sobre todo dispone a los personajes y los objetos en un espacio vacío sin línea de horizonte, remitiendo a la tradición autóctona del *scattered-attribute space*. La representación de la Adoración de los Reyes Magos del barrio de Los Reyes suscita las mismas observaciones, aunque esta vez el modelo europeo aún sea perfectamente discernible[16] (LÁMINA 15). Los personajes parecen haber sido arrancados de su lienzo de origen y dispuestos contra un trasfondo compuesto por los pictogramas agrandados de la iglesia y de las casas de la población. Sea cual fuere su estilo, los títulos conservan elementos notables de la tradición pictográfica integrándolos a un texto.

---

[14] Ocoyoacac, núm. 2270.
[15] Ocoyoacac, núm. 2277.
[16] Santos Reyes, núm. 2304.

Los títulos no son comentarios escritos que se agreguen o remitan a pictografías, sino más bien herederos tardíos de ese interminable deslizamiento del glifo a la escritura cuyas primeras etapas en el siglo XVI hemos seguido. Constituyen uno de los resultados acabados de un encuentro del que quedan por descubrir otras modalidades.

Al recorrer este grupo de fuentes, por superficial e hipotético que sea ese punto de referencia, es manifiesto que los títulos fueron la materialización y la fijación de prácticas múltiples que en ocasiones vinculaban inextricablemente la oralidad, la escritura y la "pintura". Entre estos tres apoyos prácticamente todas las alianzas, todos los intercambios al parecer fueron permisibles: transcripción de lo oral codificado de los *huehuehtlahtolli* o simple adopción de su forma; inserción de cantares elaborados en las primeras décadas de la Colonia; glosa oral de "pinturas" introducida a lo largo del texto; reproducción o producción de "pinturas" integradas al documento; apropiación del escrito jurídico y religioso de los españoles; modificación de anales en caracteres latinos o que se pintaban y se glosaban parcialmente, etcétera.[17]

Los títulos constituyeron así especies de *collages* que posiblemente yuxtaponían las adopciones y los géneros más diversos, materializaban la torpe y borboteante tentativa de grupos que acaso se ejercitaban en la escritura fuera de la vigilancia de los clérigos, sin modelo y sin formación previa. Nada hay en esto de la concisión más o menos normalizada de las *Relaciones* ni tampoco de la prosa en ocasiones pesada de los historiadores indígenas del siglo XVI. Se trata de un juicio rápido, basado una vez más en la apariencia caótica de una narración que desconcierta y en el olvido del nombre que llevan: *Títulos*. Como el plural lo indica de manera que no puede ser más clara, lejos de corresponder a una narración única, los títulos por lo general reúnen textos de longitud desigual y de tenor distinto. Hagamos, por ejemplo, el inventario de los escritos que se yuxtaponen en los de Zoyatzingo:

—Un primer documento está emparentado con el género de los anales, puesto que algunas fechas puestas al margen vienen a marcar su desarrollo. Pero la semejanza termina allí, pues esas fechas forman una serie extremadamente discontinua y lagunar de años. Tras haber recorrido las peripecias de un tiempo desordenado, la entrada de los españoles en escena, el anuncio de la cristianización y de la llegada de Cortés, el "Gran Marqués", el relato evoca el origen de la construcción de la iglesia, la afirmación de los derechos ancestrales sobre la tierra y el reconocimiento de los límites; se refiere en fin a la visita de Cortés, a la merced que tuvo a bien conceder al pueblo, a la enumeración de los límites y a la fijación de los mojones de tierra para cerrarse prácticamente con estas palabras: "y pusimos estas memorias. . ."

—En seguida se lee un texto mucho más breve, de otra mano, titulado *Mesed*

---

[17] Los Títulos de Santa Isabel Tola reúnen elementos que aún son discernibles con facilidad; *cf.* Glass, "A Census. . .", *HMAI* 1975, vol. 14, pp. 219-220.

Cihuatzincon (Merced de Zoyatzingo), que no es más que un exhorto a la construcción de la iglesia y a la conversión: "debemos ser cristianos". Del acto de donación español, la *mesed* indígena sólo conservó el título y vagamente algunos considerandos.

—Después de ello se incluye un escrito que notifica a los pueblos vecinos los derechos de Zoyatzingo antes de registrar su comparecencia y su acuerdo.

—Luego un texto enmarcado por un ribete negro, también de otra mano, titulado en el español de los indios *Formalidad de la fundasión*. . ., aborda sucesivamente la lucha contra los paganos, la construcción de la iglesia, la elección del santo patrono, la reducción y la conversión de los paganos dispersos, la "congregación" de 1555, la medición de las tierras del pueblo por un juez español; se enlaza con una nueva enumeración de los linderos, el reparto de las tierras entre los indios, la evocación de los fundadores paganos, la defensa del pueblo contra los ataques de los indios chichimecas, la elección —de nuevo— de un santo patrono, la erección —una vez más— de la iglesia, el bautismo de los indios que seguían siendo paganos, la demarcación de los linderos. . .

—Para terminar, un último escrito, de una pluma igualmente distinta, retoma el tema de la medición de la tierra y de la enumeración de sus límites. . .

Se tiene la sensación de que, más allá de sus variantes, sus agregados o sus contradicciones, todos esos textos dispares lo único que hacen es abordar infatigablemente el mismo asunto, la fundación del pueblo y la delimitación de la tierra con toques múltiples y de aproximaciones sucesivas. Como si esta temática aglomerante configurara de manera progresiva el objeto de los títulos, como si la memoria del pueblo se apoyara más en una nebulosa de datos y de retoques que en la rigidez de una versión sintética. Los Títulos de Cuijingo confirman este hecho. Están constituidos por tres "cuadernos". Los Títulos de Ocoyoacac reúnen cuando menos dos textos que tratan de la descripción de los linderos y son introducidos por la invocación trinitaria y cerrados mediante la fórmula "amén". Los Títulos de San Bartolomé Capulhuac se ordenan, como se ha visto líneas arriba, en torno a una serie de testamentos, etcétera.

Esta composición por superposición o apilamiento de escritos autónomos, permite el enfoque redundante de un mismo episodio bajo distintas luces o incluso en versiones ampliadas o traspuestas. Por ejemplo, en el caso de Sula, la elección del santo patrono, la invasión de los mexicas, la amenaza que algunos intrusos hacen cernirse sobre las tierras del pueblo se tratan así desde perspectivas múltiples y en ocasiones apenas conciliables. En consecuencia, nada hay de relato homogéneo con desarrollo lineal, de encadenamientos rigurosos, sino más bien repeticiones inútiles, una pluralidad de enfoques de los que surge el eje común a todos esos relatos: la afirmación de los derechos del pueblo sobre un terreno claramente circunscrito. Este recurrir constante a la repetición de los temas, a la reiteración de las fórmulas, contribuye a acercar la línea narrativa de los títulos al movimiento de un discurso oral. Esa narrativa por lo general hace a un lado el rigor de una progre-

sión lineal, no sigue la marcha implacable o simplemente ordenada de una argumentación sistemática para optar por insistir aquí en el énfasis de una exhortación
o allá en la grandeza de una digresión religiosa. Dicho de otro modo, de una manera general la construcción de estos textos al parecer todavía es considerablemente
tributaria de las prácticas de la oralidad. Que nadie se sorprenda. No sólo porque
esas sociedades indígenas siguen inmersas en la expresión oral, lo que incluso es
demasiado evidente para que merezca subrayarse. Sino sobre todo porque una
parte de los modelos de composición disponibles derivaba del discurso. Pensamos
en la predicación cristiana, pero también en las actas de la administración colonial
que se leían y sobre todo se explicaban en público, y que ocasionaban procedimientos orales y repetitivos. Pensamos incluso en las transcripciones del antiguo
corpus oral cuya escritura no necesariamente debía trastornar la planificación. Este
arraigo de la oralidad —pero de una oralidad escrupulosamente codificada—, sin
duda es el que condujo a los indios a desmantelar o a mutilar la estructura de las
actas españolas en que se inspiraron, o a abandonar la cronología regular de los antiguos anales.

El modelo oral se evidencia de un modo aún más directo en la manera en que
los indios presentaron sus títulos. Los concebían a un mismo tiempo como discursos, arengas dirigidas a un auditorio, y como "interrogatorios", a juzgar por los
términos con que a menudo los designaron en un náhuatl fuertemente hispanizado: *telocadorio, derocadorio, delogadorio*. . . En tanto que en el procedimiento
español *interrogatorio*, correspondía en esencia a la averiguación judicial que recogía las declaraciones de los testigos o de las partes en litigio.[18]

La narración indígena no se limitó a vaciarse en formas antiguas o bajo una
terminología colonial —*merced, posesión*. . .— de las adopciones compuestas.
También innovó trasponiendo y adaptando. Desarrolló así un tipo de nuevo relato
que señala un momento decisivo en la apropiación del discurso cristiano: "la invención del santo patrono". En Sula, imbuidos de la inspiración divina, Miguel
Omacatzin y Pedro Capollicano, los dos principales notables, se preguntaron sobre
la elección del santo que les serviría de patrono y consultaron para ese efecto a los
"hijos" del pueblo, es decir a la población local. Durante la noche siguiente, un
apuestísimo español se apareció a Miguel y lo llamó tres veces por su nombre. Le
comunicó su deseo de extender su protección al pueblo. A la mañana siguiente Miguel habló de su visión a Pedro, quien había tenido una vivencia semejante.
Ambos permanecieron sumamente perturbados. El divino protector se apareció
una vez más a Miguel para decirle que no era otro que el apóstol Santiago "que
venía de Persia. . . de la parte del Oriente". Miguel lo anunció al pueblo y todos de
común acuerdo decidieron construir un santuario dedicado al apóstol. Los Títulos
de Cuijingo y de Milpa Alta consignan episodios del mismo estilo que denotan la
percepción de una sobrenaturalidad cristiana de la que se han de ver muchas otras

---

[18] Lockhart, "Views. . .", en *The Inca and Aztec State*. . ., *op. cit.*, pp. 389-390.

manifestaciones. En otras palabras, aun cuando en apariencia la elaboración de los títulos obedezca al *bricolage* y al *patchwork*, sería un error inferir de su composición desconcertante y a menudo "caótica" cualquier incapacidad para dominar el relato y la información. Por el contrario, debe reconocerse en ellos un notable esfuerzo de conformación y creación vinculado al envite vital que era el suyo, la defensa de la tierra.[19]

Este esfuerzo se ejerció en un terreno de predilección: la reinterpretación del pasado. Una reinterpretación desarrollada en el transcurso del siglo XVII y en general perfeccionada en el término de tres o cuatro generaciones, cerca de cien años después de la época de las *Relaciones geográficas*. De golpe se siente uno sobrecogido por el profundo cambio de la representación del pasado. Y antes que nada de los orígenes. En lo sucesivo, la fundación del pueblo tiende a incluirse en un marco que rompe con las tradiciones prehispánicas locales o regionales para vincularse a la cosmogonía cristiana:

Entended o sabed que cuando Dios crió el mundo, hizo todo cuanto quiso, hizo y quiso porque pudo. La santísima Trinidad crió todo, los cielos y la tierra con todo el firmamento del mundo y también crió Dios el sol, luna y estrellas y todo cuanto hay en el mundo. Lo crió Dios como poderoso. Y ahora hablaré y razonaré y declararé e informaré cómo y de la manera que se fundaron los pueblos y cómo se pusieron formalmente. [Sula.]

Por más que Sula evoque episodios precortesianos —la invasión rechazada de los mexicas—, los orígenes del pueblo se basan en una interpretación del mito cristiano de la Creación. Al dejar de ser la referencia más o menos escondida y oculta de las predicaciones de los curas, la cosmogonía cristiana hace su entrada en la memoria local y desde ese momento el centro del espacio antiguo, como hemos visto en los "mapas", puede confundirse con el santuario cristiano.

A ello se agrega un elemento decisivo, si no es que constitutivo de la fundación del pueblo, la llegada de los españoles, acontecimiento inseparable de la cristianización: "Fue voluntad de Dios que los españoles vinieran [. . .] Vino el mandato de Dios y de nuestro rey de Castilla, vinieron los que habían de gobernar para que dieran y conocieran la gracia de Dios en todas las partes del mundo y cuidaran de los macehuales." La etapa crucial de la fundación deja de perderse en los tiempos lejanos de antes de la Conquista, aun cuando los títulos una vez más manifiestan un origen y una ocupación remotos. En lo sucesivo lo esencial se ventila en la historia cristiana del pueblo al grado de confundirse con ella. El enfoque, que en tiempos de las *Relaciones* de 1579-1582 a veces se remontaba a siglos, ya sólo incluye —o casi— las décadas inmediatamente posteriores a la Conquista española, *grosso modo* de 1521 a fines de los años 1550. Una trama análoga se desarrolla y vuelve a desarrollarse a través de los textos y en torno a los mismos protagonistas: el rey empera-

[19] Sula, fols. 23r.-23v.; Cuijingo, fols. 83v.-84v.; Milpa Alta, fols. 207r.-216r., 226r.-227r.

dor Carlos V, los dos virreyes Antonio de Mendoza (1535-1550) y Luis de Velasco (1550-1564), el obispo (con posterioridad arzobispo) de México Juan de Zumárraga y los ancianos del pueblo. Entre estos escasos personajes se desarrollan los ceremoniales que marcan y organizan la fundación del pueblo: bautismo, confesión, profesión de fe, erección del santuario, elección del santo patrono, entronización de las nuevas autoridades locales, demarcación de los límites.

Entre esos protagonistas indígenas y españoles no podría haber acuerdo más perfecto. Los segundos aportan la fe y se afanan en tranquilizar. Los primeros, los ancianos del pueblo, los acogen entonces con gratitud, incluso con entusiasmo, en ocasiones con lágrimas y recogimiento. El choque militar, el trastorno político que la Conquista española representa a nuestros ojos en general se relegan a un último plano o propiamente se hacen desaparecer. Sin embargo, es cierto que cuando la comunidad ha conservado la huella de anales que relatan la invasión, las imágenes sombrías de la desgracia y de la muerte de los señores pueden volver a surgir. Pero incluso en ese caso la conversión al cristianismo sigue siendo el acontecimiento que domina por encima de todos los demás: "Pusimos en sus manos santísimas nuestras vidas y almas, que recibimos nuestra salvación con el agua del santo bautismo con que todos nos hicimos cristianos en este nuestro pueblo de San Francisco Cuazezentlalpan." En éste como en otros casos, conversos desde un principio, los ancianos participan activamente en la cristianización de los indios que aún son paganos, cuando no exhortan a las generaciones futuras a seguir el ejemplo de su devoción. Dentro del mismo espíritu, ni por un solo instante se pone en tela de juicio el nuevo poder. De la lejana Castilla y de la posta obligada de México emana toda la autoridad; Carlos V, el "gran señor rey emperador", es quien confiere a los ancianos "la dominación y el patrimonio", y la capital de la Nueva España la que constituye la "matriz de los señores" y el origen de la fe. En este contexto pacífico o pacificado, desdramatizado y cristianizado, en este escenario retocado recibe el pueblo sus tierras "en nombre de Su Majestad y por la gracia de Dios". La sanción oficial toma la forma muy española de una merced concedida por las nuevas autoridades a los ancianos de la comunidad y, fuerza es subrayarlo, repetida dondequiera "en todas partes del universo". Sólo entonces el pueblo se convierte en la cosa de los indios, la "cosa propia".[20]

Además de ser una interpretación colonial y colonizada en extremo, la narración adopta los términos de un pacto. A cambio de la merced, de esas tierras que se les conceden, los indios se comprometen a pagar el tributo al rey y a adorar al dios de los cristianos. El discurso indígena parece entonces totalmente imbuido de ideología colonial. Enajenada radicalmente, la memoria indígena habría pues adoptado las razones del vencedor, su lógica y su retórica justificativa. Las autoridades coloniales habrían logrado inculcar con eficacia sorprendente su versión oficial. Los vencidos se verían reducidos más de un siglo y medio después

[20] Ocoyoacac, fols. 37r., 30r.; Cuijingo, fol. 73r.; Ocoyoacac, fol. 33r.; Zoyatzingo, fol. 186r

de la Conquista a repetir una y otra vez las palabras virtuosas de sus amos, con los que estarían en deuda por todos conceptos. Pero, examinando las cosas con mayor detenimiento, parecen ser más complejas y más ambiguas. Recordemos aquellos "mapas" de los que Cuijingo y Zoyatzingo conservaron ejemplares. En algunos, una mano (en medio de la cual aparece una iglesia) proclama que la merced fue concedida por la propia mano del virrey. Ello equivalía, sin discusión posible, a desear deliberadamente que se pusiera de manifiesto la intervención del más alto representante de la Corona. Pero el propio texto corrobora esta preocupación con un énfasis demasiado excesivo para ser gratuito o simplemente retórico. En Zoyatzingo fue el propio Cortés quien "dio posesión", fijó las obligaciones del pueblo, reconoció los límites de las tierras e incluso fue un juez español auxiliado por un teniente general e intérprete el que bautizó con nombres indígenas los linderos de las tierras, todo ello por orden de un virrey ficticio, Antonio de Valdés y Montolla. . . Lo mismo ocurrió en Cuijingo. En todos los demás pueblos, el emperador Carlos V, los virreyes o Cortés —a decir verdad asimilado con frecuencia a un virrey, lo que no fue jamás— resultaron designados como testigos de los derechos locales cuando no intervinieron de un modo directo en favor del pueblo sobre el cual extendían su soberana protección.[21] Las más altas autoridades españolas y los santos católicos aparecen por doquiera como garantes del orden o, antes bien, del nuevo orden establecido y de los derechos legítimos de las poblaciones. En adelante tal vez se explique mejor la insistencia con que los indios tratan de colocar la fundación bajo los más nobles auspicios. La diligencia busca establecer y proteger derechos territoriales oponiendo a las eventuales usurpaciones la memoria de ilustres patrocinios. Deslizándose en el discurso del poder español los indios sin duda dan por descontado que harán intervenir en su favor el peso de la autoridad real. De allí ese constante atrincheramiento detrás de una muralla (con frecuencia imaginaria) de medidas oficiales, tomadas por el rey y sus representantes y por tanto en principio irrecusables. No es que los indios hayan elegido de un modo deliberado ese lenguaje español de la legitimidad en vez de otro: en el México colonial y cristiano del siglo XVII, difícilmente hay otra manera de formular un discurso que sea al mismo tiempo comprensible para los indios y ratificable por los representantes de la Corona y de la Iglesia. Mas, por reducido que haya sido su margen de maniobra, retomando por su cuenta la formulación de la legitimación colonial y cristiana, los autores de los títulos se esfuerzan por hacer de ellos un instrumento de salvaguarda y, sin sombra de duda, el fundamento de una identidad comunitaria.

En fin, en ninguna parte son los indios de los títulos testigos pasivos y silenciosos de la legitimación colonial. Lejos de permanecer al margen de la intervención española, se adjudican un papel de primera importancia. Ellos son los conquistadores y los fundadores del pueblo: "Éstos pusieron en forma el pueblo y casas porque así ya era la voluntad de la Santísima Trinidad [. . .] Éstos fueron los primeros que

[21] Zoyatzingo, fol. 183v.; Cuijingo, fol. 85r.; Capulhuac, fol. 61v.; Santa Marta, fol. 201r.

fundaron el pueblo." No podrían presentarse mejor como actores a carta cabal de la historia, con el mismo derecho y en el mismo grado que los españoles. Su intervención se manifiesta en instantes cruciales. Por ejemplo, durante la construcción de la iglesia local, vinculada dondequiera a la concesión de tierras. A través de los relatos, los indios acaban además por arrogarse la paternidad de esta medida al grado de dejar en la sombra el origen español y autoritario de la construcción.

La iglesia innegablemente simboliza una nueva era —el Tiempo de la Santísima Trinidad— al constituirse en centro de una vida ritual que santifica la continuidad de la comunidad. Véase lo que dicen al respecto los Títulos de Ocoyoacac:

> Pusimos el templo de Dios, nuestro padre, nuestra madre la santa iglesia para que allí dignamente se encuentre nuestro santo San Martín Obispo Ocoyoacac; cabecera matriz del pueblo, su amada y honrada casa de congregación donde reciban al amado y honrado cuerpo del santísimo Sacramento los amados sacerdotes ministros del Señor, para que allí le rueguen en su casa de oración e iglesia santa; para que allí se celebre la misa; para que allí nazcan los hijos, los nietos; para que se bautizen, para que se arrodillen; para que allí tomen el cuerpo del santísimo Sacramento; para que allí limpiamente sean sepultados cuando mueran. . .

Declaraciones análogas ocupan los Títulos de Zoyatzingo, de Cuijingo o de Atlapulco.[22] Todas hacen del santuario no sólo el lugar de contacto privilegiado con la presencia divina que se manifiesta en forma del santo sacramento, sino también el eje de un haz de prácticas religiosas, misas, bautismos, funerales que acompasan el devenir del grupo y de sus miembros, del nacimiento a la muerte. Mas la iglesia no sólo abriga el santo sacramento. También encierra una imagen que es un santo y cuya casa es ella. Es el intercesor por excelencia, la gloria —el blasón— y el nuevo señor del pueblo, puesto que mediante una verdadera transferencia se constituye en propietaria de las tierras de la comunidad.[23] Como hemos visto líneas arriba, la elección del santo deriva de una iniciativa que emana de los indígenas, mejor dicho de los "padres", de los "fundadores", a decir verdad de los notables. El episodio reviste tanta importancia que alimenta un relato prodigioso inspirado libremente en la hagiografía cristiana. Es la manera de aprovechar una caución divina, puesto que "nadie puede contradecir la palabra de San Bartolomé". Ello no rompe con un pasado más remoto, puesto que todas las comunidades prehispánicas mantenían nexos singulares con protectores que poblaban los montes, las fuentes y los ríos de sus alrededores. No es desconocida la importancia que los indios concedían al "corazón del pueblo", portador de una voluntad divina, razón de ser del grupo y motor de su existencia. Es sabido que el asentamiento de los primeros ocupantes en un sitio iba rodeado de apariciones que significaban que "el dios cedía a los migrantes las tierras labrantías",[24] y daba por resultado la conclusión de un pacto

---

[22] Zoyatzingo, fol. 184v.; Cuijingo, fol. 73v.; San Gregorio Atlapulco, pp. 128-129.
[23] Cuijingo, fol. 77r.; Ocoyoacac, fol. 29r.; Sula, fol. 22v.
[24] López Austin (1980), I, p. 78.

entre el pueblo y la potencia protectora que parece ser una constante del pasado mesoamericano. Pero a diferencia de las divinidades prehispánicas que se hallaban en el origen directo de la aparición del grupo, el santo patrón aparece más bien como un ser que llega *después* y *de otro lado*, "de Persia. . . de la parte del Oriente" (Sula) o de Tlaxcala (en Cuijingo). En lo sucesivo le sirve de asilo la iglesia en vez de un cerro de los alrededores. Sin embargo, a pesar de este origen extranjero que comparte, cierto es, con los españoles, con el emperador rey o con Cortés, el pueblo lo hace suyo totalmente. Las cosas ocurren como si el santo fuera percibido con su naturaleza exótica y al mismo tiempo en su plena identificación con la localidad, gracias a una ambivalencia apropiada para numerosas acciones sincréticas.

La cristianización del pueblo se prolonga mediante la introducción en el seno de la comunidad de las instituciones españolas, "las formas de nuestro gobierno que debía comportar las funciones de gobernador, de alcalde y el fiscal" (Zoyatzingo). De creer a los títulos, antes de los españoles sólo habría habido cuarteles (barrios) y ancianos a la cabeza. Ciertos títulos incluso hacen datar de la dominación española la división del pueblo en cuatro barrios y la designación de un responsable o merino a su cabeza. Por lo general, los títulos atribuyen al virrey Luis de Velasco padre el mérito de haber instalado a las nuevas autoridades locales, aun cuando en Cuijingo, por ejemplo, Cortés pase por haber establecido previamente la república, es decir un gobierno en toda la regla. El establecimiento de la administración local, de los cargos civiles (y espirituales) se concibe a la vez como un timbre de gloria para el pueblo —para mayor honra y corona de este pueblo— y como un gesto estabilizador, un factor de orden y de justicia que se encarna en los bastones de mando entregados a los dignatarios. En fin, la llegada del pueblo a la existencia constitucional va acompañada de una verdadera mutación del hábitat. El pueblo es objeto de una remodelación completa según el modelo de la traza española, sus casas y sus calles van a ordenarse en lo sucesivo según el diseño regular del plano cuadriculado. Urbanismo, política y religión se hallan mezclados aquí de manera inextricable.[25]

Luego o antes de la construcción del santuario un episodio suplementario complica a veces la fundación del pueblo: la "congregación". Concebida entonces como una medida de amplitud universal ("señalaron por dondequiera límites para la congregación de los pueblos") y como un acontecimiento ineluctable, esta concentración forzada de las poblaciones en el sitio del pueblo aparece a menudo como algo previo a la fundación. Una vez concluida la operación, los ancianos de Santa Marta no tienen más que proclamar que "han ganado la tierra". Lo que no obsta para que las deportaciones de los indios que vivían dispersos, en ocasiones hayan dejado recuerdos candentes. Algunos títulos evocan la existencia de esas poblaciones en la soledad de las "mesetas, de los montes, de las cuevas y de las rocas",

[25] Cuijingo, fols. 79v., 80v.; Ocoyoacac, fols. 35r., 33v.; Atlautla, fols. 18r., 12v.

antes de detallar las peripecias de su sumisión, las represalias ejercidas por los españoles, y de esbozar la agitación de una época convulsionada: "Se chocaron con violencia los viejos, se combatieron los pueblos [. . .] cuando reglamentaron las tierras, cuando en presencia de Dios señalaron por todas partes los límites para la congregación de los pueblos." Por consiguiente, esas "congregaciones" no sólo habrían afectado las relaciones entre el pueblo y las poblaciones dispersas por su territorio, sino también desencadenado luchas brutales entre pueblos vecinos cuya jurisdicción y cuyas fronteras eran puestas así en tela de juicio.[26]

Tras el choque y las represiones, el apaciguamiento. En Cuijingo, el texto describe de qué manera los indios

> Pusieron todos sus casas de que quedó admirado don Francisco Chicoténcatl, que le pareció un sueño de ver con la brevedad que lo hicieron y que los carpinteros o cortores de leña pusieron una santa cruz muy grande y fueron a cortar muchos troncos o ramas y fabricaron en un breve [tiempo] la iglesia o ermita [. . .] y luego fabricaron sus solares y se repartió las tierras en un instante, y pusieron sus viviendas en forma que dentro de seis meses concluyeron todo.

El papel de aquellos primeros conversos, de aquellos neófitos no es insignificante, puesto que ellos se encargaron de atraer a los paganos para que se bautizaran, recibieran tierras y se instalaran en el pueblo. En esta ocasión, a diferencia de las intervenciones brutales de los españoles, el método es pacífico y el consenso —la conformidad— es apropiado. Mas si de una manera general el relato de las "congregaciones" pone el acento en la cristianización de las poblaciones y la imposición del orden en los campos, el desplazamiento, la deportación se resienten a pesar de todo como una peripecia humillante en oposición a la permanencia y el arraigo. Las contradicciones perceptibles de los testimonios, las afirmaciones perentorias que los salpican tal vez delaten la confusión de las memorias ante un episodio que sería difícil de recuperar.

Más que la erección de la iglesia dedicada al santo patrono, más aún que el episodio agitado de las "congregaciones", la demarcación de los límites es la pieza esencial de la fundación del pueblo, es incluso el objeto principal de los títulos. Es el acto fundador por excelencia, un acto espiritual, casi sacramental. Y es que el recorrido de los lindes tiene toda la apariencia de una liturgia. Concretamente, la operación consiste en seguir los límites del territorio para reconocerlos y marcarlos de común acuerdo con los pueblos colindantes. Para los ancianos que participan es una marcha agobiante, una larga excursión de varios días, una sucesión de ascensos y descensos al fondo de los valles. Los indios se ocupan entonces en marcar los límites: "compusimos a manos cerritos dos [. . .] dos cerritos hechos a mano que compusimos todo de piedra [. . .] Una culebra de piedra que pusimos [. . .] Un rostro de piedra que labramos [. . .] Allí labramos una piedra escrita" (San

[26] Atlautla, fol. 12v.; Santa Marta, fol. 193v.; Zoyatzingo, fol. 185v.; Cuijingo, fol. 73v.

Bartolomé Capulhuac). En Cuijingo el amojonamiento se efectuó ''atando las puntas de las hierbas altas unas con otras''. Operación inseparable de los ademanes de apropiación que los ancianos de Sula hacen a la española ''escupiendo y tirando piedras y arrancando hierbas y lo fueron desparramando por todas partes en señal de posesión linderos en redondo''. Esos ademanes repetidos de manera infatigable se subrayan mediante banquetes campestres, con altos en los que se dice misa, con paradas para pasar la noche. Al son de las trompetas, se acompañan de abrazos e intercambios de flores con los pueblos vecinos. A menos que estallen incidentes y que las reuniones degeneren en enfrentamientos. Es posible que los garrotes —u otras armas de las que dan idea los escudos, las macanas de obsidiana, los arcos y las flechas dibujados en los Títulos de Ocoyoacac— también fueran parte integrante de los ritos de demarcación, que simbolizaran la fuerza del pueblo y evocaran el recuerdo de lejanas expediciones de conquista.[27]

Mas he aquí lo esencial. El recorrido es tanto un circuito como un discurso, una especie de película y de letanía de los parajes, de los puntos de referencia, de los mojones naturales y artificiales, un encadenamiento de las toponimias que sólo termina al volver al punto de partida. El itinerario recorrido y la lista hablan de la inscripción de la comunidad en su territorio y su reclusión en sí misma. Los ''límites a la redonda'' dibujan un círculo cerrado. Los lindes son tanto impermeables como impenetrables. Los títulos proclaman la separación principal, lo de *fuera* —los otros, los pueblos limítrofes, la administración y los hacendados españoles— y lo de *dentro* —''nosotros, los ancianos, los que nazcan. . .''—. Lo de dentro: un círculo cuyo centro sería la iglesia. Pensamos en los mapas atisbados líneas arriba, en adelante captamos mejor sus limitaciones ''cartográficas'' y sus intenciones: marcan la unidad del pueblo y las mojoneras del mundo que interesa, en las fronteras de un lugar ajeno situado en alguna parte fuera de la hoja, de un entorno no representado por ser no pertinente, inexistente o potencialmente hostil y amenazador. Que nadie se sorprenda entonces de que los indios de los títulos no se presenten nunca como tales, ellos son, antes que nada, la ''gente de. . . Cuijingo, Zoyatzingo, Atlautla'', etc. Repliegue sobre sí de una comunidad asediada por los españoles pero también, según los casos, pues nada es simple, redefinición y nuevo principio de una colectividad territorial.

La erección de la iglesia, la elección del santo patrono, el reparto de tierras, la traza del pueblo y sobre todo la demarcación de los lindes, episodios todos de los que las generaciones por venir deben guardar memoria y apreciar en lo que valen cuando los ancianos se hayan ido: ''Ahora ya vamos cansados de andar por vosotros. Y vamos a entrar en nuestros linderos hasta el día del Juicio, que se nos juzgue lo bueno y lo malo.'' Pero la evocación del cansancio de los ancianos con frecuencia se mezcla con recuerdos más dramáticos en los que reaparecen casi textualmente

---

[27] Santa Marta, fol. 197v.; San Gregorio Atlapulco, p. 124; Capulhuac, fols. 60v.-61r.; Cuijingo, fol. 64r.; Sula, fol. 3r.; Santa Marta, fol. 196r.; Atlautla, fol. 15r.

los términos de las *Relaciones*. Algunos fijan la fundación cristiana antes de las epidemias en una especie de edad de oro. Otros asocian la "congregación" y el bautizo de los indios con los desencadenamientos de la enfermedad, "de aquel temor los que quedaron se reduxeron a buenos cristianos con el favor de Dios. porque murieron niñas, niños, mujeres y hombres, que no quedaron más de cinco o seis casas". Algunos títulos se refieren a las epidemias que brotaron entre 1530 y 1560, otros expresamente a la de 1576. Todos dan fe de que el apocalipsis demográfico queda en el siglo XVII como un punto de referencia inevitable, como una herida inolvidable, incurable como ya lo habían expresado de maravilla los informantes de las *Relaciones geográficas*.[28]

Redactados en pleno siglo XVII y probablemente después de 1650 —en la forma que hemos conservado—, los títulos presentan un pasado centrado sobre todo en los primeros tiempos de la dominación española. Un pasado coherente y *real* a ojos de los redactores y de los miembros de la comunidad a los que podía ser asequible. Para apreciar mejor su originalidad, mediante un breve rodeo necesitamos ahora volver al terreno de la historia tal como la restituye la investigación moderna. Los títulos ordenan hechos que en lo global corresponden a lo que sabemos: la instauración de una administración indígena calcada del modelo español, la construcción de la iglesia, la elección de un santo patrono, las "congregaciones", las *mercedes* de tierra concedidas por la Corona al pueblo constituyen muchos de los rasgos esenciales de la historia de las comunidades indígenas durante el siglo XVI. Como hemos visto, la Corona desmanteló primero la influencia que la nobleza ejercía en las poblaciones indígenas para respetar sólo el escalón local de la cabecera o lugar principal. La cabecera era una localidad de mediana importancia de la que dependían núcleos más modestos, aldeas dispersas, los sujetos. Cabecera y sujetos formaban pueblos que entonces fueron separados de los conglomerados tributarios, étnicos y políticos a los que en un principio habían pertenecido. A mediados del siglo XVI la Corona introdujo en ellos el cabildo a la española con sus cargos de gobernador, de regidores y de alcaldes, cargos de elección y confirmables por el virrey que concedía los "bastones de justicia" a los nuevos titulares. Esta instalación ocurrió en tiempos del virrey Luis de Velasco padre (1550-1564), citado con frecuencia por los títulos. Como observa Charles Gibson: "Las décadas de 1550 y 1560 aparecen como el periodo de mayor prestigio, confianza y afirmación por parte de los gobiernos indígenas."[29] Los virreyes sucesivos concedieron a los pueblos mercedes de tierras, lo que por lo demás venía a sancionar un estado de hecho, puesto que las donaciones se situaban dentro de sus límites. Por otra parte, las formalidades que acompañaban estas diligencias son evocadas con bastante fidelidad por los títulos. Las campañas de construcción de las capillas y de las iglesias empezaron en los años 1530 para terminar a fin de siglo. Este proceso estuvo acompañado de una remo-

---

[28] Ocoyoacac, fol. 34r.; Cuijingo, fol. 80r.; Santa Marta, fols. 193v., 198v.; Atlautla, fol. 14v.
[29] Gibson (1967), p. 193.

delación y de una redistribución del hábitat, según el modelo del plano reticular[30] que combinaba la tradición prehispánica y la experiencia mediterránea. Dicho lo cual, en contra de lo que dan a entender los títulos, esas transformaciones no fueron simultáneas.

Es innegable que las "congregaciones" tuvieron una considerable repercusión en muchos pueblos. Por falta de tiempo y de recursos los españoles en un principio se limitaron a dejar intacto el hábitat indígena. Cuando mucho habían edificado un monasterio o una iglesia en el lugar de la cabecera, en tanto que los indios seguían viviendo dispersos por los alrededores. Luego, la creciente necesidad de supervisar mejor a las poblaciones, que escapaban de las exacciones de los conquistadores y se oponían a la conversión, incitó a la Corona a tomar medidas rigurosas y a echar a andar diversas campañas de "congregaciones". La primera siguió a la epidemia de 1545-1548. De 1551 a 1558 la campaña pretendió obligar a los indios a reagruparse en aldeas trazadas a la europea y a reubicar las cabeceras en sitios que tenían el beneplácito de las autoridades. Por la fuerza o mediante persuasión, las poblaciones hubieron de abandonar su hábitat para dirigirse a los nuevos emplazamientos. Esas primeras medidas respondían así a preocupaciones administrativas, económicas y espirituales en particular urgentes, pero difícilmente lograron acabar con la dispersión de los indios. Para poner el remedio y sacar el mejor partido de una población que literalmente se fundía, en la última década del siglo empezó una segunda campaña confiada a "jueces de congregación", "los nuevos pueblos fueron construidos por los propios indios de acuerdo con el plano reticular de los españoles, alrededor de una plaza que daba cabida a la iglesia y al mercado. Las estancias fueron abandonadas, sus capillas arrasadas y las casas de los indios quemadas". De 1593 a 1605 fueron borrados del mapa millares de sitios, no sin que los indios opusieran una resistencia tenaz y multiplicaran las gestiones y las presiones de todo tipo para evitarlo.[31] Por ello no es sorprendente que las "congregaciones" hayan impreso en las memorias indígenas recuerdos tan contrastantes en que se oponen las justificaciones presentadas por los españoles —la cristianización, la cobertura administrativa— y las resonancias de los choques que aquéllas ocasionaron. En fin, hemos leído la huella de las epidemias ya evocadas en detalle por nosotros. Vale decir que los títulos no inventan; tratan a su manera, que queda por precisar, hechos y acontecimientos perfectamente comprobados.

Con algunas excepciones, los títulos sin discusión hacen hincapié en el siglo XVI colonial. ¿Concluiremos por tanto que los tiempos prehispánicos se esfumaron de manera definitiva de las memorias? Es probable que no, así fuera por la forma de la periodización que se despliega de principio a fin de los títulos y distingue el "Tiempo de la Gentilidad" y el "Tiempo de la Santísima Trinidad", el "Tiempo

[30] Kubler (1982), pp. 531-534, 89-108.
[31] Cline (1949); Gerhard (1972), p. 27; Leslie B. Simpson, *Studies in the Administration of the Indians in New Spain*, Ibero-Americana núm. 7, Berkeley, University of California Press, 1934.

del Credo católico" o incluso, el "Tiempo de la Fe cristiana".[32] Los títulos quizás
hayan retomado, y sus autores interiorizado, la dicotomía introducida por los españoles y difundida ampliamente por la encuesta de las *Relaciones*. Pero los informantes de las *Relaciones* concebían la gentilidad en términos precisos. Prácticas,
normas, acontecimientos y fechas se proponían a la atención de los encuestadores
españoles. En cambio, la gentilidad de los títulos hace las veces de piel de zapa, reducida a algunas menciones secas, a ciertos clisés (¡tan cercanos ya a los nuestros!).
Es el recuerdo de una época precristiana en que se adoraba a los ídolos, a veces
(pero raramente) unas cuantas anotaciones en que sobresalen el paganismo, el canibalismo, la dispersión del hábitat, los nombres tan distintos de la nomenclatu-
ra cristiana. Por excepción surgen hechos precisos y aislados: una invasión mexica a
Sula situada antes de la fundación de México, ataques chichimecas a Cuijingo que
sembraban el terror, enfrentamientos con pueblos limítrofes, una migración y el
desplazamiento de un hábitat, etc. Además se trata de manera exclusiva de acontecimientos de importancia local, en contraste con las referencias coloniales que,
como saben los indios, se insertan en políticas y evoluciones generales. Sea como
fuere, y eso es lo esencial, el periodo prehispánico ya es sólo un último término, un
telón de fondo. En general, el recuerdo del pasado pagano sirve para apoyar la
reinvindicación de una antigua raíz local, pero nunca para explicar los orígenes y
la fundación como lo hicieron numerosos informantes de las *Relaciones*. Pese a que
los títulos evoquen una fundación prehispánica, ésta sigue siendo, salvo excepción,
un precedente, una especie de repetición general respecto a la fundación cristiana
cuyos momentos principales hemos descrito. Y ello por dos razones esenciales: la
obra del tiempo, del olvido precipitado por los azares de la tradición pictográfica y
de la transmisión oral, y sobre todo la búsqueda de una legitimación cristiana y española que, sirviendo en lo táctico a los intereses del pueblo, induce a distanciarse
del "Tiempo de la Gentilidad". La falta sistemática de una fecha, sea cual fuere,
probablemente deba atribuirse tanto al olvido como a la indiferencia y al desin-
terés por aquella era pagana, como si ese "Tiempo de la Gentilidad" ya no tuviera
la misma importancia ni la misma consistencia que el "Tiempo de la Santísima
Trinidad".

Por todas partes, la doble visión del pasado parece llenar las memorias. Al parecer, esa visión obedece a criterios de origen español, y más exactamente a una
visión cristiana del transcurso del tiempo: fue el arribo de la fe católica y no la conquista militar lo que marcó la diferencia, lo que hizo caer el tiempo antiguo en el
otro. Es innegable que en esta segunda mitad del siglo XVII los autores de los títulos
concedían a la evangelización un lugar privilegiado en la economía de su pasado.
¿Podemos proponer que lo concebían como la sucesión de dos periodos profundamente distintos dentro del estilo de una perspectiva lineal y orientada hacia un fin
que, por lo demás, los títulos evocan en varios pasajes: el fin del mundo (Cuijingo),

[32] Cuijingo, fol. 64v.; Zoyatzingo, fol. 188v.; Ocoyoacac, fols. 29r., 32r.

el Juicio Final y la resurrección de los muertos (Sula, Zoyatzingo)? ¿Es preciso invocar, para explicarlo, el éxito de un siglo y medio de predicación cristiana que logra inculcar el desarrollo de una historia que encadenaría la Creación, el paganismo y el cristianismo para culminar con un término apocalíptico? Ello equivaldría a despachar el trabajo. Como siempre, los indios se niegan a abismarse en las hipótesis que les abrimos. Sin embargo, sería cómodo hacer a un lado algunos detalles molestos. Por ejemplo, ¿es posible aceptar que la cesura, el paso de uno a otro tiempo, no estén fechados de un modo uniforme y, sobre todo, que varíen en un mismo documento? ¿Cómo explicar que la situación de los acontecimientos prehispánicos respecto a la época colonial difiera considerablemente de lo que sería de esperar de la adopción pura y simple de la periodización cristiana? Los arreglos cronológicos propuestos por los títulos son a un mismo tiempo variados y variables por no ocupar siempre lo prehispánico y lo colonial, en la escala de nuestro tiempo, el espacio que nosotros les asignamos. Algunos títulos se limitan a alusiones tan vagas a los tiempos antiguos que apenas es posible evocar la constitución de un pasado dualista. Así ocurre en Ocoyoacac, en Atlautla o en Santa Marta. En San Bartolomé Capulhuac la relación sostenida con el pasado es muy distinta. Los títulos describen allí un paganismo en espera de la cristianización, una época de latencia y de preparación, en que los santos ofrecen ya el auxilio de su intercesión, en que ya está marcado el lugar de la nueva fe. Lo mismo sucede en Cuijingo, que hace preceder el bautismo por la construcción de la iglesia o por la elección del santo patrono. La infiltración de elementos cristianos en la trama prehispánica —la voluntad de Dios, la intervención de la Trinidad— contribuye a producir un efecto análogo, tanto como ciertas correspondencias que atribuyen el mismo nombre indígena al fundador prehispánico y al fundador colonial. Si en San Bartolomé Capulhuac el tiempo cristiano se extiende al tiempo pagano casi al grado de anexárselo, en Cuijingo el "Tiempo de la Gentilidad", sin perder en absoluto su carácter específico, se suelda a la época cristiana en vez de separarse de ella. La disposición de ambos periodos cobra formas tan inusitadas y diversas como las intenciones a las que obedece. En el caso de San Bartolomé, el texto cristianiza tan bien un pasado que no lo era que el "primer fundador" aparece bajo un aspecto irreprochable. En cambio, Cuijingo sigue una estrategia distinta que consiste en "poner juntos", en acumular episodios y datos que corroboran la antigüedad de los derechos del pueblo.

La desconcertante superposición de las épocas puede revestir apariencias aún más desconcertantes e incluso inaprehensibles. Llega a suceder que acontecimientos análogos se desarrollen de un modo simétrico antes y después del "arribo de la fe"; o bien que un episodio en un principio fechado en la época colonial derive temporalmente para ir a dar a las márgenes de la gentilidad. O incluso que algunos hechos se traslapen: una invasión mexica se superpone a la invasión española, los agitados tiempos de las agresiones chichimecas se disuelven en los remolinos levantados por la Conquista, etc. Cierto es que algunas *Relaciones geográficas* también ocultaban testimonios que parecían apuntar a la colonización española sin dejar de describir la de los mexicas. Testimonios prudentes, puesto que se dirigían a los españoles, e insertos en un marco cronológico lineal que tal vez sugería analogías pero que descartaba toda confusión. En cambio, el relato de Sula sigue un curso caprichoso de otro modo. En él se consignan los mismos hechos en dos ocasiones, en versiones distintas y en un contexto temporal embrollado, como si pertenecieran al mismo tiempo a la época prehispánica y a la época colonial. Esta vez, la confusión involuntaria parece imponerse al juego sutil de las comparaciones mudas. ¿La confusión o bien la expresión de otra relación con el pasado o, más exactamente, el desarrollo de un pasado que nada tiene que ver con lo que consideramos por ese término? Algunos episodios relatados en los Títulos de Zoyatzingo se hallan contaminados con una ambigüedad semejante. Uno de ellos concierne al reparto de las tierras del pueblo entre los principales de Zoyatzingo. Enganchado al relato de la medición de la tierra y de la confirmación de la merced por parte del virrey, el episodio debería antes que nada transportarnos a la época colonial. Como lo confirmarían por lo demás los nombres cristianos —José, Juan. . .— de ciertos principales. Pero al final el relato desmiente esa interpretación, puesto que hace a los protagonistas paganos de una época más remota, a los que entonces despoja de sus nombres cristianos. Poco después de este episodio, el relato da otro ejemplo de desviación temporal. Una cédula real de agosto de 1537 introduce la descripción de la batalla que libró el fundador Xohueyacatzin contra los chichimecas. Vinculado en un principio a la época colonial —después de 1557— el acontecimiento acaba por ser fechado en la época prehispánica: "Y eso tuvo lugar antes de la llegada de la cristiandad." ¿Son estos acontecimientos que circulaban entre las épocas, producto de la torpeza de los redactores, desconocimiento de la cronología y de la utilización de las fechas cristianas? ¿O son manifestación de otra aprehensión del tiempo? ¿No descubrimos constantemente en la trama colonial el surgimiento de acontecimientos anteriores, como si el tiempo prehispánico viviera subyacente respecto al tiempo cristiano, al grado de subir a la superficie de vez en cuando? Los estratos de los acaecimientos vendrían a confluir para sobreponerse. Las dificultades, los desplazamientos de población de la primera mitad del siglo XVI tal vez se mezclen con desórdenes más antiguos, las peripecias de una vida local agitada quizás se fundan en vez de situarse en una sucesión rígida. Los nombres primero paganos y luego cristianos acaso ejemplifiquen ese proceso de apilamiento, de superposición y de correspondencia: Ahuacatzin y Juan Ahuacatzin, los fundadores de Zoyatzingo, pueden ser al mismo tiempo dos seres distintos y una misma figura a lo largo del tiempo. Un mismo personaje en el curso del relato puede entonces aparecer como un extraño de brazo caritativo o un vecino con pretensiones exorbitantes. De la misma manera las "confusiones" frecuentes entre las grandes figuras de la dominación española, Cortés, los virreyes, el emperador, revelan que importa menos a los redactores la identidad de la persona que lo que ésta significa, en este caso el poder, la dominación colonial. Si los títulos hacen malabares con la historia, no por ello dejan de obedecer a sus propias razones. Las cosas se desarrollan

como si los hechos cobraran sentido, no a causa de su singularidad sino de la recurrencia y de su inserción en una matriz común que los englobara y los esgrimiera a
todos para hacerlos significantes. Una matriz que aceptaría una multitud de variantes cuya acumulación constituiría a ojos de los indios la historia, el pasado. . .
    El examen de las fechas que jalonan el segundo tiempo, el de la Santísima Trini-
dad, plantea otros problemas que conducen a reflexiones análogas. Ausentes de la
época de la gentilidad, las fechas están tomadas exclusivamente del cómputo cristiano, como si sólo ese calendario pudiera medir el tiempo colonial y todo recuerdo de los sistemas antiguos se hubiera desvanecido. Las fechas se aplican tanto a los
grandes acaecimientos de la época colonial como a episodios de orden estrictamente local. Con algunas excepciones, dibujan un arco temporal que se extiende desde
1520 hasta fines del decenio de 1550. Sin embargo, aunque constituyan una referencia cronológica global relativamente satisfactoria al delimitar aquellas primeras décadas de la dominación colonial, en general son inexactas, decididamente falsas o
incluso —a nuestros ojos y a los de los españoles— perfectamente aberrantes: en
Zoyatzingo, ¡algunos acontecimientos se fechan en 1005 y otros en 1945 y 1947! A
decir verdad las fechas no sirven en realidad para ubicar los acaecimientos unos respecto a otros situándolos en una escala común. Por el contrario, ocurre que un
mismo hecho sea fechado de manera distinta, que una misma fecha pueda corresponder a hechos irreductibles en el tiempo según nuestros criterios. Véase el
aparente "caos cronológico" que nubla constantemente la lectura de los Títulos de
Sula. Por más que la introducción del bautismo esté fechada en 1532, la llegada
de la fe sólo se remonta al 2 de junio de 1607 y la cristianización a 1609. Un texto de
Atlautla fechado al principio y al final en el año 1552 se refiere a la Conquista española de agosto de 1521, lo cual nos parece natural, pero el texto evoca también
la epidemia de *cocoliztli* de 1554, cosa que lo es ya menos, la delimitación de los
lindes en agosto de 1556 y hasta una entrevista con el virrey Luis de Velasco, ¡que
habría ocurrido el 14 de octubre de 1676! En Cuijingo, la imagen del santo patrono
es llevada al pueblo en 1555, exactamente cuatro años antes de que se hubiera elegido a dicho santo. Una misma "congregación" se sitúa de manera sucesiva en
1555 y en 1559, etcétera.
    No por ello son incoherentes las fechas. Al lado de un papel de índice temporal
aproximativo, parece ser que la fijación de fechas sirve sobre todo para conferir un
timbre de veracidad y de autenticidad a los escritos y a los hechos consignados. A
ejemplo de los españoles, los indios saben asociar la validez de un documento a la
presencia de fechas y es probable que por esa razón no vacilen en multiplicarlas.
Pero sólo se trata de adoptar una etiqueta, una forma hueca —el año, el mes, el
día—, incluso uno de los usos de la fecha, mas no una lógica de la medida del
tiempo. De ahí lo que podemos calificar de inexactitudes, de tanteos o de derrapes
incontrolados. A menos que en ello se vea un empleo original del calendario europeo que favorecería un uso derivado —la marca de la historicidad— a expensas de su
función principal de referencia cronológica. En fin, ¿es preciso leer en la diacronía

errática de estos textos, que sucesivamente se remonta y desciende por el tiempo, la influencia aún poderosa de un pensamiento próximo a la oralidad, listo para adoptar todas sus digresiones, sus pausas y sus retornos, interesado en presentar un máximo de informaciones más que en articularlas de un modo cronológico?

Los títulos delimitan la información y el acontecimiento acumulando los estratos, multiplicando los datos, superponiendo cuando es necesario. La periodización puede distinguir tiempos y confundirlos, y las fechas señalar hechos que se suceden o simplemente darles un barniz de autenticidad. Nos sorprenderá todavía menos que el narrador pueda proyectarse durante el relato en el futuro o circular en el pasado como si perteneciera simultáneamente a secuencias temporales distintas. Los autores de los títulos conservaron del tiempo occidental aquello que satisfacía su intención y descuidaron lo que difícilmente podía cobrar sentido a sus ojos. Conservaron un marco, una especie de "a la manera de. . ." que debía conferir a los títulos el armazón y la autenticidad de un acto oficial de la administración española. Adoptaron una periodización binaria que afirmaba su adhesión profunda al cristianismo: significaba tener una actitud acorde a su sentir y a los valores de la sociedad colonial. Desarrollaron ciertas adopciones privilegiadas, por ejemplo, la de la creencia en la resurrección de la carne. El tema permitía expresar la coherencia del grupo en el transcurso del tiempo, la cohesión de un conjunto humano comparable en su homogeneidad con la totalidad espacial definida por la enumeración minuciosa y exhaustiva de los confines. En su perspectiva globalizadora, la formulación cristiana correspondía también a una sobreposición de las diferentes épocas en aras de una intemporalidad divina análoga al tiempo de los dioses de los antiguos nahuas. Concordaba en fin con una concepción cíclica basada en el retorno del tiempo y de las personas: "Aunque murieron, no murieron, que han de resucitar el Día del Juicio." Una divinidad de los tiempos antiguos que aparece en los Títulos de Cuijingo muestra el mismo propósito: "Por las mañanas estaba como una criatura de poca edad y al mediodía se volvía un hombre hecho y derecho y cuando se iba metiendo el sol, se volvía *acne* que según esta razón quería decir que se volvía a su ser que era viejo de mucha edad."[33] A diferencia del sujeto del enigma de la esfinge, el "demonio" indígena franqueaba los grupos de edad para volver al punto de partida en vez de recorrer una evolución sin retorno. El ciclo indígena pasaba por alto la singularidad del devenir como antaño lo había señalado Sahagún.

En otros aspectos los redactores de los títulos se mostraron más reticentes o más turbados. Para unos indios enganchados brutalmente a nuestro siglo XVI, el pasado cristiano y occidental no podía ofrecer ninguna consistencia, ninguna realidad, fuesen éstas cíclicas o lineales, orientadas o no, repetitivas o irreversibles. Si les era posible interiorizar e interpretar la idea de un desenlace común —el día del Juicio—, les resultaba más difícil situarse con respecto a ese lejano punto de partida que constituía el nacimiento de Cristo. La importancia del espacio de tiempo

---

[33] Cuijingo, fols. 69v.-70r.

occidental, su contenido, su naturaleza, su anclaje en el pasado y no en el presente
—a la manera de las cuentas regresivas en que eran pródigos los informantes de las
Relaciones geográficas— escapaban en gran parte a los indios como si se les hubiese dado un presente y un futuro suspendidos por encima del abismo abierto de
un pasado inconcebible por partida doble pues, ¿qué poner en él y cómo com-
prenderlo? Laguna inmensa que, como hemos visto, los autores de los títulos se
esmeraron en llenar a su manera. Pero no recurriendo a los antiguos cómputos
como los informantes de las *Relaciones* ni, por consiguiente, entregándose a equivalencias entre las fechas indígenas y el calendario cristiano. Aún menos evocando
de manera coherente y precisa la época prehispánica. Contentándose con fragmentos yuxtapuestos y con un calendario cristiano más o menos respetado, los redactores revelan que provienen en general de un medio desligado de los saberes histo-
riográficos tradicionales, de una esfera distinta de las noblezas que hemos visto en
acción en el siglo XVI y en las *Relaciones*. Cierto es que los autores de los títulos son
anónimos y que los propios títulos son una materia cambiante copiada, completa-
da, interpretada a lo largo de los años. Pero si con ese nombre se designa a quienes
los acabaron en la forma que los conocemos en la segunda mitad del siglo XVII, es
posible vincularlos a un medio de notables del campo, sin nexo directo con los
tiempos antiguos —a diferencia de la nobleza— y que colman mediante la lectura de
los anales antiguos, de las actas oficiales, de los testamentos y por medio de la
escritura alfabética lo que sin duda nunca supieron. Su acceso al material pictográfico y escrito del siglo XVI aunado a su dominio de la escritura indiscutiblemente
los sitúa en los estratos dirigentes de la comunidad, los que detentan los cargos de
escribanos, que pasan por poseedores de un saber, de una tradición probados.
De la misma manera, las figuras locales que ponen en escena son mucho más los
detentores de los cargos, de aquellos instaurados por los españoles, que los representantes de las antiguas dinastías señoriales o principescas.

A este respecto, la comparación con los escritos de Chimalpahin, el historiador
indígena de la región de Chalco y Amecameca —de quien por lo demás proceden
varios de nuestros títulos—, resulta esclarecedora. El historiador murió hacia 1660,
en la época en que los títulos adoptaban su forma definitiva. Noble instruido en
sus tradiciones e imbuido de cultura cristiana, Chimalpahin detalla a placer las
genealogías antiguas, las conquistas, las dependencias señoriales desde los orígenes
más remotos citando sus fuentes y sus informantes, empleando con arte todos los
cómputos. Los títulos sólo resucitan jirones de historia estrictamente local, sin
marco cronológico ni verdadera profundidad temporal. Chimalpahin redacta en
náhuatl una historia de España, mostrando su conocimiento del pasado europeo.[34]
Los títulos se pierden en los nombres de los conquistadores y de los virreyes y
difícilmente ven más allá de los lindes del territorio. . . No se trata de suscitar una
confrontación que no tendría el menor sentido, sino de una manera más simple de

[34] Chimalpahin, *Octava Relación*, México, UNAM, 1983, pp. 183-199.

sugerir el abismo cultural y social que separa dos medios, el por entonces en decadencia de la nobleza indígena y el otro, mucho más renovado, de notables de población pequeña, que han logrado deslizarse en las instancias locales como resultado de los trastornos sociales, de las mortalidades, de la extinción de las familias, de las escisiones de comunidades. Tal vez no resulte indiferente que algunos títulos se empeñen en afirmar una categoría de pueblo y en mostrar una antigüedad que la historia parece negarles: ¿solicitud que revela las ambiciones de recién llegados a las legitimidades dudosas? Sin duda.

¿Quiere esto decir que aquello que separa las memorias indígenas según las *Relaciones* y las memorias de los títulos se reduce a una distancia social? Las memorias diferirían, pues los grupos serían distintos. No únicamente si también se tienen en cuenta el paso de los años, la distancia respecto al tiempo de la vieja nobleza, la llegada nutrida de esos notables a la dirección de las comunidades, los efectos acumulados de la mortalidad: el estiaje demográfico fue alcanzado en el corazón de la primera mitad del siglo XVII. Hasta cierto punto, la memoria de los títulos fue el relevo de la memoria noble, allí donde ésta había desaparecido, desarrollando un enfoque y una relación con el pasado muy distintos. Conquistó un espacio en la escena indígena y llegó a ser la memoria de las comunidades, puesto que ésos son los textos que éstas presentan y que las representan ante las autoridades. Sin embargo, el surgimiento de nuevas memorias en la segunda mitad del siglo XVII, percibidas como plausibles por grandes sectores de la población indígena, no es exclusivo de ciertas continuidades. Mas estas continuidades obedecen al esquema general, derivan de los principios de organización más que de la identidad de los elementos abordados o conservados. Principios que sin embargo tal vez hayan permanecido en estado implícito, latente, y habrían dejado de ser objeto de una transmisión sistemática y didáctica o de una conceptualización análoga a la que ofrecían, entre otras, las mitologías antiguas. Hacía mucho tiempo que ya no había escuelas para enseñar los cánones, quedaba una estructuración común del tiempo y del espacio, de orden específicamente indígena. Ello hace que el manejo del tiempo en los títulos evoque el manejo del espacio en las imágenes que los acompañan. Abundan adopciones del patrimonio occidental sin dejar de obedecer a un despliegue tradicional. ¿No hace eco el diagrama de los linderos captados en la matriz que configura el rectángulo de la hoja a la narración redundante y cíclica, organizada por otras matrices? Y todo ello plegando la escritura de los vencedores a fines indígenas, a la invención de un origen, a la definición de una identidad.

¿Son los títulos testigos excepcionales? ¿Son producciones aisladas? Por ser más conocidos, no me detendré en otra categoría de documentos a los que se ha dado en llamar *Códices de Techialoyan*, por el nombre del primer manuscrito que fue objeto de un estudio.[35] Como los *Títulos primordiales*, estos documentos datan del

---

[35] Donald Robertson, "Techialoyan Manuscripts and Paintings with a Catalog", *HMAI*, vol. 14, 1975, pp. 253-280. Joaquín Galarza, *Codex de Zempoala, Techialoyan E 705. Manuscrit pictographique de Zempoala, Hidalgo, Mexique*, México, Mission Archéologique et Ethnologique Française au Mexique, 1980.

siglo XVII, pero se consideran actas levantadas en el siglo XVI. Las fechas que llevan son aproximadas o erróneas. Los acontecimientos relatados y los temas abordados resultan prácticamente idénticos: la conquista militar y espiritual, las "congregaciones", el santo protector, el bautismo de las poblaciones, los dirigentes locales, la intervención de los virreyes Antonio de Mendoza y Luis de Velasco y los cargos que confirieron, en fin —y una vez más es el asunto principal— la descripción del pueblo y la lista de los linderos. Estos documentos van dirigidos a los habitantes de los pueblos, pero también están destinados a proporcionar informaciones a los españoles. Como a los títulos, también se les designa mediante el término *altepe amatl*, "libro del pueblo". Sin embargo, se distinguen de ellos por la considerable porción que dedican a la imagen, al grado de que se ha llegado a considerarlos un renacimiento en pleno siglo XVII de la tradición pictográfica. Como en el caso de las "ilustraciones" de los títulos, esas imágenes pintadas sobre papel de amate son algo enteramente distinto de una manifestación decorativa o una digresión ornamental. Constituyen verdaderos glifos que a pesar de su agrandamiento habrían podido conservar su calidad de signo toponímico o antroponímico. Sin embargo, la estilización cada vez más afirmada de los trazos, la fusión de la decoración y del fonema en lo que J. Galarza ha denominado "paisaje fonético", el papel menor del color en adelante, la expresión de la perspectiva mediante los juegos de volúmenes, la sugerencia del relieve y la sucesión de planos incitan a subrayar el dinamismo y la originalidad de esta forma de expresión indígena. Y aún más la unión sutil e íntima alcanzada entre el texto escrito y la imagen: "el texto completa las pictografías, vincula diferentes contenidos temáticos entre sí como un guión y forma la unidad pictográfica de la página",[36] pero son los dibujos los que dictan el orden de la lectura de los textos. A diferencia de los títulos que manifiestan el predominio de lo escrito, los *Códices de Techialoyan* exploraron un camino distinto, sometiendo la escritura a la pintura y sabiendo, de ser preciso, explotar sus potencialidades plásticas como si la imagen hubiese logrado domesticar a la palabra, y la pictografía a la perspectiva puesto que, de nuevo según J. Galarza, serían el contenido y la significación de los glifos los que decidirían sobre su empleo. Como es natural, de allí se seguía que la expresión pictográfica en lo sucesivo podía emanciparse del discurso oral que antaño iba íntimamente asociado a ella. Revolución silenciosa, excepcional en lo intelectual pero sin mañana, puesto que iba contra el sentido de la historia, vale decir contra el privilegio colonial de la escritura alfabética. Menos innovadores, los títulos creían jugar esta última carta —la de la escritura— pero sin seguir en verdad todas las reglas del juego ni sacrificar por entero las pictografías.

Trátese de los Títulos o de los *Códices de Techialoyan*, no es su autenticidad lo que da valor a estos documentos, sino la creatividad de la que todos ellos dan fe, su habilidad para fundir una vivencia y una aprehensión autóctonas del pasado

---

[36] J. Galarza, *Codex de Zempoala*. . ., *op. cit.*, p. 128.

con lo que algunos indígenas creían, podían o querían captar del mundo colonial, su aptitud para renovar e inventar modos de expresión. Constituyen un fenómeno de gran importancia en la historia de las culturas indígenas y en la de la cultura en general, un fenómeno del que el catálogo de D. Robertson o los títulos inventariados sólo transmiten un pálido reflejo. Podemos suponer que en los valles de México y de Toluca, tal vez de Puebla, todos los barrios o aldeas de cierta importancia estaban en posibilidad de poseerlos, de adquirirlos o de elaborarlos. Entre los constreñimientos del modelo colonial, de la escritura, de la tradición oral y los antiguos esquemas de la percepción del espacio y del tiempo, se extendían playas vírgenes o abandonadas en las que se ejercitó en el siglo XVII con abundancia, invención y diversidad la imaginación indígena. Cuando menos la de los notables nahuas. Estos procedimientos al mismo tiempo diferentes y complementarios, probablemente se desarrollaron al término del estiaje demográfico (1610-1650) y en todo caso acompañaron el lento ascenso en el número de seres. Florecieron hasta en las poblaciones más pequeñas, aprovechando la circulación de una sorprendente variedad de manuscritos, escritos oficiales, "pinturas antiguas" originales o copiadas, anales, mapas, títulos auténticos y títulos inventados, a los que se agregaban los documentos de la familia de los *Códices de Techialoyan*. Cierto es que todavía se desconocen los circuitos que seguían los modelos, las "escuelas" de pintores o los grupos de escritores que dieron al conjunto de aquellas producciones, Títulos o *Códices de Techialoyan* su relativa homogeneidad. Pero desde ahora es evidente que la historia de las culturas indígenas de la Nueva España es inseparable de aquélla de la captura de lo escrito. Por ello es preciso abandonar de una vez por todas el clisé de las comunidades inmersas en la oralidad o privadas de memoria. Y sin embargo, nunca la muerte colectiva había dejado tantos vacíos.

¿Fueron todas las sociedades de "pinturas" de antes de la Conquista sociedades de escritura en el siglo XVII? Falta espacio para proseguir de manera aceptable el análisis con títulos otomíes, zapotecos y mixtecos que descubren panoramas tan apasionantes como los de las piezas del valle de México. Sin embargo, veamos un ejemplo que aborda de nuevo el asunto del relato de una conquista y de una fundación. Ya no es un título sino una relación indígena traducida por indios otomíes a petición de los franciscanos de Querétaro —ciudad situada a menos de 200 km al noroeste de México—, los que deseaban reunir informes sobre la evangelización de la ciudad y sobre el origen de la milagrosa cruz que en ella se veneraba. Las circunstancias de su redacción siguen siendo oscuras. Cuando mucho se puede atribuir su paternidad a caciques otomíes de Querétaro y fijar su escritura a mediados del siglo XVII. Este texto excepcional se conserva en Italia, dentro del Archivo General Franciscano de Roma, en el volumen XI/35 de *Chronache ed altre carte, México, Querétaro y Guadalupe* (siglo XVIII).

La relación, cuyas aberraciones y cuyo estilo descuidado se apresuraron a denunciar los lectores españoles, resulta preciosa por diversos conceptos. Revela la imagen que algunos caciques habían conservado de la conquista de la región y de la fundación de su ciudad. Emana de un grupo étnico que había poblado el altiplano mucho antes de la llegada de los nahuas, a los que luego había estado sometido sin perder por ello su lengua y su cultura.[37] Los otomíes sin embargo no habían dejado de verse reducidos desde entonces a una existencia periférica, siendo blanco del desprecio de sus amos nahuas antes de sufrir el de los españoles. Sirvieron de auxiliares tanto a los unos como a los otros. Bajo la dominación española participaron en la colonización de las inmensas extensiones del norte de México y en la lucha contra los nómadas chichimecas que hostigaban los convoyes por los caminos que conducían a las minas de plata. Episodios de menor envergadura precedieron lo que se ha dado en llamar la "guerra chichimeca". Se desarrollaron en la zona de San Juan del Río y de Querétaro, adonde poco tiempo después de la caída de México-Tenochtitlán fueron a refugiarse algunos indios otomíes. Hacia 1531, conducidos por un comerciante llamado Conní, algunos se establecieron en los parajes de Querétaro y entablaron relaciones con los chichimecas que ocupaban la región. Cierto tiempo después, un encomendero español, Pérez de Bocanegra, entró en contacto con Conní, quien aceptó el bautismo y se sometió a la Corona española. Conní adoptó el nombre de Hernando de Tapia, ganó a los chichimecas para la fe cristiana y empezó una brillante carrera al servicio de los conquistadores: colaborador ejemplar, fue gobernador de Querétaro, guerreó contra los grupos insumisos y fundó numerosos pueblos.

Ésa es la versión "oficial", española, de los hechos, que han llegado hasta nosotros por otro conducto. Nuestro texto otomí se aparta de ella de manera considerable, pues sitúa los acontecimientos en mayo, junio y julio de 1502, o sea casi 30 años antes de la fecha "histórica"; destaca en esencia el papel de cierto don Nicolás Montañez, capitán general, a expensas de Conní, alias Hernando de Tapia; ofrece en fin una versión sorprendentemente singular de los contactos establecidos con los chichimecas. Con mucha probabilidad, el texto obedece a preocupaciones políticas locales que nos es difícil desentrañar. El obstinado deseo de minimizar el papel del fundador histórico don Hernando de Tapia y, en cambio, el afán de exaltar al pueblo de Tula y a su cacique Nicolás Montañez sugieren que la relación emana de un grupo dirigente que explotó el desdibujamiento progresivo de la poderosa familia de los Tapia en el panorama local para imponer su propia versión del pasado. Acaso se haya tratado de establecer un relato más conforme a un nuevo reparto de las influencias y del poder. Lo que no es muy original. Numerosos títulos nahuas parecen obedecer a móviles semejantes. Pero, al mismo tiempo que hace un nuevo reparto del juego, la relación trata con amplitud sobre la Conquista y la colonización. Aunque a una luz desconcertante, puesto que desarrolla una historia en exclusiva indígena, en la que están ausentes los españoles salvo raras excepciones (Carlos V, el virrey, etc.). Se les excluye no sólo del terreno de los enfrentamientos con los chichimecas sino también del propio territorio de la Nueva España, aun

[37] Carrasco (1950).

cuando sepamos con qué cuidado prudente supervisaban y a veces acompañaban las expediciones de sus auxiliares indígenas.[38]

Como algo todavía más desconcertante, los protagonistas nunca aparecen con los rasgos de indígenas otomíes. Se decían y se llamaban a sí mismos "católicos". Unos "católicos" cuya conversión se remonta a una fecha incierta, cuando menos anterior a 1502. En estas condiciones se comprende que se guarde silencio sobre la Conquista española, sus dimensiones políticas y militares. En un México prácticamente vacío de españoles y ocupado por "católicos" ya no hay necesidad de hacer referencia a ese episodio. Recordaremos que algunos de nuestros títulos nahuas evitaban o desviaban esa dramática referencia, reduciéndola a las dimensiones espirituales de la llegada de la fe. Es posible imaginar que algunos lo hayan hecho para borrar un recuerdo penoso y otros no hayan considerado pertinente evocar un acontecimiento que casi no había tenido resonancia local. La actitud de los otomíes que redactaron la relación parece derivar de la primera interpretación, pero mezcla en ello una rara sutileza. En efecto, los protagonistas de la relación gozan de una posición doblemente notable pues se arrogan los títulos de Católicos y de Conquistadores. Reclaman privilegios intangibles, sólo reconocen como señores al rey y al virrey. Dedican toda su energía a difundir entre sus adversarios chichimecas "lo que es la cristiandad". Las dificultades harto reales de aquellas expediciones se callan de manera sistemática en beneficio de una tenaz idealización del pasado que les permite confundirse con el grupo de los verdaderos vencedores, los amos españoles. En esta escenificación del siglo XVI los otomíes son los "católicos". Vale decir que la relación busca y logra conjugar el prestigio de las armas autóctonas y los frutos de una aculturación sin lágrimas y sin humillación. Sin que llegue a hablar propiamente de una flagrante inversión del pasado sino antes bien de lo que hubiera podido ser —si los indios hubiesen recibido el lugar que les había prometido la Corona—, esta memoria gloriosa contrasta con la mediocridad de un presente sombrío. Sucede que, a mediados del siglo XVII, Querétaro ha dejado de ser un puesto de avanzada defendido por otomíes para caer en cambio en manos de ganaderos y de comerciantes españoles. Los otomíes se habían constituido en una minoría étnica perdida entre otras minorías, nahuas, tarascas, mestizas, negras y mulatas. Su identidad se reducía entonces a las dimensiones mezquinas de una subcultura urbana, replegada en lo esencial hacia la lengua y los lazos de parentesco. Viendo disminuir su fortuna y su influencia, algunos caciques se prepararon un pasado prestigioso que decoraron con una identidad ficticia. Pero esa idealización no es propia para la relación, ni tampoco para el escamoteo de toda referencia pagana o precortesiana.

El interés de la relación obedece más bien a la manera singular en que cuenta otra conquista, la de Querétaro. Pues todo el texto está construido en torno a un enfrentamiento guerrero que curiosamente se excluye de la narración. Los prepara-

---

[38] Powell (1952); Gruzinski (1985c); Super (1983).

tivos de la batalla, sus secuelas inmediatas se describen con profusión. En cambio, sobre ella ni una línea. No se niega el acontecimiento, se le rehúye por completo. Desconcertante procedimiento éste que equivale a eliminar de la Conquista sus aspectos belicosos y humillantes para los vencidos. De ahí esa preocupación constante y obsesiva de simetría entre agresores —los otomíes "católicos"— y agredidos, los chichimecas. Los hechos ocurren como si la relación hubiera querido transformar el enfrentamiento en un encuentro sin vencedores ni vencidos. Todo indica que esta desdramatización se halla vinculada de manera implícita al silencio guardado sobre la Conquista española. Si bien es cierto que trata de manera explícita de una guerra entre indios cristianos e indios paganos —los chichimecas—, la memoria otomí en realidad parece dedicarse a construir un arquetipo de la Conquista en que detrás de los católicos se adivina a los españoles y donde los indios "bárbaros" nos remitirían a los propios otomíes. De la Conquista lo único que tal vez quede sería una operación basada en la igualdad y la reciprocidad, prácticamente concertada, e incluso "programada" en parte por el adversario chichimeca, y que ofrecería a la memoria indígena el marco de un pasado "aceptable". En otras palabras, los otomíes no pasan por alto la Conquista española, la aceptan a condición de borrar de ella lo esencial, las dimensiones conflictuales. Esta verdadera "otomización" de la realidad alcanza aquí un relieve particular, cuando que era embrionaria en aquellos títulos nahuas que se inclinaban por no ver en la Conquista española sino la llegada de la fe.

Sin embargo, la relación otomí ofrece un interés muy distinto: el de su escritura. Como los títulos nahuas, mixtecos y zapotecos, sus fuentes al parecer son múltiples. Anales, "pinturas" elaboradas tal vez en el siglo XVI quizás le hayan aportado sus materiales. Pero el documento toma su inspiración de las festividades barrocas que animaban por periodos la villa de Querétaro. Sus descripciones coloreadas de tropas en movimiento, de trajes, de música guerrera evocan los combates ficticios a los que se entregaban desde el siglo XVI algunos indios "vestidos de españoles" y ciertos falsos chichimecas. Infaliblemente recuerdan las fiestas que se celebraban en Querétaro en pleno siglo XVII en honor de la Santa Cruz. No es imposible que la relación incluso se haya inspirado en una de esas tramas indígenas que guiaban los pasos de figurantes que invadían entonces las calles de la ciudad. Pero de igual modo es producto de una lectura de los actos oficiales que se acumulan en los archivos indígenas. De ellos toma una retórica pesada, un vocabulario, un gusto por las cifras y las fechas a las que da también un uso sobre todo formal. Mas para el autor (¿o los autores?) de la relación —tanto como para los redactores de los títulos de otras partes— el escrito se ha constituido en el instrumento privilegiado de la fijación del pasado. Como prueba de autenticidad se ve obligado así a acumular las firmas, los testimonios, a multiplicar los escribanos y los notarios a riesgo de atribuir a aquellos otomíes un dominio inverosímilmente precoz de la escritura, aunque también en ello dé fe del precio que ciertos medios indígenas, sea cual fuere la etnia, le concedían en aquella mitad del siglo XVII. Más aún, la relación supera ese estadio llegando a la creación literaria, con la inclusión de un importante fragmento de una de aquellas dedicatorias ampulosas de las que rebozaban las obras de la época. Con sus efectos retóricos, su estilo rebuscado, ese pasaje introduce una nota discordante que pronto, fuerza es admitirlo, cae en el galimatías más confuso y en la avalancha de fórmulas mal comprendidas o mal copiadas. Lo cual no impide que, por torpes que sean, la elección y la adopción revelen la presencia de una preocupación estilística y por consiguiente de un autor en potencia que de esa manera quiso personalizar el texto. Un autor que también pretende dirigirse a los "virtuosos lectores" y que, erudición obliga, no vacila en dar el nombre del italiano Bramante al maestro arquitecto que acompaña a los "católicos". Ciertamente, la tentativa sólo servirá para desatar las burlas de los lectores españoles. La forma era ridícula y el fondo parecía absurdo. La memoria otomí se había dedicado desesperadamente a construir un México sin españoles, una conquista sin vencedores, con tanto más ilusión y sueño cuanto que el relato ya no alcanzaba a arraigarse en un territorio, en un pueblo por defender, en linderos que cuidar. . .

Sería necesario proseguir el análisis con otros títulos otomíes, zapotecos y mixtecos. Nos limitaremos a algunas muestras escogidas en el obispado de Oaxaca. Dos escritos zapotecos de las montañas de Villa Alta de San Ildefonso suscitan observaciones que podrían aplicarse a los títulos nahuas del valle de México.[39] Situada a alrededor de los 1 400 m, dominada por la cima del Zempoaltepetl (3 300 m), en extremo accidentada y arbolada, la región fue difícil de someter. Los zapotecas y más aún los mixes se levantaron en diversas ocasiones durante la Conquista y en el transcurso del siglo XVI (1550, 1552, 1570). En 1527, Gaspar Pacheco y Diego de Figueroa fundaron la Villa Alta de San Ildefonso que fue el tercer establecimiento español en el obispado de Oaxaca y capital de la provincia de los mixes, zapotecas y chontales.[40] Los dominicos emprendieron la evangelización de la comarca, ayudados por un mercenario de apellido Olmedo. Los caciques fueron bautizados y, como en otras partes, los conquistadores españoles les sirvieron de padrinos.

Presentados y traducidos en octubre de 1715 a petición de San Juan Juquila en un proceso que lo oponía a la población de San Juan Tanetze, los títulos del pueblo constituían, a decir de los indios zapotecas, la "relasión de toda nuestra primera fundasión y de todos los pagos de tierras de nuestros ganados desde nuestra gentilidad". Concernían a las tierras de dos pueblos, Juquila y Totolinga, el primero de los cuales había absorbido al segundo a mediados del siglo XVII. El estrecho parentesco de los dos textos en la grafía y el contenido sugiere un origen común y una redacción contemporánea de la agregación de Totolinga a Juquila.

Ambos se presentan como *memorias probanzas*; están fechados en "quinientos veintiún año", 1521, y llevan al final los nombres de sus supuestos autores: "Yo Pedro Binopaa, yo Pedro Marthin Laa, yo Juan de Bilachinaa", quienes se procla-

---

[39] AGN, *Tierras*, vol. 335, exp. 5.
[40] La Fuente (1977), p. 19; Whitecotton (1977).

man antepasados del pueblo de Totolinga. Como en el caso de los títulos nahuas, son ancianos y antepasados los que en ellos se expresan para consignar hechos pasados: "Tomamos tierras y lugares a donde puede (*sic*) gozar y cultibar nuestros hijos y nuestros niettos." El relato se confunde con una trama que en lo sucesivo nos es familiar. Si bien no se hace ninguna alusión a la conquista militar, que sin embargo fue particularmente agitada en la región, en cambio de la evangelización se trata con amplitud. Como recuerdan los tres "signatarios": "fuimos a esperar cuando bino la ley de Dios en Oaxaca. Llegó primero el padre ministro que nos baptisó. Se llama Fray Bartolomé de Olmedo". La acogida reservada al religioso es calurosa, amenizada por el despliegue de estandartes, por la música de los tambores y los clarines. Siguen los episodios habituales, la construcción de la iglesia, el bautizo de los antepasados, la distribución de los cargos (alcalde, regidor, fiscal), la designación del gobernador indígena para llegar a la toma de posesión de las tierras en la forma acostumbrada del reconocimiento y de la enumeración de los lindes de las tierras.

Como en tierra nahua, la fecha es ficticia. La fecha de 1521, apenas plausible para la Conquista española, demasiado precoz para la evangelización e inverosímil para la distribución de los cargos, sirve para concentrar y para fundir una serie de acontecimientos fundadores del orden colonial y cristiano. No por ello dejan de distinguir algunos rasgos a los títulos zapotecos de sus homólogos nahuas. La intervención española —del evangelizador fray Bartolomé de Olmedo, del alcalde mayor de Villa Alta, de un antepasado de los españoles e incluso de una madrina de bautismo, doña Catalina de Medina— se ve en ellos mucho más afirmada. Por ejemplo, el alcalde mayor y el religioso son los que deciden la elección del sitio de la iglesia y el del pueblo. La fundación de la aldea española de Villa Alta de San Ildefonso sirve en cierto modo de prototipo a la de Totolinga y a la de Juquila. El horizonte evocado es más vasto. No sólo Oaxaca, la capital de la región, Villa Alta y la comarca entera acogen episodios importantes, sino que también se habla de un viaje a España. Luego de reunirse con el "antepasado de los españoles" don Ypolito del Baye (Valle) de Comania, los cuatro antepasados de Juquila se habrían trasladado a España para solicitar la misericordia real y luego, de regreso, habrían pasado por México y Puebla antes de llegar a Oaxaca y Villa Alta de San Ildefonso. Este horizonte a la medida de México y del imperio español se halla ligado íntimamente a la afirmación de una identidad étnica que en vano habríamos buscado en los títulos nahuas. La reunión y el bautizo en Villa Alta de los representantes de los pueblos zapotecos, el paralelismo entre el antepasado de los españoles y el de los zapotecas expresan a su manera una conciencia indígena ampliada, sustraída al círculo estrecho de los linderos.

Mas, primera paradoja, esa conciencia se paga con una pérdida considerable de autonomía pues la apertura de horizontes no puede sino tropezar geográficamente por doquiera con españoles, eclesiásticos, representantes de la Corona o colonos. Señalemos sin embargo que el reconocimiento de la presencia española no implica el reconocimiento de la derrota. La Conquista se desdramatiza, es expurgada de sus aspectos humillantes y brutales: recordamos, por ejemplo, que en aquella región los españoles echaban a los indios como comida para sus perros. Segunda paradoja, allí donde se podría alcanzar una escritura más aculturada de acuerdo con la presencia fortalecida de los españoles, se descubre una expresión harto económica en sus medios, al menos a juzgar por la traducción al español que con toda evidencia se debe a algún indio: un vocabulario limitado, un repertorio sintáctico restringido y repetitivo, adopciones mínimas de la fraseología de la administración colonial y del lenguaje de la Iglesia. En medio de esta economía extrema que contrasta con la variedad de los efectos y de los estilos que despliegan los títulos nahuas, se impone un procedimiento constante: la lista, la enumeración, la yuxtaposición de objetos, hitos de un itinerario, lindes de una tierra, funciones asumidas por los ancianos, nombres de los antepasados fundadores: "Uno de nosotros se llama Laa; el otro se llama Bilachinaa, el otro Binopaa [. . .] Su antepasado de los Juquila ttumó la bara de alcalde y ttanbién su antepasado de los naturales de Ttalca tumó la bara. . ." Este tipo de construcción estereotipada y uniformizada no puede hallarse muy alejada de lo que produciría la glosa de un manuscrito pictográfico que relatara la llegada de los españoles y fijara los confines de los pueblos de la región. Se propondrá entonces la hipótesis de un medio alfabetizado, pero desprovisto del dominio manifestado por los títulos nahuas. ¿Habrá pues que equiparar —más que en el valle de México— la forma de la escritura con la expresión oral? ¿Sigue siendo profundamente tributaria de la glosa de documentos pictográficos, así fuesen tradicionales o tan occidentalizados como el *Lienzo de San Lucas Yatao*?[41] ¿O bien obedecerá asimismo a la influencia de la "pintura" y de la transmisión oral? Habrá de observarse que nos encontramos en comarcas poco accesibles, poco frecuentadas por los españoles, donde la aculturación en todas sus formas permaneció como un fenómeno más superficial y más tardío. Es cierto. Aunque la existencia aceptada de textos escritos y de "pinturas" (que no dejan de evocar los *Códices de Techialoyan* del valle de México) incitaría a corregir el clisé. Pero la difusión del medio alfabético no implica en forma obligada la del mensaje y la de las retóricas asociadas a él, cuando menos en aquellas regiones.

Un testimonio mixteco fechado el 8 de febrero de 1523 y traducido en 1696 aborda también con notable precisión las peripecias de que estuvo rodeada la llegada de los españoles a la región.[42] Se trata de la relación de don Diego Cortés Dhahuiyuchi, cacique del pueblo de San Juan Chapultepec, del distrito de Quatro Villas, es decir la parte del valle de Oaxaca que dependía de la jurisdicción del marquesado del Valle. El texto también fue elaborado en el siglo XVIII dentro del marco de un juicio que enfrentó a los indios de San Juan con los de San Martín.

Como de costumbre, las relaciones con los españoles se describen desde una

---

41 Glass, "A Survey. . .", *Handbook*. . ., vol. 14 (1975), pp. 75-76.
42 AGN, *Tierras*, vol. 236, exp. 6 (pueblos de Chapultepec y San Martín).

perspectiva pacífica y confiada, pero la guerra estalla entre los aliados "mexicanos" —por consiguiente mexicas o nahuas— de Cortés y los mixtecas del terruño. Como es evidente —se trata de un texto mixteco—, los mexicanos son derrotados por los mixtecas, quienes, magnánimos, ofrecen "por su propia voluntad" tierras a los vencidos para que se instalen en ellas. Podemos reconocer en lo anterior el acostumbrado acto de prestidigitación que metamorfosea una derrota en victoria generosa y trata de explicar por qué el cacique don Diego tuvo que deshacerse de la mitad de sus propiedades en beneficio de los mexicanos que se instalan en San Martín. El texto prosigue con la tradicional enumeración de los linderos, está fechado el 8 de febrero de 1523 y es legado por don Diego "para que se paguen los tributos del señor Marqués". A este escrito en lengua mixteca, cuyo estilo se acerca al de los textos nahuas del valle de México, se agregan una "pintura antigua", calificada también de mapa, y un título testamento de 1565, que en conjunto constituyen una colección análoga a las que encontramos en tierra nahua.

Frente a la versión mixteca se halla la de los invasores que en esta ocasión no son españoles sino sus aliados, los mexicanos que fundaron el pueblo vecino y rival de San Martín. Según éstos, una dama zapoteca que tenía disputas con los mixtecas pidió la ayuda a Cortés. El conquistador le despachó tropas "mexicanas" que, a cambio de sus leales servicios, recibieron de la dama tierras donde establecerse. La misma versión no vacila en informar de cierto enfrentamiento entre "mexicanos" y españoles que favoreció a los primeros. Vencedores, los "mexicanos" condescendieron en entregar a Cortés una pequeña extensión de tierra "para fundar la villa". Como en el relato mixteco, los papeles se invierten sistemáticamente: igual procedimiento borra la derrota y hace de los vencidos vencedores sin rencor. En aquel momento se establecen los límites de las tierras y los barrios, se asientan los derechos en el "papel", se afirma la solidaridad comunitaria. Todo hace creer que aquellos títulos nahuas datan —como los anteriores— de la segunda mitad del siglo XVII.

Estos dos documentos, el mixteco y el "mexicano", demuestran que en un mismo espacio pueden coexistir versiones perfectamente contradictorias de la historia de los pueblos. Por lo demás, las *Relaciones geográficas* de los años 1580 ya nos lo habían enseñado. Si se las compara con los títulos zapotecos, no se puede evitar sentirse sorprendido por la amplitud de los horizontes que descubren estos escritos del obispado de Oaxaca. Unos zapotecas viajan a España. Mexicanos a las órdenes de Cortés corren en ayuda de una dama zapoteca y se enfrentan a los mixtecas. A ese cambio de escala responde la insistencia que se hace por doquiera en la invasión española y la referencia practicada sin cesar al grupo étnico. Ocurre que el marco adoptado no permite eludir o relegar al trasfondo la Conquista española. Entonces parecen abrirse dos caminos: decidirse por ella al mismo tiempo que se le quita su efecto traumatizante como lo hacen los zapotecas de Juquila, o trastocar el pasado despreciando la historia (San Juan Chapultepec) e incluso la verosimilitud (San Martín). Estos títulos coinciden con los textos nahuas del valle de México cuando menos en un punto: la Conquista española, militar o espiritual, se percibe en lo sucesivo como el principal acontecimiento del pasado, como referencia obligada, vinculada a los orígenes, cuando que las memorias de fines del siglo XVI que recogieron las *Relaciones geográficas* informaban de algo del todo distinto. Es probable que eso explique que el texto de San Martín date en la Conquista española enfrentamientos innegablemente más antiguos, puesto que los mexicas se habían establecido en Oaxaca desde las últimas décadas del siglo XV.

Quedaría por extender esta encuesta hasta fines del siglo XVIII y por examinar lo que ocurre en estas fechas con las memorias indígenas, por medir en ellas el efecto del fin de los tiempos barrocos y las repercusiones de la política "esclarecida" desarrollada por los Borbones en el crepúsculo de su dominación en tierras mexicanas. Sería preciso evocar los lienzos nahuas de Guerrero y Morelos, presentar los textos de la región de Tlaxcala, de Puebla y de Cholula, recorrer en fin los de Michoacán para apreciar mejor la difusión y la densidad del fenómeno.[43] Y a los nahuas citados con tanta frecuencia, a los mixtecas, a los zapotecas y a los otomíes; agregar los matlaltzincas, los tarascos y con toda evidencia a los mayas de Yucatán y su Chilam Balam. Aun cuando sea probable que los nahuas posean un gran adelanto en la materia, se tiene la sensación de haber desflorado un universo pululante, desconocido o desdeñado, un *underground* proliferante donde se elaboran modos de expresión que alían, de manera harto variable pero siempre original, la escritura alfabética y la "pintura". A todas luces, la innovación no radica en la creación de una memoria gráfica, objetivada, inscrita en "cuadernos antiguos y estropeados". Los *calpulli* de antes de la Conquista poseían sus propios archivos y podían ser bastante consistentes y molestos para que el poder de aquel entonces pensara en destruirlos. La innovación obedeció al uso que algunos indios dieron a la escritura, uso que fue del todo distinto de una simple adopción, de una reanudación pasiva a la manera de los textos administrativos, de las actas de venta o de donación, de los testamentos que redactaban los escribanos indígenas. Correspondió a un intenso trabajo de creación que afectó tanto el contenido como la expresión, según que los indios hubiesen escogido destacar el texto o someterlo a la imagen.

Diversidad de la imagen. En el siglo XVII, en una misma región y para una misma etnia, la "pintura" puede incluir un mínimo de glosas referidas a signos convencionales o abrirse a escenas figurativas que evocan igual número de pequeños cuadros. Para convencerse de ello, basta poner lado a lado el *Lienzo de San Lucas Yatao* y el de *Yatini* en tierras zapotecas. Como los nahuas del valle de México, la "escuela" de los *Códices de Techialoyan* emplea la imagen de un modo enteramente distinto del de los *Títulos primordiales*. La conservación y la circulación de

---

[43] Títulos zapotecos (San Juan Juquila en AGN, *Tierras*, vol. 335, exp. 5); mixtecos (San Juan Chapultepec, *ibid*., vol. 236, exp. 6); otomíes ("Relación de la conquista de Querétaro" que hemos estudiado en Gruzinski [1985c]); sobre los *lienzos* de Guerrero, Joaquín Galarza, *Lienzos de Chiepetlan*. . ., México, Mission Archéologique et Ethnologique Française au Mexique, 1972; Gibson, "A Survey. . .", *HMAI*, vol. 15, 1975, pp. 324-326, 379-398.

los modelos de antes de la Conquista o de las primeras décadas de la Colonia pesaron sin discusión en la inspiración de los pintores, aunque siempre en formas alteradas o reinterpretadas. En otros casos innegablemente fue la contemplación de obras de estilo europeo lo que al parecer influyó en la Adoración de los Magos de Los Reyes, el paisaje del *Lienzo de Chinantla* o las escenas del *Códice de Chalchihuapan* en las inmediaciones de Cholula y Puebla.[44] Pero aquí la adopción implicaba de nuevo la reinterpretación, el paisaje resultaba emblemático.

Misma diversidad de las escrituras. De la narración entrecortada de los títulos zapotecos, de los relatos yuxtapuestos de los títulos nahuas a las elevaciones literarias, a la erudición desconcertante de los autores o, mejor dicho, de uno de los autores otomíes de la Relación de la Conquista de Querétaro.[45] Reutilización de los materiales más diversos al servicio de una inspiración abundante de la que probablemente sea difícil tener equivalente en los pueblos de la Europa mediterránea. Por consiguiente, nada de tradición subterránea, de legado secreto que mantuviera intacta la herencia prehispánica. Tampoco nada de evolución lineal que condujera de la degradación incontenible de las pictografías tradicionales a la irresistible victoria del "realismo" europeo y de la escritura de los vencedores. Aquellos indios nos llevan a otra parte, a un tiempo y un espacio que ya no son los de antes (de la Conquista), pero tampoco los nuestros ni los de los españoles. Esbozan caminos que, aunque queden sin salida, no por ello deja de constituir cada cual apasionantes opciones a la cultura de la Iglesia y de la Corona.

Difícilmente fechables, esas obras en su mayoría son anónimas. Se ha creído reconocer en ellas producciones emanadas de modestos pueblos, incluso de aldeas, de barrios que solicitaban el estatuto de pueblo. Muchos de ellos ya no existen y es difícil localizarlos. Del mismo modo se ha situado a sus autores dentro de una franja de pequeños notables sin pretensiones prehispánicas, de linaje demasiado reciente para narrar su historia, y que basan en el pueblo y el pasado colonial que recrean la identidad que proclaman. El que nos hayamos detenido largamente ante esta franja no significa que la memoria indígena del siglo XVII haya encontrado en ella su única expresión. Digamos mejor, simplificando burdamente, que esta manifestación debía ocupar una posición intermedia entre una memoria profundamente occidentalizada y aquellas, mucho más inasibles, de las masas campesinas o de los indios absorbidos por los grupos mestizos y los medios urbanos. Los sobrevivientes de las grandes familias nobiliarias del siglo XVI, los caciques de la ciudad de México y sus alrededores, de Oaxaca o de Tlaxcala, por ejemplo, también seguían conservando su recuerdo. Pero en la segunda mitad del siglo XVII parecen haber abandonado toda veleidad historiadora. Para ellos ya no se trataba ni de escribir ni aún menos de reescribir la historia como habían podido hacerlo Tezozómoc, Chimalpahin o Cristóbal del Castillo. Se contentaban con llevar cuenta de sus leales

---

[44] Efraín Castro Morales, "El mapa de Chalchihuapan", *Estudios y documentos de la región de Puebla-Tlaxcala*, Puebla, I, 1969, pp. 5-22.

[45] Gruzinski (1985c).

servicios, de acumular testamentos y de remontar el hilo de sus genealogías. Coleccionaban las mercedes, los privilegios y las cédulas reales, los blasones y las divisas, los "papeles de filiación" y las actas de defunción. En el fondo de sus cofres guardaban pinturas y mapas para demostrar lo que decían.[46] Su tarea tenía vocación exclusivamente familiar o más exactamente linajista. Sus estrechas relaciones con la sociedad española o mestiza —concretadas por incesantes matrimonios— explican que su visión del tiempo y del pasado se haya plegado a lo que era de esperar de cualquier hidalgo. Por lo demás, al grado de que algunos no vacilaron en mezclar a sus antepasados indígenas con los de los conquistadores cuyo apellido llevaban y de los que en ocasiones eran descendientes. A la memoria indígena se agregaba así la de los "libros genealógicos" importados de España o ésta la sustituía.

Hay un aspecto en que estas memorias se separan profundamente. Las de los nobles y los caciques son en su mayoría memorias solidificadas, autentificadas, acumulativas, memorias a la defensiva que se aferran a derechos y a privilegios impugnados con frecuencia. Por otra parte, la ruina, las querellas familiares, la pérdida de los documentos con frecuencia arrastraba a esas familias a la deriva. En cambio, las memorias de los Títulos y de los *Códices de Techialoyan*, las de los pueblos, al mismo tiempo que asumen esta función protectora, constituyen memorias nuevas, no conformes, que construyen, cristalizan y fundan una identidad con frecuencia impugnada. Ante las memorias dispersas de las familias, esas memorias vivas plantean el problema del origen del grupo y del arraigo en la tierra, y saben sacar provecho del margen de autonomía que dejan a la comunidad la crisis de la nobleza antigua y la política de la Corona. A esas memorias vivas le deben el haber podido escapar en gran parte al grillete asfixiante de la administración española que tenía a su merced a las aristocracias caídas.

Vale decir que, lejos de traer consigo una homogeneización de las culturas indígenas cristalizando, censurando y uniformando la herencia, el acceso a lo escrito y a la escritura al parecer tuvo el efecto opuesto. La copia fiel hispanizada surge casi como la antítesis de la apertura de un espacio original, autónomo al que se tacha de falsificación, de "quimeras y despreciables ficciones". En el siglo XVIII veremos otras gestas cavar la distancia que separa a las élites indias occidentalizadas de las masas indígenas e incluso de los notables. Esa diferenciación cultural sin duda está mucho menos vinculada a la extensión, a la variedad de saberes accesibles de pronto —como hemos visto, permanecieron limitados a la práctica religiosa y a la ley españolas— que a la explotación de una técnica ligada o no a otros apoyos autóctonos. A decir verdad, se trata más de un modo de expresión que de una *literate culture* que penetró en el mundo de los notables indígenas aunque sea difícil distinguir el apoyo del mensaje. Ésa es sin duda una de las razones de la autonomía salvaguardada.

Esta miríada de memorias pintadas y escritas revela que las culturas indígenas se hallan lejos de haber muerto con el siglo XVI. La asombrosa plasticidad que

---

[46] Fernández de Recas (1961), pp. 18, 77-80.

muestran abrevando en todas las fuentes, multiplicando las adopciones e innovando, invita a evocar dos conceptos cuyo uso repetido acaba por disimular la complejidad, los procesos y los objetos que designan: el *sincretismo* y la *tradición*. Del *sincretismo* vemos ya que recubre fenómenos sutiles tocantes tanto a la modificación de contenidos como a la evolución de los modos de expresión, merced a incesantes desfasamientos, a falsos retrocesos y a avances caóticos. De la *tradición* captamos que no se pueden pasar por alto la diversidad social, los apoyos concurrentes y complementarios (escritos, pintados, orales), los caminos múltiples, los bruscos callejones sin salida, los despertares imprevistos, el movimiento incesante. Tras haber descubierto en el siglo XVI la escritura y aprendido a aliar lo escrito a la pictografía, ¿no parecería la nobleza abandonar estos procedimientos para volverse hacia la reproducción minuciosa del modelo europeo? Fue otro medio social el que en el siglo XVII prosigue ese camino creando los *Títulos primordiales* o los *Códices de Techialoyan*. Como si los pequeños notables hubiesen hecho el relevo de aquel "Renacimiento mexicano" en un papel que conservaron hasta el siglo XIX y a veces hasta nuestros días. "Inventada" (para emplear el término de Hobsbawm) y por consiguiente fijada a fines del siglo XVII, esa tradición se consolida a su vez y subsiste todavía en el siglo XX, reducida con frecuencia al estado de tableros estropeados cuyo sentido perdieron progresivamente los indios o que veneran al igual que a los santos de sus altares. Habríamos deseado profundizar la reflexión definiendo el modo en que esos grupos, esos individuos adoptan y difunden nuevos cánones que sin embargo no podrían recibir el aval de las autoridades coloniales, que los desconocen o los desdeñan. ¿Cómo explicar que sectores dominados, privados de los marcos que antaño fijaban la norma, logren sin embargo producir "modelos" de expresión (los *Títulos*, los *Códices de Techialoyan*)? Ello equivaldría a preguntarse no sólo por el grado de autonomía que se les deja o que ellos supieron conservar, sino también por las relaciones y las redes de poder que incluso fuera de la sociedad colonial siguen uniéndolos. . .

En la segunda mitad del siglo XVII, al azar de las memorias pintadas y escritas, la "red agujerada" de las primeras décadas del siglo XVI vuelve a tejerse de manera progresiva. De Oaxaca a Querétaro, la Conquista española —¿cómo sorprenderse?— se ha constituido en el principal acontecimiento para todos aquellos que poseen una parcela de poder. Muchos encuentran el modo de "rodear", de asumir, de reinterpretar el desgarramiento de la Conquista, de tomar en cuenta las instituciones, las estructuras, los marcos, los esquemas instaurados por la dominación colonial. Muchos se construyen una realidad plausible que antes que nada es un pasado, pero también un instrumento para responder al presente y afrontar el tiempo de las generaciones por venir. Recordemos la fórmula: "Os doy la forma para poder saber hablar y responder en defensa de vuestras tierras. . ." Así se desprenden visiones coherentes y sintéticas, para nosotros sin duda anecdóticas, pero que expresan lo que algunos grupos consideraban que era lo esencial de su realidad y que en la mayoría de los casos se aferra al espacio de un terruño. Para concluir, una palabra sobre los pueblos que detentaban títulos en buena y debida forma. Éstos indiscutiblemente poseían una memoria oficial, conforme a la de los españoles y sobre todo a la de los nobles aculturados, pero que se superponía a una visión del pasado análoga en lo global a la de los *Títulos primordiales*. Si no en el detalle de los hechos, al menos en los principios, en los acentos conservados, los compases marcados (la primacía de la Conquista y de la cristianización, el arraigo en la tierra), esa aprehensión profunda debía de ser comparable con la que he tratado de describir. Lo que no invalida en absoluto la distancia que separa a los notables guiados por documentos auténticos, prisioneros de la lección oficial, de los indios obligados a inventar una historia, a hacer un pasado con remiendos. Pero cuidado con oponer de manera demasiado tajante lo falso y lo auténtico, pues entre ambos polos existe una extensa gama de matices que permiten todos los deslizamientos, todas las superposiciones. A mi parecer, la diferencia obedece tanto al grado de espontaneidad y de inventiva desplegado como al contenido o a la forma utilizada, a pesar de lo cual sigue siendo cierto que los nobles de las ciudades y de la provincia, los notables de las poblaciones pequeñas (con o sin títulos auténticos) no resumen por sí solos las sociedades y las culturas indígenas. Sólo constituyen un sector minoritario, tal vez el 5 por ciento.[47] Queda la masa inmensa de la población que nunca dispuso de la escritura y aún menos de las "pinturas", aquellos a los que por comodidad llamamos macehuales, campesinos, artesanos, trabajadores agrícolas, mineros, sirvientes. . . Fuera de evocar la muerte cruenta que los golpeaba, hasta ahora los he pasado por alto.

[47] Israel (1975), p. 44.

IV. LA IDOLATRÍA COLONIAL

LA ADHESIÓN más o menos sincera de los estratos dirigentes a la sociedad de los vencedores, el papel activo de los indios de iglesia, la desaparición del aparato de los antiguos cultos sustituido por instituciones cristianas, la explotación colonial en las formas más diversas, más brutales y, para colmo, el colosal abatimiento demográfico trastornaron la existencia cotidiana de los indígenas en general. Por su parte, las políticas de "congregaciones" contribuyeron a debilitar el arraigamiento territorial de los grupos que se habían salvado de la muerte. En el transcurso de la década de 1620, la población indígena del México central llegaba a su estiaje: 730 000 personas, las que ya sólo representaban 3% de las existentes en vísperas de la Conquista española.[1] Si a ello se agregan las consecuencias de la anomia provocada por la impugnación de las normas y de las jerarquías tradicionales, si se considera el efecto de la desorientación cultural producida por la introducción de nuevos modelos de conducta (los ritos cristianos, el matrimonio y la alianza, el trabajo, etc.), a fines del siglo XVI parecían reunirse todos los elementos de una vertiginosa agonía humana y cultural. La embriaguez crónica que denunciaban las *Relaciones geográficas* sería apenas uno de los síntomas más evidentes de la incontrolable deriva de los macehuales.

Mas, ¿se puede olvidar el otro batiente de este desastre: la aculturación progresiva de los nobles cristianizados en los pueblos coloniales, en las iglesias y los conventos y bajo el báculo de un clero cada vez más numeroso ante fieles casi en vías de extinción? Los 800 regulares de 1559 ascendían a 1 500 hacia 1580 y a alrededor de 3 000 hacia 1650. Una aculturación que muy pronto suscitó el triunfalismo pero que menospreciaba la debilidad de los medios y de los efectivos de que disponía la Iglesia y, todavía más, las profundas brechas que separaban a las culturas que se enfrentaban. A decir verdad, el aparente dilema de la anomia y de la conversión recubre actitudes más complejas entre los indios. Elude pesos al parecer insensibles al cambio, padecido ya sea en la forma relativamente dominable aún de la cristianización o —en la más deletérea e incontrolable— de la muerte epidémica y de la explotación colonial. Algunos observadores de la segunda mitad del siglo XVI tan perspicaces como Sahagún o Durán con dificultad se engañaron al respecto. Tras cantidad de rasgos casi insignificantes, sospechaban la persistencia de algo amenazante, aún irreductible.[2] Pero, por más que el Concilio de 1585 volvió a reclamar —a decir verdad brevemente— la persecución de los "dogmatizadores", la destrucción de los templos y de los ídolos y la desaparición del "vómito de la idolatría", no por ello dejó de considerar el asunto desde la perspectiva de una posible recaída

---

[1] Borah y Cook (1979), t. III, pp. 100-101.
[2] B. de Sahagún, *Historia...*, *op. cit.*, III, p. 354; Durán, *Historia...*, *op. cit.*, I, pp. 244, 6; Israel (1965), p. 48.

más que de una sorda continuidad. Cierto es que los prelados sólo castigaban con bastante blandura las antiguas prácticas y que desde 1571 los indios se habían sustraído a la competencia del Santo Oficio para estar sometidos de un modo exclusivo a la jurisdicción de las oficialidades (los provisoratos) de cada diócesis o de manera todavía más directa a la del juez eclesiástico del distrito (el partido). Al parecer, estas instancias nunca llevaron adelante una acción tan sistemática y rigurosa como la que pretendía desplegar la Inquisición.

También es cierto que la Iglesia parecía hallarse acaparada por tareas del todo distintas: los conflictos con las autoridades civiles, las rivalidades incesantes entre regulares y seculares, las tensiones entre las órdenes y dentro de éstas entre criollos y peninsulares agotaron más de una energía. En el terreno local, las disensiones que oponían a los curas contra los encomenderos y luego contra los hacendados o los alcaldes mayores, el miedo a asustar a poblaciones prontas a huir de los pastores demasiado exigentes (y por tanto a no pagar ni tributo ni derechos parroquiales) desactivaban con frecuencia toda veleidad de extirpación de las prácticas antiguas. Aquellas dificultades o esas consideraciones inclinaban a los curas a observar un *statu quo*, a limitarse a una supervisión moral o a encerrarse en un pesimismo inveterado, despreciativo del indio y justificador de todas las explotaciones. Otros, en fin, preferían dedicarse con parsimonia a sus asuntos, como aquel cura de la región de Puebla, que se ocupaba más en sus parientes, en sus domésticos y en sus 200 cabezas de ganado que en sus fieles indígenas. Rutina, desprecio o indiferencia, ¿son signo de que los indios habrían dejado de ocupar el primer lugar en las preocupaciones de la Iglesia? En realidad, la Iglesia postridentina, que considera que la fase de evangelización se ha concluido, tiene otras miras y despliega otras estrategias en las que nos ocuparemos adelante.[3]

Esa indiferencia relativa nos condenaría a la ignorancia si algunas excepciones no hubieran venido felizmente a confirmar la regla. Al fin y al cabo poco importa que el puñado de curas que se dedicaron a denunciar y a extirpar la idolatría no haya recibido sino una débil respuesta, y no obstante queda su testimonio. Sabido es que no fueron publicadas ni la obra de Sahagún ni las decisiones del Concilio de 1585; que ni el tratado de Ponce de León ni los trabajos considerables de Ruiz de Alarcón (1629) y de Jacinto de la Serna (1656) merecieron el honor de ser impresos en el siglo XVII.[4] Sólo algunos autores de menor envergadura tuvieron mejor

[3] José A. Llaguno, *La personalidad jurídica del indio y el III Concilio Provincial Mexicano (1585)*, México, Porrúa, 1963, p. 55; Greenleaf (1965), pp. 184-195.

[4] Pedro Ponce de León (1892) y en *Tratado de las idolatrías*, México, Fuente Cultural, vol. X, 1953, pp. 369-380. Hernando Ruiz de Alarcón, *Tratado de las supersticiones y costumbres gentílicas que hoy viven entre los indios. . .*, 1629: varias ediciones, en español *Anales del Museo Nacional de México*, Época I, 6, 1892 [1900], pp. 123-223; en *Tratado de las idolatrías. . .*, vol. XX, México, Fuente Cultural, 1953, pp. 17-180 (nuestra referencia para el texto en español: A). Dos ediciones en inglés: Michael D. Coe y Gordon Whittaker, *Aztec Sorcerers in Seventeenth Century Mexico. The Treatise on Superstitions*, Albany, State University of New York, 1982 (Referencia: C-W) y J. Richard Andrews y Ross Hassig, *Treatise on the Heathen Superstitions that Today Live Among the Indians Native to this*

suerte.[5] Sin embargo, pese a la voz de alarma que lanzaban no hubo campañas concertadas de extirpación análogas a las que reclamaba con urgencia Jacinto de la Serna, salvo algunas comisiones temporales circunscritas a ciertas regiones, e, ironía del destino, lejos de encargarse de los hechiceros indígenas a los que perseguía Ruiz de Alarcón, el Santo Oficio acusó al extirpador de haber querido indebidamente hacer de inquisidor con sus fieles. ¡Crimen más imperdonable a ojos del tribunal que todos los extravíos juntos de aquellas poblaciones incultas!

Hernando Ruiz de Alarcón fue encargado durante cinco años por el arzobispo de México, Juan Pérez de la Serna, de informarse ''sobre las costumbres gentílicas, idolatrías, supersticiones con pactos tácitos y expresos que hoy permanecen y se van continuando''. Ruiz de Alarcón habría de acabar sus días antes de 1646 en la tórrida parroquia de Atenango del Río. Jacinto de la Serna fue un personaje más importante. Nacido en 1595, doctor en teología, cura de Tenancingo y luego de la parroquia de la catedral de México en 1632, tres veces rector de la Universidad, visitador general de la diócesis con dos arzobispos, De la Serna terminó en 1656 la redacción de su *Manual de ministros de indios*, que retomaba lo esencial del tratado de Ruiz de Alarcón agregándole informaciones sacadas de sus predecesores y de su experiencia personal. Como signo de los tiempos y de la decadencia de las órdenes, Ruiz de Alarcón y De la Serna pertenecían al clero secular.

El interés de estos dos estudios es excepcional pues, preocupados antes que nada por la eficacia, los dos autores reelaboraron relativamente poco los materiales que reunieron. En cambio, abundan las descripciones de casos concretos. Los hechos se sitúan en su contexto original. Son identificados los hombres, las poblaciones. Las fechas y las circunstancias son entregadas a la curiosidad del lector. Interesados en no perder nada y en denunciarlo todo a la atención de los demás curas, en ''fingir una curiosidad infatigable'' para pescar mejor en la trampa a los ''dogmatizadores'', Ruiz de Alarcón y De la Serna se extienden de manera notablemente detallada en los gestos, en los ritos y —la cosa merece ser subrayada— en las invocaciones pronunciadas por los indios a los que perseguían. Ruiz de Alarcón incluso consignó

New Spain (1629), Norman, University of Oklahoma Press, 1984 (Referencia: A-H). Sobre esta obra *consúltese* Eike Hinz, *Die Magischen Texte im Tratado Ruiz de Alarcóns (1629)*, Hamburgo, Hamburgischen Museum für Volkerkunde und Vorgeschichte, 1970, y W. H. Fellowes, ''The Treatises of Hernando Ruiz de Alarcón'', *Tlalocan*, VII, 1977, pp. 309-355; *véanse también* AGN, *Inquisición*, vol. 304, fol. 258r.; *ibid.*, *Bienes Nacionales*, vol. 596, ''Los naturales de S. Miguel Totoquitlapilco, 1677'' (2 folletos atribuibles a Ruiz de Alarcón). Jacinto de la Serna, *Manual de Ministros de indios para el conocimiento de sus idolatrías y extirpación de ellas*, ediciones: *Colección de documentos inéditos para la historia de España*, CIV, Madrid, 1892, pp. 1-172; *Anales del Museo Nacional de México*, Época I, 6, 1892 [1900], pp. 261-480; *Tratado de las idolatrías*. . ., vol. X, México, Fuente Cultural, 1953, pp. 41-368 (Referencia: LS). *Véanse también* AGN, *Inquisición*, vol. 369, exp. 24; *Bienes Nacionales*, leg. 1061, exp. 6.

[5] Así ocurrió con el *Informe contra idolorum cultores* de Pedro Sánchez de Aguilar (Madrid, 1639); de la *Relación auténtica de las idolatrías*. . ., de Gonzalo de Balsalobre (México, 1656); de *Luz y método de confesar idólatras y destierro de idolatrías*. . . (Puebla, 1692) de Diego Jaymes Ricardo Villavicencio.

de un modo sistemático el texto en náhuatl. Por consiguiente, los tratados ofrecen testimonios indígenas que, a diferencia de los recopilados por los grandes cronistas del siglo XVI, no son disociados arbitraria y sistemáticamente de las circunstancias de su producción para ser integrados al sistema de explicación conservado por el autor. Esto no significa que los extirpadores eviten desarrollar una teoría del paganismo indígena y de su persistencia, sino que lo hacen, en gran medida, al margen de las informaciones que consignan. El procedimiento salva al informante indígena y con suma frecuencia al curandero perseguido por el anonimato. Lejos de ser evacuado, él, mucho más que su discurso o sus acciones, es objeto del interés y de la represión que despliegan los dos religiosos. En realidad, esa atención escrupulosa refleja una doble convicción. Por una parte, De la Serna y Ruiz de Alarcón creen en la difusión, en el peligro y en la realidad parcial del universo pagano al que acosan bajo su apariencia de cristianismo. Por la otra, están convencidos de hallarse ante un conjunto complejo que penetra en los menores aspectos de lo cotidiano. De ahí esa mirada que, lejos de limitarse a lo espectacular y a lo exótico, interroga lo anodino, anota las peripecias de la encuesta, el origen de los informantes y la posición del encuestador, con un cuidado que con frecuencia buscamos en vano en la etnología reciente de las sociedades indígenas. Sin embargo, debe tenerse en cuenta —y con razón— que, como sus predecesores, tampoco escapan a los errores de interpretación, a la obsesión por la conspiración clandestina y por los instigadores ocultos que siembran el error y la mentira.

Esa preciosa documentación nos obliga a limitar nuestras miradas, tal como lo habíamos hecho en la lectura de los títulos nahuas. Lo que gana la encuesta en profundidad, lo pierde de modo indiscutible en extensión. Tributarios de sus informantes y sus obsesiones, Ruiz de Alarcón, Jacinto de la Serna y de manera secundaria Ponce de León nos introducen sin embargo en tres regiones que, aunque lejos de agotar la variedad de la Nueva España, ofrecen un campo bastante diversificado para que se puedan multiplicar las coincidencias y adelantar algunas conclusiones. La más septentrional, también la más fría, es el valle de Toluca o, mejor dicho, el sur y el centro de esa región que dominan en invierno las blancas cimas del Nevado. No lejos de ahí, hacia el este, Morelos dibuja una rica cuenca que baja por los contrafuertes del Ajusco y se abate hacia el sur, pasando de un clima templado a los calores semitropicales y tropicales. Más al sur y todavía más abajo, está el norte de Guerrero donde, diseminadas por esas tierras devoradas por el sol, algunas poblaciones nahuas se mezclan con grupos más antiguos: chontales o tlapanecas. El rasgo común a todas esas regiones a principios del siglo XVII es el desastre demográfico, mucho más cruento aún que el que describían las *Relaciones geográficas*. Coexisten también variantes ligadas a presencias eclesiásticas más firmes (el valle de Toluca, Morelos) o más relajadas (las extensiones a menudo desiertas de Guerrero), y a una penetración más o menos acusada de la economía colonial con sus haciendas, su ganadería y su explotación de la caña de azúcar, en fin, sus minas en torno a Taxco y a Zacualpan.

¿Cómo captar esa dimensión que, de creer a Durán y con posterioridad a Ruiz de Alarcón, invade la parte esencial de la existencia indígena? Elegir para designarla el vocablo idolatría puede antojarse paradójico en la medida en que es aparentar que se hacen concesiones a los encasillamientos y a las obsesiones de los evangelizadores del siglo XVI. Sin embargo, lo he escogido porque, por una parte, ciertos extirpadores de idolatría supieron presentir el alcance considerable de un fenómeno que rebasaba con amplitud el culto de los ídolos propiamente dicho, las prácticas supersticiosas o los juegos secretos de la magia; porque, sin ser plenamente satisfactorio, permite evitar los términos vagos, al parecer neutros y de llave maestra, de culto y de creencia y, más todavía, los viejos debates sobre magia, hechicería y religión con los que se tendría el peligro de oscurecer más una materia ya compleja. Sobre todo, era preciso renunciar a presentar el proceso de aculturación como enfrentamiento de dos ''religiones'' que de manera simétrica habrían reunido dogmas, creencias y ritos, ya que habría equivalido a proyectar sobre el mundo indígena desgloses pretendidamente claros pero reductores y tal vez sin gran relación con las configuraciones que proponen esas culturas. Además, hubiera sido falsear la naturaleza y la globalidad del fenómeno encerrándolo en un espacio que ha rebasado considerablemente. Por lo demás, no podríamos limitar el cristianismo colonial a un catálogo de oraciones y de actitudes o al barniz ideológico de la colonización. Hablar de idolatría también es tratar —mediante su referencia a la materialidad del objeto/ídolo y a la intensidad del afecto (latría)— de no atenerse a una problemática de las ''visiones del mundo'', de las mentalidades, de los sistemas intelectuales, de las estructuras simbólicas, sino considerar también las prácticas, las expresiones materiales y afectivas de las que es del todo inseparable. Es en fin y sobre todo el medio cómodo, inmediato de llamar la atención hacia la especificidad de un terreno que ahora queda por explorar y definir.

Es evidente que las sociedades puestas en presencia por la Conquista se enfrentaron no sólo en el plano religioso, político y económico, sino también y de una manera más global en el terreno de sus enfoques respectivos de la realidad. Situada desde esta perspectiva, la idolatría prehispánica al parecer habría sido más que una expresión ''religiosa'' que traducía una aprehensión propiamente indígena del mundo, que manifestaba aquello que para los indios constituía la realidad objetiva y su esencia. La idolatría prehispánica, consciente o no, tejía una red densa y coherente, implícita o explícita de prácticas y de saberes en los que se situaba y se desplegaba la integridad de lo cotidiano. Hacía plausible y legítima la realidad que construían, proponían e imponían aquellas culturas y aquellas sociedades. Una realidad que no pondrían en tela de juicio los choques y los conflictos. Por brutales que hayan sido las agresiones y las exigencias de los vencedores de antaño —pensemos por ejemplo en las de la Triple Alianza—, respetaban el equilibrio de las culturas locales en su relación con la realidad, con el tiempo, con el espacio, con la persona. Cuando mucho sobreimponían prácticas y usos que seguían emanando del mismo conjunto cultural o del mismo acervo mesoamericano.

Con el cristianismo fue distinto. Al igual que los antiguos invasores, los cristianos quemaban los templos e imponían sus dioses, y se negaban al compartimiento o a la sobreimposición para exigir la aniquilación de los cultos locales. No contentos con eliminar a los antiguos sacerdotes y a una parte de las noblezas, los españoles se reservaban el monopolio del sacerdocio y de lo sagrado, y por tanto de la definición de la realidad, pero, sobre todo, empleando un lenguaje diferente, tan exótico y tan involuntariamente hermético que podemos dudar de que la mayoría de los indios haya podido captar su alcance exacto. Con ello, el cristianismo y la Iglesia trastornaban tanto el juego como las reglas del juego. La cristianización marcó los espíritus y melló el monopolio de la idolatría primero por sus manifestaciones exteriores, mediante la ocupación del espacio, la construcción de capillas, de iglesias y de conventos; mediante sus celebraciones, sus misas, sus fiestas; por el ritmo de su calendario, por la adhesión de los nobles y de los indios de iglesia, etc. Arrasados los antiguos templos, prohibidos los antiguos cultos, la iglesia y el cementerio se constituían en los nuevos polos religiosos del pueblo según lo muestran los mapas trazados por los propios indios. El santo patrono escogido por los evangelizadores o por los indígenas sucedía al *calpulteotl*, en condiciones que los relatos de la segunda mitad del siglo XVII cuentan a su manera. Vencidos, agotados por la enfermedad, los indios difícilmente contaban con los medios para repeler un cristianismo que por lo demás les aportaba ritos de sustitución adaptados a las necesidades de su supervivencia. ¿No celebraban los franciscanos desde los años 1530 en el valle de México y la región de Tlaxcala la liturgia de las rogaciones para atajar las epidemias o para hacer llover? Con el espacio cristianizado, con el tiempo cristiano, el imperio antaño indiscutido de la idolatría prehispánica vino a menos en el transcurso de las décadas del siglo de la Conquista.

Sin embargo no vayamos a considerar el dominio colectivo como el de una cristianización acabada desde el siglo XVI, aunque las prácticas públicas y las ceremonias del grupo difícilmente pudieran sustraerse a las formas cristianas. Los ritos de la Iglesia coexistían en numerosos lugares con prácticas autóctonas. Así ocurría, por ejemplo, con la embriaguez colectiva que marcaba toda celebración o con los baños rituales que tomaban las nuevas autoridades del pueblo poco después de su designación, bajo la dirección de los "viejos y de los ancianos".[6] La omnipresencia de aquellos misteriosos detentores de la tradición, disimulados por doquiera tras un plural anónimo (los viejos, los ancianos), implica aquí persistencias que sería absurdo querer desconocer o negar. Sea como fuere, el dominio público se mostró más susceptible a la cristianización que la esfera individual y doméstica. Por muchas razones. Primero, porque en el siglo XVI la evangelización fue una empresa de masas y global. Segundo, porque, fuera de una confesión auricular desigualmente extendida, fuera del bautismo y del matrimonio, la Iglesia casi no podía acercarse al individuo. Y finalmente, porque, si la barrera de las lenguas más o menos fue

---

[6] A, p. 30; LS, p. 93.

levantada en la segunda mitad del siglo XVI, la de los conceptos y de las categorías obstaculizó la influencia que la Iglesia pretendía ejercer. Pensamos en el acento puesto en el libre arbitrio del individuo y en la responsabilidad personal, en la insistencia hecha en la familia nuclear ante culturas que razonaban y sociedades que se organizaban de otra manera. También pensamos en los silencios de la Iglesia respecto a la enfermedad y el alumbramiento, a la relación con la naturaleza y con los elementos, pero también respecto al grupo doméstico. Cierto es que los altares de las casas indígenas se habían abierto pronto a las imágenes cristianas,[7] pero la adopción se hacía dentro de marcos autóctonos sin una redefinición de lo adoptado.

A esas dificultades sin duda es preciso agregar las modificaciones y las perturbaciones del tejido social traídas por la Conquista. Es innegable que el cristianismo y la colonización concurrieron a relajar y a veces a dislocar los lazos que unían al grupo doméstico con la comunidad y no sólo con conjuntos más vastos de orden étnico y político. Imponiendo un sistema de impedimentos canónicos y una costumbre matrimonial uniforme, la Iglesia quebrantaba por doquiera las prácticas de alianza tradicionales: quiso quitar a los nobles y a los notables el dominio que antaño ejercían sobre la circulación de las mujeres; trató de retirar a los adivinos la facultad de orientar las alianzas o de diferirlas. Cierto es que resulta sumamente difícil desentrañar las consecuencias de esta empresa. Sin embargo, en la medida en que la introducción del modelo cristiano correspondió a una crisis de las jerarquías sociales, de las normas de antaño o del antiguo orden, a un abatimiento demográfico, a redistribuciones de la población, es posible suponer que, sin por ello desaparecer, la simbiosis que existía entre el individuo, el grupo doméstico y el resto de la comunidad con frecuencia resultó alterada. Por lo demás, basta con recorrer las *Relaciones geográficas* para sorprenderse por las manifestaciones sociales o patológicas —el alcoholismo crónico— que pueden evocar el debilitamiento de los consensos. Tanto que, en el mismo momento y por las mismas razones, la familia nuclear adquiría un nuevo relieve. No sólo era la única a la que reconocía la Iglesia, sino que la política fiscal de la Corona contribuyó a reforzarla modificando la unidad tributaria, segmentando el grupo doméstico y haciendo de los viudos y de los solteros contribuyentes completos. En fin, la introducción de la práctica testamentaria y de la confesión auricular, la difusión de la propiedad privada y del asalariado sembraron en el largo plazo fermentos de un individualismo casi sin precedente antes de la Conquista.[8]

Este haz de influencias disolventes y de presiones más o menos efectivas innegablemente tuvo un efecto en la cohesión social y cultural de las comunidades indígenas. Antes que favorecer su aculturación y su cristianización, en un primer momento al parecer introdujo disparidades de evolución, desfasamientos entre terrenos antaño contiguos y complementarios. En esas condiciones, se comprende

[7] Motolinía, *Memoriales. . . , op. cit.*, p. 35.

[8] S. Gruzinski, ''Confesión, alianza y sexualidad entre los indios de Nueva España. . .'', en *El afán de normar. . .*, próxima aparición.

mejor que, al margen de la penetración de un cristianismo público, colectivo y ceremonial, hayan podido subsistir, relativamente indemnes, contextos dentro de los cuales el hombre continuaba abrevando en la idolatría el sentido de las actividades y la respuesta a los embates continuos de la desdicha, de la enfermedad y de la muerte.

La persistencia de la idolatría se manifiesta antes que nada en el centro del foco doméstico y de una manera enteramente concreta. Desde el centro de Guerrero hasta Morelos, indios e indias disimulan en los altares o en los "cielos" de sus oratorios cristianos los "ídolos de linaje", los *tlapialli*.[9] En pequeños cestos, en canastos a veces cerrados con llave, conservan celosamente guardados jícaras, estatuillas y sobre todo pequeños objetos, brazaletes, juguetes infantiles, copal a medio consumir, lienzos bordados, piedras de colores, a menudo también plantas alucinógenas, *peyotl* y *ololiuhqui*. Aquellos conjuntos, para nosotros heteróclitos, deben, como las "pinturas", poseer un sentido interpretativo que se nos escapa; en cualquier caso esconden una fuerza cuyas emanaciones se temen. No pueden ser abiertos o tocados por nadie, al grado de que se les deja disgregarse en polvo con el transcurso del tiempo. Los canastos domésticos no dejan de evocar los *tlaquimilolli* de antes de la Conquista, aquellos "paquetes" relicarios que servían para sellar la alianza del pueblo con el dios tutelar. Con la diferencia de que han sido escogidos por el fundador del linaje y que se conservan en manos de sus descendientes y no de la comunidad. En un principio, aquellos objetos habían servido en los ritos y en los sacrificios ofrecidos en algún momento cualquiera de la existencia de los miembros del linaje: el culto al fuego doméstico, el estreno del fuego nuevo y del pulque, la inauguración de la casa, el alumbramiento, etc. Su transmisión sigue las líneas de filiación masculina o femenina y no el circuito de las alianzas, puesto que cada cónyuge sigue siendo detentor exclusivo de los *tlapialli* de sus ascendientes e incluso, al parecer, de los ascendientes de su sexo. Tras la desaparición del linaje, los *tlapialli* deben recibir las mismas atenciones de los nuevos ocupantes de la casa y no ser bajo ningún pretexto desplazados del lugar en que se encuentran. Por tanto constituyen una especie de capital material y simbólico que expresa la continuidad y la memoria del linaje, la solidaridad de las generaciones y, aunque de manera más indirecta, el compromiso de todo el grupo de respetar esos objetos. En fin y sobre todo, los *tlapialli* aseguran la prosperidad del hogar.

Los "paquetes" nos descubren dos primeros ejes de la idolatría: el mantenimiento de una relación con la ancestralidad que el cristianismo niega de un modo sistemático afirmando que los antepasados paganos se consumían en las llamas del infierno, y la mediación de un objeto que no es una imagen, que no está permitido ver pero que no por ello deja de provocar un apego apasionado. A ojos de aquellos indios de Morelos y de Guerrero, en las primeras décadas del siglo XVII, los *tlapialli*

---

[9] A, pp. 30-34; LS, pp. 93-95; sobre *tlapialli* e *ytlapial*, A. López Austin, "Términos de nahuatlatolli", *Historia mexicana*, XVII, 1, 1967a, p. 23 y A-H, p. 314. Para LS, "*itlapial* [. . .] quiere decir cosa que se debe guardar como herencia y que nosotros llamamos vinculada".

conservan un poder sin proporción común con el de las imágenes cristianas. Sus poseedores rivalizan en artificio para sustraerlos a las pesquisas del juez eclesiástico. No imaginemos por consiguiente que sus depositarios son indios paganos rebeldes al cristianismo. Algunos fiscales, algunos cantores saben conciliar sus funciones de Iglesia con la guarda escrupulosa de aquellos objetos hasta que el extirpador los sorprende y los obliga a confesar. En cualquier caso se trata de la manifestación de una memoria de los linajes que favorece la filiación y la unidad de habitación a expensas de la pareja y de la alianza, y que se mantiene tanto al margen de la comunidad como a distancia de la familia cristiana. El análisis de los *tlapialli* no podría confirmar mejor la persistencia de la idolatría en un terreno que, con mayor facilidad que la pareja o que la comunidad, escapa a la influencia directa de la Iglesia.[10]

Por lo demás, la casa ha seguido siendo teatro de ritos pasajeros y de alianza que representan algo enteramente distinto de las supervivencias accesorias. Así ocurre con los del "bautismo" indígena en el curso de los cuales se baña al recién nacido, antes de darle un nombre tomado de los antiguos calendarios y de perforarle las orejas. El baño y la elección de un nombre se refieren a la introducción en el niño de su *tonalli*, es decir, de la fuerza que lo liga en lo individual al cosmos y le da "vigor, calor y valentía al tiempo que permite su crecimiento". Si el *tonalli* correspondiente al día del nacimiento es fausto, el baño tiene lugar al punto; si no, se le aplaza para una fecha menos desfavorable. Entretanto, el niño es puesto bajo la protección del fuego del hogar cuya irradiación y cuya fuerza recibe. Henos aquí remitidos al concepto nahua del tiempo, de los ciclos y del cosmos que veía en cada día y a cada momento la confluencia en la superficie terrestre de fuerzas y de influencias divinas cuya naturaleza había que identificar y cuyos peligros en ocasiones era preciso contrarrestar. El *tonalli* ejerce dos efectos considerables: en el corto plazo asegura la supervivencia y el crecimiento del niño; en el largo plazo modifica la personalidad. Es comprensible que la pérdida del *tonalli* se haya considerado un golpe sumamente grave contra la integridad del ser y haya sido objeto todavía en el siglo XVII de prácticas y de terapias complejas destinadas a localizar, a recuperar y a reintroducir el *tonalli* en el organismo enfermo. Mediante esa interpretación, entre otras, se procura explicar las enfermedades y la mortalidad de los niños de corta edad. También el matrimonio da lugar a actos antiguos y sería preciso evocar detenidamente las prácticas que giran en torno al fuego doméstico a causa de la energía divina que irradia, de su calor y de su luminosidad que lo emparientan con el *tonalli*. De ahí las libaciones de pulque y las ofrendas que se le destinan en ocasión de una enfermedad, de la construcción de una casa o de los primeros frutos de la cosecha. Vale decir que la idolatría doméstica no se limita a llenar de un modo pasivo los vacíos dejados por la penetración parcial del cristianismo. La arquitectura material de la casa y de los graneros, los escondrijos que disimula, los objetos que abriga, el fuego que ahí se mantiene aportan su apoyo

10 A, pp. 31-33, 47.

inmediato, familiar, a una evocación incesante del dinamismo vital que estructura lo que es mucho más que una colección de "supervivencias" o de "supersticiones".[11]

Mas limitar la idolatría a los ritos domésticos o hacer de ella la duplicación de ciertos ritos comunitarios más o menos cristianizados equivaldría a desconocer su amplitud y su naturaleza. A decir verdad podemos descubrirla arraigada en el corazón de la mayor parte de las actividades de los indígenas, que se empeñan en detectar y en actuar según las fuerzas divinas favorables o nefastas que circulan por la superficie terrestre y pesan sobre todos sus actos. Así ocurre con el cazador, el pescador, el agricultor, el indio que fabrica la cal o recolecta la miel, el que recoge leña en el monte o se dedica al pequeño comercio o a la venta ambulante. Todo lo que concierne a la producción y a la distribución depende de la idolatría. Estas actividades se conciben y se practican en el marco de una realidad que nos parece transfigurada pero que verdaderamente corresponde a la manera en que los indios abordan de un modo concreto las limitaciones y las dificultades del trabajo y de la producción,[12] cuando menos del trabajo tradicional. Resulta sorprendente que las actividades nuevas introducidas por los españoles se hallen fuera del campo de la idolatría. Ni la mina ni el trabajo en las haciendas, ni el repartimiento —esa sangría obligatoria de mano de obra indígena— parecen tener eco específico en las preocupaciones y en las prácticas señaladas por los extirpadores. Por lo demás, como tampoco lo tienen en otro plano las relaciones conyugales en el sentido en que las define la Iglesia.

Esta incapacidad para explicar las obligaciones que tienen un peso cada vez mayor en la existencia indígena sin duda es reveladora del retroceso de la idolatría, aunque no sería factible reducirla a un saber monopolizado por círculos reducidos, perdidos en el seno de masas ignorantes y sin cultura. De creer en sus propios testimonios, los indios que siembran camote o calabaza, los que cultivan agave para producir pulque, los pescadores que arrojan sus nasas, poseen sin excepción las palabras, los objetos y los signos que según se supone garantizan el éxito de sus empresas, ordenan sus fases sucesivas, orientan su desarrollo. Bajo esta forma, qué duda cabe de que la idolatría no sólo se halla íntimamente asociada a las actividades de producción y de cambio, sino que también representa un saber aún sólido diseminado con profusión entre las poblaciones indígenas.

Sin embargo, en algunos campos aparecen los portadores de un saber específico. Trátese, por ejemplo, de los conjuradores de nubes que hacen llover o alejan el granizo y tienen poder sobre las montañas, depósitos inmensos de agua y de vientos.[13] Como si el inmenso espacio del cielo y de los vientos y sus mecanismos caprichosos siguieran dependiendo de la idolatría. Cuando se conoce la importancia

---

[11] A, p. 24; LS, p. 65; A, pp. 140-141; LS, p. 66; López Austin (1980), I, pp. 223-252, 341; LS, pp. 76-77.

[12] A, pp. 76-88 (caza), 91-97 (pesca), 98-101 (*magueyes*), 101-105 (maíz), 66-67 (tala de árboles), 70-72 (cales).

[13] LS, pp. 77-81.

crucial de la alternancia regular de la sequía y de las lluvias en la suerte de las cosechas en la Nueva España, se entiende el grado al que el recurrir a estos conjuradores repetía una antigua adhesión a una geografía sagrada, a una interpretación
de las fuerzas "naturales", a combates incansables de los que podía depender la
supervivencia del grupo.

La lucha contra la muerte y la enfermedad, los peligros del parto son otros
puntos de anclaje de la idolatría, una vez más por medio de hombres y mujeres
que conocen las palabras y las plantas. Las mujeres son aquí numerosas. Como
comadronas, se encargan de los preparativos del nacimiento, del alumbramiento,
de los cuidados administrados a la madre y al recién nacido. Son ellas las que
protegen el *tonalli* del niño de los embates de las potencias nefastas o desconocidas.
Cuando menos 20 nos descubre Ruiz de Alarcón en Morelos y en Guerrero. Cuatro
de ellas parecen distinguirse socialmente de las demás; dos están casadas con indígenas calificados con el *don* español; otra se llama doña Catalina Paula (en la sociedad
colonial el *don* era signo de una posición superior de principal o de cacique). Pero
nada permite asignar al resto de esas indias jerarquía alguna y según parece sus
funciones poco tuvieron que ver con la extracción social, la edad —algunas son de
edad avanzada pero no todas— o la condición: las hay que son viudas, otras, casadas. Aparentemente sólo una sabe leer y escribir: Petronilla de Tlayacapan. Al
parecer se dedican a la adivinación en número más importante que los hombres.
La mayor parte del tiempo son mujeres que localizan objetos y animales perdidos,
descubren a las compañeras desaparecidas y restablecen el equilibrio comprometido
del hogar. Nunca se destacaría lo suficiente la importancia de estas mujeres que
participan al igual que los hombres en la transmisión de las culturas antiguas. Por
otra parte, es la primera vez que las vemos intervenir de un modo tan manifiesto
en los procesos de aculturación y de contraaculturación.[14] Por lo común, su competencia se confunde con la de sus homólogos masculinos, como ellas, llamados
también *ticitl*. "Médico, adivino, sabio, brujo", especialista en todos los males, el
ticitl cura con plantas, instrumentos, manipulaciones e invocaciones. Valiéndose
de las manos o escrutando los granos de maíz identifica el origen del mal y descubre los medios para remediarlo. Si los curanderos comunes en general viven en
condiciones mediocres, los que se dedican a la adivinación posiblemente sean "muy
estimados, colmados y provistos de lo necesario". A decir verdad, la distinción
entre los poseedores de un saber antaño sacerdotal y ciertos practicantes modestos,
formados en el montón, con frecuencia es confusa, lo que sin duda es fruto de un
siglo de dominación española y de cristianización. De ese modo, algunos curanderos logran adquirir gran notoriedad e incluso desvanecer la desconfianza del clero.[15]

Esos hombres y esas mujeres nos son conocidos. Confesaron sus prácticas. En
cambio, no habló ningún "hechicero" maléfico ("nunca confiesan", informa Ruiz

---

[14] A, pp. 128-132, 141, 137, 142-145, 153, 170, 175.
[15] LS, pp. 248-256, 101-103, 241; A, pp. 124, 66, 103.

de Alarcón), ninguno de aquellos cuyas empresas funestas se temían, los que siembran la muerte, el *teyolloquani*, "el que come el corazón de alguien", el *texoxqui*,
"el que fascina con la mirada", el *tetlachihuiani*, "el que hace que se haga algo a
alguien", el *tlahueliloc*, "el malo, el perverso", el hombre búho, "aquel cuyo
corazón es torcido", "el que se burla de la gente". . . También es cierto que, de
acuerdo con las circunstancias —pero sin conocerlo nunca—, el curandero podía
asumir ese papel, de tanto que la ambivalencia domina sus prácticas. A pesar de
todo, los "brujos" no dejan de desempeñar una función valiosa, la de explicar y
de polarizar una de las fuentes del mal, encarnando la agresión, la devoración,
el engaño y la angustia. ¿Fue muy diferente de lo que era antes de la Conquista la
posición de estos personajes? Es difícil decirlo. En aquel entonces existía una categoría marginal, reprobada y temida de "brujos, profanadores, ladrones y violado-
res" que daban un uso detestable a sus poderes prodigiosos y a los que los indios
no vacilaban en eliminar físicamente. En ese terreno como en tantos otros, la cristianización vino a barajar las cartas puesto que a ojos de los indígenas cristianos los
curanderos tradicionales, sin excepción alguna, también debían entrar dentro de
la categoría española de "brujos". Si a ello se agrega que sus actos eran en más
de un caso ambiguos, se comprenderá que a menudo resulte espinoso aclarar si el
indio del que se sospecha es "brujo" por resultar heterodoxo para la mirada del
cristianismo o porque es maléfico a ojos de los indios. Los criterios se sobreponían
sin coincidir matemáticamente.[16]

Recordemos que de la comadrona al curandero, del "conjurador de nubes" al
indio en su campo, en su casa, a la orilla del río poblado de peces, del guardián de
la reliquia doméstica al "devorador de corazón", en aquel primer tercio del siglo.
XVII la idolatría teje su tela antigua, discreta, transparente, protegida o casi, de las
miradas de los españoles, hecha de una combinación de saberes y de prácticas que
presentan una realidad indígena, que marcan el campo experimental e instauran
una relación específica con el otro y con el mundo. La idolatría aporta no sólo una
respuesta a la desgracia biológica y social, a la precariedad de las condiciones de vida
sino que, mucho más todavía, inculca una manera de ver y de actuar en contextos
tan distintos y complementarios como la ancestralidad, la producción y la reproducción, el cuerpo enfermo, el hogar, el vecindario, los campos, el espacio más lejano del monte adonde va uno a cazar el venado y a recolectar la miel silvestre.

La evocación de la realidad que descubre la idolatría pasa por un saber y un
decir. Éstos se expresan al hilo de los cánticos y de las invocaciones —los conjuros—
en una forma particular, el *nahuallatolli*, un lenguaje "de palabras encubiertas",
una palabra litúrgica, inseparable de una acción sobre los seres y las cosas, un decir
que se confunde y se funde incansablemente con una práctica. El *nahuallatolli* es
un lenguaje secreto y esotérico cuyo misterio aparente obedece a las metáforas, a

---

[16] A, pp. 27, 65: López Austin, "Los temacpálitotique: brujos, profanadores, ladrones y violado-
res", *Estudios de Cultura Náhuatl*, VI, 1966, pp. 97-117, y "Cuarenta clases de magos del mundo
náhuatl", *ibid.*, VII, 1967b, pp. 87-118.

I. Una "pintura" prehispánica de la región de Oaxaca: el Códice Zouche-Nuttal. (Londres, The British Museum.)
Fragmento relativo a la historia de la Señora mixteca 3 Pedernal. Obsérvese el espacio bidimensional, ocupado de manera sistemática por signos, una línea de contorno gruesa y continua; ya se imaginará la gama de colores utilizada (azul, violeta, rojo pálido, rojo fuerte, amarillo, negro, gris, verde). La figura humana está representada de perfil, el cuerpo es sólo una yuxtaposición de partes que ofrece relativamente pocas variantes. Líneas verticales de color rojo (arriba y a la izquierda) subdividen y armonizan el espacio. (*Facsímile of an Ancient Mexican Codex belonging to Lord Zouche of Harynworth, Cambridge, Peabody Museum, Harvard University, 1902, pl. 17. F. Éditions Gallimard.*)

II. Lienzo de Tlaxcala

El conquistador Alvarado y el portaestandarte de Ocotelulco. Si, en este episodio de la conquista de México, las figuras todavía están dibujadas de perfil, la carga de los conquistadores indiscutiblemente es de inspiración occidental tanto como la forma que se da al glifo del sol que corona la montaña o como la sucesión de planos en profundidad. (En Alfredo Chavero, *Antigüedades mexicanas publicadas por la Junta Columbina*, México, 1892. F. Éditions Gallimard.)

III. Códice de Tlatelolco. (México, Instituto Nacional de Antropología e Historia.)

Al centro, el virrey Luis de Velasco y el arzobispo de México Alonso de Montúfar; a sus pies, los caciques de México, Tlatelolco, Tacuba y Texcoco. Tal vez todos asistan a la colocación de la primera piedra de la nueva catedral de México (1562). Cerca de cada cabeza un glifo onomástico. La manera renacentista y la manera prehispánica se yuxtaponen dentro de un conjunto que sigue siendo de concepción autóctona. (En Heinrich Berlin y Robert Barlow, *Anales de Tlatelolco, Unos anales históricos de la nación mexicana y Códice de Tlatelolco*, México, Antigua Librería Robredo de José Porrúa e hijos, 1948. F. colección particular.)

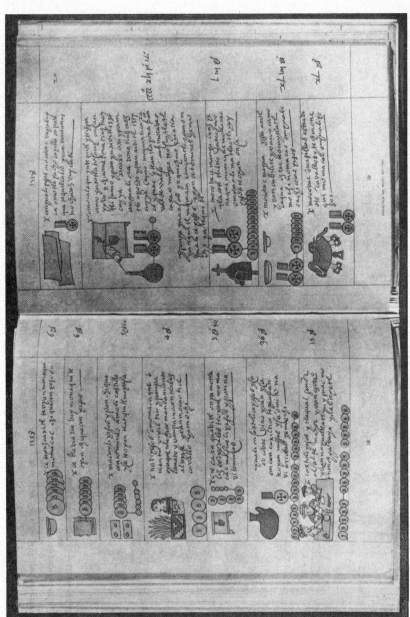

IV. Códice Sierra. (Puebla, Academia de Bellas Artes.)
Página izquierda: compra de un breviario, de jabón de Castilla, gastos de un viaje a México, adquisición de un portaequipajes, de vino, gastos de la comida ofrecida al alcalde mayor, al intérprete y al notario. Página derecha: compra de tablas para el techo de la capilla, adquisición de ornamentos litúrgicos, de un salero, de un aguamanil de plata y de dos sillas de montar. (En Nicolás León, *Códice Sierra*, México, Museo Nacional, 1933. F. colección particular.)

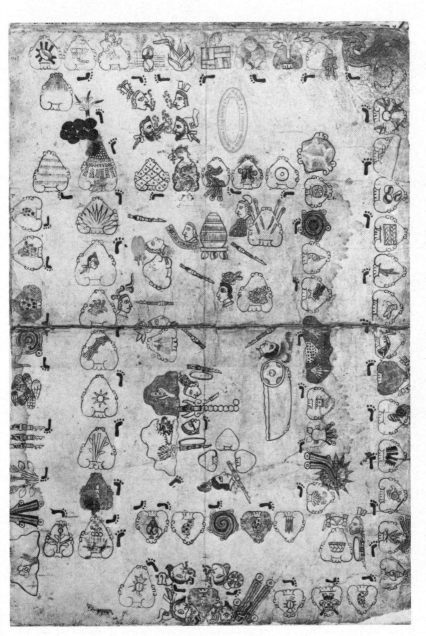

V. El mapa de los límites de Cuauhtinchán y Totomihuacán. (París, Bibliothèque Nationale.)
Aunque pintado en la época colonial, este "mapa" todavía muestra el estilo del diagrama "clásico" según lo ha definido Robertson. Favorece el orden de sucesión de las toponimias a expensas de las distancias reales que las separan. Las montañas se figuran de manera exclusiva mediante glifos compuestos de elementos que permiten identificar las diversas toponimias. Las huellas de pasos representan los itinerarios seguidos por los personajes. (En Paul Kirchhof, Lina Odena Güemes, Luis Reyes García, *Historia tolteca chichimeca*, México, Instituto Nacional de Antropología e Historia, 1976. F. colección particular.)

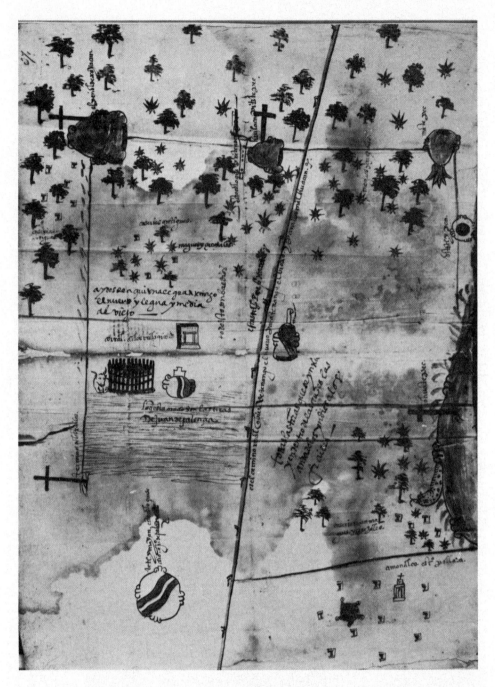

VI. Tenango, Estado de México. (México, Archivo General de la Nación.)
En este mapa de 1587 se pueden observar las cruces colocadas sobre el glifo de cerro (*tepetl*), en lo alto del documento (al centro y a la izquierda) tanto como en el borde derecho, junto a una serpiente (*coatl*), en el paraje llamado *Cohuatepec* (Coatepec, el cerro de la serpiente), como si la cristianización del espacio coexistiera con las presencias antiguas. Abajo a la derecha, rodeado de casas, un ojo de agua. En el centro, hacia el borde izquierdo, el glifo colonial de corral ("corral de los religiosos") con el dibujo de un buey. Sembrado de pasos y yendo de abajo arriba, el "camino real". (F. AGN.)

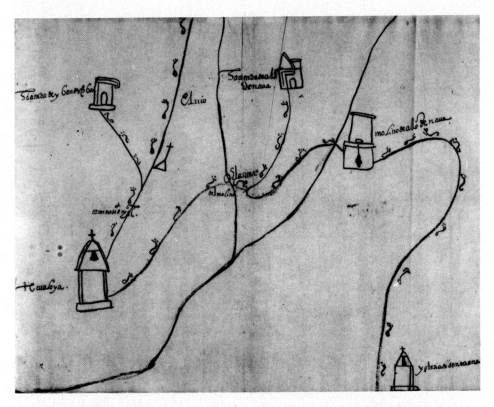

VII. Tecualoya y Santa Ana, Malinalco, Estado de México. (México, Archivo General de la Nación.) Representaciones de haciendas, de iglesias y de un molino. El espacio se vacía para llevar sólo lo esencial. Si bien un signo tradicional, el de casa un tanto arreglado, designa la hacienda, la iglesia con su campana es una creación colonial. En este mapa de 1594, las inscripciones alfabéticas desempeñan en lo sucesivo un papel esencial en la identificación de los lugares. (F. AGN.)

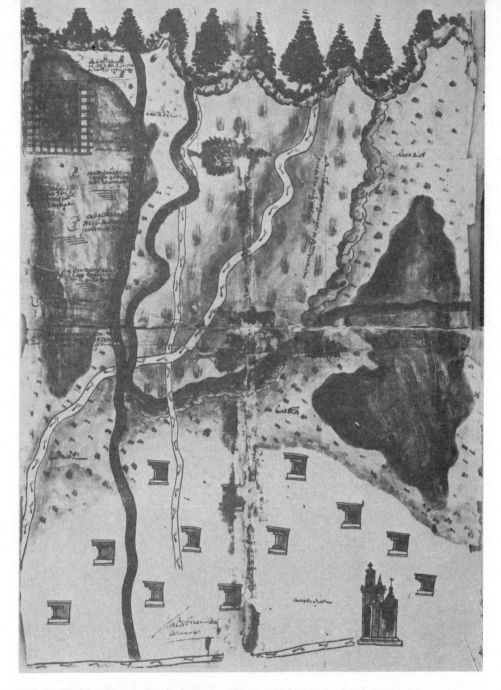

VIII. Coatlinchán, Texcoco, Estado de México. (México, Archivo General de la Nación.)
Abajo, la estilización tradicional: el pueblo de Coatlinchán, sus casas dispersas y su iglesia. Arriba, la línea de crestas, el esbozo de un paisaje de montes y bosques. Todo lo anterior en tonos cálidos mal sugeridos por los desvanecimientos de la foto. Raros son los pintores que, como éste, siguen explotando en 1578 una rica paleta cromática para distinguir la naturaleza y el destino de las tierras. (F. AGN.)

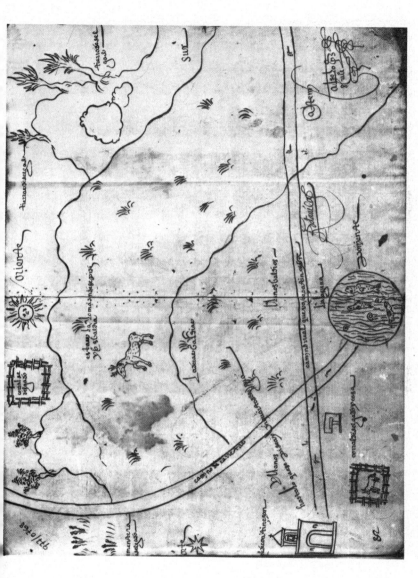

IX. Coatlinchán, Texcoco, Estado de México. (México, Archivo General de la Nación.)
El pueblo de Coatlinchán está figurado por el glifo de una iglesia rematada por una campana; abajo y al centro, el lago está representado de una manera estilizada tradicional, tanto como los corrales, aunque el trazo esté bosquejado. En cambio, el paisaje —donde todavía se repara en el glifo de cerro (arriba a la derecha)— con su fauna (un venado), sus árboles y sus matas evoca el del mapa anterior. Pero esta vez ha desaparecido todo rastro de color. Es mapa de 1584. Está orientado (oriente, norte, poniente, sur) y anotado por un notario español cuya firma se lee abajo a la derecha ("Alonso López"). (F. AGN.)

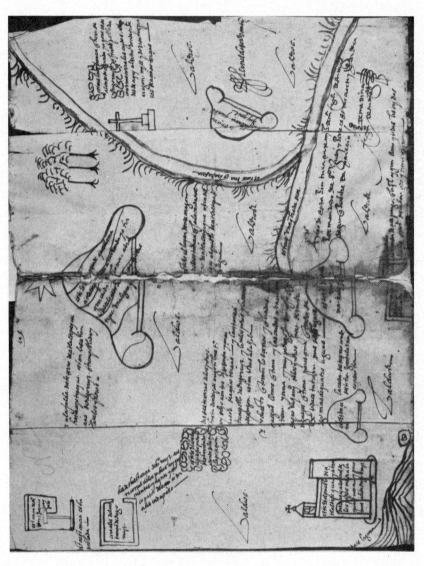

X. Citlaltepeque, Zumpango, Estado de México. (México, Archivo General de la Nación.)
En este mapa de 1606 la escritura alfabética invade amplios espacios mientras que los glifos se esbozan burdamente: al centro el de Citlaltepec (una estrella *Citlali* sobre un cerro, *tepetl, tepec*). El trazo de la vegetación, de los árboles, la discontinuidad del rasgo revelan la influencia predominante del mapa croquis a la española en el mapa indígena. (F. AGN.)

XI. Historia tolteca chichimeca. (París, Bibliothèque nationale.)
El relato describe la migración de los nonualco chichimecas. Los glifos toponímicos están disociados de los conjuntos pictográficos a los que pertenecían (*Epatepec* a la izquierda, el "cerro del zorrillo"). Incluso coloreados, serían viñetas decorativas, estampas que adornan algunas páginas invadidas en lo sucesivo por un texto alfabético en lengua náhuatl. (F. colección particular.)

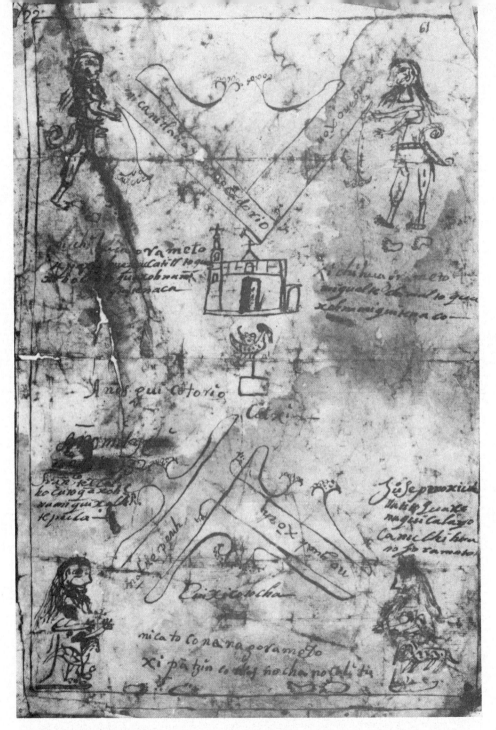

XII. San Matías Cuijingo, siglo XVII, Estado de México. (México, Archivo General de la Nación.)
Al centro, la iglesia del pueblo. En las cuatro esquinas, los descendientes de los conquistadores de éste proclaman bajo juramento y en náhuatl su posesión de la tierra. El rasgo esbozado, el trazo de los personajes denotan la influencia española mientras que la estilización del espacio (un cuadrilátero con la iglesia al centro) o las volutas que figuran la palabra son de inspiración prehispánica. Es un mapa dibujado a pluma en la segunda mitad del siglo XVII. (F. AGN.)

XIII. San Matías Cuijingo, siglo XVII, Estado de México. (México, Archivo General de la Nación.)
A uno y otro lados los ocho caciques que dieron su nombre a los lindes y a los límites del territorio. Una vez más el formato rectangular de la hoja es lo que rige la distribución global de las figuras. Cinco franjas horizontales definen subconjuntos en tanto que el centro del mapa está ocupado por elementos clave: una iglesia, una fecha europea (1532). Cada cabeza está flanqueada por glifos embrionarios e inscripciones en háhuatl que los identifican. (F. AGN.)

XIV. La iglesia de Ocoyacac, siglo XVII, Estado de México. (México, Archivo General de la Nación.)
Si bien abundan los rasgos coloniales (el vestido, la bóveda de la iglesia, las pilas bautismales. . .), si bien
son numerosas las referencias a la iconografía cristiana (el Espíritu Santo, Cristo con los estigmas), la estructura del conjunto sigue pasando por alto la perspectiva: las figuras se hallan dispuestas en un espacio vacío
sin línea de horizonte. (F. AGN.)

XV. La adoración de los Reyes Magos, Los Reyes, San Juan Temamatla, Estado de México. (México, Archivo General de la Nación.)

Ante la Virgen, los Reyes Magos San Melchor (*Sa Melchol*), San Gaspar (*Sa Caçbar*) y San Baltasar (*Sa Partezal*). Esta adoración inspirada en algún grabado europeo o en alguna pintura colonial en realidad es **un glifo toponímico que designa la aldea de los Reyes Magos (Los Reyes). Los glifos de las casas rodean un agrandamiento del glifo colonial de iglesia sobre el cual se superpone el recuerdo de una imagen familiar difundida por el arte y el teatro religiosos de la época de la Colonia. (F. AGN.)

XVI. "Pintura" recogida en 1817 en Huitzizilapan, Estado de México. (México, Archivo General de la Nación.) Adquirida en México con la intención de practicar un ceremonial terapéutico, esta "pintura" excepcional representa la danza de origen precortesiano de los indios voladores. Alrededor del palo desde el cual los danzantes se lanzan al vacío: una iglesia, una cruz, un grupo de músicos, indígenas disfrazados de animales y de diablos... En ella debemos ver uno de los resultados plásticos de una tradición pictográfica prehispánica tanto como la conservación del recurso ritual y expresivo la "pintura". (F. AGN.)

la ambigüedad y a la imprecisión que lo caracterizan. De él se da fe en las vastas regiones de Guerrero, en Morelos y en el valle de Toluca. Pero también se emplea ciertamente con igual fuerza en el valle de México, incluso en la capital y en las demás regiones nahuas.[17] El hermetismo del *nahuallatolli* es fruto de la explotación de su registro metafórico más que de la complejidad de sus construcciones. Una misma fórmula puede designar a los referentes más diversos: de ese modo *xoxouhqui coacihuiztli*, "la fatiga verde oscuro de la serpiente" es según los casos el dolor de hombro, de pecho, de estómago, la fiebre, el dolor de garganta, de muelas o de ojos, la fractura, los dolores del parto, etc. Así es como más de 10 expresiones distintas designan el fuego o el agua. Además se trata, a pesar de todo, de una terminología limitada y estereotipada en extremo, que se injerta sobre una estructura simple y repetitiva: el locutor que pronuncia el conjuro se presenta bajo los rasgos de un ser dotado de poderes sin límite que invoca la ayuda de fuerzas o de entidades igualmente poderosas para ordenar al adversario al que combate que cese su agresión. Sobre este guión se agregan las expresiones metafóricas que designan a los protagonistas del drama que se representa. Dicho de otro modo, el *nahuallatolli* deja poco lugar para la improvisación al mismo tiempo que dentro del marco así circunscrito tolera cierta amplitud en la elección de las metáforas o la longitud de la invocación. Tanto más cuanto que el registro de las metáforas no se ha cerrado: expresiones tomadas del cristianismo enriquecieron y renovaron el repertorio; otras fueron acuñadas para designar lo que no se conocía antes de la Conquista, el ganado, las vacas y las ovejas, por ejemplo.[18]

Esta alianza de flexibilidad, de permeabilidad y de rigidez formal —en la que se encuentra la marca indeleble de la oralidad codificada— explica la homogeneidad geográfica de un lenguaje que corre de las montañas cálidas de Guerrero a las planicies de Morelos y hasta el valle más fresco de Toluca, en regiones físicamente muy distintas y pueblos distantes varios cientos de kilómetros. Esta alianza asegura una memorización fácil y una transmisión oral que pueden efectuarse en el seno del grupo doméstico, del linaje —de padre a hijo—, de la comunidad por medio de los "ancianos y de los viejos" o que se adaptan a contactos más episódicos con "maestros de idolatrías" itinerantes. Algunos de ellos circulan de pueblo en pueblo como vendedores ambulantes o transportistas que cubren distancias respetables, que suben del sur del Nevado hacia Toluca o que pasan de Morelos a México. Ellos contribuyen a difundir y a conservar no sólo el "lenguaje de palabras encubiertas", sino también los ademanes y las técnicas que invariablemente se asocian a ellas. Por lo demás no es necesario imaginar redes clandestinas y organizadas como lo hicieron los extirpadores prontos a denunciar la "complicidad", el complot y el "contagio".[19]

Con toda evidencia, el *nahuallatolli* es de origen prehispánico. Al menos se

[17] López Austin (1967a), pp. 1-36.
[18] A, pp. 125, 69; LS, p. 333.
[19] LS, pp. 62, 74-75, 100-101.

tienen poderosas razones para suponerlo. Correspondería a una de las expresiones
múltiples de la tradición oral indígena en tierra nahua. Según esta hipótesis sería
fascinante oponer a la religión escrita de los cristianos, a la cultura alfabetizada de
los redactores de anales y de títulos una idolatría en esencia oral y por tanto "popular". Mas las partes comunes prehispánicas o coloniales son, como de costumbre, mucho menos claras. ¿No hacen los conjuros en reiteradas ocasiones alusión
a apoyos pictográficos?[20] ¿Habría que deducir de ello que la recitación de los conjuros necesita el sostén y el conocimiento de la "pintura" y, por consiguiente, que
ésta se ha extendido a estratos más amplios de la población e incluso a las mujeres?
Es probable que no, a juzgar por los capítulos anteriores. Las pesquisas de los extirpadores no habrían dejado de incautar varias de esas "pinturas". No ocurrió así.
Todo sugiere en cambio que los conjuradores se limitaron a aprender y a recitar de
memoria un número variable de fórmulas sin emprender el largo aprendizaje de un
arte en regresión.[21] ¿Qué hacer entonces con la referencia al *amoxtli*, a la "pintura"?
¿Interpretarla como una simple metáfora? ¿O antes bien como resurgimiento de
los orígenes sacerdotales de los conjuros, como si, lejos de haber sido un saber marginal, de segundo orden, las invocaciones fueran herederas descontextualizadas
del saber de los sacerdotes y de la nobleza? También lo harían suponer otros indicios que examinaremos adelante. Abandonados por los medios dirigentes indígenas
convertidos al cristianismo, conservados a veces por notables del campo, el saber
y la práctica idolátricos tal vez hayan sido recogidos y conservados en parte por capas
más modestas de la población, plebeyos, vendedores ambulantes, curanderos y
comadronas. ¿Desclasamiento éste que tal vez explique la difusión, el éxito y la
fragilidad de la idolatría en el siglo XVII? Pero esta segunda hipótesis inclinaría a
negar a los macehuales toda existencia cultural antes de la Conquista. Ahora bien,
se puede suponer que ellos detentaban, si no un patrimonio específico, cuando
menos un enfoque personal, sin duda menos formalizado y menos sistemático que
el que proponían las enseñanzas de los *calmecac* y de los *telpochcalli*. Por ejemplo, el
de los curanderos y las comadronas. Y al parecer también los conjuros llevan su
marca. Cierto es que en este terreno se ignora casi todo, a no ser por algunos fragmentos captados a través del filtro de los nobles y de los antiguos sacerdotes que
informaron a los religiosos del siglo XVI. Aun así el saber ejemplar, esencial, seguía
siendo a ojos de todos el de los sacerdotes y de las "pinturas". De ahí las referencias que hacen a ellas los conjuros. Por tanto se preferirá asignar una doble filiación
a las invocaciones, viéndolas a la vez como la perpetuación de una forma cultural
prehispánica, "menor" y "subalterna" y como el receptáculo colonial de saberes
antiguos a la deriva, privados de otros medios de expresión, enseñados por sacerdotes locales caídos, convertidos en "maestros de idolatrías",[22] incluso por *tonalpouhque* que todavía contaban los días de los calendarios.

[20] A, pp. 130-131; LS, pp. 260, 265; C-W, pp. 214-215; A-H, p. 154.
[21] A, p. 124.
[22] LS, pp. 240-241.

Ello implica que, si en ciertos registros las culturas indígenas toman elementos del cristianismo y de Occidente, en otros son presa de evoluciones internas que, como habrá de recordarse, se iniciaron con la brutal reducción de las culturas indígenas a la clandestinidad. En tanto que los nobles y luego los notables descubrían de un modo progresivo un espacio, un tiempo, una escritura exóticos, otros indios conjugaban en el caos circundante los conocimientos y las especulaciones de los sacerdotes indígenas y de los ancianos de saber ordinario, tal vez más pragmático, de los curanderos y de las comadronas. En esta ocasión la influencia cristiana y colonial sólo tuvo un efecto indirecto, se limitó a desencadenar un proceso de mezcla interna antes de alcanzar el contenido de nuevas adecuaciones. Es probable que este doble origen explique el que los conjuros no formen el *corpus* de una cosmogonía coherente que sería una organización y una interpretación de los *teotlahtolli*, aquellas "palabras divinas" que contaban el origen del mundo y la gesta de los dioses. Los conjuros sólo ofrecen fragmentos, citas, alusiones. Fragmentos, no sólo porque el conjuro recupera saberes fracturados, sino sobre todo porque no existe fuera del contexto de su uso, fuera de la acción que ejerce sobre la realidad que evoca. El conjuro sólo es producto de una manera aislada y con fines en esencia pragmáticos. En otras palabras, el conjuro es más un poder sobre los seres y las cosas que un saber, es más una praxis, una relación que una especulación intelectual. Esto no significa que la excluya de un modo absoluto: algunos curanderos y otras personas tal vez fueron llevados a reflexionar sobre la generalidad de los conjuros que conocían, pero éste no era en absoluto su fin inmediato y habitual.

Por eso resulta delicado tratar de extraer de ellos una representación sistemática del mundo, la que sin embargo se adivina subyacente, implícita, pero que en ocasiones tal vez escapa a los indios que los pronuncian puesto que la eficacia priva manifiestamente sobre el significado, lo que no impide —dejando por el momento el asunto en suspenso— explorar la realidad suscitada por esas formulaciones, por una palabra idólatra que crea al instante las condiciones de su acción.

Una palabra, la idólatra, que antes que nada pretende ser proclamación de un poder. Sea quien fuere, el utilizador del conjuro entra sin dificultad en la realidad que evoca otorgándose una lista de títulos más o menos nutrida. De entrada dice ser El que detenta el saber, "El que conoce la Región de los Muertos y el Reino de las Alturas", es el "Sacerdote, Señor de los Encantos" (o el "Príncipe de los nahuales"), Cipactonal, inventor del calendario. A menos que se identifique como Centéotl, dios del maíz. Cuanto más se emparienten las circunstancias y la invocación con un enfrentamiento, en mayor número desfilan los títulos declinados. En ellos se reconocen los nombres de las potencias divinas prehispánicas: Xólotl, el dios de las Transformaciones, Quetzalcóatl, Xipe Totec, Cipactonal y Oxomoco, Xochiquétzal, Mictlantecutli, el "Señor del País de los Muertos". Pero también las manifestaciones plurales de una misma potencia: "el Joven, el Adversario, el Burlón", "Aquel cuyo Pueblo somos nosotros", tanto como apelativos que remiten al todopoderoso Tezcatlipoca cuyo conjurador se apropia así el poder supremo, el conocimiento de los signos y el saber de los destinos.[23]

Sin embargo, están ausentes de estas identificaciones las divinidades primordiales, la Tierra, el Fuego, Tláloc; pero también el dios tutelar del pueblo, el *capulteotl*, como si los primeros no fueran "personalizables" y como si el segundo perteneciera a una esfera comunitaria, distinta del campo de acción del conjurador. Dicho lo cual, la elección y la acumulación de los títulos no buscan transformar la identidad del conjurador al grado de hacer de él la encarnación de la potencia. Ello equivaldría a atribuir a los dioses prehispánicos una personalidad, una individualidad que no tuvieron jamás. De una manera más modesta, se trata de afirmar la presencia de un poder temporal, exigido por un contexto dado. Yáotl, "el Adversario", permite vencer en un combate; Quetzalcóatl introduce el referente mítico en que el dios apoya su intervención; Cipactonal aparece en una interrogación sobre el destino. Todos ellos son más instrumentos que identificaciones. A este respecto el conjurador no debe confundirse con el hombre-dios prehispánico que, por un curso de tiempo dado, recibe en su corazón una parte de la energía divina, de la que se convierte en *ixiptla*, cuyo receptáculo es él. El conjurador encarna un tipo de relación enteramente distinta con lo divino, más episódico, me atrevería a decir que más pragmático.

Para todos esos títulos, un común denominador, el de *Tlamacazqui*, el "Sacerdote", el "Oficiante", que sirve para calificar tanto al conjurador como a aquellos —seres o cosas— a los que se dirige. Antes de la Conquista, esta palabra designaba a un "ministro de los sacrificios" pero también al "demonio que está *presente* en un ídolo o que hace una aparición". Etimológicamente, es "el que ofrece algo", idea ésta desarrollada por uno de los títulos de Tláloc, el dios agrícola de las montañas y de la lluvia: *Tláloc Tlamacazqui*, que Sahagún traduce como Tláloc Proveedor, "el que da a los hombres los mantenimientos necesarios para la vida corporal". Por consiguiente, todo hace pensar que la palabra señala a un mismo tiempo la unión con lo divino, el acceso al mundo de los dioses y la ubicación en una red de intercambios y de dones vitales, los de los sacerdotes para los dioses y los de los dioses para los hombres.[24] Al recibir el apelativo de *tlamacazque*, todos, del conjurador a las plantas, a los animales, a las herramientas y a los instrumentos que utiliza, pasan a configurar una colectividad sacerdotal cuya presencia, cuya identidad de naturaleza quedan así estipuladas. De la Serna confirma esta referencia al antiguo clero cuando informa sobre los *tlamacazque* de antaño que "eran divinos, segregados de todos los demás hombres comunes y de ordinario eran hombres viejos y conocidos por el mechón de cabellos". He ahí algo que corrobora los nexos sugeridos entre el saber "popular" de los conjuradores del siglo XVII y el medio sacerdotal. Es

---

[23] A, pp. 128, 145, 104, 60, 63-64, 121.

[24] A, p. 67; LS, pp. 240-241; Motolinía, *Memoriales. . .*, *op. cit.*, pp. 67, 71, 50; Molina, *Vocabulario en lengua castellana y mexicana*, 1571, México, Porrúa, 1977, fol. 125; Sahagún, *Historia. . .*, *op. cit.*, I, p. 45.

probable que existieran desde antes de la Conquista a escala local, en el seno de grupos que al parecer fueron bastante homogéneos. Pero la dominación colonial contribuyó a acentuarlos quebrantando las distinciones de posición y de función que separaban a los oficiantes paganos de los curanderos y de los brujos, todos ellos relegados por el cristianismo a un mismo oprobio.

De esta autoafirmación surge ante nuestros ojos el universo en que se mueve el conjurador. Todo en él ocupa su lugar o, antes bien, lo que entonces se descubre, se hace presente; es la realidad de las cosas, tanto la de las fuerzas que lo ayudarán como la de las potencias que lo amenazarán en su identidad respectiva, su invulnerabilidad o su cruenta irritabilidad. Dotado de su in-humanidad, el conjurador puede en lo sucesivo manipular a placer lo más hondo de las cosas, seducir, embriagar, apaciguar, repeler o destruir. El *nahuallatolli* le abre las puertas, a menos que escoja los caminos paralelos o complementarios de la embriaguez y de la alucinación provocada, del adormecimiento y del sueño o del éxtasis alcanzado con el agotamiento y la penitencia.[25]

Mas no es fácil describir con palabras el mundo que suscita la invocación, aunque se apoye en parte —y a veces lejanamente— en "palabras divinas" o, si así se prefiere, en mitos, pese a que este término desprestigiado ya no es satisfactorio. En Temimilcingo, Morelos, en Tlaltizapán, se reconoce sin dificultad el relato del descenso de Quetzalcóatl a los infiernos en la trama de las fórmulas empleadas para reducir las fracturas. Las invocaciones pronunciadas contra la picadura del alacrán ponen en acción otras "palabras divinas" (por ejemplo, la historia del sacerdote Yappan), aunque unas se limiten a evocar el nombre divino del alacrán o que otras describan las contrariedades del bicho o que incluso vuelvan a representar sobre el cuerpo del doliente los episodios del drama "fabuloso".[26] Mas este telón de fondo divino aparece de manera mucho más sistemática y explícita en la terminología conservada por las invocaciones. En ella, los seres y las cosas están dotados de los nombres calendáricos que corresponden al signo del momento de su aparición. De ese modo 1 Agua designa los árboles y los objetos de madera, 1 Muerte las cosas de la tierra, 1 Pedernal las materias y los objetos minerales, 4 Caña el fuego, 7 Flor el venado, 8 Pedernal el maguey, etc. Otros signos, una vez más la combinación de un número de 1 a 13 y de un sustantivo entre 20, marcan las fases favorables a la intervención de los dioses y de esa suerte sirven para designarlos. El repertorio ofrecía en total 260 denominaciones posibles, producto de la combinación de los 13 números y los 20 nombres y cuyo conjunto constituía, como ya hemos visto con anterioridad, el calendario adivinatorio. Lejos de ser arbitrarias, esas denominaciones expresan y actualizan, por el contrario, una idea indígena del tiempo y de la presencia divina. De un tiempo calculado según cómputos rituales, producto de las influencias del tiempo divino que hace confluir en la superficie

[25] A, pp. 60-61 y C.W., pp. 105-106; A, p. 78 y C.W., p. 133; A, p. 63 y C.W., p. 110; A, pp. 36, 64, 96-97, 29, 62-66; LS, p. 244.
[26] A, p. 163 y C.W., p. 268; A, pp. 176-180, 77.

terrestre haces de fuerzas variables según los momentos. De una presencia divina
en movimiento, cuyas manifestaciones sucesivas son armonizadas por los ciclos sin
que ellas se cristalicen en individualidades estereotipadas.[27]

En consecuencia, por medio de la invocación la idolatría favorece el tiempo
omnipresente de los dioses a expensas de un tiempo humano; se instala en él. En
vez de aguardar pasivamente el surgimiento de las fuerzas, las atrapa en el origen.
Evocando el nombre mítico de las cosas, provoca su irrupción en el presente y en lo
cotidiano. Quiebra así el carácter de estanco de los tiempos y se ahorra los cálculos
complejos que permitían descubrir el momento en que una fuerza —fausta o
nefasta— alcanzaba la superficie terrestre. En cierto modo, la idolatría causa "un
corto circuito" en los ciclos habituales por el interés de la eficacia inmediata y la
economía de los medios. Es comprensible que pueda no sólo prever sino cambiar
el curso del porvenir, descifrando el *tetzahuitl*, "el prodigio, el augurio", esa
fuerza latente, extrahumana por llegar y sin embargo ya presente, pronta a manifestarse y no obstante ya en acción, aun cuando su efecto sólo se perciba con posterioridad.[28] La idolatría descubre el surgimiento de lo que ya es, pues no se despliega
en nuestra temporalidad lineal.

Mas el alcance de la idolatría no para allí. A la vez que impele al conjurador a un
tiempo de los dioses, opera una transmutación completa del espacio. O antes bien
despliega el espacio tal como es para los indios. Un espacio doble al que ordenan los
conjuros según un eje vertical y un plano horizontal. El eje vertical une dos polos,
In Topan, In Mictlan, "lo Alto y lo Bajo" o, si se prefiere, "el Reino de las Alturas, el País de los Muertos". ¿Saber no es precisamente conocer y dominar "lo
Alto y lo Bajo"? Este eje se subdivide a su vez en una serie de planos: los "Nueve
Más Allás" de donde viene Tezcatlipoca, las "Nueve Regiones de los Muertos"
adonde envía a sus víctimas. En ese eje vertical se manifiestan las transmutaciones
esenciales, las transformaciones de estado, el paso de la vigilia al sueño, de la vida
a la muerte, de la sensibilidad a la insensibilidad, de la sobriedad a la embriaguez,
de la ilusión a lo vivido o de lo vivido a la ilusión. El eje es el lugar del principio
y del fin de las cosas, es el conducto ascendente y descendente que toman las influencias divinas, el fuego del destino, los ciclos del tiempo. Es en fin un espacio
recorrido instantánea, indiferentemente en todos sentidos por el conjurador, "no
ha de ser mañana ni el día siguiente sino luego ahora".[29] Porque el eje vertical es
inseparable del plano horizontal, las "Nueve Regiones de los Muertos" (o el "No-
veno Mundo de los Muertos") comunican con el centro de la Tierra, que a su vez
es puesta en relación con las cuatro direcciones, el Oeste, el Norte, el Este y el Sur.
En los cuatro extremos del plano terrestre, como lo recuerda un conjuro para la caza
del venado, los *tlaloque* (nubes) sostienen el cielo. ¿Qué encontramos en la super-

[27] López Austin (1980), I, p. 70; León Portilla, *Toltecayotl. . .*, *op. cit.*, pp. 157-161.
[28] Comunicación personal de Monique Legros.
[29] A, pp. 128, 63 y C.W., p. 110; A, pp. 68, 79, 81, y C.W., p. 135; C.W., pp. 138, 203; López Austin
(1980), I, p. 67.

ficie terrestre? *Teotlalpan*, la Tierra de los Dioses, el desierto, el "paraíso" según una versión alarconiana; *Tollan*, el lugar de carrizos pero también el extremo del mundo; *Teoatl*, el océano, el agua maravillosa por su profundidad y su inmensidad; *Tlalocan*, la morada acuática de Tláloc; las comarcas lejanas donde se extravía el *tonalli*. . . Otro lugar primordial, *Chicomoztoc* —las Sietes Cuevas—, el que a veces mencionan los informantes de las *Relaciones geográficas*, de donde habían salido los diferentes grupos de la humanidad pero que en los conjuros designa de un modo metafórico el interior del cuerpo. Esos lugares, esos territorios configuran un espacio-plano cuyo centro está ocupado por el fuego. Un espacio inmediato y lejano, presente en lo cotidiano, visible en el hogar doméstico, en los cuatro rincones del granero o de la estera en que se duerme, un espacio que habita el interior de nuestro cuerpo. Un espacio que se funde con el tiempo bajo el signo de lo instantáneo y de la inmediatez como si la idolatría descubriera e hiciera presente la realidad de las cosas. La interpenetración de los tiempos y la visualización de un espacio cuatripartita en los *Títulos primordiales* del valle de México muestran dos o tres generaciones después el arraigo de esas percepciones y de esas formas antiguas aunque hayan perdido una sustancia y una finalidad abiertamente paganas.[30]

Ello no impide que el contenido de los conjuros se distinga al mismo tiempo porque éstos circulan en un medio menos aculturado que el de los notables de los títulos y porque corresponden a una etapa anterior de la evolución global que tratamos de definir. Desconociendo las limitaciones del tiempo humano y del espacio ordinario, el conjuro funda la polisemia de los fenómenos, plantea la fluidez de los reinos, establece la permeabilidad de los seres y de las cosas. El fuego, el agua, el viento, las nubes, el sol, pero también los animales y las plantas, los sitios y los parajes sagrados, los objetos, las enfermedades, las potencias divinas adquieren una esencia común y develan su realidad esencial en el marco del tiempo y del espacio que suscita la idolatría. El conjurador descubre entonces a sí mismo y a los demás un universo de transformaciones, de metamorfosis donde insensiblemente se desliza uno del reino humano al reino vegetal, del reino animal al de las cosas o de los dioses, del sacerdocio a la divinidad, donde los componentes del ser son inestables y perecederos.[31] Un universo en que tres fuerzas vitales aseguran la vida del hombre y del cuerpo. Concentradas en la cabeza, el corazón y el hígado, vinculan al hombre con el cosmos, haciendo de él "la síntesis ordenada y estable del universo".[32] Pero si dos de ellas lo abandonan, entonces se rompe el equilibrio y surgen la mancha, la enfermedad o la muerte. Trátase entonces de un universo de una plasticidad, de una inestabilidad y de una movilidad inauditas que barren con las categorías y las clases que distingue el pensamiento occidental, al menos el de los clérigos españoles que se asustan de lo que descubren y recuerdan que el mundo de la naturaleza no debe confundirse con el del libre albedrío, como no

---

[30] A, pp. 62, 80, 139, 89, 153, 139, 150, 78, 104.
[31] Sobre el nahualismo, *véase* López Austin (1980), I, pp. 416-430.
[32] *Ibid.*, pp. 262, 285.

puede hacerlo la Verdad con las "quimeras, las ficciones y las representaciones
diabólicas" que el demonio inspira a esos miserables curanderos. Para la Iglesia
"no hay transformaciones",[33] las fronteras son claras, a menos que Satanás inter-
venga para alterar el orden de la naturaleza. Ante esas barreras, ante esas distinciones que derivan de una aprehensión fundamentalmente binaria de un mundo
en que el cielo se opone al infierno, la naturaleza a la cultura, el ser al parecer y lo
espiritual a lo temporal, la idolatría exhibe su realidad pluridimensional, versátil,
reversible, indiferente a las dicotomías y a las definiciones rígidas, sin caer no obstante en el caos y la arbitrariedad. Especificidad que los extirpadores convierten en
irracionalidad. Plasticidad calificada pronto de ligereza y de inconstancia. Una vez
más la lógica de unos se constituía en sinrazón de otros.

Las fronteras indígenas de lo natural y lo sobrenatural no son las nuestras. No
sólo corresponden a umbrales distintos, sino que obran de una manera diferente.
Poseen una flexibilidad y una versatilidad que, sin abolirlas, suelen restar pertinencia a nuestras distinciones y prohíben guardar la idolatría en el arsenal de lo religioso, de los mitos, incluso de una suprarrealidad y de un lugar distinto al margen de la vida cotidiana. Como hemos visto, la idolatría define la relación con la
producción, con el tiempo y con el espacio. Pero hay otros terrenos donde arraiga
en el espesor de la existencia, sin limitarse por ello a reflejarla. Por muchos conceptos el lenguaje de la idolatría es un lenguaje social en la medida en que rebosa
de fórmulas donde se expresan las relaciones de parentesco y las relaciones de clase
que predominaban en las sociedades indígenas. Para ser más exactos, digamos que
explota sobre todo la deferencia y el respeto que éstas transmitían. En las sociedades de antes de la Conquista —como por lo demás en nuestro mundo antiguo—
esas manifestaciones estaban revestidas de una importancia extrema. De ese modo,
ante la palabra *macehual* empleada en su pleno sentido de vasallo, encontramos
vocablos que designan a los nobles y a los poderosos de antaño —*tecuhtli, pilli,
tlaçopilli*— y que se aplican tanto a los dioses como a los animales, a las plantas, e
incluso al mismo que pronuncia la invocación. Esta terminología permite, entre
otras cosas, definir la relación del paciente frente al curandero o a los instrumentos
de la curación especificando de una manera indiscutible la dependencia y la jerarquía de las posiciones. Así, el conjurador conmina al *ololiuhqui*, un fuerte alucinógeno, a "consolar a su vasallo", quien en cambio "trabajará a su servicio y
barrerá por él".[34]

Desviado también de su uso común y corriente, el vocabulario del parentesco
sirve para señalar distancias, actitudes de referencia entre los seres y las cosas evocados por los conjuros. Como las listas de títulos anteriores, permite al conjurador
instaurar un orden flexible y precisar la categoría que ocupa, así se presente como
hijo, como sobrino o como hermano mayor de lo que invoca, en tanto que los vocablos "mi padre" (*nota*), "mi madre" (*nonan*) o "mi padre, mi madre" (*nota,*

[33] A, pp. 52, 55.
[34] A, pp. 94, 96, 114, 172, 105, 89.

nonan) designan potencias divinas. Se observará que "tíos" y "hermana mayor" por lo general suelen ocupar posiciones antitéticas. Al parecer se oponen en el plano del género (masculino frente a femenino), del número (plural frente a singular) y de las relaciones mantenidas con el conjurador que considera a sus tíos adversarios y por lo común recibe el apoyo de "su hermana mayor". Numerosas excepciones, hay que aceptarlo, confirman la profunda ambivalencia de los seres y de las cosas que pueblan la realidad indígena tanto como la ambigüedad de los lazos que el conjurador puede establecer con ellos. Sin embargo, en un aspecto importante las cosas parecen más firmes.[35] A decir verdad, se tiene la sensación de que es más allá de la terminología del parentesco donde hay que descubrir si no el principio, cuando menos uno de los ejes organizadores de los conjuros y de que nos lo revelan las dos palabras *cihuatl* y *tlamacazqui*. La primera de ellas, *cihuatl*, "mujer", describe un vasto campo femenino en que se asocia a "hermana mayor" y a "madre". En cambio, *tlamacazqui* rige un conjunto masculino, esté o no acoplado en "tío(s)". Él sólo es el único que designa el agente pero se aplica tanto a divinidades primordiales (el fuego) como a las nubes o a los instrumentos de la cura. Si recordamos que junto a los *tlamacazque* antaño existían *cihuatlamacazque*, es decir sacerdotisas, se puede deducir que el conjurador recurre a una división a la vez sexual —bien señalada por *cihuatl*— y sacerdotal para distribuir estas denominaciones y ordenarlas. Agreguemos que, por razones que a veces no comprendemos, hay colores asociados a cada término.

Pero, a fin de cuentas, ¿no sería banal concluir que el mundo revelado por la idolatría colonial se ordena según criterios que eran los de la sociedad y la sociabilidad antiguas? Banal resulta observar que la idolatría es inseparable de una trama social y que, lejos de ocupar una esfera exterior, constituye una manera de expresar, de informar y de representar las relaciones sociales. Sería olvidar demasiado pronto un siglo de presencia europea. Así se comprueba que la idolatría colonial evoca modelos eminentemente impugnados por la dominación española y el cristianismo, trátese de las jerarquías, de las noblezas y de los títulos indígenas, de las referencias sacerdotales o incluso de las relaciones de parentesco. Las noblezas están en crisis, privadas del prestigio y de la autoridad que legitimaban la deferencia y el respeto que se les concedía. El título de señor (*tlatoani*) es eliminado muy pronto por la Corona, el de *tecuhtli* (jefe) cae en desuso de manera progresiva. Prohibidos y perseguidos, los cleros indígenas han desaparecido en su forma antigua. La palabra *tlamacazque* incluso ha llegado a designar a los servidores indígenas de los españoles. La familia cristiana se extiende con su insistencia en la unidad conyugal y el matrimonio nuclear, la fijación del parentesco por la alianza, la igualdad entre hijos menores y mayores. La monogamia y los impedimentos canónicos suelen

---

[35] A, pp. 83, 86, 77-78, 120, 93-99, 174, 128, 82, 39. Pedro Carrasco, "Sobre algunos términos de parentesco en el náhuatl clásico", *Estudios de cultura náhuatl*, VI, 1966, pp. 149-166; Brant Gardner, "A Structural and Semantic Analysis of Classical Nahuatl Kinship Terminology", *ibid.*, XV, 1982, pp. 89-124.

menguar el papel de los tíos que antes se casaban frecuentemente con la viuda de un hermano y por tanto madre de sus sobrinos. . . Lo que no quiere decir que haya sido eliminada la sociedad antigua sino más sencillamente que la idolatría aparece como una especie de conservador de las relaciones sociales y de los códigos que las conformaban y que se abre un hiato cada vez más marcado entre lo que evoca y la sociedad transformada del siglo XVII.[36]

Por lo demás, hay en los conjuros un aspecto pragmático que hemos subrayado en reiteradas ocasiones y que *también* ha hecho de ellos modelos de conducta por observar, pasos por seguir y sentimientos por experimentar. Ya se ha señalado la importancia concedida a la deferencia, al respeto en el seno de las relaciones que entabla el conjurador. Indiscutiblemente es ésa la marca de una expresión indígena de la sociabilidad y de un formalismo que sin embargo no pueden disimular la diversidad de las relaciones establecidas. Algunos conjuros estallan con una violencia brutal que en ocasiones se confunde con la agresión sexual. Otros explotan una seducción que abre caminos más apacibles pero no menos seguros. ¿Acaso no se limitan el cazador o el pescador a alabar los encantos de sus esposas para atraer y seducir mejor a sus presas? Con frecuencia también asoma el deseo de alejar al adversario sin provocar ningún enfrentamiento violento, arrastrándolo hacia "allí donde hay muchas cosas agradables y abundancia de bienes" o pidiéndole que se esconda para evitar la destrucción. La amonestación, el recuerdo de la tarea por cumplir inspiran otras fórmulas que exigen de los instrumentos una eficacia infalible y las alusiones a la vergüenza, a la falta, a la infracción no dejan de evocar la ética y los lineamientos de conducta que declinaban los *huehuetlahtolli*. Por si fuera necesario, esas fórmulas confirman que la idolatría se adhiere a la cotidianeidad indígena, a la vida ordinaria expresando y dictando maneras de actuar y de conducirse. Pero también sabe enunciar maneras de ser, explotando los estados afectivos. La cólera, la furia, la aflicción y la inquietud son los resortes familiares y poderosos de los guiones desarrollados por los conjuros. La cólera y el odio de una divinidad, de una planta alucinógena pueden ser la fuente declarada de una desgracia o de una enfermedad. Pero es también "el brujo [quien] desea [. . .] así provoca ira, así indigna, así inquieta. . ." El deseo, la codicia hacen surgir otras tantas amenazas por evitar, por desbaratar o por rehuir.[37]

Varios registros se confunden aquí: la manera en que los indios conciben la dinámica de los estados emocionales, la tonalidad específica que les dan y el papel que les atribuyen, pues —a veces lo olvidamos— los sentimientos y las pasiones, su representación y su modo de expresión son producciones culturales al mismo nivel que las categorías y los conceptos. Por consiguiente es difícil expresarlos en nuestro lenguaje sin traicionar la especificidad que les es propia en el universo indígena. La cólera, el odio no necesariamente tienen para nosotros, para los espa-

---

[36] A, pp. 87, 102, 138, 169, 159, 170, 171, 154, 173, 157.
[37] LS, p. 269; A, pp. 90, 95-96, 60, 72, 100, 101, 179, 154, 83; cólera, *çumalli*: pp. 79, 93; furia, *tlahuelli*: p. 77; codicia: p. 68.

ñoles y para los nahuas la misma resonancia y el mismo sentido. Sin embargo, a pesar de su opacidad, captamos que el deseo ardiente y la codicia pueden encerrar una fuerte carga de agresividad destructiva, un poco a la manera del mal de ojo, si recordamos que para los nahuas la intensidad del deseo provoca una liberación de energías y de fuerzas nefastas. Por otra parte, la aflicción al parecer corresponde entre ellos a una mezcla de frustración material y de sufrimiento físico. Una antropología de los sentimientos y de las pasiones demostraría que la idolatría hace intervenir estados afectivos y reacciones psicológicas que son elemento ordinario de la existencia indígena, aunque también pueda proyectarlos en lo divino cuando esa práctica explica una desgracia insondable mediante la cólera de un dios. Pero la idolatría también contribuye de un modo importante a organizar y a dar coherencia a la vivencia emocional del individuo. Explica los perjuicios que lo amenazan, la cólera, el odio, la burla, la codicia; considera la perturbación que provocan; define y comenta los estados por los que pasa la víctima. Es más, operando lo que De la Serna llama ''el trueque de las pasiones'',[38] la idolatría los manipula y los interpreta. En fin, la idolatría propone respuestas que van de la seducción a la violencia sexual o a la destrucción y que deben restablecer la alegría, la tranquilidad, el reposo. Vale decir que —a través de su lenguaje, sus tramas y sus prácticas— la idolatría orienta la estructuración emocional de lo vivido, así corresponda éste a la experiencia que el sujeto hace de sí mismo o a los contextos y a las situaciones a los que se enfrenta. La idolatría se arraiga en un terreno psíquico y afectivo al que modela al mismo tiempo que lo expresa. Dice qué sentimientos tener, enuncia los estados por los cuales atravesar en contextos tan comunes como la enfermedad, la caza o la pesca con red. De ese modo, más que mediante el recuerdo de los ''mitos'' y el eco social de las metáforas, es como sin duda adquiere un arraigo, una viscosidad que casi la protegen del tiempo. La idolatría no es sólo la actualización de normas, de categorías, de representaciones, de modelos cosmogónicos: el espacio, el tiempo. . . También sabe amoldarse a las incertidumbres del comportamiento humano conjugando y articulando actos, sensaciones y sentimientos, proponiendo e incluso imponiendo maneras de sentir y de actuar. Ocioso es decir en fin que bajo las conductas y las pasiones la idolatría actualiza y desarrolla problemáticas inconscientes y que por sí solas las imágenes de la mujer y de la madre que explota merecerían ser objeto de un amplio estudio.

El conjuro es el nexo entre las fuerzas, los seres y las cosas; verbaliza y pone en práctica otro de los ejes principales de la idolatría: la dependencia absoluta de las personas y del mundo. Contrariamente a la predicación cristiana que desde el siglo XVI trataba de explicar el libre arbitrio y la responsabilidad personal ante Dios y ante los hombres, los eslabones de la idolatría se emplean, sin molestarse por el discurso, para vincular de manera inextricable a los individuos entre sí y a los hombres con las fuerzas cósmicas. Así lo revela en particular la amenaza de la mancha que

[38] LS, p. 269.

cubre en náhuatl la idea de polvo, de suciedad, de basura. La desviación de un solo individuo puede poner en peligro la unidad doméstica o la de todo el grupo. El hombre o la mujer que mantienen relaciones ilícitas proyectan su mancha, su "suciedad" sobre su entorno, el cónyuge, la esposa embarazada, los hijos, los animales y las plantas. Las manifestaciones del mal son entonces incalculables. Gonzalo Aguirre Beltrán ha subrayado la importancia crucial de la idea de dependencia en la etiología nahua de las enfermedades.[39] Sin duda sería conveniente hacerla extensiva a la percepción que los indios tienen del mundo que los rodea y de la cual hacen un entrelazamiento de influencias, de intercambios o de conflictos entre potencias divinas anónimas (*Tlacatl*, la Persona; *Mahuiztli*, lo Maravilloso, lo Temible) o identificables pero nunca personalizadas (la Tierra, el Agua, el Fuego), entre brujos, curanderos, parientes o vecinos. Un entrelazamiento dentro del cual la iniciativa personal y el libre arbitrio del individuo difícilmente tienen peso alguno ante el origen exterior de un mal que emana de las divinidades, de los demonios de los bosques, de las nubes, del deseo insatisfecho del otro, de la malignidad de un tercero o incluso de la pérdida del *tonalli*. La idea (cristiana) de pecado, de mancha moral del ser carece aquí de validez puesto que supone una autonomía de la persona que no se percibe como pertinente. Lo mismo ocurre con las actividades más comunes en que, mucho más que de sí mismo, el individuo depende de la puesta en práctica de un conjuro, de que se tome en cuenta un haz de fuerzas, de una puesta en situación espacial y temporal sin la cual toda acción estaría destinada al fracaso. A él le toca entonces adoptar la no identidad del *tlamacazqui*, el adorno de un título, el rosario de las denominaciones que le garantizan ser fuerte a condición de dejar de ser sólo él mismo.

En esas redes densas y homogéneas encuentran el individuo y el grupo la garantía de su cohesión, de su interdependencia que de manera paradójica sólo se ven reafirmadas por las crisis y los conflictos. Todo se desarrolla y debe desarrollarse dentro del marco de la vecindad hasta con los hechizos. Explorando la realidad de las cosas, leyendo el juego de las dependencias nefastas, el curandero asume entonces un papel irremplazable. Maestro en el arte de establecer y de escrutar el campo de los posibles para dar deducciones e identificaciones plausibles, el curandero interpreta las relaciones sociales valiéndose de todos los medios que le ofrecen la idolatría, sus redes, sus técnicas, sus tramas, y basándose en su conocimiento íntimo del medio. Al hacerlo, el curandero se muestra como agente de un dominio esporádico pero preciso sobre los miembros del grupo, del vecindario o de la gente de la casa, pues dispone de los medios para orientar y explotar las tensiones que sacuden el entorno poniendo un nombre al autor del mal, transformando una sospecha en certidumbre, desarrollando una explicación.[40]

Haz de creencias, de prácticas, de ademanes, de palabras y de objetos, la idolatría

[39] Aguirre Beltrán (1973), p. 42.
[40] A, p. 122; LS, p. 264.

por consiguiente no tiene nada de un suplemento que viniera a prolongar o a amplificar la realidad o a agregar su garantía ritual a las manifestaciones más diversas de la actividad humana. Es mucho más, puesto que conjuga la representación de lo real y la manipulación de la realidad así concebida. Es a la vez un *procedimiento intelectual* en el sentido de que pone en juego la memoria, la interpretación, el desciframiento, la previsión. Por ello mismo es un *saber* que sirve para concebir el cuerpo, el tiempo, el espacio, el poder, las relaciones domésticas y la sociabilidad. De una manera más general, es un conjunto de códigos, una gramática cultural que organiza toda relación con la realidad que conciben y perciben los indígenas. En consecuencia es lógico que la idolatría asegure también la *expresión* y la *explotación* de los *estados emocionales*, que hable de la posesividad, del odio, de la frustración, de la angustia, del miedo pánico, de la cruenta agresividad.

La idolatría no sería todo ello si no fuera también una *práctica*, un repertorio de acciones, de conductas, incluso de artimañas que buscan desviar o transformar la realidad percibida de ese modo; una práctica orientada hacia la eficacia, hacia la obtención de resultados tangibles e inmediatos: la muerte, la curación, la fortuna; una práctica capaz de anticipar el porvenir según combinaciones puestas en juego y signos inventariados. Tampoco podríamos desconocer que la idolatría pasa por técnicas diversas, las de la cura practicada por el curandero, del alumbramiento pero también de los ademanes (y de los gritos) del cazador, del pescador o del agricultor, del calderero. El conjuro enuncia un comentario que, al mismo tiempo que hace explícita la acción emprendida, prevé su desarrollo, detalla su progresión y sus instrumentos. En ocasiones, al grado de convertirse en una especie de instructivo. La preparación de los arcos y de las flechas, la de los lazos y de las trampas en la caza del venado, la espera y la localización de la presa, la colocación de las redes y de las nasas con las que se cogerán los peces y las aves, corresponden a etapas distintas y sucesivas de la recitación de los conjuros. A menudo, lo que nos enseñan sobre las técnicas indígenas resulta precioso, pero sobre todo confirma la dificultad de pretender hacer una distinción entre rito, magia y procedimiento material.

La idolatría, pues, también es una especie de panoplia de objetos con frecuencia gastados y banales: jícaras llenas de agua, granos de maíz y de copal, lancetas para sangrar; ventosas y plantas para el curandero, cañas para pescar, redes, nasas, arcos, hachas, flechas, hornos, objetos rituales al mismo tiempo que útiles cuya invocación guía su empleo y garantiza su eficacia. Éstos son objetos inseparables de una gesticulación que vincula los círculos trazados sobre el suelo, el arrojar los granos de maíz, la fricción de los miembros enfermos al azar de ritmos —a menudo cuaternarios— que dividen la sucesión de los actos y de los movimientos del actor.

Como deriva al mismo tiempo de una operación intelectual, de una experiencia afectiva y de una realización material, la idolatría no tiene —como el cristianismo— por qué "explicarse". Lejos de ser legitimada o de legitimarse, le basta con existir. A ojos de los indios es del orden de lo evidente, constituye su realidad objetiva; es la matriz que construye *esa* realidad. El producto resulta tanto más plausible e indis-

cutible cuanto que corresponde a la experiencia individual y colectiva, que se confunde con la representación del cuerpo social, con las exigencias de la vida material
y los imperativos de la producción y de la reproducción. El examen superficial de
los conjuros ha demostrado en un campo específico de qué manera la idolatría
puede fundir en un todo coherente esquemas cognoscitivos, referencias sociales,
arraigo afectivo y emocional, realización de las tareas más triviales y eficacia. Esta
capacidad explica que la idolatría se imponga por sí misma sin que nunca sea planteado el problema de la *creencia* en tanto es un acto de fe, que probablemente sea
lo que quizás la separa más del cristianismo de los evangelizadores. La idolatría no
necesita adhesión personal, está inserta en una red fluida de dependencias, de
dones y de sacerdocios multiplicados al infinito.

Existe por tanto una realidad autóctona, es decir un campo indígena de los posibles y de lo verosímil, que responde a contingencias existenciales —la supervivencia del individuo y del grupo— y se funda en un enfoque específico del espacio
y del tiempo, de la persona humana y de lo divino, de los lazos entre los seres y las
cosas. Una realidad construida según una percepción y una interpretación de lo real
que no es la nuestra, como tampoco lo era del clero católico. La idolatría expresaría
la realidad de los indios nahuas, con lo que ésta supone de explícito y de implícito,
de consciente y de inconsciente, de verbalizable y de indecible. Pensemos a ese respecto en los principios mudos, en los hábitos interiorizados que organizan la representación del espacio en las "pinturas" antiguas o en los dibujos de los *Títulos
primordiales*, o incluso en las presiones secretas que en esos mismos títulos siguen
produciendo en el siglo XVII un tiempo de dominante cíclica.

LA IDOLATRÍA IMPUGNADA

Los análisis anteriores son engañosos. Ellos corren el riesgo de sugerir que un siglo
de dominación española, de epidemias y de cristianización apenas habría alterado
el orden de las cosas. Si la comodidad de la exposición reclamara que se suprimiera
de ella casi toda alusión al mundo colonial, no podría arrastrarnos, siguiendo los
pasos de otros investigadores, a fantasear un mundo indígena inmóvil y milagrosamente preservado de los ataques de la aculturación. En cambio, cabe preguntarse
con toda razón de qué manera puede aún la idolatría explicar globalmente la realidad, cuando tantos elementos nuevos han perturbado su ordenamiento. Habrá
que cuidarse igual del exceso contrario que en la idolatría del siglo XVII acaso no ve
más que una amalgama de "supersticiones", una mezcla de "extravíos del espíritu"
o de "vicios del paganismo". La idolatría perdura no por ninguna misteriosa ley
de la inercia, sino antes que nada porque conserva una función cognoscitiva, social
y material en los campos de Guerrero y de Morelos que recorremos. Las necesidades
del grupo doméstico y de su reproducción difícilmente han cambiado desde la
Conquista. El hábitat, las técnicas, el trabajo de la tierra con frecuencia han evolucionado poco y la introducción del ganado, como hemos visto, fue "registrada"

por la idolatría gracias a algunas metáforas creadas a voluntad. Lo precario de la existencia, los temores y los males que azotan a los seres y los grupos sólo fueron agravados por la dominación colonial. En cuanto a la incidencia de la nueva economía colonial, ésta es aún marginal o indirecta, aunque el cultivo de la caña de azúcar con sus grandes molinos (los trapiches), con sus esclavos negros y mulatos, se haya difundido mucho en Morelos, aunque el camino a Acapulco se anime de manera periódica al paso de las mercaderías que transitan del Pacífico hacia la capital de la Nueva España.

El cambio está en otra parte: en las grietas abiertas por la Conquista y en la desaparición del aparato sacerdotal y educativo de los tiempos antiguos que aseguraba la difusión, la interiorización y la reproducción de una parte de los saberes indígenas. El fenómeno no sólo afectó a los hijos de la nobleza si se piensa que escuelas más modestas, los *telpochcalli*, recibían también y obligatoriamente a los hijos de los macehuales. Poniéndonos en el mejor de los casos, apostando que, en las primeras décadas, sacerdotes clandestinos y luego algunos ancianos, siguieron garantizando una apariencia de formación, el secreto al que estaban obligados hacía un siglo no podía dejar de opacar su influencia. A diferencia del *tlamacazqui* que antaño enseñaba al pie del santuario,[41] el curandero parece un ser más aislado, acorralado en la discreción, en la posición variable, a veces precaria, cuyas marcas distintivas son más personales que sociales. En general, se tiene la sensación de que el empleo del *nahuallatolli* es lo que legitima en lo sucesivo la posición del curandero y ya no su nacimiento, su jerarquía o su pertenencia a un medio sacerdotal. Un poder suspendido de un saber de palabras.

Como ya hemos dicho, de ello no debe concluirse que la *gente popular* de antes de la Conquista sólo sabía lo que buenamente querían enseñarle los sacerdotes indígenas. Es muy probable que en aquel tiempo también haya existido un saber "popular", colectivo. Pero parece ser que estuvo suficientemente integrado al conjunto de los conocimientos detentados por el grupo para tener que evocar la autoridad de los sacerdotes *tlamacazque* y definirse en relación con ella. De ese modo interpretamos las alusiones de los conjuros a las "pinturas" o a esos ministros ligados a los santuarios locales y que vivían rodeados de la consideración del grupo y mantenidos por él. Es comprensible que, desde esta perspectiva, la idolatría haya podido tanto sufrir un indiscutible debilitamiento institucional como un progresivo desdibujamiento de las referencias que proponía.

La misma distancia y misma diferencia están abiertas entre el presente colonial y las referencias suscitadas por la idolatría. Por ejemplo, las metáforas evocan de un modo sistemático los glifos y las imágenes de los dioses figurados en las "pinturas", pero con mayor frecuencia aún esculpidos en las paredes de santuarios en adelante desaparecidos. Los colores con que el uso esmalta la mayoría de los conjuros —el amarillo, el rojo, el blanco y el negro, el azul verdoso— remiten no sólo a las "pin-

41 Durán, *Historia. . .*, *op. cit.*, I, p. 79.

turas'' sino también a las estelas y a los muros pintados que los indígenas tenían constantemente ante los ojos antes de que fueran destruidos.

La represión de las desviaciones también se modificó o mejor dicho se desorganizó. Las normas dominantes, por una parte, son en lo sucesivo las de la Iglesia y de la justicia del rey; por la otra, la justicia indígena ha perdido una gran parte de su competencia en beneficio de las jurisdicciones españolas. De ello se desprende, por ejemplo, que, privado de sus prolongaciones tradicionales (los ritos de confesión, los castigos corporales. . .), el levantamiento de la mancha en adelante se vincule mucho más a sus repercusiones materiales que a la persecución y a la sanción del que se desvía: la impureza se elimina de manera ritual, de ser necesario incurriendo en otra, mientras que al autor del mal curiosamente se le desconoce.[42] No es imposible que esta desviación esté vinculada a una creciente confusión de los papeles. Confinadas en la misma clandestinidad, esferas antaño distintas, incluso en competencia, tal vez coincidan, por leer los signos, curar o provocar las enfermedades, excitar o calmar los deseos los mismos indios.

Es cierto que, a principios del siglo XVII, no todo ha desaparecido. Cierto es también que las danzas indígenas todavía pueden inspirarse en las liturgias antiguas o repetirlas, que aún se conservan algunas pinturas y sobre todo, de una manera general se olvida, que los objetos de lo cotidiano subsisten por doquiera. Huelga decir que su aparente insignificancia los protegió de las destrucciones de la cristianización tanto como, posteriormente, de la curiosidad de los arqueólogos y de los historiadores, muy poco interesados en interrogar estos testigos obstinadamente presentes del antiguo mundo. Ello explica que la idolatría haya resistido mejor en el marco doméstico donde logra conservar un constante asimiento al entorno inmediato, vale decir a lo esencial de su plausibilidad. Mientras que los calendarios esculpidos, los ''ídolos'' fueron rotos y los templos desmantelados, estos objetos anodinos, recipientes de barro, jícaras, esteras, piedras del hogar, cuchillos de obsidiana, incensarios, bordados de los huipiles, baratijas y juguetes de niño continúan aportando su soporte discreto y omnipresente a la idolatría. Se trata de un soporte material, técnico, funcional diríamos nosotros, y de mucho más todavía, en la medida en que la forma de esos objetos, los colores con que están pintados, los ademanes que los rodean, la orientación que se les imprime, ocultan un sentido, una capacidad de evocación inseparables del uso material que se les da. Todo aquí, sin excepción alguna, es significativo. La rotura de una cerámica, el crujido de una viga, las cenizas del hogar son otros tantos signos por descifrar que vinculan la casa con el universo del cosmos.[43] El maíz y el pulque son alimentos equiparables casi a una parcela de la potencia divina. Indiscutiblemente a esta inmediatez material, a esta especie de ''inmanencia de lo divino'' debe la idolatría el haber mantenido su arraigo y dominado largo tiempo su deriva, a pesar de la desaparición de las instancias normativas y políticas que la identificaban con el lenguaje y la expre-

[42] A, p. 115.
[43] LS, pp. 217-218.

sión del poder. Sin embargo, hay que tener cuidado de considerar este campo "material" (aunque ¿en realidad lo es?) como el simple refugio de una idolatría desprovista de sus formas más "nobles", lo que equivaldría a introducir una escala de valores carente de sentido puesto que, por el contrario, se trata de un estrato tan esencial como las manifestaciones complejas —o más que ellas— que por lo común llaman la atención.

Ello no impide que la pérdida de ciertos marcos y de ciertos componentes de la idolatría antigua, atemperada con el mantenimiento de un sustrato mayoritariamente doméstico, no haya quedado sin efecto. Antes que nada a través del debilitamiento de los saberes y de las prácticas. La representación indígena de la realidad que resulta del examen de la idolatría no tiene por qué ser legitimada ni explicitada. Los indios del pueblo buscan en ella los medios de una acción eficaz sobre los seres y las cosas, no una especulación que había sido atributo de los sacerdotes, de las "pinturas" y de los cantos. Al conjurador le basta con poner en práctica la red de relaciones y de combinaciones exigidas por el fin que se ha propuesto. Lo que no obsta para que la inteligencia de los conjuros reclame el mantenimiento de ese saber y en gran parte parezca haber menguado con la desaparición de los cleros tradicionales. Sabido es que en el siglo XVII el conjurador no aprende "palabras divinas", que su aprendizaje en cambio parece de los más sumarios. Los testimonios concuerdan en describir una enseñanza simplificada por la inculcación rápida de prácticas buenas para todo y de fórmulas polivalentes "para toda clase de dificultades". Según Ruiz de Alarcón, las invocaciones que sirven para localizar y para recuperar el *tonalli* extraviado con frecuencia han perdido parte de su sentido a los propios ojos de los indios. Es el mismo olvido de los antiguos cómputos, cuya importancia no nos hemos cansado de recordar: "Ni hay ya indios que entiendan [su cómputo ceremonial] ni saben cuándo entra o sale el año. Sólo les ha quedado la memoria de lo que en aquellos días hacían. Obran hoy cuando pueden y no cuando quieren y así obran afuera del tiempo de sus ceremonias."[44] Como en los títulos, antes que una representación explícita, dominada y precisa del tiempo, es una manera de percibirlo, un modo de sentir lo que continúa garantizando su especificidad.

El naufragio de las instituciones antiguas con toda evidencia es inseparable de los estragos del olvido. Y, sin duda, por encima de la evolución de la memoria de los notables sería conveniente escrutar el devenir de la memoria doméstica, diezmada continuamente por la enfermedad, extinguida con la desaparición del grupo o dislocada en la muerte de las generaciones o el desmoronamiento de los lazos familiares. Faltan los documentos. Pero tal vez nos expliquemos mejor los papeles de los "paquetes" domésticos, de las reliquias disimuladas en las casas que aseguran una apariencia de continuidad, pero cuya composición y cuyo origen somos incapaces de explicar con igual frecuencia.

Con el saber y la práctica debilitados, la idolatría en consecuencia nada tiene de

[44] LS, p. 141.

una construcción inerte e intangible. Es frágil en la medida en que se halla cada vez más separada de los entornos religiosos, culturales, sociales de los que era expresión y, por consiguiente, en que una parte de las estructuras que garantizaban su actualidad se desintegra o desaparece. Es frágil porque sus axiomas implícitos y subyacentes —la fluidez de los espacios y de los tiempos, la permeabilidad y la dependencia de los seres y de las cosas— se alimentan cada vez menos en la memoria oral, litúrgica, iconográfica, incluso cinestésica de antaño. A este respecto, la lectura de los conjuros puede resultar engañosa. Se cometería un error al confundir las palabras con las operaciones mentales que designan y con las prácticas que al parecer dominan. Las observaciones de los extirpadores del siglo XVII permiten suponer que la brecha ya se había abierto. En consecuencia, la idolatría corre el riesgo de dejar de ser una memoria semántica organizada para constituirse en una retahíla de fórmulas aisladas, esotéricas por huecas, y la realidad que transmite, de manera progresiva, el de agrietarse y disiparse.

Detrás de los golpes anteriores se leen sin dificultad alguna las consecuencias y los límites de la evangelización. Reprimiendo las formas más evidentes de los cultos autóctonos, la Iglesia asestó, como hemos visto, un golpe severo al monopolio de la idolatría, a la dominación simbólica indiscutible que ejercía; mas sujetándose en los ídolos, los ritos y los antiguos sacerdotes, olvidaba que debía habérselas no sólo con creencias y con prácticas, sino con un tejido extraordinariamente denso de relaciones y de combinaciones. Dicho lo cual, el cristianismo es también y desde hace un siglo sinónimo de los indios cristianizados, sea cual fuere la calidad de su adoctrinamiento. Desde los "pintores" que crean glifos cristianos hasta los fieles de las remotas "visitas", hemos visto la importancia que tuvo el catolicismo en las celebraciones públicas, en el espacio del pueblo y de un modo progresivo en la memoria comunitaria, al grado de inspirar parcialmente la composición de los *Títulos primordiales*. Al correr de las décadas, los indios se familiarizaron con ritos y liturgias, con imágenes —a ello volveremos— cuyas virtudes tuvieron tiempo de experimentar, a falta de penetrar siempre correctamente en su sentido. En esas condiciones, su cristianismo constituye una reserva de rasgos nuevos, de conductas, de fuerzas divinas que no puede dejar de "contaminar" la idolatría, para retomar, invirtiéndolo, el vocabulario de los extirpadores. Pero aún falta ponerse de acuerdo sobre la naturaleza de ese cristianismo. Desde luego, entre los indios es preciso distinguir grados de evangelización: el cristianismo de los nobles no es el de los notables que saben un poco de español, como tampoco es el de los macehuales. Entre estos últimos y en el campo predomina un cristianismo de la fórmula (la invocación trinitaria), del ademán (el signo de la cruz), de algunos sacramentos (el bautismo, el matrimonio, rara vez la confesión), un cristianismo en que la asistencia esporádica a misa es más un trámite de *fidelidad* que un acto de creencia. Nunca se insistirá lo suficiente en el grado en que la concepción personalizada de la divinidad, la concepción cristiana del individuo, y por consiguiente el lazo que las une, parecen haber desconcertado a los indígenas durante todo el siglo XVI y aun con posterioridad. Por consiguiente, no debemos sorprendernos de que las nociones clave de pecado y de más allá con frecuencia sean objeto de interpretaciones y de malentendidos que las privan de su sentido original. Así como difícilmente se comprende el dominio exclusivo que el cristianismo pretende reservar para sí. Sin duda, la amenaza cristiana se sitúa de manera más inmediata en otra parte. A saber en las disparidades de asimilación y de actitud que suscita en las poblaciones indígenas, en el consenso y en el *continuum* que resquebraja, en las vacilaciones y las contradicciones que engendra. Pensamos en esos conjuradores que aceptan abandonar sus prácticas para volver a ellas con posterioridad, en esos indios que denuncian otras a la justicia eclesiástica, en esos pueblos enteros que siguen los consejos de un curandero antes de adherirse a la opinión del todo opuesta de las autoridades eclesiásticas. Estas dilaciones y cambios contribuyen en el propio seno de las sociedades indias a poner en tela de juicio y minar en múltiples terrenos la influencia de la idolatría.[45]

Un adversario no menos serio acecha la idolatría en esos principios del siglo XVII. De manera paradójica, lo debe al propio éxito de los curanderos que acrecientan sus clientelas. La evolución es particularmente espectacular para dos clases de especialistas, los adivinos y los "conjuradores de nubes". Muy pronto tuvieron que responder a una demanda que emanaba de medios no indígenas pero muy convencidos de la eficacia de los procedimientos utilizados. Un cónyuge o un vecino mestizos, los mayordomos de las explotaciones españolas de la comarca, los vaqueros mulatos, los esclavos negros que trabajan en los ingenios, los españoles de los pueblos grandes y de las ciudades nutren las filas de una clientela dispar que busca, en la Nueva España como en otras latitudes, la curación, la fortuna, la lectura del porvenir, el dominio de los azares climatológicos, los éxitos en el amor. La aparición y luego el desarrollo de una demanda externa interesada sólo en la redituabilidad, la eficacia inmediata y tan ignorante como indiferente ante el conjunto de los supuestos, de los pormenores que hace intervenir la idolatría, tienen un efecto imprevisto: le abren una "segunda carrera", al mismo tiempo que alteran su sentido, su alcance y su sustancia. Contribuyen no sólo a una diversificación de las palabras y los ademanes sino también a una desnaturalización de sus implicaciones profundas. Bajo esta forma, la idolatría debe adaptarse a contextos nuevos, tomar en cuenta ciertas censuras, saber disimularse bajo los maquillajes cuando, por ejemplo, el curandero visita los conventos para aliviar en ellos a religiosas. A fuerza de comercializarse, de ofrecer servicios, de fijar tarifas, la idolatría de los conjuros parece evolucionar hacia los parajes muy frecuentados ya de las magias y de los hechizos de importación. No es que el curandero prehispánico no vendiera también sus auxilios, sino que su intervención se situaba en el contexto de una cosmogonía, de una búsqueda de equilibrios rotos. En un medio mestizo o español, obtiene dinero de una receta, de un expediente al que se recurre por curiosidad o por de-

---

[45] A, p. 86; LS, pp. 82, 112, 143, 232.

sesperación. Cierto es que algunos españoles, algunos mestizos, algunos mulatos
no vacilan en dar el paso que separa el alquiler de los servicios de la participación
personal; pero sin penetrar forzosamente en la realidad indígena, ni siquiera cuando adoran ídolos, visitan cuevas, comanditan sacrificios de menores o se dejan invadir por un pánico colectivo.

Las formas diversas que adopta el surgimiento de la sociedad colonial afectan la
integridad de la idolatría, menguando su campo, borrando en parte sus referentes,
poniendo directamente en duda su plausibilidad. Queda por saber si en aquellas
primeras décadas del siglo XVII, en los campos de Morelos o de Guerrero, esas modificaciones traen consigo acomodamientos, arreglos parciales, o si ponen profundamente en tela de juicio el conjunto de las representaciones y de su disposición. Por
aquellas fechas y en la mayoría de los casos, fuera de las ciudades y de un cristianismo público, la idolatría a pesar de todo parece haber conservado el dominio de los
procesos que hemos descrito. Ocurre que no está guiada por ningún principio de
exclusividad y que por tanto puede coexistir —hasta cierto punto— con lo que los
indios ''hacen'' de su cristianismo. Aquella coexistencia aparente habría de preocupar a la Iglesia desde los años 1570. El dominico Diego Durán se inquieta entonces
por la actitud indecisa de los indígenas que le resumía uno de sus interlocutores:
''*Creían* en Dios y juntamente acudían a sus costumbres antiguas y ritos del demonio.'' A mediados del siglo XVII, igualmente escandalizado, De la Serna comprueba
la doble observancia ritual entre los indios a los que persigue. ''Quieren parecer cristianos siendo idólatras.'' Si De la Serna se equivoca atribuyéndoles una conducta
maquiavélica hecha de hipocresía y de duplicidad, no deja de presentir la capacidad
que la idolatría ha conservado para capturar todos los rasgos que se le presentan para
insertarlos en su realidad: ''Afectan mucho las cosas de nuestra fe, mostrando a
ellas gran veneración [. . .] Quieren las más veces en sus conjuros, curas y supersticiones imitar los ministros de la Iglesia y usurparles sus oficios.''[46]

Nos falta seguir este proceso de captación y de absorción que constituye uno de
los resortes esenciales de la idolatría colonial. Cuando el lenguaje de los conjuros
adopta términos del cristianismo —la justicia del cielo, los ángeles de Dios—, los
coge en sus redes, los vacía de su contenido y los integra a sus composiciones. Ademanes, la señal de la cruz, fórmulas cristianas, la invocación trinitaria, tienen un
destino semejante, como muestran los conjuros que dirigen a las nubes los invoca-
dores de las lluvias y del granizo. Más decisiva aún es la inserción entre los autores
potenciales de un mal, de la Virgen, de los santos o de los ángeles: ''¿Sepamos quién
eres tú, el santo que estás enojado? ¿Si acaso eres Nuestra Señora o acaso eres San
Gaspar o acaso San Juan? ¿Quién es el enojado, si son los dueños de la tierra, los
ángeles de Dios?''[47] Se ha deslizado aquí el santo cristiano o, mejor dicho, los indios le han abierto el repertorio de las potencias peligrosas y ambivalentes cuya ira

[46] LS, pp. 337, 78, 338, 345.
[47] A, p. 125.

hay que temer. Un poco a la manera en que las imágenes cristianas aparecen en las "pinturas" clandestinas que vuelven a los ritos de antaño, esta acción corrobora la facultad que han desarrollado los modos de expresión tradicionales para captar elementos nuevos, abstraerlos de su contexto y someterlos a organizaciones autóctonas. Sólo que esta vez es la idolatría la que rige la disposición de estos rasgos. Otros ejemplos corroboran la viscosidad de una idolatría pronta a anexarse fuerzas nuevas, pero también nuevos ritos, sobre todo si extrañamente se emparientan con las celebraciones antiguas. De ese modo, es conveniente calmar la cólera de un santo "haciéndole alguna imagen o, si la tienen, haciéndole algún vestido o velo y añadiéndole adorno y haciéndole alguna fiesta".[48]

Todavía se podrán distinguir, he aquí lo esencial, grados en la captación. El santo cristiano con frecuencia es sólo una denominación suplementaria agregada a una divinidad antigua, conforme al concepto tradicional: "Estos dioses tenían estos nombres y otros muchos porque según en la cosa que entendían o se les atribuían, así les ponían el nombre." De ese modo la divinidad del fuego, el dios Viejo Xiuhtecutli era llamado también *Xoxeptzin* —San José— y *Ximeontzin* —San Simón—, tomando en consideración la avanzada edad de los dos santos. En ciertos contextos el Espíritu Santo llega a designar bajo la forma "el pájaro, el espíritu" —*in tototl in spiritu*— el agente que ataca al enfermo y lo hace impuro. En un registro del todo distinto, la idolatría de principios del siglo XVII abreva en el repertorio diabólico al que desnaturaliza del mismo modo para conservar sólo el principio del pacto con el demonio. Y eso en las inmediaciones de la capital del virreinato.[49] Pero ocurre que la adopción rebasa el calificativo para incluir un procedimiento específico, la intercesión; por ejemplo cuando el conjurador implora a la Virgen: "Sed mi intercesora porque hay muchas cosas que son hechuras vuestras que se pierden." La potencia invocada sin duda es más la Tierra que la madre de Cristo, pero la demanda de intercesión introduce una sensible evolución en la relación con la divinidad y en su personalización. No olvidemos que la "apertura" de la idolatría a otros grupos étnicos se complica en la época colonial con una desaparición de las instancias —el clero pagano, las escuelas— que antaño podían ejercer una censura. Desde entonces la permeabilidad, la sensibilidad ante la adopción representan tanto una fuerza como un riesgo en potencia.

En un terreno enteramente distinto, la idolatría contraataca adoptando el vehículo de la escritura alfabética, a partir del decenio de 1560 según Diego Durán. Pero, lamentablemente para nosotros, el dominico consideró inútil consignar "estos conjuros [que] andan escritos". En el siglo XVII, algunos sacristanes copian otras invocaciones e imprudentemente firman sus escritos con su nombre. En 1681, un indio de Iguala es acusado de detentar "numerosos libros que no eran buenos", otros ocultan "papeles escritos en su lengua de sus supersticiones y de sus bruje-

---

[48] A, p. 122.
[49] P, p. 372; A, p. 156; AGN, *Inquisición*, vol. 303, fol. 246.

rías''. Testimonios esporádicos revelan así la existencia de una idolatría escrita como antaño había habido una idolatría pintada.[50] Cabe preguntarse si la escritura de los conjuros (y tal vez de los calendarios) pudo tener algún efecto en el contenido que se transmitía. ¿Consolidó el proceso un saber y/o contribuyó a cuidar de su transmisión en una época de epidemias y mortandades? Algunos testimonios aislados dan cuenta de conjuros transcritos sobre ''papeles'' y legados de padre a hijo. El caso es que la práctica de la escritura nos conduce hacia estratos apreciablemente más aculturados de la población indígena, como cantores, fiscales, músicos que tienen a su alcance obras litúrgicas de las que extraen de ser necesario fórmulas y a veces largos pasajes. De ahí sin duda esos papeles destinados a combatir las fiebres y que tienen como propósito calmar la cólera y ''la justicia del cielo'', o aquel texto que, a fines del siglo XVI (1587), conservaba un conjurador como objeto precioso en su oratorio. Ejemplo extremo de un conjuro que retoma un escrito cristiano —las Horas de Nuestra Señora— para acaparar, por encima del vocabulario y las referencias, sus resortes esenciales —la intercesión de la Madre de Dios, la salvación— y deslizarse hacia el terreno de un cristianismo indígena que se aleja de un modo considerable de la idolatría. Esta invocación va acompañada de un dibujo que muestra un movimiento análogo: juntos, espalda contra espalda, un águila y un ''tigre'', a la manera de los blasones concedidos a la nobleza indígena; en el centro un cáliz bajo una hostia; arriba a la izquierda una bandera imitada de la de San Juan Bautista; bajo la pata del ''tigre'' un libro, sin duda el de las *Horas de Nuestra Señora*. Una vez más, ello da a entender que la permeabilidad de la idolatría puede esconder los gérmenes de su dilución.[51]

Así, tal vez resulte menos sorprendente encontrar entre los indios detenidos por la justicia eclesiástica a representantes de ese personal de iglesia, a esos auxiliares tan fervientes de la evangelización de las poblaciones. Es que resulta posible conciliar la *adhesión* a parcelas del cristianismo, a prácticas en lo esencial, con una aprehensión tradicional de la realidad, a ejemplo de aquellos cantores que también son ancianos y que colocan a los lados del difunto las tradicionales ofrendas alimentarias. A ejemplo de esos fiscales que conservan ''paquetes sagrados''. Se trata de dos registros desproporcionados, sin común medida, y que, por consiguiente, captados y vividos desde este ángulo, no son contradictorios. Por el contrario, parece posible y con frecuencia es imperativo el articularlos para la supervivencia del grupo, de lo cual se encargan mejor que nadie los indios de iglesia. Desde luego, entre ellos exceptúo una fracción devota (gobernadores y a veces notables), ganada por el cura y que se empeña en denunciar a los demás. Por lo demás es probable que sus actos con frecuencia hayan sido más reflejo de conflictos de intereses que la repulsa premedi-

---

[50] Durán, *Historia. . .*, *op. cit.*, I, p. 79; AGN, *Bienes Nacionales*, vol. 596, ''Petición de S. Ana Tlaxmalac'', 1681; *ARSI, Méx. 17*, ''Relación de la misión de los P. Pérez y Zappa'', 1685-1687; Agustín Dávila Padilla, *Historia de la fundación. . . de la provincia de Santiago de México. . .*, México, Academia Literaria, 1955, p. 618.

[51] LS, pp. 78, 289-290, 80-81.

tada del universo de la idolatría. En efecto, nada indica que ese grupo en verdad haya concebido la divinidad, la creencia, la relación con el tiempo y el espacio en términos cristianos y ortodoxos.

En cuanto al resto de esas poblaciones rurales, parece ser que su inmersión en la idolatría siguió siendo un elemento fundamental de su existencia a principios del siglo XVII, con los matices que aportan la diversa calidad de las memorias locales, la eficacia relativa de la supervisión eclesiástica, el laxismo de los curas. En esencia, los indios parecen reaccionar ante el contexto que los solicita. De una manera general, éste decide la acción, sea individual, doméstica o colectiva, cristianizada o pagana. Es el contexto lo que impone su trama, el recurrir a los ancianos, a los cantores o al curandero, y no el origen de los rasgos enfrentados. Y ese contexto, global, abrumadoramente, sigue siendo el de la idolatría, aunque esté abierto a la adición de fuerzas nuevas, al aporte y a la adopción de las liturgias y de las imágenes que difunde la Iglesia.

La idolatría de inicios del siglo XVII no puede considerarse realmente una supervivencia ya que conserva un amplio influjo, una sólida credibilidad, un dinamismo a veces agresivo. Sin embargo, varios elementos impiden hacer de ella una estructura inerte: la pérdida de los marcos que la sostenían, su permeabilidad que en el largo plazo abre el camino a una transformación de lo imaginario indígena y de su percepción de lo real; y, en fin, un adversario que sistemáticamente se dedica a imponer su experiencia de lo real, su sobrenatural, adversario al que volveremos muy pronto.

Sería preciso matizar largo y tendido estas conclusiones. Por ejemplo, ¿se aplican del mismo modo a los indios de México? Nos gustaría cuantificar la influencia de la presencia masiva de los españoles, de los mestizos, de los negros en los grupos indígenas que pueblan la capital, el papel de los contactos con esos curanderos que llegan del campo, el efecto de una cristianización más fuerte. La honradez nos obliga a confesar nuestro desconocimiento de ese periodo de 1600-1650, por permitir las escasas fuentes sólo hipótesis ya esbozadas con anterioridad: pérdida de credibilidad, empobrecimiento, fama de los curanderos y diversificación de las clientelas, a más, como ya veremos, de la competencia de un cristianismo del milagro y de las magias de África y de Europa. También es cierto que las memorias se conservan allí mejor que en las aldeas desiertas.

En cambio, se dispone de informaciones numerosas y ricas sobre ciertas regiones del obispado de Oaxaca, sobre los zapotecas de Sola, de Ocelotepec y de Juquila o los mixes de Villa Alta. Allí se descubre una idolatría abundante, distinta en su contenido puesto que corresponde a otras culturas, pero, sobre todo, menos afectada por la dominación colonial. Esa idolatría conserva redes y jerarquías de sacerdotes que transmiten enseñanzas, conservan el conjunto de los ritos tradicionales, organizan penitencias, sacrificios y fabrican ídolos. No es que el cristianismo se halle ausente de esas comarcas, pero en ellas está totalmente sometido a la idolatría. Los antiguos cómputos deciden el día de las ofrendas que se depositan en la iglesia, el altar

que ha de escogerse, el número de velas que se encienden. El santuario cristiano
está investido en todas partes por la idolatría, invadido de humo de copal, de plumas quemadas, manchado con sangre de las aves degolladas, perforado por hoyos
donde se amontonan las ofrendas. Ello supone, como ocurre, la complicidad e incluso la activa colaboración de las autoridades indígenas locales, caciques, principales, gobernadores, alcaldes que celebran invariablemente el año nuevo y la
entronización de los nuevos dirigentes. La idolatría mixe y zapoteca sigue siendo el
modo de expresión privilegiado de la vida comunitaria, de la detentación del poder, de la jerarquía de los cargos, y ni siquiera los mestizos podrían sustraerse a ella.
En cuanto a los indios de iglesia, cantores, organistas, fiscales, alguaciles de doctrina, se comportan como herederos de los antiguos cleros. Garantizan el culto de los
paquetes sagrados de los linajes y las comunidades, perpetúan el conocimiento de
los 13 dioses y de los 13 meses, enseñan el uso de los calendarios y conservan el dominio de un espacio marcado aún integralmente por sus connotaciones sagradas.

El mantenimiento de la tradición —vivida como una continuidad que la Conquista no hubiera interrumpido— no impide la adopción. Esos indios que viven
en regiones menos acu!turadas y difícilmente accesibles emplean de manera sistemática la escritura alfabética y redactan cuadernos de pequeño formato, de unas 8
hojas, en zapoteco, pero también en mixe, en solteco, en chatino. Estos librillos
—de los que se han podido salvar algunos ejemplares— en realidad son calendarios
que fijan la fecha de los sacrificios y de las ceremonias a ejemplo de las antiguas
"pinturas" (algunas de las cuales todavía se hallan en manos de los indígenas).
Algunas comunidades compran esos manuscritos a los indios que los conservan y
los copian. La cabal desviación de la escritura al servicio de la idolatría demuestra
el grado en que ciertas culturas indígenas conservan en aquel siglo XVII un pasmoso
poder de captación.[52]

Volvamos la mirada hacia la sierra otomí de Tututepec, al noreste del valle de
México y al norte de Puebla, allá por 1635. Allí volvemos a encontrar cleros paganos y sus acólitos, santuarios, ofrendas de papel, de copal, de guajolotes, divinidades de las montañas (Ochadapo), aguas (Muye), cosechas (Bez-Mazopho).[53] En
otras palabras, un paisaje mucho más "antiguo" que el de Morelos o el de Guerrero, que exige distinguir a un mismo tiempo la receptividad de los diferentes medios sociales, de los diversos grupos étnicos y de las regiones. Cada grupo con sus
ritmos, su inercia y sus aceleraciones. Explicar esas persistencias es a la vez sencillo
y difícil. Innegablemente entran en juego el aislamiento de las montañas, las co-
municaciones difíciles, la barrera de las lenguas locales (el zapoteco, el chatino, el

---

[52] Balsalobre, *Relación auténtica de las idolatrías. . .*, *op. cit.*; AGI, *Audiencia de México*, 357, 879,
882; AGN, *Inquisición*, vol. 615, fol. 64v.; José Alcina Franch, "Calendarios y religión entre los zapotecos serranos durante el siglo XVII", *Mesoamérica. Homenaje al Dr. Paul Kirchhoff*, México, SEP/INAH,
1979, pp. 212-224.

[53] Esteban García, *Crónica de la provincia augustiniana del Santísimo Nombre de Jesús de México*,
Madrid, López del Horno, 1918, p. 301.

otomí), el alejamiento de los grandes ejes de comunicación, la falta de población española. En el sur del obispado de Oaxaca se agregarán a ello los excesos de una administración española de rapacidad incontenible. No ignoramos que fue el peso intolerable de los repartimientos efectuados por los alcaldes mayores, los corregidores y sus secuaces lo que provocó el famoso levantamiento de Tehuantepec en 1660 y desató disturbios más o menos violentos en Nejapa, Ixtepec, Yanhuitlán. Pero sobre todo se recordará la fuerza conservada por comunidades indígenas que han logrado salvar lo esencial de sus tierras y cerrar esas regiones —por lo demás poco atractivas— a la penetración de la hacienda europea. En fin, tanto los títulos zapotecos como las encuestas realizadas luego del levantamiento de Tehuantepec dejan asomar la conservación de cierto sentimiento de identidad étnica difundido ampliamente y la existencia de nexos entre grupos tan distintos como los chontales, los mixes y los zapotecas. Allí, las sociedades indígenas todavía hacen gala de una cohesión admirable que encuentra en la idolatría un apoyo y un medio de expresión sin igual.[54]

[54] Basilio Rojas, *La rebelión de Tehuantepec*, México, Sociedad Mexicana de Geografía y Estadística, 1964.

V. LA CRISTIANIZACIÓN DE LO IMAGINARIO

POR ENCIMA de los enfrentamientos militares, políticos, sociales, económicos, el aspecto más desconcertante de la Conquista española probablemente sea la irrupción de otros modos de aprehender la realidad que no eran los de los indios, como en la actualidad no son del todo los nuestros. La "realidad" colonial se desplegaba en un tiempo y un espacio distintos, descansaba en otras ideas del poder y de la sociedad, desarrollaba enfoques específicos de la persona, de lo divino, de lo sobrenatural y del más allá. A decir verdad, las brechas que separaban sistemas de representación o los sistemas de poder se derivaban de una separación más global, subyacente y latente, vinculada a la manera en que las sociedades enfrentadas se representaban, memorizaban y comunicaban lo que concebían como la realidad o mejor dicho *su* realidad.

Sin embargo, los evangelizadores querían que los indios brindasen su adhesión al pivote más extraño de esa realidad exótica, sin referente visible, sin raíces locales: a lo sobrenatural cristiano. La empresa resultaba al mismo tiempo fácil e insuperable. Fácil, porque pese a las distancias considerables que los separaban, ambos mundos estaban de acuerdo en valorar lo suprarreal al grado de hacer de ello la realidad última, primordial e indiscutible de las cosas. Insuperable, pues la manera en que la concebían difería por todos conceptos. Los malentendidos se multiplicaron: Respecto a la creencia, ya que de modo general los indios la interpretaron como un acto, en el mejor de los casos una transferencia de fidelidad a una potencia nueva, suplementaria. Luego, respecto a la "realidad" del otro. Cada cual se apresuró a proyectar sobre el adversario sus propios patrones. Los indios primero creyeron reconocer en Cortés al dios Quetzalcóatl que había vuelto del lejano Oriente, rodeado de otros dioses, o bien descubrir en los religiosos la encarnación de los monstruosos *tzitzimime*, las criaturas de su "apocalipsis". Por su parte, evangelizadores y conquistadores no se quedaron a la zaga y tomaron a los dioses indígenas por manifestaciones múltiples de Satán. Nada había de sorprendente en que el diablo se pusiera a hablar en los ídolos donde habitaba, que poseyera a paganos hasta las puertas del bautizo o que escapara de un modo espectacular de los templos en que se lo había adorado. Acusados de empujar a los indígenas a la rebelión, de enfrentarlos contra el cristianismo, de provocar deliberadamente la sequía, los demonios fueron los protagonistas obligados de aquellos primeros años. Lejos de ver que se les negaba toda existencia, una parte de las culturas indígenas adquiría para los religiosos la realidad amenazadora y sombría de lo demoniaco.[1]

¿Quiere esto decir que por una inversión sistemática lo sobrenatural de uno se

---

[1] Motolinía, *Memoriales. . .*, *op. cit.*, pp. 32, 89; Sahagún, *Historia. . .*, II, p. 287, I, pp. 85, 94; Torquemada, *Monarquía indiana, op. cit.*, VI, p. 262.

constituía en lo diabólico del otro? No, pues ello equivaldría a atribuir a ambas partes lógicas análogas. Cierto es que las dos atribuían una función crucial a campos que, en principio, nosotros excluimos de nuestra realidad objetiva, pero eso era todo lo que las acercaba. La Iglesia y los indios no asignaban las mismas fronteras a lo real. La Iglesia restringía de un modo singular su territorio. Por regla general, excluía estados (el sueño, la alucinación, la embriaguez) a los cuales las culturas indígenas concedían una importancia decisiva, puesto que alentaban la producción y la explotación de las imágenes que aquéllos suscitaban y de los contactos que permitían establecer con otras potencias. Mientras que esas sociedades se mostraron ávidas de descifrar los sueños, la Iglesia combatió su interpretación negándoles toda importancia, tanto como condenó el consumo de alucinógenos, fuentes ''de enajenación, de visiones y de delirios'', vía perfectamente trazada a ''la locura y a la lujuria'', y como denunció la embriaguez bajo todos sus avatares, englobando en una misma reprobación formas rituales y sagradas próximas al éxtasis y a la posesión. La Iglesia limitó el campo de la realidad significante haciendo de lo que ella excluía manifestaciones del demonio, de vagabundeos de lo insensato o de la simple superchería.[2]

Faltaba aún hacer entender a los indios los conceptos y los criterios que organizaban la realidad definida por la Iglesia. El catecismo y la predicación fueron los canales principales del apostolado de los misioneros que toparon constantemente con los límites de la palabra. ¿Cómo hacer comprender y ver seres, figuras divinas, más allás sin equivalente alguno en las lenguas indígenas o en las representaciones locales? ¿Cómo si no mediante aproximaciones que acusen su sustancia y su forma? Todo se prestaba a confusión y a malentendido: el *Mictlán* nahua escogido para expresar el infierno cristiano no era sino una de las moradas de los muertos y, más todavía, un lugar glacial; el cielo cristiano designado por la palabra *ilhuicatl* no tenía sino unas cuantas cosas en común con el empíreo indígena y sus 13 niveles; *In tloque in nahuaque* —''el amo de lo próximo y de lo lejano''— que los religiosos habían adoptado para significar a Dios, en su origen calificaba a Ometéotl, Señor de la Dualidad de quien Tezcatlipoca y Quetzalcóatl eran dos de las múltiples manifestaciones. Escogido como nombre para la Virgen María, *Tonantzin* había servido antes para designar una de las formas de la diosa madre, etc. La inmensa labor emprendida por los religiosos chocaba con obstáculos infranqueables. La alternativa resultaba tan simple como frustrante: ¿era necesario emplear una terminología occidental perfectamente hermética para los indios o tender puentes, separando equivalentes, fuentes de infinitos malentendidos? El aprendizaje de las oraciones en latín muestra a la perfección los escollos del primer camino. Los trabajos lingüísticos del franciscano Alonso de Molina, los del segundo.

[2] Martín de León, *Camino al cielo*. . ., México, 1611, fol. 112v.; Diego de Nágera y Anguas, *Doctrina y enseñanza en lengua mazahua*. . ., México, Juan Ruyz, 1637, p. 26; LS, pp. 111, 114, 2Q5, 253, 275; Torquemada, *Monarquía indiana, op. cit.*, III, p. 41.

Pero, aun cuando se rodeaba de comentarios que hacían explícito su contenido y disipaban las confusiones, la predicación cristiana difícilmente permitía visualizar las entidades a las que sin cesar hacía alusión. De ahí el recurrir de inmediato a apoyos visuales de los que son una manifestación los catecismos testerianos. Mas la visualización gráfica que éstos proponían sólo podía interesar a una minoría de detentores de libros. Por otra parte, esa visualización era tan esquemática y aproximativa que su alcance siguió siendo limitado. Los frescos, las pinturas, las esculturas tuvieron en cambio una difusión mucho mayor. Sabido es que algunos evangelizadores reforzaron sus enseñanzas con cuadros que comentaban. En la segunda mitad del siglo XVI, el franciscano Mendieta "pintaba en ciertos lugares todos los misterios de nuestra redención para que los indios los comprendiesen mejor y muchas otras cosas de las Santas Escrituras del Antiguo Testamento. . .". Antes de él, Miguel Valadés, otro franciscano, había desarrollado de manera sistemática ese procedimiento.[3]

Al lado de las pinturas de retablo y de las esculturas, en casi todos los conventos y las iglesias, frescos monumentales desplegaban ante los ojos de los indios lo esencial de la iconografía cristiana. Algunos se han conservado. Si agregamos las obras de los artistas españoles y extranjeros, a la cabeza de los cuales se encuentran el antuerpiense Simón Pereyns, es manifiesto que desde la segunda mitad del siglo XVI los indios se vieron confrontados con numerosas representaciones de factura o de origen europeo, en particular los habitantes de los centros urbanos y de los pueblos que abrigaban conventos e iglesias importantes. Desde luego, otra cosa ocurre con los indígenas que visitaban esporádicamente una iglesia parroquial y que por lo común sólo tenían acceso a capillas decoradas con pobreza.

Pero los religiosos y los artistas europeos nunca fueron sino una minoría. Indios formados desde fines del decenio de 1520 en el taller abierto por Pedro de Gante en México, reprodujeron y difundieron las pinturas flamencas y españolas y más todavía los grabados que tenían ante sí. Sus obras adornaron las primeras iglesias y las moradas de los nobles indígenas. Numerosos émulos de la ciudad de México y del poblado vecino de Tlatelolco se apresuraron a seguir sus pasos, sin haber recibido siempre la misma formación. Al grado de que al poco tiempo, en 1552, el virrey Luis de Velasco, inquieto, pretendió someterlos a la supervisión de la capilla de San José, donde trabajaban Pedro de Gante y sus discípulos.[4]

Desde mediados del siglo XVI, el entusiasmo de los indios por las representaciones europeas marchó parejo con la proliferación de lo que llamaríamos una copia "salvaje". La reproducción oficial y fiel de la iconografía cristiana difundida en las iglesias del valle de México, la región de Tlaxcala, Michoacán, el obispado de Oaxaca, se duplicó con una producción "independiente" cuya "imperfección" criticada con frecuencia ha de atribuirse más a la interpretación del lenguaje occidental que a la torpeza indígena. Aquellos trabajos poblaron de imágenes cristianas los orato-

3 Torquemada, *ibid.*, VI, p. 369; Esteban J. Palomera, *Fray Diego Valadés, OFM, Evangelizador, humanista de la Nueva España. Su obra,* México, Jus, 1962.
4 Manuel Toussaint (1965), pp. 17 sq., 218.

rios domésticos que desde los tiempos prehispánicos se levantaban en todas las moradas indígenas. Nunca se insistirá demasiado en un fenómeno que marcó toda la duración del periodo colonial. Sustraída en gran parte a la supervisión de las autoridades eclesiásticas, la fabricación de imágenes cristianas, de pinturas, de estatuillas, de exvotos, llenó el universo indígena de representaciones que con frecuencia escandalizaron al clero. En 1585, algunas voces pidieron al III Concilio Mexicano que prohibiera la representación de los demonios y de los animales al lado de los santos, pues los indios los adoraban ''como antes''. En 1616, un sacerdote la emprendió contra los ''Cristos de bulto, imágenes pintadas en tablas y en papel con tan feas hechuras y mal talle que más parecían muñecas o monos u otra cosa ridícula''. Todavía en el siglo XVII un edicto de la Inquisición reclamó la incautación de las imágenes de pilón que los indios recibían graciosamente cuando adquirían mercancías y que ellos amontonaban en sus altares, ''tales imágenes cuya representación a nuestro sentido es tan disonante y diverso de los originales que existen en el cielo. . .'' Pero hasta 1681 ninguna ordenanza vino a reglamentar el trabajo de los escultores indígenas. Por tanto es indispensable tener presente que la iconografía cristiana se difundió en los medios más modestos a través del prisma deformador y recreador de una producción indígena, igual que el cristianismo lo fue por medio de indios de iglesia más que de los curas españoles.[5]

Más que los límites y las modalidades de su difusión, su estilo y sus cánones eran los que podían hacer difícil la asimilación de la iconografía cristiana. Para los evangelizadores, la reducción de los cultos indígenas a lo demoniaco implicaba al mismo tiempo una condena moral y un repudio estético. Los dioses locales no podían sino ser feos. El icono indígena de modo infalible era rebajado a la categoría de ídolo proscrito y repulsivo. Pero la descalificación y la venida a menos decretadas por los evangelizadores se apoyaban en categorías, clasificaciones y distribuciones desconocidas por los indios. Tanto más cuanto que, convencido de la universalidad de sus valores, el clero español rara vez se preocupó por explicarlos a sus fieles.

De ello no debemos deducir que las reacciones indígenas fueron negativas. Por una parte, los indios no podían escoger qué actitud adoptar, pero, sobre todo, su idea de lo divino no estaba regida por el principio de un monoteísmo exclusivo. Así, la mayoría de las veces se limitaron a agregar el icono cristiano a sus propias efigies, pintando al crucificado en medio de sus divinidades o, más prudentemente, disimulando las imágenes antiguas ''detrás de un paramento, o tras la pared o dentro del altar. . .'' La integración de la imagen cristiana a un campo autóctono —la ''pintura'', el altar doméstico—, la copia en general realizada por una mano indígena con los arreglos que imaginamos y para escándalo del clero español explican que la especificidad de los cánones occidentales no haya bastado para obstaculizar la recepción de esas imágenes. A decir verdad, esos cánones se desvanecían en parte

[5] AGN, *Bienes Nacionales*, leg. 732, exp. 1; Llaguno, *La personalidad jurídica del indio. . .*, *op. cit.*, p. 60; AGN, *Inquisición*, vol. 312, fol. 97r.; *Estudios acerca del arte novohispano. Homenaje a Elisa Vargas Lugo*, México, UNAM, 1983, p. 86.

bajo la proyección de las interpretaciones indígenas que atribuían otros sentidos y otros contornos a las imágenes de la fe cristiana. De todos modos la predicación repetida con el correr de los años y la multiplicación de las imágenes europeas contribuyeron a familiarizar a los indios con lo sobrenatural occidental dentro de los límites, es cierto, que imponían la extrañeza de las palabras, el exotismo de los trazos y el peso de las interpretaciones indígenas.

No sólo se necesitaba que los indios pudieran descifrar aquellas imágenes sino que a sus ojos fueran portadoras de una parte de la divinidad. Si el primer obstáculo sólo implica una costumbre progresiva a los códigos icónicos e iconográficos de Occidente, el segundo exige que los indios tengan la experiencia subjetiva de lo sagrado cristiano. Ahora bien, la primera Iglesia fue hostil al milagro, que, de creerla al respecto, sólo desempeñó un papel bastante secundario en la conversión de los indígenas. La repulsa del milagro, manifiesta entre franciscanos como Motolinía, Sahagún, el arzobispo Montúfar, correspondió a una concepción optimista, incluso triunfalista de la evangelización. Reflejó y apoyó una idea preconcebida indigenista que pretendía que el entusiasmo de los indios por recibir la fe había hecho superflua toda intervención milagrosa. En ello se verá también la influencia secreta pero indiscutible del erasmismo, algunas de cuyas preocupaciones inspiraron a Juan de Zumárraga, arzobispo de México. Acercándose a una religión sin milagros, discreta en cuanto a la imagen y a los santos, animada por el interés de ir al grano y de evitar las confusiones entre la fe y el paganismo, un ala de la Iglesia franciscana privaba al cristianismo de los medios de materializar o de visualizar un campo imaginario tan alejado de los indios. Por lo demás, al mismo tiempo que a los ojos de la Inquisición, frisaba la herejía.

Sin embargo, el milagro no aguardó en absoluto la clausura del Concilio de Trento ni la llegada de los jesuitas, ni tampoco la instalación del Santo Oficio (1571) para producirse en tierra mexicana. Los propios primeros franciscanos tuvieron visiones, practicaron la levitación y resucitaron algunos muertos, por lo demás en contra de la aseveración de Motolinía. Los ángeles, los santos, los demonios, el diablo atravesaron en gran número la existencia de los evangelizadores, sea cual fuere la orden a la que pertenecían. Pero apenas fue a fines extremos del siglo XVI cuando a una historia mezclada con hagiografía se le ocurrió hacer esas listas y anotar hasta el milagro más insignificante.[6] Aquella hagiografía aún respetó, a pesar de todo, lo esencial del clima de aquel primer siglo XVI, en la medida en que el milagro constituye en él más una experiencia interior que un instrumento de evangelización. Fue sólo en la segunda mitad del siglo cuando se situó de manera sistemática en una pedagogía de la evangelización y de lo sobrenatural por medio de religiosos cuya vida ejemplar y cuyos prodigios cautivaron la atención de los cronis-

---

6 Motolinía, *Memoriales*. . ., *op. cit.*, pp. 96-97; García Icazbalceta, *Don Fray Juan de Zumárraga*. . ., *op. cit.*, II, p. 42; Fernández del Castillo, *Libros y libreros*, *op. cit.*, pp. 4-37; Torquemada, *Monarquía indiana*, *op. cit.*, VI, pp. 172, 201, 262; Luis Weckmann, *La herencia medieval de México*, I, México, El Colegio de México, pp. 286-287.

tas. Uno de los primeros y más famosos de los que se ha dado en llamar los *venerables* sigue siendo sin discusión el agustino Juan Bautista de Moya, quien fue el apóstol de Michoacán y de Guerrero, donde penetró hacia 1553. De 1550 a 1650, de Querétaro al obispado de Oaxaca, del valle de Puebla a Michoacán, aquellos venerables llenan los campos mexicanos con el rumor de sus hazañas, dominan los elementos naturales, alejan las tempestades, atraen la lluvia, rigen las nubes y las plantas, provocan o apagan a voluntad los incendios, se entregan a la profecía y a la adivinación. Sobre todo, multiplican las curas milagrosas antes y después de su muerte, puesto que sus reliquias y sus cuerpos (despedazados pronto por fieles demasiado celosos) también están dotados de poderes prodigiosos. Sin extenderse sobre el papel que ejerce el venerable en la sociedad española y mestiza del siglo XVII, no se puede dejar de señalar el extraño parentesco que aflora entre esos religiosos de posición modesta con frecuencia, muertos en olor de santidad, de una ortodoxia inatacable, y los curanderos indígenas, los adivinos, los "conjuradores de nubes" que acabamos de conocer. Resulta de ello una misma función terapéutica —la *gracia de curar*— y climática, sobre todo una misma facultad de comunicarse con lo divino por el camino del sueño o de la visión. Se objetará que la analogía sólo es superficial, pero, ¿lo es tanto a ojos de los indios que interpretan esos fenómenos en su propio lenguaje? ¿Que ven "brujos" en los venerables y "santos" en los curanderos? Si bien es cierto que los venerables son los portavoces de la Iglesia barroca y, de una manera más general, del aparato colonial, ¿no encarnan también en su persona y en un medio indígena un mundo invisible, un poder divino, un relevo directo, una relación constante con la divinidad cristiana? Los venerables —y, no hay que olvidarlo, sus reliquias— se constituyen entonces en la expresión próxima, física, palpable, tangible de otra realidad, la que evocan mucho más remotamente las imágenes y de un modo más abstracto los sermones.[7]

Por convincentes que sean, los venerables todavía tienden entre los indios y lo sobrenatural la barrera de su cuerpo y de su presencia. Para abolir esa distancia, era preciso que los indios tuvieran la experiencia subjetiva de lo maravilloso cristiano. Ésta fue tan precoz como el aprendizaje de la lectura y de la escritura. Testificada desde las primeras décadas de la evangelización, la visión indígena fue recibida con circunspección por los evangelizadores franciscanos que, al correr el decenio de 1530, no por ello dejaron de conceder que "muchos indios neófitos tuvieron revelaciones y visiones numerosas y diversas". De ello recordaban ejemplos. Aquí, un globo de fuego apareció durante la misa arriba del santo sacramento, allá una corona de oro se posó sobre la cabeza de un franciscano que predicaba, en otro lugar el cielo se entreabrió ante la mirada de un indígena que aguardaba devotamente la apertura de las puertas de una iglesia. Desde aquellos años algunos indios moribundos fueron arrastrados hacia el más allá. Hacia 1535 Santa Catalina y Santa

[7] Gruzinski (1976) y, en colaboración con J. M. Sallmann, "Une source d'ethnohistoire: les vies de Vénérables dans l'Italie méridionale et le Mexique baroque", *Mélanges de l'École française de Rome*, 88, 1976-2, pp. 789-822.

Magdalena dieron a elegir a dos neófitos entre el camino repugnante de la idolatría y aquel, fragante y florido, que inauguraba el bautismo. En 1537, antes de
morir un indio de Cholula contó que ''había sido llevado su espíritu a las penas
del infierno a donde sólo del gran espanto había padecido mucho tormento y gran-
dísimo miedo [. . .] y luego fue llevado a un lugar de mucho placer y alegría y de
gran deleite''. Pero algunos indios exploraron más que el otro mundo cristiano.
Descubrieron uno tras otro a Cristo, a la Virgen, a los ángeles, a los santos, a religiosos sacrificados, al diablo en persona, que se manifestaron a varios de ellos. Producidas en general a las puertas de la muerte, aquellas visiones expresaban una
reprimenda, una advertencia, un consuelo o un mensaje dirigido al visionario o
a los vivos. La experiencia derivaba entonces de una pedagogía del pecado, de la
muerte y del más allá. Pero permanecía relativamente aislada y esporádica. La visión indígena existía, pero sin participar aún en una estrategia deliberada de evangelización.[8]

Es probable que la difusión del culto mariano aclare mejor las primeras etapas
de la cristianización de lo imaginario indígena. Y más exactamente lo poco que sabemos de los orígenes del culto a la Virgen de Guadalupe. No ignoramos que los
principios de esta devoción confirman la actitud prudente que la Iglesia mexicana
mantuvo en materia de milagros bajo la influencia franciscana. A fines de los años
1540, cierta devoción mariana se había desarrollado en una humilde capilla del
norte de la ciudad de México, en el lugar mismo en que antaño se levantaba un
santuario dedicado a Toci, la diosa madre. Aquella devoción había recibido estímu-
los del arzobispo Alonso de Montúfar, de españoles devotos y de las damas de al-
curnia que frecuentaban el santuario. Pero sobre todo había conocido el favor de
los indios que seguían llevando a la Virgen española las ofrendas que antaño desti-
naban a la diosa. En cambio, por boca de su provincial Francisco de Bustamante,
luego por la de Sahagún, los franciscanos denunciaron con violencia la devoción: ¿no
creían algunos indios que ''hacía milagros aquella imagen que pintó un indio y así
que era Dios''? A esa reticencia opuesta al milagro y al culto de las imágenes se
agregaba el temor de ver que los indígenas siguieran adorando con el nombre de *Tonantzin* a la antigua madre de los dioses y no a la Virgen María. Es probable que el
franciscano Sahagún fuera certero. Conocía lo suficiente a los indios para saber que
no sólo les resultaba natural concebir a la Virgen como una de las manifestaciones
de su antigua diosa, sino también confundir su imagen con la fuerza que representaba (''ella era Dios'').

Muy distinta era la actitud del clero secular, el cual sostenía que la devoción de
los españoles por la Virgen de la ermita ''redundará en pro y utilidad de los naturales [. . .] y así vendrán a convertirse''. No se podría significar de manera más explícita el propósito de explotar la devoción mariana de los españoles y los milagros

---

[8] Motolinía, *Memoriales. . .*, *op. cit.*, pp. 140-141, 163; Weckmann, *La herencia medieval de México*, *op. cit.*, I, pp. 216-219, 286.

de la imagen para provocar la de los indígenas. Se impusieron los seculares. La devoción criolla e indígena, la piedad de los virreyes no hicieron sino crecer en torno del santuario de la Virgen de Guadalupe en la segunda mitad del siglo, aunque todavía en ninguna parte se tratara abierta y oficialmente de una aparición milagrosa, menos aún de una imagen de origen divino, *manu divina depicta*. Pero ya sentaban lentamente sus reales algunos relatos y una tradición oral de los que se encuentran ciertos ecos en textos indígenas. Así, el *Diario* de Juan Bautista, aquel alguacil indígena de Tlatelolco, indica que ''en el año de 1555 se apareció Santa María de Guadalupe en el Tepeyac''; los *Anales de México* confirman: ''Año de 1556, descendió la señora al Tepeyac'', fecha que señala también el historiador indígena Chimalpahin en sus *Relaciones*. En consecuencia, parece ser que, desde fines del siglo XVI, medios indígenas alfabetizados recogían la huella de una o de varias apariciones que situaban a mediados de siglo, es decir, en un momento en que el culto ya se halla históricamente bien establecido. Cabe interrogarse sobre la existencia de ''pinturas'' indígenas que habrían consolidado la mariofanía, de exvotos que habrían sido puestos en el santuario y que de ese modo acaso hayan contribuido a su divulgación. Pero de ellos no queda al parecer huella alguna.

Tercer tiempo y coronamiento de esta gestación es la intervención del clero secular en 1648, bajo la pluma de Miguel Sánchez. Su obra, *Imagen de la Virgen María, Madre de Dios, de Guadalupe.* . ., reúne y unifica los relatos que circulan por aquel entonces, dándoles una forma casi definitiva y dotándoles del fundamento teológico que les faltaba. Según Miguel Sánchez, en 1531 la Virgen se habría aparecido en reiteradas ocasiones sobre el cerro del Tepeyac a un indio llamado Juan Diego. Ella le habría dado la orden de cortar flores y de llevarlas al obispo de México, Juan de Zumárraga. Cuando, ante el obispo, el indio desplegó la tilma que envolvía las flores, la imagen de la Virgen apareció impresa sobre la tela. Al publicar un año después (1649), pero en náhuatl, la misma versión, Luis Lasso de la Vega, el sacerdote que tenía a su cargo el santuario de la guadalupana, se proponía deliberadamente llegar a un público indígena ''para que vean los naturales y sepan en su lengua cuanto por amor a ellos hiciste [la Virgen] y de qué manera aconteció lo que mucho se había borrado por las circunstancias del tiempo''. Desde entonces, los escritos, los sermones, los sonetos, los poemas dedicados a la Virgen de Guadalupe alimentan el principio de un nacionalismo criollo mientras que los retablos, las predicaciones y el teatro edificante se encargan de hacer repercutir en el mundo indígena el relato fijado de ese modo: autos sacramentales sacados de la obra de Lasso de la Vega se montan en los pueblos por iniciativa de los curas y a solicitud de los indígenas.[9]

9 Ernesto de la Torre Villar y Ramiro Navarro de Anda, *Testimonios históricos guadalupanos*, México, FCE, 1982; Sahagún, *Historia.* . ., *op. cit.*, III, p. 352; AGI, *Audiencia de México*, 22, exp. 81 *bis*; Francisco de la Maza, *El guadalupanismo en México*, México, FCE, 1981, pp. 30-31, 73-81, 182-186; Jacques Lafaye, *Quetzalcoatl et Guadalupe*, París, Gallimard, 1974; David H. Brading, *Los orígenes del nacionalismo mexicano*, México, SepSetentas, 1973; AGN, *Bienes Nacionales*, leg. 1162, exp. 5; AGN, *Tierras*, vol. 2278, exp. 2 (texto de una representación dada en 1684).

La recuperación de tradiciones orales, su cristalización y su puesta en circulación de nueva cuenta en una forma estandarizada por Sánchez y Lasso de la Vega, la gran encuesta de 1666 dan fe, por si fuera necesario, de la manera vigorosa en que la Iglesia toma en sus manos la mariofanía del Tepeyac. No es indiferente que, a la manera de los *Títulos primordiales*, la Iglesia se proponga forjar un pasado, de cuya autenticidad, ella también, está convencida. Un pasado llamado a ser más real y más inquebrantable que el pasado histórico. Una vez más, como los Títulos, pero a una escala enteramente distinta, los dos sacerdotes establecen una memoria y ofrecen los fundamentos de una identidad a una sociedad nueva. Los procesos son casi análogos, aunque pongan en juego fuerzas del todo desiguales. Ambos dan fe del peso decisivo que tiene para la historia de México aquel siglo XVII barroco. Se puede definir este proceso como el restablecimiento de influencia, la manipulación al mismo tiempo deliberada e inconsciente, pero no invención. No obstante, hay que evitar los resúmenes fascinantes o polémicos. La devoción a la Virgen de Guadalupe se desarrolló progresivamente en torno a una imagen contra la voluntad de una parte de la Iglesia mexicana, saliendo al encuentro de la piedad española y de la perpetuación de un culto autóctono. Fue con posterioridad, apenas en las últimas décadas del siglo XVI y las primeras del XVII, cuando la tradición de la aparición se sumó a las prodigiosas curaciones realizadas por la imagen y se difundió a todos los medios. A esos años decisivos, pero perjudicados por las fuentes, hay que remontarse para descubrir la amplitud del proceso sin precedente que afecta entonces las culturas indígenas, la indianización de lo sobrenatural cristiano. De ello se trata precisamente cuando los indios se convencen de que la Virgen del Tepeyac se apareció a uno de los suyos dejándole una señal prodigiosa. Paso éste tanto más decisivo cuanto que no fue aislado. En 1576, en 1580, se aparecen vírgenes a indios de Xochimilco y de Tlatelolco, en las inmediaciones de la capital. Tres años después, el traslado del crucifijo de Totolapan estuvo acompañado de prodigios que corroboran la sensibilidad adquirida por los medios indígenas de la capital para lo maravilloso cristiano. Al paso de la imagen, en medio de curas milagrosas, los indios vieron cómo se movían los brazos del crucificado, ''unos piensan que está vivo y les echa su bendición; y otros piensan que es el verdadero Cristo que murió en manos de los judíos y otros piensan que es Dios y lo adoran como a Dios. . .'' Ante los agustinos que se empeñaron en propagar los milagros del crucifijo, los franciscanos, como de costumbre, se inquietaron en cambio por los avances de la devoción y reclamaron la intervención del Santo Oficio. Pero, hecho significativo, lo que les preocupaba ya no eran ni la incredulidad ni el paganismo de los indios de la capital, como había ocurrido 30 años atrás, sino más bien las posibles desviaciones de la exaltación religiosa entre ''gente de poca capacidad que no se les levante el entendimiento de los cabellos''. Vale decir que, entre los indios de México y de los alrededores, existía en los años 1580 una receptividad para el milagro que ya no era sólo una disposición individual sino claramente una cuestión colectiva. Al parecer, es ésta una diferencia principal con los milagros catalogados en la primera mitad del siglo y un indicio del grado de cristianización de los indios de la capital acerca del cual ya nos habíamos interrogado con brevedad.

Otras iniciativas marcaron aquella década. Un año después del traslado del Cristo de Totolapan, algunos dominicos abren el santuario del Sacromonte en Amecameca, al sureste del valle de México.[10] También en esta época y durante todo el siglo XVII se multiplican y se extienden por toda la Nueva España las imágenes milagrosas de la Virgen, de Cristo, las cruces prodigiosas. Bajo el triple impulso de la Iglesia barroca, de la piedad española y de la devoción indígena la tierra mexicana se puebla entonces de devociones locales y regionales. Lo sagrado y lo sobrenatural de los vencedores arraigan en el paisaje, se aferran a cerros (el Tepeyac, Los Remedios, cerca de México), a montañas, a desfiladeros (Chalma), a minas; se instalan en las laderas (Huatulco), se extienden tanto a los centros urbanos (México, Puebla, Oaxaca) como a parajes más aislados (la Virgen de Juquila en Amialtepec). Imprimen una nueva significación a sitios que hasta entonces habían sido las memorias mudas del mundo antiguo, si hemos de creer a las *Relaciones geográficas*. Esta penetración y esta territorialización de lo invisible cristiano, este maremoto de imágenes durante las primeras décadas del siglo XVII corresponden sin discusión al desvanecimiento de las veleidades erasmianas, al alejamiento de las utopías misioneras. Se adhieren al advenimiento de una Iglesia en cuyo seno la jerarquía, el clero secular, los canónigos de las nuevas catedrales y los jesuitas han empezado a desplazar a las órdenes mendicantes de la posición dominante que ocupaban. La instalación del Tribunal del Santo Oficio (1571), la llegada de los jesuitas (1572), la celebración del III Concilio Mexicano (1585) acompañan la victoria del manierismo y luego de sus avatares barrocos sobre el arte monástico que muere con el siglo. De esa Iglesia postridentina se ha dicho hasta el cansancio que había abandonado a los indios cuando que se propuso dedicarse a ellos de otro modo en un contexto transformado. Con un personal sin cesar creciente puesto que sólo el clero regular aumenta de 800 a aproximadamente 3 000 personas de 1559 a 1650 en toda la Nueva España, mientras los sacerdotes seculares pasan de 158 a 451 entre 1575 y 1622 tan sólo en el arzobispado de México. No obstante, si es indiscutible que el enmarcamiento eclesiástico de las poblaciones indígenas cobró cuerpo, resulta más delicado apreciar sus efectos en poblaciones con frecuencia desorganizadas por la enfermedad y las "congregaciones". Limitémonos a suponer una mejor repercusión de las políticas eclesiásticas, sin querer igualar con precipitación la cristianización y el crecimiento de los efectivos, y recordemos que la Iglesia barroca está dispuesta a convalidar las devociones, los cultos, los milagros que circulan en las poblaciones indígena, mestiza y española de la Nueva España. A condición de codificarlos y de canalizarlos en celebraciones en que las pompas barrocas desempeñan un papel decisivo.

Sobre todo, no olvidemos que esta política se sitúa en una Nueva España distin-

[10] Mendieta, *Historia eclesiástica indiana*, *op. cit.*, III, pp. 108-109; IV, p. 49; AGN, *Inquisición*, vol. 133, exp. 23 [1583].

ta de aquella que inauguró la Conquista. Sabido es que en 1585 los indios ya sólo son dos millones, en tanto que la población española, negra y mestiza, siempre minoritaria, conoce un crecimiento constante. Desde el siglo XVI, indios cada vez más numerosos abandonan sus ciudades y sus pueblos para trasladarse a los centros de gran población blanca y mestiza. Fundada en el siglo XVI, Puebla, la segunda ciudad del virreinato, cuenta con cerca de 17 000 indígenas, mientras Querétaro, Celaya, Valladolid en Michoacán y Zacatecas atraen a millares de indios. Cada vez más en contacto con los españoles y los mestizos, los indios son llevados a integrarse más a una religiosidad colectiva, pluriétnica, marcada por las grandes procesiones anuales —las procesiones de Corpus Christi—, los autos de fe de la Inquisición, las suntuosas beatificaciones. Surge una sociedad nueva, citadina, a imagen de aquellas catedrales cuya construcción ha sucedido a la de los conventos y que reciben bajo sus naves todos los estratos de la población: corporaciones y cofradías, autoridades civiles y eclesiásticas, ricos comerciantes y caciques indígenas sin olvidar aquellas multitudes compuestas de indios, de mestizos, de negros, de mulatos y, ya, de "blancos pobres". En fin, si bien las noblezas indígenas con frecuencia ya sólo son la sombra de lo que fueron, los españoles tampoco se salvan de una sociedad que acaba muy pronto con los hombres y las fortunas: ¿acaso no hicieron progresivamente a un lado las nuevas generaciones de pobladores a los descendientes arruinados de los conquistadores? ¿Debemos asombrarnos de que, en aquel mundo más urbano, más mezclado, el culto de la Virgen de Guadalupe, como también la inmensa mayoría de las devociones marianas, asocie todos los grupos étnicos y florezca, como tantos otros, a la sombra de las ciudades o en sus alrededores?[11]

Pero no basta con observar fenómenos generales para captar el modo en que la Iglesia intentó la conquista y la colonización de lo imaginario indígena. Demasiado globales o demasiado parsimoniosos, los testimonios recordados hasta ahora difícilmente permiten definir las modalidades prácticas de esta infiltración progresiva. Tampoco basta con proponer la intensificación de la cristianización o el aumento de los mestizajes para explicar el fenómeno. Donde hay que tratar de captarlo es en el nivel de la interiorización individual, de la experiencia subjetiva, a condición de que se disponga de los medios para lograrlo. Ocurre que la Compañía de Jesús ha conservado el indicio de un número considerable de fenómenos sobrenaturales —en este caso visiones— vividos por indios y recogidos por sus miembros en el transcurso de su apostolado. Abundan sobre todo para el periodo de 1580-1610, el que precisamente es objeto de nuestra atención.

En otra parte he mostrado de manera detallada el modo en que los jesuitas organizaban su predicación en torno a visiones que habían tenido los indígenas a los que se dirigían.[12] Consignaban experiencias ejemplares recurriendo a una dramatización deliberada con trazas de psicodrama colectivo, que arrastraba toda o una

[11] Israel (1975), pp. 39-42, 45-79; José de la Peña, *Oligarquía y propiedad en Nueva España 1550-1624*, México, FCE, 1983, p. 237.
[12] Gruzinski (1974).

parte de la comunidad a estados de depresión o de excitación profundos —la moción— en que se mezclaban el dolor, las lágrimas, la estupefacción, el temor, a veces el pánico. Los jesuitas brindan a los indios una incitación a la visión, una estandarización de sus delirios y algunos modelos de interpretación. Es evidente que sobreponen los mismos esquemas a estados y desórdenes muy distintos cuya especificidad se nos escapa casi siempre. Pero esos modelos y esas tramas son difundidos y vueltos a difundir con tal convicción que hay lugar para creer que los indios acaban por interiorizarlos y, algunos, por reproducirlos con bastante exactitud. Codificación, estereotipias y delirios indígenas se sobreponen al grado de confundirse, si no siempre en el espíritu del visionario, cuando menos en el de la comunidad edificada y "conmovida". ¿Qué encontramos en él? Lo esencial de la imaginería cristiana, el infierno y sus demonios, el paraíso y sus santos. El antagonismo del bien y del mal reviste allí todos los avatares imaginables e inspira hasta oposiciones secundarias que subrayan y apoyan a las primeras: el cromatismo, las intensidades luminosas, los olores, los sonidos, los materiales se reparten en pares antitéticos que repiten en todos los tonos la dualidad y su resolución última para beneficio del Bien, de Dios, de la Virgen, etc. Lógica imperturbable y rígida de un sistema que de modo infalible clasifica en una sola y única casilla lo feo, lo sulfuroso, lo oscuro, el estrépito. Estamos en las antípodas —mas, ¿lo sospechaban los jesuitas?— de la idolatría en que dominan, como se recordará, la ambivalencia de los dioses, la permeabilidad de los seres y de las cosas, las transformaciones sutiles, las múltiples combinaciones. Por el contrario, la visión cristiana obra de acuerdo con un esquema simple y simplificado —piénsese en la frecuente exclusión del purgatorio—, dualista en su estructura y que resume lo esencial de lo sobrenatural y del mensaje cristianos. Contando con la interiorización de estas asociaciones y de estas tramas repetitivas, la pedagogía jesuita de lo imaginario se aplica entonces a los registros más diversos. Rebasa los límites de la palabra y de la imagen pintada para arraigar en lo afectivo, lo subjetivo, una experiencia indígena de ese otro lugar cristiano. Explotando las emociones, el miedo, la angustia; integrándolos a una problemática del pecado y de la condena; disipándolos mediante técnicas rituales —la confesión, la penitencia— que conducen a la cabal asimilación de la temática cristiana de la salvación y de la redención.

Para tratar de definir mejor el fenómeno, digamos que los jesuitas habrían ofrecido a algunos indios perturbados temporalmente una estructuración de sus delirios en forma de una serie de síntomas restitucionales tomados del cristianismo. Y ello con tanto mayor éxito cuanto que las culturas indígenas por aquel entonces disponen con más dificultad de los medios de asumir, de interpretar y dar una formulación a esas perturbaciones. Al respecto, remito a las páginas dedicadas a la crisis de la idolatría. Los guiones cristianos se prestan, por ejemplo, para la ilustración y, no hay que olvidarlo, para la resolución de arrebatos delirantes, de psicosis alucinatorias o de delirios de persecución. Esta reformulación cultural parece esencial por múltiples conceptos. Permite hacer de las creencias cristianas en el más allá y de las representaciones vinculadas con él una *experiencia subjetiva* (aunque culturalmente estructurada),[13] que luego puede ser comunicada y compartida, pero de otro modo, por el resto de la comunidad indígena. Es comprensible que la visión haya sido así el apoyo de una penetración de lo sobrenatural cristiano bajo la dirección apasionada y vigilante de los padres de la Compañía. En estas condiciones, también es comprensible que haya constituido un vehículo privilegiado de la aculturación puesto que introduce, no sólo en lo imaginario indígena de las imágenes, de las conductas —ante la divinidad, ante la falta—, sino también de las obsesiones, una estructuración de las emociones y de las angustias. El ejemplo jesuita muestra a una escala más modesta un proceso de mucho mayor envergadura, que se desarrolló en la Nueva España desde fines del siglo XVI y principios del XVII, digamos entre 1580 y 1650. A mi parecer, ese proceso permite captar mejor el desarrollo de los cultos marianos o de las imágenes milagrosas que florecen por todas partes. Lo que se pone en tela de juicio en cada ocasión es la adhesión dirigida de las multitudes indígenas hacia lo sobrenatural cristiano, la invasión de lo sobrenatural exótico, su arraigo en suelo mexicano. Sin que por tanto sea preciso negar la existencia y la manifestación de experiencias propiamente indígenas sin las cuales los procesos que acabamos de describir habrían seguido siendo un pegoste sin mañana.

De creernos a ese respecto, la Iglesia habría emprendido desde fines del siglo XVI la conquista tranquila e irresistible de los espíritus, auxiliada por las dificultades y por los callejones sin salida de una idolatría en retroceso. Ello equivaldría a olvidar que la Iglesia —hacia 1650 un poco más de 5 000 sacerdotes— no tenía el monopolio de lo sobrenatural de Occidente, como tampoco la idolatría detentaba el de lo demoniaco con que se la cubría. Soldados, artesanos y campesinos españoles, esclavos africanos, y hasta marranos (judíos conversos) introdujeron consigo un acervo de creencias ilícitas y de prácticas clandestinas que el Tribunal del Santo Oficio se esforzó por contener más que por extirpar. Si a esos grupos se suman los mestizos y los mulatos, una población de más de 400 000 almas despliega, en mitad del siglo XVII ante los ojos de cerca de un millón de indios, usos más de una vez heterodoxos.

La dominación de la Iglesia en ningún momento se vio en realidad amenazada. Sin embargo, muy pronto volvió a encontrar en suelo americano a sus "adversarios" habituales, los herejes y los judíos. Los primeros fueron un número insignificante y es probable que nunca con influencia real en el mundo indígena. Fuera de un puñado de piratas protestantes que tuvieron la desgracia de caer en las redes de la Inquisición y de las pálidas réplicas del erasmismo, e incluso del luteranismo que polemizaban sobre el matrimonio de los sacerdotes o la confesión, los ataques contra la Iglesia se limitaron a estallidos individuales, esporádicos y triviales. Recordemos, sin exagerar su efecto, la presencia de una comunidad judía clandestina que fue la única en encarnar una religión distinta del catolicismo y, por su sola exis-

[13] Georges Devereux, *Essais d'ethnopsychiatrie générale*, París, Gallimard, 1971, p. 25.

tencia, en poner abierta y radicalmente en tela de juicio sus orígenes y sus fundamentos. Más bien era el ruido causado por los edictos de la Inquisición y los autos
de fe lo que podía llamar la atención de los indios de las ciudades hacia aquellos
españoles y esos portugueses que se sustraían a las presiones de la Iglesia llevando
una doble vida en que el cristianismo no era sino máscara y apariencia. En cambio,
es indiscutible que la mala conducta de los españoles, de los mestizos y de los
negros, sus subterfugios, su habilidad para rehuir las obligaciones impuestas por la
Iglesia pesaron de un modo abrumador en los comportamientos de los indígenas,
quienes, tras sus pasos, descubrieron los caminos del concubinato y de la bigamia
opuestos al carácter indisoluble del matrimonio y al imperativo monogámico. No
está de más recordar que, para la generalidad de los indígenas, el cristianismo fue
tanto el de los clérigos como la versión que les ofrecían los indios de Iglesia y, de
manera más esporádica, los españoles, los representantes de la Corona, alcaldes
mayores y corregidores, los mineros, los mestizos, los mulatos con los que se cruza-
ban en la ciudad o en el pueblo.[14]

Hacia donde hay que volverse para descubrir espacios que rompían la influencia
que la Iglesia pretendía ejercer sobre lo sobrenatural son más las magias coloniales.
Multiplicando los pactos con el diablo, es más, "obligando a los demonios a hablar con ellos", practicando la adivinación, españoles, negros, mulatos y mestizos
se arrogaban poderes comparables a los de los conjuradores indígenas. A diferencia
de la idolatría y el cristianismo, las magias coloniales no se apoyan en absoluto en
ningún enfoque relativamente homogéneo del mundo. Por lo general, han roto
los vínculos que los ligaban a los medios y a las sociedades que las produjeron, ya
se trate de los campos ibéricos o de las malezas africanas. A ese desarraigo irremediable se agregan la disparidad de sus orígenes, la evolución caótica de sus componentes y la multiplicidad de sus formas. Algunas prácticas se inspiran cercanamente
en la liturgia católica y "abusan de la eucaristía, del santo óleo, de los altares y de
otras cosas sagradas". Otras se apartan de las plegarias cristianas. Otras más retoman
tal cual, o con algunas enmiendas, el modelo de la hechicera europea, de su pacto
con el diablo, de sus vuelos nocturnos, del aquelarre, aun cuando la serpiente y el
sapo sustituyan con frecuencia el gato de la península. La aportación ibérica y mediterránea se mezcla en fin con creencias, amuletos, técnicas adivinatorias originarias
de África. Aquella heterogeneidad no impidió el encimamiento, la superposición
y la fusión de las prácticas y de las creencias. Pero éstas siguen siendo antes que nada
prácticas y *creencias*, sin desembocar jamás en la instauración de una aprehensión
globalizante o totalitaria del mundo. El producto es una amalgama inestable, comparable a esos amuletos que reúnen sin orden ni concierto plantas de extracción in-

---

[14] Solange Alberro (1984); Richard Greenleaf, *The Mexican Inquisition in the Sixteenth Century*,
Albuquerque, University of New Mexico Press, 1969; AGN, *Inquisición*, vol. 335, exp. 12, fol. 127r.;
vol. 572, exp. 18, fols. 363r.-363v.; vol. 187, exp. 11; vol. 312, exp. 57, fols. 300r.-316r.; *Indiferente*,
General, "Libro de testificaciones del obispo Frai Juan de Çumárraga" [1536-. . .].

dígena, escapularios, piedras imantadas. Un producto que se limita a la resolución del padecimiento biológico o social y cuyos componentes varían según los lugares, las dominantes étnicas, sin alcanzar nunca la extensión y la cohesión del cristianismo o de la idolatría. De ello derivan una multiplicación, una dispersión y una fragilidad de las adhesiones y de las repulsas personales, puesto que ninguna autoridad podría garantizar la validez o la superioridad de tal o cual forma de adivinación o de tal o cual manipulación.

Falta espacio para interrogarse acerca del sentido y de la función de la brujería y de la magia coloniales, de orígenes mezclados. Si bien ponen en marcha conceptos y prácticas de todas latitudes, su fin es mucho más unitario. En un universo tan institucionalmente rígido y jerarquizado como la sociedad colonial, con frecuencia ofrecen el modo (ilusorio o no) de eludir las desigualdades que suscita la dominación española de las masas indígenas a las que se unen en número creciente esclavos africanos y sobre todo seres híbridos de toda especie. Esclavos negros que en el siglo XVII emplean toda su fuerza para sobrevivir en un medio desconocido y hostil, buscando vengarse o protegerse de la opresión de sus amos. Mestizos que no encuentran ni en el mundo de los blancos ni en el de los indios un lugar para sí. Esclavos mulatos que tienen la esperanza de ver a su progenitura emancipada a condición de que se apoye, si puede, en las multitudes mestizas e indígenas. Indios ladinos bastante aculturados para compartir la vida de los mestizos y de los mulatos, pero irremisiblemente condenados como ellos a ocupar los peldaños más bajos de la sociedad mexicana. En fin, no hay que olvidarlo, esos blancos insignificantes sin porvenir, esos españoles, huérfanos, viudas o abandonadas y por consiguiente dependientes de sí mismas cuando no de la prostitución, engrosan las filas de una clase insoportablemente apartada del poder y de las riquezas que se reparten todos los poderosos del virreinato. En aquella sociedad arrinconada, el sexo con frecuencia permite salvar las barreras sociales y étnicas y las magias eróticas que, con toda evidencia, son el instrumento indispensable de esas estrategias amorosas que tejen entre la curandera indígena, la hechicera mulata y la mujer española las complicidades secretas y los fuertes lazos que Solange Alberro ha estudiado de un modo admirable. Y para manipular los deseos se abreva indiferentemente en todas las culturas.[15]

La magia y la brujería presentan pues todos los espejos seductores de sus saberes y de su eficacia. Abren una entrada fantasmal a los valores y a los bienes que les niegan la existencia. De ahí la sensación de que es sobre todo la función pragmática lo que contienen esas prácticas, de que la eficacia inmediata se impone a la coherencia de las creencias y de los rasgos, tanto como la improvisación de los medios a la tradición. El cliente —aquí hay que hablar en términos de mercado y de mercancía— está dispuesto a todo para conseguir sus fines, al grado de que algu-

[15] Aguirre Beltrán (1973), pp. 112, 204, 219, 209; *III Concilio Provincial Mexicano*, México, Maillefert y Compañía, 1859, pp. 405, 375, 376; Noemí Quezada, "Oraciones mágicas en la Colonia", *Anales de Antropología*, XI, 1974, pp. 141-167, y *Amor y magia amorosa entre los aztecas*, México, UNAM, 1975.

nos españoles, sin duda más numerosos de lo que imaginamos, no vacilan en "idolatrar" con indígenas para lograr lo imposible. De allí esa cascada de ademanes, de sustancias, de amuletos, de fórmulas, esos circuitos discretos que, tanto como la corrupción, confieren a la heterogénea sociedad colonial su dinamismo y su plasticidad.

En fin, al pragmatismo se agrega cierto interés por la redituabilidad, por la comercialización de las prácticas y de las creencias pues, por modesta que sea o por vital que se la considere, la magia es un servicio por vender que da para vivir a más de uno y más de una. También en ese sentido, la magia con frecuencia es sólo un sistema de defensa a disposición de los múltiples marginados de la sociedad de la Nueva España.

Las separaciones inapelables que la Iglesia se empeña en imponer a los indígenas se ven así pulverizadas aquí en beneficio de una miríada de creencias y de prácticas. Ese paisaje móvil y abigarrado, contradictorio en sus reglas y desconcertante en sus criterios, es lo que descubren y aprenden a conocer los indígenas. Nunca se insistirá demasiado en ese factor suplementario de desorientación que se agrega al hermetismo del cristianismo y a la anomia del siglo XVI. Hay que ser gran clérigo para captar que los alumbrados y las beatas que en los siglos XVI y XVII conocen el favor pasajero de los fieles son sólo peligrosos heterodoxos. Por lo demás, ¿cómo podrían unos indios distinguir a los brujos europeos condenados por la Iglesia, de esos españoles que, con autorización de los obispos y de los concilios locales, pueden ejercer las funciones de saludadores, ensalmadores y santiguadores, es decir curanderos que tratan las enfermedades con plegarias y bendiciones? Al mismo tiempo que admite que hay en ello "muchas supersticiones", la Iglesia acepta su existencia. ¿Acaso es la misma dificultad para distinguir a los venerables de los curanderos indígenas y más todavía de los monjes giróvagos, de los *frayles* que descubren minas, predicen naufragios, encuentran esclavos fugitivos, de los dudosos ermitaños que persigue la Inquisición? Pero a veces las fronteras de la heterodoxia se hacen más sutiles como cuando, por ejemplo, algunas plegarias se corrompen con fines particulares o se pronuncian en circunstancias distintas de las que fija la Iglesia. Pensamos en fin en esos curas del campo que, no contentos con admitir la realidad de la brujería indígena, recurren a la ayuda del curandero o del desembrujador. Suficiente para confundir a los nuevos conversos o antes bien para arrastrarlos más hacia una pendiente que les es conocida, la de la adopción, de la yuxtaposición y de la confusión. El cristianismo de la aplastante mayoría de la población blanca o mezclada de la Nueva España es un conglomerado extraordinariamente permeable a las adopciones, ante el cual la Inquisición se contenta con recordar la norma, sin lograr nunca dominarla.

Las magias coloniales poseen la facultad de "contaminar" los terrenos en que se ejercen, son de una viscosidad deletérea, que de un modo sistemático vacía de su sustancia a todo lo que se acerca a ellas, reduciéndolo a los esquemas simplificados de una eficacia de corto plazo. Si bien la idolatría puede acomodarse mucho más fácilmente con las magias importadas que con el cristianismo, también corre el riesgo de hundirse con mucha mayor rapidez en ellas. Y los indios pueden extraviar su aprehensión del mundo en un conjunto de creencias, dispersas y contradictorias, que reflejan el surgimiento de una sociedad sin precedente.[16]

---

[16] AGN, *Inquisición*, vol. 225, fol. 96r.; vol. 312, exp. 55; vol. 369, exp. 24; vol. 605, exp. 10; AGI, *Audiencia de México*, 337. "Relación de la visita general del arzobispo de México Juan de Mañosca y Zamora" [1646].

VI. LA CAPTURA DE LO SOBRENATURAL CRISTIANO

Los avances de lo sobrenatural cristiano y el auge de las magias llegadas de otras latitudes conllevan el riesgo de considerar a la idolatría vencida de antemano. ¿Mas no sería hacer poco aprecio de su permeabilidad, de su capacidad aún inalterada para integrar características exógenas a la representación de la realidad que suscita? Tampoco esta vez se puede esperar captar el proceso sino escogiendo el microanálisis y estudiando algunos casos precisos, ofrecidos siempre por nuestros extirpadores.

Domingo Hernández es oriundo de Tlaltizapán, aldea nahua enclavada en el corazón de las tierras cálidas y fértiles de la región de Cuernavaca, sobre la margen derecha del río Yautepec. Allí se forjó una reputación de santidad —"era tenido por santo"— que se extendió como reguero de pólvora desde que recibió "virtud del cielo para curar enfermedades". Corrían los primeros años del siglo XVII. . .

Peligrando de una grave enfermedad, se le aparecieron dos personas vestidas de túnicas blancas, las cuales le llevaron muy lejos de aquel lugar a otro donde estaba otro enfermo y allí le echaron aire, y luego le llevaron a otro lugar donde habiendo hallado otro enfermo, le tornaron a echar aire, y luego le dijeron: "volvámonos a tu casa que ya te lloran. Descansa ahora, que pasado mañana volveremos por ti". Y que a este tiempo, volviendo en sí, halló que los de su casa le lloraban ya por muerto; y que luego al tercero día volvieron los dos vestidos de blanco y le llevaron como la primera vez, y habiendo visto los dos enfermos y habiéndole soplado como antes, le dijeron: "Date prisa si quieres ver a tus padres y abuelos y demás parientes, pero si te hallaren, en ninguna manera les respondas porque te quedarás con ellos y no volverás más al mundo." Y que luego vió dos caminos: el uno muy ancho y que le seguían muchos, que era de los condenados; el otro era angosto, áspero y lleno de matas, juncos y espinas y que le dijeron que aquel era el de nuestro Redentor y que vió que iban pocos por él, y con esto vió otra vez que iban muchos por el camino ancho. Luego los de las túnicas blancas le dijeron que los siguiese y siguiéndolos, llegaron a las casas de las maravillas, donde habiendo llegado, le dijeron: *Xitlamahuico*, etc., que quiere decir: "Mira y advierte lo que vieres, considera lo que pasa con los que se emborracharon, guárdate, no tornes a beber (a este tono otras muchas cosas) porque los mismos tormentos has de pasar, deja luego el pulque y de aquí a tres días has de volver acá. Vamos ahora a tu casa, que ya te lloran, no sea que te abran la sepultura."

Y luego le dijeron: "Oye, tú que eres pobre y miserable, ves aquí con lo que tendrás en el mundo de comer y de beber"; y que entonces le enseñaron las palabras [. . .] con que desde aquel día había siempre curado y acertado las curas por dificultuosas que fuesen, y con esto le volvieron a su casa donde, vuelto en sí, halló que lo lloraban por muerto.

Luego contaba que aquella misma noche le visitaron tres señoras vestidas admirablemente de blanco, sin mezcla de otro color, y refería algunas pláticas que pasaron entre las tres que, según su relación, eran la Virgen María Señora Nuestra, y la Verónica y otra que no conoció, y que decía Nuestra Señora que Cristo Nuestro Señor había aprisionado a aquel enfermo y que ella le quería favorecer, y para ello llamó a la Verónica y le mandó le favoreciese y obedeciendo la Verónica, le echó aire con un lienzo, y que con esto volvió en sí y a la mañana se halló bueno. . .[1]

A primera vista, las visiones de Domingo se vinculan estrechamente a las que los jesuitas recogían y difundían en sus sermones hacia la misma época. Sólo a primera vista. Por una parte, porque de manera manifiesta se trata de una iniciación y no de una experiencia piadosa o mística de naturaleza ortodoxa. Por la otra, porque esas visiones se producen fuera de toda injerencia eclesiástica, en un contexto que se empariienta con lo que se ha convenido en llamar *iniciación chamánica*. Por lo demás, con facilidad se aprecian sus momentos sucesivos: la enfermedad/la inminencia de la muerte/el estado de muerte aparente/la visita de seres sobrenaturales y el viaje al más allá/la revelación de los secretos del oficio/el regreso al mundo de los vivos/la curación y el nacimiento del *chamán*. No ignoramos en absoluto que los antiguos nahuas y, de una manera general, los indios de Mesoamérica cultivaron en diversos grados prácticas chamánicas. Por ejemplo, los nahuas concebían que hombres dotados de una fuerza vital, de un *tonalli* excepcional, pudiesen viajar a otros mundos, entrar en contacto con los dioses y con los muertos, obtener allí revelaciones y regresar con secretos terapéuticos. Bajo el efecto de las drogas y de las maceraciones, su *tonalli* llegaba entonces a moradas cerradas al común de los mortales.[2] En su desarrollo y sus fines, la experiencia de Domingo correspondería entonces a esa tradición antigua. Sólo que, a esa trama autóctona viene a agregarse un haz de adopciones del cristianismo que sin excepción tienen su precedente o su equivalente en las visiones piadosas que conocemos: la aparición de los ángeles, los tormentos reservados a los ebrios, los dos caminos que llevan, uno a la salvación y otro a la condenación, la intervención de la Virgen y de los santos. Por tanto, las cosas se desarrollan como si Domingo hubiera vivido su iniciación según una versión fuertemente teñida de cristianismo. Podríamos parar allí y limitarnos a comprobar la penetración de lo sagrado y de lo sobrenatural cristianos en el medio indígena al alba del siglo XVII, y deducir de ello el sorprendente éxito de la predicación eclesiástica y de la imaginería cristiana en la materia. Sin embargo, la existencia por la misma época y en la misma comarca de una idolatría aún muy vivaz incita a reforzar el análisis y, en particular, a escrutar las modalidades subjetivas, individuales de lo que parece augurar un paso "espontáneo" de una suprarrealidad a otra.

La visión del castigo de los ebrios abre una primera pista. Como acabamos de leer, los dos personajes de túnica blanca conminaron a Domingo a dejar el consumo del pulque ("no tornes a beber. . ."). La importancia atribuida al episodio sugiere que Domingo era un borracho empedernido y que aquella inclinación presentaba un grave obstáculo para su curación, para su salvación y para la adquisición de los poderes de curandero. Recordaremos las proporciones espectaculares que la em-

[1] A, pp. 157-158.
[2] López Austin (1980), I, pp. 74-75, 411, 415.

briaguez parece haber cobrado a fines del siglo XVI, como lo revelan abundantemente las *Relaciones geográficas*. También hemos visto que la dominación colonial contribuyó de manera poderosa a desmantelar la red de "palabras divinas", de ritos, de prohibiciones y de represiones encaminadas a contener y a regular el consumo de alcohol —en este caso del zumo fermentado del agave o pulque— antes de la Conquista. Es lícito pensar que mucho antes de la llegada de los españoles la embriaguez preocupaba a las sociedades indígenas y constituía una especie de "desorden étnico", es decir una perturbación cuya incidencia y cuya formulación son propias de una cultura y de una sociedad dadas.[3] Mucho más que el consumo de las drogas, la del pulque tendía ya a sustraerse a las normas de la tradición y de la colectividad. Pero la dominación española precipitó sus efectos desintegradores por el estado de anomia que instauró y, de un modo más inmediato, por los nuevos alcoholes —entre ellos el vino de Castilla— que introdujo. Por lo demás, la Corona no se preocupó mucho por luchar eficazmente contra una inclinación que le aportaba considerables beneficios. Mientras que la Iglesia sólo le oponía una reprobación moral combinada con amenazas infernales —idea sin precedente en las culturas indígenas— y con algunos latigazos. Lejos se estaba de las degradaciones infamantes y de las ejecuciones sumarias infligidas antes de la Conquista.

La respuesta cristiana —de la que los jesuitas ofrecen múltiples ejemplos— también sabía explotar los delirios aterrorizados de los ebrios que contaban que habían visitado el mundo de los condenados. Aquella respuesta estaba lejos de ser ineficaz puesto que Domingo reproduce los mismos materiales en el marco de su experiencia de iniciación. Aquel indio acaso había logrado interiorizar el mensaje de la Iglesia, con sus imágenes y su miedo al castigo de ultratumba, con su trama dualista del más allá —los dos caminos—, con su lógica de la falta y de la redención, como si la interpretación cristiana diera un sentido convincente al desorden de Domingo al mismo tiempo que le dictaba los medios de ponerle fin. El indio habría pues acabado por concebir y sobre todo por experimentar de un modo subjetivo su embriaguez en forma de un pecado merecedor de sanciones póstumas y divinas: "no tornes a beber, porque los mismos tormentos haz de pasar". Por consiguiente nos veríamos inclinados a considerar la adopción de la temática cristiana del castigo de los borrachos como un procedimiento que, lejos de ser arbitrario, constituiría un *mecanismo de defensa* opuesto a una perturbación personal. Un procedimiento que sustituiría con una nueva ostentación los rasgos, los modos de expresión que la cultura autóctona habría dejado de aportarle. Señalemos que, en este caso, la adopción cubre a la vez imágenes (los ángeles vestidos de blanco, los tormentos infernales), modelos de conducta y estados afectivos (la angustia, el miedo).

En cambio, el procedimiento seguido en la última visión resulta un tanto más complejo. A primera vista, la imaginería cristiana —Cristo, la Virgen, Santa Verónica— domina la escena. En realidad, tal como es vivida e interpretada, la enfermedad de Domingo depende al mismo tiempo de la idolatría y del cristianismo. El

[3] Gruzinski (1979).

mal no deja de suscitar la intervención tranquilizante de la Virgen, pero la intervención mariana todavía no es una mediación: la Virgen se limita a hacer que Santa Verónica actúe contra el mal sin intervenir en persona ante su Hijo. Por lo demás, en la medida en que se insiste en la agresión cometida por la divinidad —"Nuestro Señor Jesucristo había capturado a este enfermo"— y en que este daño se emparienta cercanamente con la captura del *tonalli*, el mal se conforma con esquemas aborígenes sin discusión. La enfermedad se adhiere a una lógica persecutoria que, aunque se resuelva en términos cristianos, no da cabida alguna a la temática del pecado y del perdón. Evoca mucho más una representación del origen del mal y una vivencia corporal propias del mundo nahua. Esta dominante autóctona asoma igualmente en el recurso de prácticas terapéuticas que, también de manera implícita, remiten a categorías indígenas, como el soplo revigorizante y curativo en el que se reconoce el *ihíyotl*, la fuerza vital, el gas luminoso que abrigaba el hígado. A diferencia del episodio sobre el castigo de los borrachos, la interpretación de la enfermedad es por tanto tan cristiana en su expresión como indígena por su origen y su contenido, como si el campo del cuerpo y de la enfermedad dependiera de un sustrato resistente a la aculturación.

No resulta fácil para el historiador explicar de manera satisfactoria esos procesos sin caer en la jerga o en las aproximaciones. Hablar, como acabamos de hacerlo, de versión (cristiana), de trama (de la enfermedad), de esquema o de lógica (persecutoria) tiene el peligro de encerrarnos pronto en una problemática un tanto corta del continente y del contenido. Para tratar de escapar de ella tal vez valdría la pena (a la manera de la semiótica) basarse en la distinción entre los *códigos icónicos*, fundamentos y creadores de la inteligibilidad de lo real, implícitos, no verbalizados, y las *variantes iconográficas*, explícitas, fechables con mayor facilidad, así como son escogidas y dispuestas de manera más consciente. En otras palabras, como en el caso del espacio y del tiempo, la representación del cuerpo y la vivencia corporal remitirían juntas a una percepción que, con toda evidencia, sería ya un elemento sociocultural, pero de tal clase que se impondría inmediatamente a los sentidos, sin que mediara ninguna verbalización. Elemento primordial, presente sin saberlo el sujeto, resistiría entonces con tanta mayor tenacidad a la aculturación cuanto que escaparía a la actividad consciente de los protagonistas.

¿Es preciso agregar que este elemento de base es también de naturaleza psicológica, puesto que se halla vinculado a los mecanismos de la percepción y de un modo más general del inconsciente? Sin duda, si aceptamos que el inconsciente no puede trascender la historia y las culturas y que mezcla íntimamente la historia personal y singular del sujeto con la de su grupo. En el caso de Domingo, apenas se puede esbozar una exploración, de tan magros que son los indicios. Cierto es que varios episodios alucinatorios sin excepción parecen hacer eco a conflictos de naturaleza oral. Así se trate de la prohibición de beber pulque —que los antiguos nahuas asociaban a la leche materna—, de la interdicción expresa de establecer contactos orales con los parientes del otro mundo, de la promesa de gratificaciones materiales de orden alimentario ("tendrás en el mundo de comer y de beber"), en fin, de la técnica curativa que consiste en soplar al rostro del enfermo. Es posible que estas coincidencias sean fortuitas, como también es posible que expresen la trayectoria personal de Domingo. ¿Habrá que ver en el abandono del pulque y en la protección de la Virgen y de Santa Verónica la superación de fijaciones orales de la primera infancia y la instauración de una relación aseguradora con la madre? La cosa es plausible, ya que no del todo convincente. En este caso, pero también en el de una problemática distinta, la visión sería el instrumento cultural de la expresión y de la resolución de conflictos personales. En otras palabras, expresaría también el funcionamiento de una combinatoria psicológica y, de un modo más preciso, el establecimiento de mecanismos de defensa que, en concierto con una representación del cuerpo y una vivencia corporal, orientarían la elección de los materiales culturales, su organización y su adecuación a la realidad tal como la concibe y la vive el curandero.

Mas, ¿se puede estar satisfecho de "pegar" una combinatoria sociocultural a otra psicológica y personal? Antes que nada, no podemos negar que el sustrato sociocultural que evocamos es tributario de la manera en que el individuo capta *personalmente* su cultura y por tanto los segmentos que de ella retiene. Por otra parte, lo que tal vez sea menos evidente: es probable que los conflictos individuales de uno u otro modo estén influidos por los conflictos del grupo al que pertenece el sujeto. Sin tener aquí más pruebas formales qué proporcionar, con ello quiero decir que el itinerario psicológico de Domingo resulta *a priori* inseparable de las tensiones creadas y mantenidas por la aculturación y la colonización de las poblaciones nahuas de Morelos. Captada desde este ángulo, la facultad de volver a ver parientes fallecidos, en realidad el linaje, la familia extensa ("tus padres y abuelos y tus otros parientes"), acompañada por la prohibición formal de dirigirles la palabra, puede ejemplificar y significar una situación de profunda ambivalencia respecto a la tradición, a la herencia cultural. Una situación que por otra parte evoluciona hacia la desaprobación de la ancestralidad y la negación de la transmisión consuetudinaria del saber que reservaba a los allegados la iniciación del futuro curandero. También es posible descifrar en ello, lo que no es en absoluto contradictorio, las distancias guardadas, bajo la influencia de la conyugalidad cristiana, respecto a la familia extensa. Por lo demás, una actitud análoga es la que concretaría la condena, incluso la satanización del pulque, confirmando brutalmente la repulsa de un complejo cultural debilitado pero todavía arraigado en la región, según sabemos por Ruiz de Alarcón. Insistiendo en el aspecto nefasto de la bebida, el episodio equivaldría a una toma de conciencia de los estragos de la embriaguez, análogo a las denuncias consignadas por las *Relaciones geográficas*. Nada impide entonces que las reacciones de Domingo tengan a la vez un origen personal y un trasfondo colectivo donde intervendrían las tensiones de un grupo enfrentado a la ruptura, a la desaprobación, a la desorientación: estrés debido a los efectos desorganizadores de la dominación española, inseguridad atribuible a la explotación, a la mortalidad, al naufragio de las memorias, alcoholismo agravado por el sistema colonial y la enfermedad. Estas deducciones y, más aún, esta serie de hipótesis conducen a plantear el arraigo de un sustrato primario, implícito e inconsciente, no verbalizable, pero que evolucionaría al ritmo de sus componentes psicológicos y socioculturales. Para retomar la expresión de Edward Sapir,[4] por el *patterning* que ejerce y con el cual se confunde, este sustrato orientaría de manera decisiva la conducta y la aculturación del sujeto, la elección de sus adopciones y el sentido de sus resistencias.

Antes de regresar a este punto, detengámonos en las prolongaciones de la visión iniciática para captar su verdadero efecto. Por confesión del propio Domingo, es antes que nada fuente de dos prácticas terapéuticas: las fórmulas encantatorias, es decir los conjuros y los piquetes de aguja sobre el vientre del paciente. Huelga decir que la experiencia alucinatoria sólo ha podido referirse a los ritos de cura de manera condensada y alusiva, dejando para un proceso ulterior la elaboración secundaria,[5] la tarea de desarrollar ademanes y palabras y de relacionar reminiscencias oníricas con invocaciones aprendidas en otra parte. Con toda evidencia ocurre así con las fórmulas cuyo contenido denso y complejo no se ha podido memorizar de ninguna manera en el transcurso de las visiones, aunque fuesen repetidas. Por lo demás, Domingo acaba por aceptar después que "las tenía de otro indio, curandero también". Pero la visión iniciática sólo cobra su verdadero relieve cuando, dejando de considerarla desde la perspectiva de un fenómeno aislado, se la vuelve a situar en la práctica global de Domingo. En efecto, todo hace creer que el curandero relata con agrado sus visiones en el marco de sus curas e incluso fuera de ellas, así sea en presencia de españoles. En cierto modo, mezcla el relato del origen de sus dones con el ejercicio de su arte y es muy probable que la repetición de su historia —garantía de eficacia y consagración singular de su poder— se haya impuesto en su espíritu a los viejos formularios nahuas que repiten sus colegas. Esta desviación no puede dejar de atraer la atención hacia la aportación personal del curandero —la iniciación cristianizada— a expensas de elementos más tradicionales y más estereotipados. Ampliamente difundida, asociada a momentos críticos de la existencia de cada cual —el enfrentamiento a la enfermedad y al infortunio— la narración de las visiones extiende en torno a Domingo su cortejo de imágenes compuestas. De ese modo contribuye a familiarizar su clientela y sus oyentes con un universo onírico a la vez distinto y extraordinariamente próximo. Creemos llegar aquí a una de las vías más seguras y más sutiles de la aculturación de lo imaginario indígena, puesto que se desarrolla fuera de toda injerencia española o eclesiástica. Pero es también una de las fuentes de la innovación cultural en la medida en que el arreglo personal que realiza y que Domingo difunde no corresponde literalmente en su globalidad a nada preconstruido, a ningún referente preexistente, cristiano o prehispánico.

A primera vista el arreglo es disparatado: unas fórmulas, una concepción del

[4] Edward Sapir, "L'influence des modèles inconscients sur le comportement social", *Anthropologie*, París, Éd. de Minuit, 1967, pp. 35-48.

[5] Georges Devereux, *Ethnopsychanalyse complémentariste*, París, Flammarion, 1972, pp. 233-248.

cuerpo y de la enfermedad que derivan de lo que hemos designado con la palabra idolatría; la visión de un más allá cristiano, infierno y paraíso, pero sin purgatorio; una idea extraña de la relación con los difuntos; distorsiones de la tradición cristiana que hacen que Santa Verónica abanique al enfermo con el lienzo que enjugó el Divino Rostro. Sin olvidar estos dos conceptos de la persona "puestos uno junto al otro": uno, indígena, centrado en la sumisión a las fuerzas ambivalentes de lo divino; otro, cristiano, basado en la libre elección del creyente. Es cierto que se trata de una "ficción", no en la acepción denigrante que le confiere Ruiz de Alarcón, sino más bien en el sentido de un *montaje* que asocia fragmentos, segmentos fieles o truncos. Arreglo y montaje cuyas fases principales podemos restituir con bastante facilidad. Distinguiendo el tiempo de la percepción y de la inculcación del simbolismo cristiano, luego la etapa de la visión —sueño o episodio alucinatorio— que transforma los restos diurnos al término de una experimentación subjetiva; en seguida la de la elaboración secundaria que tiende a expresar el sueño conforme a referentes preexistentes; en fin, la de la narración difundida y repetida en diversos contextos.

Pero nada de ello dice cómo intervienen y evolucionan las matrices psicológicas y socioculturales del sustrato o, si se prefiere, cómo se ejerce y se modifica el *patterning*. Esta acción no es arbitraria puesto que obedece variables culturales y psicológicas. Pero cuidado con exagerar su virtud organizadora, su inercia o su inmutabilidad. Si, como hemos visto, la visión se aparta del modelo de la idolatría, es porque el *patterning* probablemente sea más flexible de lo que permitirían augurar las palabras "código", "lógica", "programa" que tendríamos tendencia a asociarle. Aún habría que definir esa plasticidad y para ello admitir que la separación de los dos planos del contenido y de la expresión resulta del todo insuficiente. Como hemos de ver, es frecuente que la alteración del contenido (o de la expresión) sea sólo parcial. Para tomar en cuenta esta dificultad, un examen más detenido de esas visiones sugiere que se considere, luego de otras, que la expresión es en sí la conjunción de dos elementos: una *sustancia de la expresión* que corresponde al apoyo, a la materialidad óptica, física, bioquímica del fenómeno; una *forma de la expresión* que es el encadenamiento, la sucesión y la articulación de las imágenes percibidas. Del mismo modo, se distinguirán una *sustancia del contenido*, por ejemplo el repertorio conceptual y afectivo explotado por la visión, y una *forma del contenido* que se vincularía al modo de disposición (intelectual y psicológico) de los conceptos y de los afectos.[6] Por ejemplo, en el caso de las visiones de Domingo, el *contenido* asocia una iniciación y una perturbación personal que rigen su *sustancia* (una aprehensión del cuerpo, un modo de penetrar en un saber, una dominante oral) y su *forma* (la sucesión cultural y la progresión psíquica de las secuencias). Las adopciones en cambio parecen concentrarse en el plano de la *forma de la expresión* sin tener realmente repercusión en el *contenido*: así ocurre con el velo de Santa Ve-

---

[6] *Véase* la teoría hjelmsleviana del signo en René Lindekens, *Essai de sémiotique visuelle*, París, Klincksieck, 1976, p. 64.

rónica o con la aparición mariana. También es el caso de los temas cristianos de los dos caminos y del castigo a los borrachos, que corresponden a un *contenido* todavía tradicional —aquí la *forma del contenido*— en cuanto a que se emparientan con el esquema del recorrido chamánico, con el desarrollo de un viaje iniciático sembrado de trampas. Mas no queda excluido el que, a la larga, esos rasgos puedan introducir en el seno del propio *contenido* elementos perturbadores, capaces de alterar su *forma* (la lógica del pecado) y/o su *sustancia* (la experiencia individual de la salvación). En otras palabras, la articulación subyacente de la adopción cristiana con el conjunto indígena dejaría entonces de basarse en una analogía parcial (las pruebas por superar) para modificar el equilibrio general. Entonces es comprensible que los rasgos cristianos puedan, según la interpretación dada, según la importancia concedida, tanto satisfacer el modelo chamánico (del que sólo serían variantes suplementarias) como incorporar un concepto de la persona y de la culpa que puede sustituir el contenido tradicional. Mucho más que ciertas rupturas bruscas, parece ser que estos materiales de doble interpretación y el margen de indeterminación que mantienen pueden explicar la alteración y la evolución del *patterning*. De *forma de la expresión* que eran, estos rasgos extraños pasarían a ser *forma* y/o *sustancia del contenido*.

Queda por determinar el origen del cambio, el resorte de ese paso de un estrato a otro. Todo sugiere que las brechas abiertas en el sustrato lo son por la conjunción de un desorden personal y de una indisponibilidad, de un fracaso de los recursos tradicionales. Se puede suponer que induciéndolo a retener y a interiorizar nuevos elementos de defensa, el "alcoholismo" (probable) de Domingo lo lleva a asimilar formas exóticas que a la larga pueden poner en tela de juicio los fundamentos, la forma y la sustancia de la idolatría.

No obstante, la transición de una vivencia a otra de la persona no sólo constituye un avatar de orden simbólico. Se puede dar por sentado que ejerce también una influencia en los registros psíquicos a los que puede recurrir el sujeto. La valoración de sí mismo que propone el cristianismo, la introspección que preconiza, la importancia que concede a la autonomía del sujeto me parece que se oponen diametralmente al concepto de una persona encerrada y diluida en redes de dependencias múltiples. Desde la segunda mitad del siglo XVI, las exigencias de la predicación y de la confesión, la asimilación de una lógica del pecado y de la redención, acompañadas por los efectos más devastadores de la aculturación, de la anomia y de las rupturas sociales pudieron contribuir a la definición de un sujeto, al surgimiento de un yo más próximo al yo freudiano y por consiguiente al nuestro. En aquellas circunstancias se habría producido una desviación, una interiorización de la relación consigo mismo que, por la misma razón que una modificación de las combinatorias simbólicas, intervendría en la evolución del *patterning* operado por el sustrato. Una vez más no podría disociarse lo psicológico de lo cultural puesto que la mirada introspectiva es tanto un efecto probable de la occidentalización de la persona como un acceso distinto a los resortes del psiquismo. Pero es probable que no esté de más suponer que las matrices psíquicas también evolucionan con las matrices y con las sociedades.

Sin embargo, para el historiador lo esencial no es eso. Le falta tratar de comprender la influencia que ejerce el relato de Domingo en los indios de la región: "Ha conmovido y maravillado a todos aquellos a los que les contó esta historia. . ." Si esta experiencia singular reviste un alcance social, una dimensión cultural que la rebasa es porque con facilidad puede ser compartida por los indios. Como nos lo sugieren sus reacciones de *maravilla*, probablemente sea asimilada con un *tetzahuitl*, es decir el surgimiento en la vida social de una fuerza divina pasmosa, de un fenómeno que se impone de manera tan irresistible que no necesita ni el compromiso individual ni la adhesión colectiva de la creencia. Ello explica que no se dude en absoluto ante el relato de Domingo. Mas, ¿por qué recibirlo como un *tetzahuitl*? Aquí, no sólo es necesario suponer que los indios comparten con Domingo el mismo sustrato —en que aún predominan la idolatría y una percepción indígena de lo divino (el *tetzahuitl*)—, sino también y sobre todo que son sensibles a las desviaciones, a los cortes, a las asociaciones, a las distorsiones que el curandero impone consciente o inconscientemente a los materiales que utiliza. Ello por varias razones. Antes que nada se notará que esas operaciones y esos cambios se integran de un modo expreso a una *práctica* terapéutica: así ocurre, por ejemplo, con el lienzo de Santa Verónica vuelto a emplear con ese fin. Por consiguiente, el curandero no se sale del papel que le está señalado. En seguida se apreciará que esos rasgos se sitúan en el patrón aún presente y vigente del chamanismo indígena y que, en fin, ciertas secuencias remiten a las claras a *desórdenes* generalizados en todo el grupo (la ebriedad indígena). Existe entonces en el seno de la población indígena un haz de elementos de orden psíquico y existencial que facilitan la recepción de la experiencia de Domingo. Sin duda, a ello hay que agregar un elemento suplementario que explica aún más el éxito de los rasgos no revelados. Son los toques personales, idiosincrásicos, que el curandero confiere a su experiencia, que cimientan su originalidad sin precipitarla nunca en la extrañeza incomunicable de un delirio privado. La insistencia con la que el curandero juega con la singularidad de su experiencia, cuyo relato detallado se complace en difundir, es, desde luego, una manera de contrarrestar la influencia de otros chamanes, un modo de separarse de ellos y de atraer hacia sí una mayor clientela obrando sobre la *forma de la expresión*. Ello no impide que este sello personal, que da valor a una acción sin quitarle nada de su legibilidad, sea al mismo tiempo el vehículo de rasgos culturales nuevos y, en parte, el motor de ese "hechizo que se había adueñado tanto de aquella región".

Dicho de otro modo, el complejo chamánico se comportaría de manera distinta que la idolatría. Como ésta, sería capaz de absorber los rasgos exógenos reinsertándolos en el conjunto y en los diversos sistemas a los que conforma. Pero además posee una acusada dimensión subjetiva que, al exponer al individuo a experiencias alucinatorias repetidas, exacerba en él tensiones personales o latentes en los demás. Este terreno, esta subjetividad parecen predisponer a una manipulación original y *sistemática* de los rasgos culturales que, en el contexto de una idolatría en retroceso y de una cristianización en expansión, puede estimular un proceso de aculturación. Así ocurrió a fines del siglo XVI y a principios del XVII.

Sería preciso multiplicar los estudios de casos para sugerir la diversidad de comportamientos de aquellos curanderos de la primera mitad del siglo XVII. En Francisca de Tenancingo (1626), la experiencia chamánica cobra la forma enteramente tradicional de una iniciación subacuática. La india evoca una veintena de casos más, lo que corrobora la frecuencia del fenómeno en el pueblo, pero sobre todo cita visiones cristianizadas como si por la misma época y en un contexto comparable pudieran coexistir configuraciones simbólicas distintas sin perturbar a los interesados.[7] En cierto Juan de la Cruz, originario de las minas de Zacualpan, las visiones (hacia 1631-1636) llevan la marca de una aculturación brutal y caótica.[8] Si bien el contenido global sigue siendo el de una experiencia iniciática de origen autóctono, las adopciones del cristianismo se hacen más numerosas que en las visiones de Domingo. Los iniciadores son identificados de un modo expreso (los arcángeles Miguel y Gabriel), Dios está principalmente en el origen de la iniciación; la Virgen sirve de mediadora entre el indio y el Señor que reclama sus servicios. La sucesión de episodios sugiere también un itinerario psicológico complejo y delicado de restituir, jalonado por la recurrencia, al hilo de las visiones, de imágenes maternales y femeninas sucesivamente protectoras y agresivas: la madre de Juan, la Virgen con el Niño, la india que personifica la enfermedad. Es más fácil seguir la trayectoria cultural de Juan. La sumisión ante los arcángeles, ante la Virgen, ante Dios expresa un grado de cristianización indiscutible pero no constituye en absoluto una evolución irreversible puesto que el curandero recae para su perdición en la práctica de la brujería. Esta faceta de búsqueda a tientas y frágil es lo que, según nos parece, debe merecer más la atención.

Esa experiencia se divide entre un polo idólatra y otro polo cristianizado. El primero no sólo es manifiesto en el patrón chamánico sino también en el curso del episodio de un cruento hechizo que provocó la detención del personaje. El segundo polo se orienta hacia una nueva organización de la visión inspirada en las hierofanías cristianas. Éstas ya se encontraban presentes en Domingo, pero de una manera superficial. Los iniciadores eran sólo figuras blancas anónimas y la Virgen no mantenía ninguna relación directa con Cristo. En cambio, en Juan, se toman elementos análogos en una acepción más cristianizada. O más exactamente, de simple *forma de expresión*, de una colección de imágenes, pasan a ser *sustancia* (la relación con lo divino) y *forma* (el esquema mariano) del *contenido* de la visión. En ello se apreciará el ejemplo de un cambio inducido por la propia naturaleza de los materiales adoptados. En la mariofanía asoma la desviación más notoria. La Virgen de Juan ya no es una simple forma, una vaga silueta. Al parecer es Nuestra Señora de

---

[7] LS, pp. 98-99.
[8] LS, pp. 103-105.

los Remedios y por consiguiente una de las manifestaciones más vivaces de la devoción mariana en Nueva España durante aquellas primeras décadas del siglo XVII. Más aún: las vinculaciones entre las figuras divinas se calcan con bastante fidelidad del cristianismo. La Virgen está presente con el Niño, interviene en nombre de su Hijo y en contra de la enfermedad. En fin, la relación del enfermo con Dios se asimila a un movimiento personal y no a la realización de un rito. Hay en ello una redefinición de las entidades divinas y de la relación con esas potencias que no pertenece al mundo de la idolatría y altera en su forma y su sustancia el contenido tradicional de la visión iniciática. En el caso de Juan, la hierofanía cristiana ya está en vías de sustituir el modelo chamánico. Aquí, el sustrato profundo, implícito e inconsciente que evocábamos en Domingo parece operar un doble *patterning* o, más exactamente, evolucionar hacia una organización distinta de la que muestra la idolatría. Adopta la forma de una alteración del guión autóctono (la *forma del contenido*), pero también de una modificación del concepto de la persona y de los dioses (la *sustancia* de ese mismo *contenido*). La realidad indígena no sólo se apropia elementos cristianos, sino que también explica sentidos desconocidos merced a una doble expansión de lo verosímil y de lo expresado. Sin lugar a dudas se puede comparar este movimiento con el principio de reorganización del espacio gráfico tradicional y con la aparición de una expresión occidental de la figura humana consecutiva a la lenta asimilación de rasgos exógenos, aunque estos procesos circunscritos a un grupo determinado —los pintores y su público— sean mucho más precoces. Las visiones de Juan están más aculturadas que las de Domingo. Por lo demás, son posteriores a éstas y proceden de un medio más sensible al cambio, de esas minas de plata donde se codean poblaciones móviles y mezcladas.

No por ello podríamos deducir que la colonización de lo imaginario indígena adopta el curso tranquilo de una evolución lineal y uniforme, aunque fuese en una misma región. Es más conveniente insistir en la diversidad y en la pluralidad de las experiencias. Desde antes de 1617, en una india de Iguala las torturas iniciáticas se inspiran en la crucifixión, como si los segmentos que exigían una mayor inversión afectiva (el sufrimiento en la iniciación) se mostraran más permeables a la variación y a la cristianización.[9] En otros curanderos se observa la conjugación de un discurso antiguo y de unos ademanes y un cariz nuevos, inspirados en las devociones —el rosario— y en los venerables a los que la Iglesia barroca apreciaba tanto.[10] Hemos de recordar que, en los relatos que estos indios hacen de su iniciación se pueden deslizar variantes sin que ello perturbe ni al sujeto ni a sus oyentes. Esta maleabilidad del relato, y por consiguiente de la expresión, no trastorna su organización interna sino que permite descubrir de nuevo de qué manera se puede efectuar la transición o la apertura de una organización tradicional —la experiencia chamánica— a despliegues distintos. Esta polisemia de la expresión autoriza reinterpretaciones sucesivas o simultáneas, que pueden dar a la experiencia personal

9 A, p. 52.
10 A, pp. 160-161.

un contenido cristiano que en su origen no es el suyo, pero que sin dificultad concuerda con el papel que adoptan esos personajes. Al parecer, nos aproximaríamos una vez más a los procesos que hicieron posible el deslizamiento de una realidad autóctona —la idolatría— a la aculturación (de la expresión y del contenido) y por tanto a la creación cultural. La elección de materiales que se presta a múltiples interpretaciones, el olvido del origen respectivo de los rasgos manipulados o simple y sencillamente la familiarización con una expresión cristiana lo bastante arraigada en el siglo XVII para no sentirse ya como exógena, son otros tantos elementos que de un modo progresivo pudieron influir en el contenido e iniciar una remodelación del sustrato e incluso, en el peor de los casos, precipitar su desmantelamiento.

La experiencia iniciática ocupa un lugar nada despreciable en la influencia de los curanderos. Por ese motivo nos parece que lo imaginario que transmite tiene una incidencia notable en las poblaciones entre las que ejercen ellos sus prácticas. La valoración y la credibilidad de la visión, y por consiguiente de una trayectoria personal y subjetiva, probablemente deban vincularse a la posición social de los curanderos en aquella primera mitad del siglo XVII. Si éstos en sus conjuros siguen reivindicando el título de *tlamacazque*, cierto es que ya no mucho los une a esos personajes de funciones institucionales, de saberes complejos y prestigiosos. Lo que pierden en autoridad, lo ganan en autonomía personal, adquiriendo una libertad de movimiento que conduce a buscar una caución divina ante algunas de las nuevas fuerzas introducidas por los españoles.

La experiencia iniciática, fundadora del saber y de los poderes, parece entonces tener tanto mayor efecto cuanto que se desenvuelve en el seno de la comunidad indígena e implica directamente a enfermos obligados, para curarse, a participar también en la creencia de su curandero. Así se desata y se multiplica una interiorización en cascada de las imágenes, de las situaciones, de las tramas evocadas por la visión del curandero. En ese sentido, este personaje parece desempeñar un papel clave en la introducción y la adaptación de lo sobrenatural cristiano (tanto en el plano de la expresión como en el del contenido). "Puede desempeñar" pues según las fechas, los lugares y sobre todo las personalidades, las acciones cobran formas extremadamente diversas y contrastantes.

Como es evidente, la intervención del curandero no se limita a reflejar una imaginación exótica. En la medida de sus posibilidades, se emplea para cumplir una función, si no de monopolio, cuando menos de intermediario obligado ante los elementos extranjeros que penetran en las culturas indígenas. Así, al azar de las visiones que propagan, algunos curanderos aparecen como interlocutores privilegiados de los santos: "Si se trata de tener enojado a Nuestro Señor o a la Virgen Santísima o a otro cualquier santo, lo tienen por poderoso para desenojarlos o aplacarlos."[11] Por intermediación suya las entidades cristianas se deslizan en el sistema de interpretación indígena de la enfermedad y se constituyen en potencias tan eficaces como el fuego, el sol o el agua. Por el mismo camino se introduce el más allá

[11] LS, p. 102.

cristiano, como hemos visto en la visión de Domingo. Pero aquellos curanderos tienen siempre mucho cuidado en dominar el proceso con el fin de quedar como recursos indispensables ante la proliferación de los rasgos nuevos. Algunos, por ejemplo, se meten a interpretar el purgatorio y el infierno cristianos, conjugando el culto del fuego con la imagen cristiana y angustiosa de las llamas de ultratumba. ¿Acaso no proponen·al agonizante que ''se componga aquí antes de morir con el fuego y le ofrezca sacrificio para que de donde quiera que fuere después de muerto, lo tenga propicio, para que no lo atormente tanto como lo atormentara si no hubiera ofrecídole sacrificio''?[12] Aquellos curanderos admiten que, después de la muerte, las almas están ante el peligro del fuego temporal del purgatorio o, en caso de pecado mortal, del fuego eterno del infierno. La idea del alma, del pecado, de la gracia, de la eternidad, del castigo póstumo, los sacramentos de la Iglesia invaden de manera progresiva el mundo indígena sin que el curandero pierda por ello su lugar, sino muy al contrario puesto que tiene la precaución de producir un reacondicionamiento de la forma de expresión (las imágenes cristianas) y de proponer una modificación del contenido en su sustancia y en su forma (la salvación individual/las estrategias del más allá).

Las trayectorias de algunos curanderos muestran el grado al que, en lo más intenso de la crisis demográfica, las culturas ''populares'' indígenas siguen siendo conjuntos asombrosamente vivos, capaces de reaccionar ante el cambio, mucho más que conservadores inertes de la idolatría. No siempre es fácil captar a los protagonistas de esta creatividad, aunque hubiera de quedar sin mañana. Los curanderos son algunos de ellos. Permiten captar (casi) en vivo la búsqueda vacilante de nuevos modos de expresión y de acomodo a la realidad colonial y a las culturas dominantes. Camino que no se confunde ni con el de los notables que nos legaron los *Títulos primordiales* ni aun menos con el de los nobles del siglo XVI y de principios del siglo XVII. La confluencia de la tradición chamánica y de un desorden personal parece entonces favorecer la aparición de rasgos imprevistos y estimular el surgimiento de arreglos desconocidos. El problema de la ''normalidad'' del *chamán* ha sido objeto de abundantes polémicas en las que no pretendemos entrar.[13] No se puede negar la singularidad del personaje, su sensibilidad particular, su situación periférica, lo precario de su posición, su aptitud para expresar de un modo más intenso que otros las tensiones que afectan a la comunidad. . . Pero también, a diferencia de los demás indios, el *chamán* es, en un contexto de crisis, un personaje que conserva un contacto directo con el contenido tradicional o cuando menos con lo que de él subsiste. Como debe dar a sus pacientes respuestas culturales eficaces, le es preciso desviar materiales nuevos, exóticos, pero lo suficientemente familiares para integrarlos (en el plano de la expresión y en ocasiones del contenido) a lo que se ha conservado del patrimonio indígena. Asimilados a los diferentes momentos de la

[12] LS, p. 103.
[13] Sobre un caso de visiones que dan en el delirio idiosincrásico, *véase* AGN, *Inquisición*, vol. 303, fols. 68r.-70r. [1624.]

iniciación chamánica, aprovechando la permeabilidad de la idolatría, aquellos rasgos desconocidos mantienen la posibilidad de nuevas interpretaciones evocadoras, a su vez, de nuevos contenidos que surgen de manera progresiva y se apartan más y más de la idolatría. Esta polisemia de las entidades divinas y de las situaciones asegura sin discusión el choque del curandero en medios cuyo grado de aculturación puede ser muy variable. Mas lo que domeña en realidad lo sobrenatural cristiano y le da raíces indígenas confiriéndole una realidad y una evidencia comparables a las de la idolatría, es la experiencia alucinatoria. Esta experiencia corresponde a la "sustancia de la expresión", en otras palabras, a su materialidad, a su soporte. Como sigue siendo de orden en esencia autóctono y es condición indispensable de la expresión, no debe sorprendernos que ofrezca el último refugio de la tradición, aun cuando la forma de expresión y el contenido en su totalidad se hayan alterado y cristianizado.

Con frecuencia, la iniciación y el éxtasis chamánicos aparecen vinculados al consumo de sustancias alucinógenas. Queda fuera de duda que en ese caso se trata de un complejo milenario difundido por doquier en el continente americano. En la época prehispánica, los alucinógenos ocupaban un lugar en los grandes ritos: la "Fiesta de las Revelaciones" (entre los mexicas), los banquetes principescos, los sacrificios, la adivinación, la medicina. Su consumo era una actividad altamente valorada, meticulosamente codificada, encerrada en reglas cuya observación resultaba imperativa y cuya infracción era sancionada. Como en muchas otras culturas, las drogas hacían oficio de disparadores bioquímicos que inducían estados pasajeros cuyo contenido, lejos de ser arbitrario, correspondía a las imágenes, a las sensaciones que la tradición asociaba a este tipo de intoxicación. A este respecto, la alucinación es una especie de "reflejo cultural condicionado" que, en el mismo plano que la enseñanza, participa en la interiorización de sectores esenciales de las culturas autóctonas. La droga desempeña entonces el papel de desmultiplicador de lo real y su consumo institucionalizado contribuye a dilatar los límites de la percepción "ordinaria", al mismo tiempo que conforma las sensaciones experimentadas según esquemas culturales que en este caso son los de la idolatría. Las drogas sirven para comunicarse con los dioses pues desencadenaban en el hombre un doble proceso: introducían en el cuerpo del consumidor la potencia que abrigaban e impulsaban su *tonalli* hacia el mundo divino. Proyectado fuera del tiempo humano o penetrado por la divinidad, el indio adquiría el conocimiento de las cosas por venir. La planta demostraba ser el interlocutor omnisciente, el detentor del secreto buscado, la potencia que ponía fin a una situación angustiosa, incierta cuando los recursos ordinarios se habían agotado. Cuando el consumo cobraba una forma colectiva, los consumidores intercambiaban las informaciones que así habían recibido y el futuro alucinado y atisbado por cada cual dejaba de ser una experiencia subjetiva para constituirse en el saber de todos.[14]

---

[14] Durán, *Historia. . .* , *op. cit.*, II, pp. 416, 310, 484; López Austin (1980), I, p. 411; Muñoz Camargo, *Historia de Tlaxcala*, México, Ateneo Nacional de Ciencias y Artes de México, 1947, p. 146.

Algunos indicios sugieren que, comúnmente, el consumo de las drogas, como el de la carne de los sacrificados o la poligamia, estaban reservados a la nobleza. Por tanto, la Iglesia debía abolir de un mismo golpe estos tres privilegios. Tanto como el canibalismo ritual o el sacrificio humano, el empleo de los alucinógenos provocó la repulsa y el horror de los evangelizadores. Cuando éstos no censuraron las informaciones al respecto, se dedicaron a dar en palabras y en imágenes una interpretación demoniaca de las visiones que provocaba la ingestión de aquellas plantas. Reprochaban a los alucinógenos ser instrumento de Satanás, pero también de conducir a la sinrazón, a la locura pasajera o definitiva, al equivalente de la embriaguez alcohólica e incluso a la lujuria.[15]

Pese a la hostilidad de la Iglesia, a pesar de la clandestinidad impuesta, el consumo de los alucinógenos sigue siendo a principios del siglo XVII un fenómeno sumamente corriente. La resistencia del complejo que, de una manera más general, también es la de la idolatría, revela los límites de la cristianización. Aquel consumo siempre está rodeado de reglas precisas y de ciertas precauciones. El curandero al que se consulta fija el día y la hora del consumo en función del calendario ritual. La habitación en donde debe desarrollarse la experiencia se barre y se inciensa cuidadosamente, en ella debe reinar el silencio más absoluto. El menor incidente, la entrada de un tercero, el paso o el ladrido de un perro bastan para perturbar una consulta que dura tanto como el estado inducido por la droga. La consulta puede tener lugar bajo la dirección de un especialista que ingiere o hace ingerir la planta. Pero puede llegar a suceder que el indio consiga por sí mismo el alucinógeno en algún mercado y realice solo la operación. Contrariamente a la esfera en resumidas cuentas reducida de las visiones iniciáticas, la alucinación provocada puede entonces alcanzar una difusión considerable entre las poblaciones indígenas.

En octubre de 1624, un indio ingiere en Chiautla *peyotl* para localizar a su esposa que había huido: ''Con la embriaguez dél [. . .] vió un viejo que le dijo a donde estaba su mujer [. . .] Le dijo [que] estaba su mujer en el pueblo de Izúcar y que la había llevado otro indio. . . y que fuese por tal y tal parte y lugar que la hallaría y traería. . .'' Las fuentes ofrecen numerosos testimonios análogos. En las tierras cálidas que ocupan el sur del arzobispado de México y el occidente de la diócesis de Puebla, el consumo de la droga conserva formas tradicionales. Por ejemplo, es significativo que sea un ''venerable anciano'' quien aparece y personifica el *ololiuhqui*. Es probable que esta figura antropomorfa sea una imago, una función más que una persona, portadora de la tradición y de la autoridad. Por otra parte, sabido es que el curandero indígena se presentaba a su discípulo con los rasgos de Oxomoco, el Viejo, El que conoce los destinos. En otras visiones de los mismos años, el consumidor da mayor importancia a la posesión: ''No le había hablado su corazón y que así no sabía que decirse.'' Como antaño, el corazón del sujeto abre su receptáculo a la fuerza divina emanada de la planta que ha sido ingerida. Sin embargo,

---

[15] Molina, *Confesionario*. . ., *op. cit.*, fol. 82r.; Sahagún, *Historia*. . ., *op. cit.*, III, pp. 192, 292-293; Motolinía, *Memoriales*. . ., *op. cit.*, p. 32.

como la de la idolatría, la influencia de los alucinógenos menguó de manera singular desde que cesaron los ritos, los banquetes donde se consumían, y la práctica ya no está sometida a la dirección de un clero o de alguna autoridad cualquiera. En cambio, la dominación colonial favorece sin discusión un consumo "salvaje".[16]

De una manera imprevista, pero que revela la complejidad de todo proceso de aculturación, las imágenes alucinadas por los indios invaden lo imaginario de los mestizos, de los negros, de los mulatos e incluso de ciertos españoles. El fenómeno contribuye a explicar tanto la persistencia de una práctica como la de las imágenes que suscita y de la representación que hacen los indios de ellas. Se lo puede fechar a principios del siglo XVII. Parece ser que en aquel entonces el uso de los alucinógenos llegó a ser moneda corriente para amplios sectores de la sociedad colonial. Fascinados por aquella técnica adivinatoria, negros, mulatos, mestizos y españoles de condición modesta —la "gente de servicio", la "gente vil"— empiezan por contratar los servicios de un curandero indígena, luego se procuran por sí mismos las plantas y aprenden a consumirlas y, sobre todo, *a ver lo que ven los indios*. Doble desquite indígena de la Iglesia: gana adeptos para una práctica sin verdadero equivalente ultraatlántico, al parecer la hace compartir su percepción de lo real y de lo numinoso. Una vez más, abundan los testimonios al respecto. Pensemos en particular en el papel desempeñado por esos seres de sangre mezclada de los que reniega un padre español, separados de un padre negro o mulato y que viven en el seno de las comunidades indígenas, inmersos en esas culturas y rápidamente absorbidos por ellas. Las fuentes españolas denuncian sin descanso su presencia perturbadora aunque mal permitan acercárseles, por tanto que se confunden con el resto de los indios. Pero hay otras vías y aculturaciones más parciales. Antes que nada, la que representa el recurso desesperado de una técnica exótica. Consulta indirecta, por intermediación de un indígena, pero que ya implica el reconocimiento de la eficacia de la práctica. De la consulta indirecta a la sugerencia y a la experiencia personal no hay, en aquellos principios del siglo XVII, sino un paso que muchos dan, cada vez en mayor número. Es comprensible que los indios puedan enseñar a mestizos o a mulatos las invocaciones, los cantos rituales, los ademanes que rodean la consulta y que así se esboce un condicionamiento que favorece la difusión de la visión indígena. Más sorprendente resulta que, arrastrados por sus delirios, consumidores que desconocen el náhuatl o lo farfullan de pronto se pongan a dominarlo con soltura o a soñar en esta lengua. Imágenes, palabras, ademanes se extienden pues a "los que [se] comunican mucho [con] los indios, especialmente siendo gente vil, fácilmente se inficionan con sus costumbres y supersticiones".[17]

Si estos casos tienen el mérito de llamar la atención hacia la complejidad y las in-

16 A, pp. 43, 51; P, p. 379; AGN, *Inquisición*, vol. 304, fol. 62r.; vol. 303, fol. 78r.; vol. 335, exp. 96, fol. 372v.

17 A, p. 49; LS, p. 239; AGN, *Inquisición*, vol. 312, fol. 270r.; vol. 486, fol. 229r.; vol. 342, exp. 10; vol. 341, fol. 313r.; vol. 304, exp. 26; vol. 340, fol. 362r.; vol. 342, exp. 15, fol. 354r.; vol. 340, exp. 4; vol. 746, fol. 500r.; vol. 317, exp. 21.

versiones de ciertos procesos de aculturación, sin embargo no deben hacernos imaginar que una parte de las poblaciones nuevas entró de pronto en el universo de la idolatría. El aprendizaje de los ritos, de las palabras y de los ademanes, la asimilación de las imágenes no deben confundirse con la interiorización de otra aprehensión de la realidad. Como tampoco es posible desconocer las resistencias que surgen y olvidar los efectos secundarios de la colonización de lo imaginario.

La represión eclesiástica, la persecución de los curanderos por el Ordinario, las intervenciones de la Inquisición en contra de sus clientes mestizos, negros, mulatos y españoles difícilmente parecen haber detenido la seducción que las drogas ejercen en aquellos principios del siglo XVII. Otros obstáculos dificultaron la consulta de los alucinógenos. Proceden de los propios indios que temen la cólera de la potencia encerrada en la planta. La ira del alucinógeno es mortífera. Se puede revertir contra aquel que no observa las reglas y los ritos, o contra los que explican al enemigo, al juez eclesiástico los usos prohibidos. A tal grado que los detentores de *peyotl* y de *ololiuhqui* con frecuencia prefieren exponerse a las persecuciones de la Iglesia, antes que desatar una reacción que no sólo los pondría en peligro sino que afectaría incluso al sacerdote católico que se entrometiera en aquellas cosas. De ahí las reticencias, las demoras, cierto malestar entre aquellos indios que aceptan poner su arte al servicio de una clientela mezclada. Algunas visiones explican de nuevo a su manera estos atolladeros. La repulsa, el silencio o la ira de la potencia consultada expresan las contradicciones de un curandero dividido entre el interés por satisfacer una clientela española, obtener alguna utilidad y la necesidad lógica de evitar los contactos con un grupo cuyas autoridades proscriben el uso del *peyotl*.[18]

Pero al parecer, de una manera general, no prevaleció esta actitud. Por una parte, porque a partir de la segunda mitad del siglo XVI la idolatría ya no fue objeto de una represión sistemática y organizada. Por la otra, porque los españoles, los mestizos y los mulatos con los cuales podían comerciar los indios eran menos portadores de las prohibiciones eclesiásticas que demandantes ávidos a los que no molestaba recurrir a prácticas ilícitas: el deseo de conocer lo inefable que animaba a aquellos aficionados a los horóscopos, a las figurillas de papel recortado, el anzuelo de la ganancia entre indios con frecuencia miserables echaron por tierra las reticencias indígenas y las barreras levantadas incansablemente por la Inquisición. Incluso cabe preguntarse si la complejidad de la posición de la Iglesia no se agregó a la confusión y hasta favoreció la difusión. Se recordará que los extirpadores concedían una parte de verdad a las visiones indígenas, aun cuando fuera el demonio el que había intervenido en ellas. En tanto que el Santo Oficio hacía una distinción entre un uso lícito, medicinal de aquellas plantas, y un empleo proscrito y adivinatorio. Aquellas divisiones al parecer claras se prestaban a interpretaciones tendenciosas: se podía, y continuamente se hizo, pretextar el uso medicinal y buscar en la droga esa verdad que la Iglesia no denegaba de un modo sistemático.

[18] AGN, *Inquisición*, vol. 478, fol. 273r.; *Misiones*, vol. 26, "Relación de la misión que hicieron. . . los PP. L. López, M. de Urroy y P. de Orga" [1645].

Mas el diablo de la aculturación jugó a todos una pasada imprevista introduciendo imágenes cristianas en lugar de las percepciones indígenas. El proceso es paralelo a la predicación jesuita, a la cristianización de las iniciaciones chamánicas. Pero esta vez se vacila respecto a su origen étnico. Se sabe que probablemente desde fines del siglo XVI algunos indios, bajo la influencia de los alucinógenos, veían figuras tomadas del cristianismo, Cristo, los ángeles. La difusión del culto a los santos en el medio indígena, su inserción en el panteón de las fuerzas locales pueden explicar también su aparición en el delirio de la alucinación, sin que por lo demás, como en la visión iniciática, la conservación del complejo sea incompatible, en aquellos principios del siglo XVII, con una cristianización del rito y de la imagen. La aculturación de la *forma de expresión* muy bien puede adaptarse a una permanencia del *contenido*.[19]

La cristianización de los delirios indígenas va entonces acompañada por un fenómeno análogo en los demás grupos de la sociedad colonial. Antes que nada, al parecer, afectó las prácticas. Plegarias, referencias a la Eucaristía, el uso de agua bendita y la adoración de imágenes piadosas rodean el consumo en las dos primeras décadas del siglo XVII. Con posterioridad, quizás después de 1625, la materia de las alucinaciones evoluciona y el delirio se abre de manera progresiva al panteón cristiano. Tributaria de las denuncias enviadas a la Inquisición y conservadas hasta nuestros días, esta cronología posee un valor muy relativo. Sugiere que la cristianización de las imágenes es más tardía en el medio mestizo y negro que en el medio indígena, como si (aunque los indicios sean escasos) hubiera indios en el origen del proceso. ¿Habrá que ver en ello el efecto de aquellos curanderos de los que hemos descrito algunas visiones o la acción de adivinos indígenas interesados en vender mejor —cristianizándolas— sus prácticas adivinatorias? ¿O suponer un conjunto de evoluciones paralelas o cruzadas que explicarían ese extraordinario flujo de intercambios, coincidencias clandestinas entre lo imaginario de unos y otros a partir de una práctica tan específicamente indígena como el consumo ritual del *peyotl*, de los hongos o del *ololiuhqui*?[20]

Sin embargo, cuidémonos de apreciarlo como un desquite indígena. Para los españoles, para muchos mestizos y mulatos la asimilación del complejo sigue siendo parcial, por lo general se resume en la adopción de una técnica adivinatoria y, de manera más o menos temporal, de algunas imágenes indígenas. En cambio, entre los indios la cristianización de las imágenes y de los ritos que rigen el consumo al parecer corresponde al mantenimiento de un contenido tradicional. Ciertamente ya no es fácil desentrañar bajo las apariencias y las formas las profundidades reales alcanzadas por la aculturación. El complejo evoluciona según los grupos en los que arraiga. Por ejemplo, entre negros y mulatos la forma original de la adivinación se transmuta, cobrando las apariencias atormentadas de una crisis epiléptica o de una posesión

---

[19] P, p. 379; A, p. 52; LS, p. 100.
[20] AGN, *Inquisición*, vol. 317, exp. 21; vol. 342, fol. 273r.; vol. 356, exp. 11; vol. 339, exp. 34, fol. 275r.

espectacular. Pero es en otro plano, ya señalado, donde la alteración del fondo indígena resulta más marcada y sistemática. La adivinación indígena se vuelve una empresa lucrativa, reducida a fines estrictamente materiales, desconectada de cualquier referencia al conjunto de las representaciones que configuraba la idolatría. Esa comercialización se extiende además a todos los dominios de la idolatría. Algunos ídolos pasan a ser amuletos de la suerte que se ofrecen en prenda a acreedores mientras que los sacrificadores indígenas que ofrecen sus servicios imponen los ayunos tradicionales pero también piden al cliente mestizo firmar con sangre un pacto con el demonio. En el transcurso del siglo XVII la idolatría antigua corre cada vez más el peligro de dejarse absorber por las magias coloniales y el curandero *tlamacazqui* el de ya no ser más que un adivino de tantos, un cazador de tesoros, un brujo de la lluvia al que no se vacila en denunciar cuando los resultados decepcionan la espera del cliente mestizo o español. El éxito de los alucinógenos indígenas puede entonces esconder efectos desintegradores en la medida en que es partícipe de una banalización de la práctica que escapa a los indígenas. Sea como fuere, en ese terreno como en el de las visiones iniciáticas o el del milagro, se asienta cierto cristianismo. Las fuerzas divinas que concentra se integran a lo cotidiano indígena y gracias a la droga son de una accesibilidad familiar y fácil. Más que el milagro local o el éxtasis del *chamán*, del *peyotl*, un poco de *ololiuhqui*, un puñado de hongos permiten unirse a los santos, a la Virgen, obtener de ellos lo que se desea sin tener que pasar por la Iglesia y por sus sacerdotes españoles.[21]

Los elementos dispersos de los que hemos hecho un balance sumario no son sino signos precursores de una apropiación aún más avanzada del cristianismo de los invasores. Tiene lugar en la segunda mitad del siglo XVII, con el trasfondo de la elaboración de aquellas memorias cristianizadas cuya cristalización hemos seguido al hilo de los títulos. Huelga decir que no se trata de situar en esta época una evolución general, simultánea e irreversible del conjunto de las culturas indígenas, sino más bien de destacar fenómenos desconocidos, reveladores de nuevas potencialidades que se concretan de vez en cuando según los contextos, las épocas y los grupos.

Lo sobrenatural cristiano sirve de caución al poder de los curanderos desde principios del siglo XVII. Poco después inspira relatos milagrosos que sellan la alianza del pueblo con algún santo cristiano. Relatos que, al mismo tiempo que se sitúan en la tradición prehispánica del *calpulteotl* protector, instauran una relación directa, arraigada en la tierra, con las nuevas fuerzas surgidas tras la estela de los españoles. Pero hay más. También fue en esta época cuando algunos notables indígenas no vacilan en reivindicar los prestigios de una comunicación personal con los santos para establecer mejor su influencia sobre la comunidad. Prenda del poder en todas sus formas, el dominio de lo sobrenatural se constituye a mediados del siglo XVII en una postura que algunos indios se preparan a reivindicar y a dispu-

---

[21] Aguirre Beltrán (1973), p. 113; AGN, *Inquisición*, vol. 668, exp. 5-6; vol. 510, exp. 25, fol. 69r.; vol. 356, fol. 180r.; vol. 674, exp. 27.

tar a los españoles. En un principio, el proceso de apropiación no parece descansar
en el grado de credibilidad y de verosimilitud por conceder o por negar a la experiencia sincrética. Al menos mientras ésta se limite a sobreponer a contenidos antiguos expresiones y representaciones cristianizadas. En cambio, a medida que se
borran aquellas matrices tradicionales en beneficio de conjuntos más heterogéneos,
el asunto de la admisibilidad de los rasgos propuestos adquiere una pertinencia
que no poseía hasta entonces y se resuelve inspirándose en una lógica cristiana, la
de la creencia y de la fe. He aquí algunos ejemplos. Hacia el año 1665 grupos de
indios que inquietan a la Iglesia recorren las llanuras fértiles y templadas del Bajío
que se extienden de Querétaro a las tierras altas de Jalisco. Curanderos itinerantes
beben una hierba, el *pipiltzintzintli*, con sus enfermos para adivinar el origen de
los males que los aquejan, ''veían el cielo, el infierno y otras cosas. . .''. Anuncian
al paciente el contenido de las imágenes que deben desfilar ante sus ojos: ''Mirad,
que con entera fe bebáis esta hierba que es la santa Rosa y que, bebiéndola, veréis
a la Virgen a Santa Rita o ángel de guarda. . .'' Aunque estos testimonios pertenezcan al filón de las alucinaciones y de las visiones cristianizadas, un elemento
adicional las distingue sin embargo de las experiencias de la primera mitad del siglo
XVII. El éxito de la consulta depende menos de la observación estricta de un rito
que de un acto de fe, que de una creencia puesto que ''los que no lo creyeran no lo
verían''. En la visión tradicional era impensable que el sujeto pudiese dudar de la
ocurrencia de la visión. Si se respetaban las condiciones, la visión debía producirse
infaliblemente, con riesgo de no dar las respuestas esperadas o desembocar en un
final no satisfactorio. Aquella ineluctabilidad (en el plano de la forma) era parte
del contenido de la visión tradicional. Ahora, aunque se pliegue al esquema persecutorio habitual (¿quién es el causante del mal?) la visión introduce y exige una
adhesión personal, un compromiso individual. Cae del mundo de la evidencia, de
la idolatría al de la creencia y de la fe, de lo verdadero y de lo auténtico: el de las
visiones ''santas y verdaderas''. La personalización y la individualización de la acción —uno merece ver a la Virgen— restituyen una tensión que la comercialización de la adivinación tiene tendencia a desdibujar e incluso a eliminar. En otras
palabras, curanderos del Bajío vinculan el consumo del alucinógeno a su percepción y su interpretación de lo sobrenatural cristiano, un poco a la manera en que
los curanderos tradicionales integraban (o siguen integrando) esta experiencia al
contexto de la idolatría. Cada vez, todos asumen el papel de intermediarios y de
auxiliares, pero los del Bajío entraron con armas y equipajes en otro universo que
ocupaban el infierno y el paraíso, la Virgen y los santos del cristianismo. No sólo
está cristianizada la expresión de las visiones que propagan, sino que su contenido
deriva por su forma (la indispensable adhesión) y su sustancia (la redefinición del
nexo con lo divino) mucho más del cristianismo que de la idolatría.[22]

En la misma época, a partir de 1665, y en la misma región, hacia Celaya y Salva-
tierra, algunos indios se hacen llamar San Alfonso, San Cristóbal, el Ángel Guar-

---

[22] AGN, *Inquisición*, vol. 507, fols. 46r.-46v.

dián, uno de ellos incluso pretendía que "se transformaba en San Pablo o San Juan". El asunto expresa un paso más en la captura de lo sobrenatural cristiano. Ya no se trata de creer en fuerzas nuevas, sino de encarnarlas. Ello provoca una ruptura aún más decisiva con la Iglesia y una reversión radical de las relaciones, puesto que aquellos indios dejan la margen del paganismo para instalarse, sin saberlo, en la de la herejía.[23] Algunos años antes un indio de Tepotzotlán anuncia que "ha hablado con Nuestro Señor, quien le había dicho que el glorioso San Matías se había quejado con él de que no barrían ni regaban la iglesia [. . .] El indígena había muerto, descendido a los infiernos y resucitado. Había estado con Dios y hablado con él. Había dicho que si lo quemaban, no lo quemarían a él sino a Nuestro Señor".[24] El indio Miguel Ximénez predica, crucifijo en mano; anuncia el fin de los tiempos, el castigo de los borrachos y la muerte y la condenación de los incrédulos: "Si no creéis lo que os digo, al salir de la iglesia caeréis muertos." En Miguel se vuelven a encontrar rasgos de Domingo Hernández, el curandero de Tlaltizapán. Tal como la describe, ¿no tiene también su experiencia semejanzas de iniciación chamánica: la muerte, el regreso a la vida, el viaje al más allá, el diálogo con Dios, la pretensión de inmortalidad? El esquema es *grosso modo* idéntico. En cambio, el final se aparta diametralmente puesto que Miguel no asume lo sobrenatural cristiano para recibir poderes terapéuticos sino para usurpar mejor la función y la autoridad del sacerdocio católico del que Miguel, como los demás indios en su aplastante mayoría, se hallan al margen. Observando y pervirtiendo las fiestas y las liturgias de la Iglesia, esgrimiendo la amenaza del infierno, llamando a la penitencia, se aparta de los senderos de la idolatría tradicional. Es probable que en este caso, como en los anteriores, complejos antiguos hayan preparado y asegurado cada vez el deslizamiento de la idolatría hacia otro enfoque de la realidad y de la divinidad. Desde fines del siglo XVI, el itinerario chamánico y el consumo de alucinógenos permitieron la integración de segmentos de lo sobrenatural cristiano a la idolatría, así fuese desnaturalizándolos y deformándolos. De manera insensible eran absorbidos en una realidad al parecer inmutable. Pero cuando aquellos segmentos en un principio dispersos se multiplicaron, configurando conjuntos articulados y autónomos, conjugando preocupaciones colectivas, espacios y ritos nuevos, escaparon progresivamente a una idolatría saturada, incapaz ya de dominarlos, y entonces se planteó la cuestión de su plausibilidad. A partir del momento en que lo verosímil dejaba de depender de una adecuación inmediata, automática, a matrices indígenas para depender sólo de la adhesión personal, la desviación de la creencia y de la duda resultaba inevitable.

Los indios de Celaya se identificaban con los santos. Sólo faltaba que otros se proclamaran Dios. Como lo hizo en 1559 Gregorio Juan en la sierra de Puebla. Una palabra sobre este caso, al que he dedicado un estudio.[25] A ejemplo de los vi-

---

[23] AGI, *Audiencia de México*, 375, "Carta del cabildo eclesiástico de Valladolid" [1667].
[24] AGN, *Indiferente General*, "Información contra Miguel Ximénez" [1662].
[25] Gruzinski (1985a), pp. 63-89.

sionarios de Celaya o del sacerdote improvisado de Tepotzotlán, Gregorio obedece un modelo autóctono, el del hombre-dios. Desde fines de la época clásica, las sociedades mesoamericanas veneraban a líderes carismáticos que en el corazón poseían la energía divina. Aquellos hombres se habían constituido en el *ixiptla*, es decir, la "piel" del dios; eran (tanto como el *chamán* o el consumidor de alucinógenos) los detentores privilegiados del acceso al mundo de los dioses, pero también los portadores del poder absoluto a la superficie terrestre, los actores de una liturgia minuciosa que sólo terminaba con su partida o su desaparición. Hombres-dioses aparecieron en los siglos XVI y XVII, fieles a esa relación con la divinidad y a esa representación del poder. El caso de Gregorio Juan se aparta de ellos en la medida en que el modelo sufre una doble inflexión. Primero porque, en lo exterior, adopta numerosos elementos del cristianismo, pero sobre todo porque la idea cristiana de la encarnación actúa ya sobre la organización tradicional de los rasgos del hombre-dios. Gregorio Juan afirma ser al mismo tiempo el "dios creador del Cielo y de la Tierra" y el "Hijo de Dios". Por consiguiente es, conforme al pensamiento prehispánico pero también, en cierta medida, con la enseñanza cristiana de la encarnación, la divinidad y la manifestación humana, terrestre, del dios. Con Gregorio Juan, la aprehensión indígena de la encarnación empieza a recubrir la del *ixiptla*, tanto como con Juan de la Cruz (hacia 1636) la mariofanía empezaba a modificar el modelo chamánico. Todavía con esa insistencia en la necesidad absoluta de la creencia. La creencia con sus límites, la duda y la incredulidad que le opone una parte de la comunidad, la hostilidad que empuja a algunos indígenas a denunciarlo al fiscal de la iglesia de Huauchinango esbozan un universo cambiante en que las cosas han dejado de poseer la evidencia abrumadora de la idolatría.

De ello no deduzcamos que los indios por doquiera se hacen santos, que se identifican con Dios y que a diario conversan con la Virgen y los santos. Los pocos ejemplos evocados aquí son portadores de otra lección. Revelan que, de Morelos a los pedregosos senderos del Bajío, de las brumosas soledades de la sierra de Puebla a los alrededores de la capital (Tepotzotlán), se reúnen las condiciones para que lo sobrenatural cristiano en sus formas más extremas adquiera una existencia no sólo creíble sino sobre todo familiar para los indios nahuas u otomíes. En forma de una relación transformada con la divinidad, de una representación paradisiaca o infernal del más allá, de un conjunto de fuerzas lo suficientemente individualizadas o personalizadas en las que se está obligado a creer, a dar crédito, el cristianismo se constituye en un elemento cabal de las culturas indígenas. El milagro cristiano es un dato integrado a lo cotidiano como lo está al paisaje del pueblo, al espacio, al tiempo. Es una vivencia colectiva e individual irrecusable cuyo arraigo es tal que llega a cobrar los aspectos exacerbados de la santificación o la deificación. La disparidad de los medios recordados, la contemporaneidad, las analogías que presentan los procesos sugieren que nuestro análisis es válido para numerosas regiones. Después de 1650, en aquel México central ya no es posible hablar de influencia indiscutible de la idolatría. En cambio, por donde hay que buscar actitudes originales, impulsos creadores es por el lado del cristianismo indígena. ¿Habrá que subrayar que las visiones de los curanderos del Bajío también son contemporáneas de la redacción otomí de "La conquista de Querétaro", las predicaciones de Miguel Ximénez de la confección de los *Códices de Techyaloyan*? Como trasfondo de estas experiencias individuales no olvidemos entonces la gestación de esas nuevas memorias colectivas. En fin, no es casualidad que todas estas manifestaciones correspondan al principio tímido de una recuperación demográfica. Entre 1644 y 1688 el número de indios de Querétaro crece de 600 a 2 000, en Celaya aumenta de 2 184 a 6 419 en la segunda mitad del siglo. La región de Tepotzotlán conoce una recuperación progresiva tanto como la alcaldía mayor de Huauchinango, en la sierra de Puebla. En el México central, la población indígena de una manera general se ha duplicado entre 1630 y 1670-1680.[26]

Una descripción más fiel del panorama general que descubrimos exigiría tomar en cuenta numerosas variables. Tiene una incidencia importante el peso de la población indígena comparada con las poblaciones española, mestiza, negra y mulata, pero también la naturaleza y la intensidad de los lazos mantenidos por todos esos grupos. En ciertas regiones, la masa indígena tiende a absorber a los mestizos, los negros y los mulatos. En otras, se ve arrastrada en incesantes mestizajes. Los medios urbanos, las minas que atraen una mano de obra mezclada, las haciendas y los ingenios azucareros donde viven trabajadores desligados de su comunidad de origen favorecen intercambios que siguen siendo mucho más esporádicos en un marco tradicional rural, que sin embargo no por ello es nunca del todo inerte. La calidad y la densidad de las memorias indias y del marco eclesiástico, las políticas seguidas en el plano local para los clérigos o los notables indígenas se agregan a las variables anteriores y explican la disparidad de las respuestas a la aculturación. Las regiones de Morelos y de Guerrero representan zonas de aculturación intermedia o escasa. Intermedia en Morelos a causa de la presencia física, económica y social de blancos y, más todavía, de negros y de mulatos. Escasa en Guerrero por las razones opuestas. El Bajío, aquella tierra de reciente colonización, tal vez debiera compararse con Morelos si sus poblaciones indígenas no fueran en gran parte poblaciones trasplantadas, introducidas por los españoles y por tanto sin arraigo regional. En cambio, la sierra de Puebla evocaría por múltiples conceptos el Guerrero recorrido por Ruiz de Alarcón, si aquellas montañas no hubiesen protegido aún más la idolatría de ciertas poblaciones otomíes. En este sentido habría que compararlas con amplios sectores del obispado de Oaxaca que mantienen la observancia de ritos colectivos de origen prehispánico. En el otro polo, México, Puebla, sus inmediaciones (Cholula, Tepotzotlán. . .) y, aunque en menor medida, las capitales provinciales, Valladolid, Oaxaca, los pueblos situados sobre los grandes ejes comerciales y en las zonas mineras. Desde luego, en esos medios urbanos es más profunda la influencia española y se dejan sentir de manera más cotidiana los efectos del cristianismo y de Occidente. La diversidad geográfica y étnica no debe hacer ol-

---

[26] *Historia general de México*, México, El Colegio de México, 1977, II, p. 100.

vidar una diversidad social de la que hemos informado sucesivamente. Los nobles de antaño, los notables advenedizos o los macehuales no comparten ni las mismas actitudes ni la misma aprehensión de la dominación colonial, ni tampoco los mismos ritmos de asimilación. Sus intereses, sus cálculos son distintos y en ocasiones contradictorios. Así como la idolatría de los campesinos de Guerrero y de Morelos parece volver a sumergirnos en el siglo XVII en la tradición prehispánica, así la curiosidad y la inventiva de los nobles del siglo anterior sorprenden por su modernidad. Lo que no significa que compartimentos estancos separen entonces esos grupos. Apenas tenderán a serlo en el siglo XVIII.

El siglo XVII es por consiguiente una época singularmente compleja que no podría explicar por sí sola la palabra sincretismo. Al recorrerlo, se tiene la sensación de que una matriz en retirada, en parte descontextualizada —la idolatría—, todavía pesa sobre rasgos dispersos, alterados, separados de sus contextos de origen, produciendo arreglos en extremo dispares. La fragilidad y la multiplicidad de los compromisos que se hacen en aquel entonces proceden a veces de la incompatibilidad resentida de los sistemas en coexistencia, pero con mayor frecuencia aún del carácter trunco o parcelario de los rasgos que se intentan unir o juntar. La conciencia de la incompatibilidad puede desembocar en el fracaso de una videncia, en el delirio personal o incluso en el suicidio, como aquel al que recurrió ese otomí de la región de Tlaxcala que defendía un culto autóctono sin que pudiera impedirse abrevar en el catolicismo y alquilaba a españoles sus servicios de buscador de tesoros en contra del parecer del dios que veneraba. En numerosas situaciones se definen sistemas transitorios que revelan la presencia móvil, difusa de una zona de indeterminación simbólica y conceptual donde se aproximan intentos de *sobreinterpretación* —el fuego del infierno y del purgatorio también es el dios Viejo del Fuego— o de *descodificación*: el infierno ya no es el Mictlán prehispánico sin ser todavía el infierno cristiano, los iniciadores de Domingo en parte son entidades anónimas, no identificadas, los conjuros son un lenguaje hermético sin que por ello se asimile el cristianismo, etc.; sin que tampoco surja una totalización general de la realidad, un contenido unificado. Así nos parecen en sus contradicciones, en sus oscilaciones, en sus atolladeros, algunas de las tendencias que barren el campo cultural indígena a mediados del siglo XVII. El que con frecuencia se trate sólo de síntesis personal, furtiva y clandestina, explica lo precario de esas producciones, su carácter improvisado, tentativo, la facilidad con la que, denunciadas o confesadas, se deshacen o se derrumban. Es que su coherencia resulta más de una vivencia personal, de una experiencia singular y subjetiva que de una construcción sistemática y colectiva, lo cual no impide que esas empresas fugaces sean también cultura y que los curanderos mexicanos no se limiten "a figurar compromisos irrealizables en el plano colectivo, a fingir transiciones imaginarias, a encarnar síntesis incompatibles".[27] Sus producciones despiertan la adhesión de las poblaciones y se insertan en un proceso

---

[27] Claude Lévi-Strauss, "Introduction a l'œuvre de M. Mauss", en Marcel Mauss, *Sociologie et anthropologie*, París, PUF, 1950, p. xx.

general de apropiación de lo sobrenatural cristiano, de esa realidad invisible que predicaban los evangelizadores. ¿Qué imagen ilustraría mejor esta influencia indígena que la de aquel gobernador del pueblo de Tlapacoya, aldea tropical que domina la llanura de Veracruz, quien en 1661 aseguraba haber encerrado con llave al Espíritu Santo en siete arcas metidas unas en otras?[28]

Mas, ¿en verdad se puede hablar de captura, de desviación? Es indiscutible que el fenómeno tiene lugar fuera de la Iglesia y la mayoría de las veces en contra de ella. ¿Quiere esto decir que refleja la autonomía de una creatividad cultural o los juegos más sutiles de una enajenación sigilosa que tomaría al revés, por el lado de lo prohibido y lo clandestino, las culturas indígenas? Ya hemos visto que los curanderos no eran, ni con mucho, guardianes de una tradición intangible, replegada en el silencio y radicalmente opuesta al cristianismo. Hemos descubierto que en vez de ser defensores de una contraaculturación impermeable al exterior, con mucha mayor frecuencia eran capaces de apropiarse numerosos rasgos de lo sobrenatural cristiano y de integrarlos a su patrimonio. Y en su acción puede verse una práctica del cambio, una tentativa de dominar intelectual y materialmente el desorden colonial cuando adopta la forma del infortunio, de la enfermedad y de la muerte. Una empresa de pirateo cultural en las aguas mal vigiladas de la Iglesia tridentina. Tal vez sea éste el caso en el plano individual, pero ¿corresponde el resultado colectivo a la suma de esas iniciativas? A decir verdad, a fuerza de poner de relieve un dinamismo cultural que con frecuencia escapó al historiador y aún más al etnólogo, se corre el riesgo de sobreestimarlo, de olvidar los límites y las presiones que balizan su terreno. Es que en el largo plazo parecería que los esfuerzos de los curanderos y, de una manera general, la apropiación de las formas extranjeras terminasen en esencia por anudar lazos indisolubles entre las culturas indígenas coloniales y las culturas de importación. Entre estas últimas, sólo el cristianismo de la Iglesia puede pretender, en última instancia, ejercer una empresa totalizadora, sólo él dispone de los cuadros institucionales, de los hombres, del peso político, económico y social tanto como de la coherencia interna y de la fuerza de persuasión que permiten no sólo mantener una ortodoxia sino también condicionar las experiencias que voluntariamente o no se apartan de ella, como lo demuestran las denuncias indígenas y las represiones que se ejercen contra los alumbrados del Bajío o contra el "Hijo de Dios" de la sierra de Puebla. Ante una idolatría que pierde ímpetu y ante magias ibéricas o africanas que no son sino saberes parcelarios, el cristianismo ofrece con su posición hegemónica la perennidad de una presencia, de una referencia y de una evidencia. Con sus venerables, sus milagros y sus mariofanías, no deja de investir los mundos indígenas. Al grado de fascinar a los curanderos que quieren descubrir los secretos del cielo y de los santos, o de inspirar a aquel otro curandero una visita alucinada a Roma y a las "ciudades más célebres de Europa":

[28] AGI, *Audiencia de México*, 78, "Memorial de F. Bartolomé Velázquez" [1665].

Al entrar en el cajón, le pareció que se embarcaba en un navío que navegaba los mares por muchos días, que desembarcaba en España y caminaba de ciudad en ciudad [. . .] que pasaba a Roma y allí veía al sumo pontífice, a los cardenales, los templos, los palacios y jardines de los señores y que por fin, harto ya de ver las grandezas del mundo, se volvía a embarcar y navegando muchos mares desembarcaba en este pueblo. . .[29]

Búsqueda frustrada para siempre de un mundo que, sin embargo, un siglo antes había sido atisbado por los nobles latinistas. . .

[29] AHPM, ms. II, ''Templo místico de la gracia. . .'', p. 594 (principios del siglo XVIII). El episodio se sitúa entre 1680 y 1692.

VII. CULTURAS DIFERIDAS

EL ANÁLISIS de la idolatría colonial nos había arrastrado al medio de las colinas se-mitropicales, a los campos de caña de azúcar, a orillas de los ríos frescos y tranquilos de Morelos. ¿Qué descubriría allí un siglo después, hacia 1740, un eclesiástico del temple de nuestros extirpadores? Antes que nada, junto a indios más numerosos, una presencia mestiza y mulata notable por todos conceptos. Dos elementos que en general son bastante representativos de la evolución demográfica de los indios de la Nueva España en el siglo XVIII: un resurgimiento —más o menos acentuado según las regiones— de la población indígena y, sobre todo, una penetración de las castas, es decir, de todos los de sangre mezclada, mulatos y mestizos. De menos de un millón hacia 1650, los indios del centro de México pasan a más de 1.5 millo-nes hacia 1742, antes de llegar a cerca de 2.5 millones al alba de la Independencia, aunque en aquel entonces los indígenas apenas constituyan el 60 por ciento de la población total del país.[1]

A mediados de siglo, en esta región de Morelos acudir al curandero o al adi-vino sigue siendo práctica corriente y la explicación del mal, según los casos, sigue poniendo en tela de juicio la intervención de un tercero, de otro curandero o de una potencia sobrenatural: los "malos aires", los "puntos de agua", las fuentes. Como sus predecesores, indios de iglesia e incluso cantores compulsan "papeles de error y de superstición". Todavía se encuentran prácticas de origen antiguo, sacrifi-cios que algunos indios y su gobernador ofrecen por la noche en una gruta "donde se encontraba un ídolo", al que se consagraban los recién nacidos antes de su bautismo. Pero al parecer esta idolatría colectiva fue una práctica minoritaria, peri-férica, que cede terreno ante una "brujería" de tramas representadas una y mil veces. El menor imprevisto, la menor crisis se atribuyen de manera sistemática a una agresión nefasta. Rivalidades de amor, disputas de ebrios, discordias fami-liares, accesos de locura o estallidos de cólera, muertes súbitas, accidentes, todo se reduce al denominador común de la brujería, de una brujería con frecuencia limi-tada a la expresión de una persecución de origen humano, lo suficientemente des-ligada de la red de representaciones que configuraba la idolatría para constituir un espacio específico. Banalizada, la brujería puede ser como ayer un regulador social que golpea a quien pone en peligro la comunidad y sus bienes, pero asimismo se hace la afirmación terrorista y narcisista de un poder irresistible, incluso instru-mento predilecto de las luchas encarnizadas que libran entre sí parientes, vecinos, cónyuges; pero, sobre todo, la brujería indígena rebasa los marcos étnicos, aun cuando se ejerza al margen de las aglomeraciones de españoles. Mestizos, mulatos,

---

[1] Sobre Morelos, *véase* AGN, *Inquisición*, vol. 1349, exp. 8; sobre la demografía, *Historia general de México*, México, El Colegio de México, II, 1977, pp. 98-105; Brading (1978), pp. 39-60; Taylor (1972), pp. 17-34; Gibson (1967), pp. 143-144.

españoles, mayordomos y obreros de los trapiches azucareros, esclavos espían las maniobras de los indios y de los suyos, propagan rumores y dan fe de los relatos de brujería que circulan. Todos en un momento u otro consultan a los curanderos, están embrujados y en ocasiones embrujan a su vez.

Esta heterogeneidad étnica es inseparable de una diversificación de los niveles de creencia y de un debilitamiento de los consensos tradicionales. Muchas cosas son objeto de preguntas confusas, de perplejidad temerosa, de mentiras, de incertidumbres, de rumores recogidos de manera complaciente o negados con energía. Las estrategias personales, las interpretaciones de cada cual ocupan un lugar sin relación común con las actitudes que describían los extirpadores del siglo XVII, mientras que nuevas prácticas vienen a complicar la escena cultural. Indios de Coatlán se reúnen por la noche en la iglesia o alrededor del calvario, se les ve azotar o abofetear las estatuas de Jesús con la intención de "repetir la Pasión de Cristo". La agresión blasfema se mezcla con ademanes obscenos ("les volvían los traseros, remangándose los calzones. . .") que integran ritos clandestinos. Esos indios vuelan en el aire húmedo de la noche, se transforman en asnos y en bolas de fuego. Una claridad prodigiosa ilumina la iglesia cuando se congregan allí para sus reuniones nocturnas. No vacilarían en profanar los sepulcros y en desafiar al Todopoderoso a que cure a las víctimas de sus hechizos. Cuando aquellos indios de Coatlán se adueñan del cristianismo, de sus lugares sagrados, de sus imágenes, de sus fiestas, de los ornamentos sacerdotales, es para hacer de ellos un uso deliberadamente sacrílego y blasfemo. El encarnizamiento desplegado, la carga afectiva, los objetivos que se fijan, los ademanes que escogen y valoran, todo revela que las indicaciones, las representaciones que ponen en práctica en su mayoría están tomadas del cristianismo. Pero de un cristianismo indígena que ellos tratan de rebasar, de dominar invirtiéndolo. Y en esa inversión iconoclasta y blasfema se basa su poder, dondequiera que se ejerza. Ésas son, sumariamente esbozadas, algunas de las pistas que propone ese Morelos *revisited*, si hemos de creer en el testimonio del franciscano Anton. .e la Rosa y Figueroa, un hombre tan apasionado y tan frustrado en sus esfuerzos de extirpador como Ruiz de Alarcón o como Jacinto de la Serna. . .[2]

CULTURAS COMPUESTAS

¿Qué sucede con la idolatría en el siglo XVIII? ¿Se hunde, arrastrada en el caos de las memorias y la proliferación de los sincretismos? ¿Logra todavía explicar lo real y regir las prácticas cuando se le escapan amplios sectores de la realidad indígena? Incluso en regiones considerablemente aculturadas —por ejemplo, Morelos—, si bien la idolatría existe como estructuración de lo real, propiamente hablando ya sólo ocupa los márgenes y las periferias. Se ha refugiado en posiciones inexpugnables en la práctica, ese espacio periférico que rodea el pueblo: las montañas, las grutas,

[2] BN, *Fondo franciscano*, caja 106, exp. 1462.

los ríos, los aires, el cielo, las nubes. Espacio periférico no quiere decir espacio lejano. Las montañas que circundan el valle de México son, a ese respecto, notables
conservatorios. Hacia el oeste, en el corazón de los cerros de Santa Fe, en los parajes del camino que lleva a Toluca, se ocultaban toscos santuarios, adornados con
incensarios y velas, cubiertos de estatuillas de barro cocido. Ello a fines del siglo
XVII y sin duda todavía con posterioridad. Por el rumbo de Tlalnepantla, al noroeste
de la capital, en 1681 algunos indios acudían cantando, antorcha de ocote en mano,
a unas grutas en las que depositaban flores, naranjas, tazas de chocolate, figurillas
de barro, aperos de labranza y arpas en miniatura. En el siglo XVIII, las montañas
del oeste y del sur siguen abrigando actividades tan intensas como clandestinas. Al
norte del valle, en los alrededores de Tizayuca, hacia 1730 los otomíes adoran a las
deidades de las montañas que rigen la lluvia y protegen los cultivos, les ofrecen en
otras grutas "pollos asados, tortillas, algodón teñido con cochinilla, agujas y aretes".
Para numerosos indios, las montañas conservan casi intactas su imagen y su presencia de antaño. Siguen siendo receptáculos de fuerzas irresistibles, hostiles o bienhe-
choras. Como lo explican otomíes de Actopan, al norte del valle de México, abrigan
a los "señores de las nubes". Por consiguiente, no tiene nada de sorprendente que
no hayan desaparecido los conjuradores de nubes. Gozando a veces de una gran
notoriedad, aquellos indios siguen yendo de pueblo en pueblo para ofrecer sus servicios a los campesinos. Las comunidades los remuneran pidiendo a cada familia
una módica aportación que el gobernador y las autoridades locales completan
agregando tamales, pulque y comida.[3] ¿No ha cambiado nada? Sin embargo, un
rasgo nuevo parece destacarse de las fuentes de aquella época. Los conjuradores del
valle de México o de las montañas de Actopan ya no son indios en su totalidad.
Han engrosado sus filas mestizos y mulatos. Lo que no se produce sin una transformación de las prácticas y de las creencias: algunos conjuradores abandonan el
celibato al que los obligaba la costumbre indígena, ciertos mulatos explican los
"ídolos" pretendiendo adorar seres "convertidos en piedra".

Si las montañas y las grutas conservan mucho de lo que significaban antes de la
Conquista, lo mismo ocurre con una multitud de lugares a los que se supone peligrosos: manantiales, puentes, canales, saucedas tupidas y oscuras. Se cree que
atraen los "malos aires" y que enferman a quienes pasan por sus proximidades.
Antes de la Conquista se consideraba esos parajes como otros tantos lugares de
paso que llevaban al mundo de los dioses, al del tiempo divino. Eran receptáculo
de fuerzas amenazadoras, invisibles que atacaban el *tonalli* del pasante. Para protegerse de ellas es preciso, como afirman los otomíes de Tenango de Doria hacia
1770, "pagar", "pagar al monte, a la tierra, al aire, al agua lo que se le debe para

[3] Villavicencio, *Luz y método de confesar idólatras. . .*, *op. cit.*, pp. 48-49; AGI, *Audiencia de México*, 85 [1681] y AGN, *Civil*, vol. 270, "Gaspar de Lara, cura de Tlalnepantla al virrey" [1680]; *Criminal*, vol. 120, exp. 4; *Bienes Nacionales*, vol. 976, exp. 39; *Misiones*, vol. 25, exp. 15; *Inquisición*, vol.
715, exp. 18; Antonio Joaquín de Rivadeneira y Barrientos, *Disertaciones. . . sobre los puntos que se le
consultaron por el Cuarto Concilio Mexicano*, Madrid, 1881, p. 64; AGN, *Inquisición*, vol. 1055, fols.
301r.-313v.

que no hagan daño a la gente''. Al parecer es posible comparar esta interpretación
surgida de las apartadas montañas de la sierra otomí con los ademanes repetidos
sin cesar en torno a la ciudad de México. Sobre todas esas ofrendas parece pesar
todavía la idea prehispánica del *nextlahualiztli*, que por lo común se expresa, y
erróneamente, mediante la palabra sacrificio. En realidad se trata, como su nombre
lo indica, de un *acto de pago*.[4] Es que las fuerzas divinas tienen tanta necesidad de
los seres humanos como éstos de los dioses para que el mundo siga existiendo.
Corren a perpetuidad el riesgo de hallarse en estado de carencia y lanzan sus ataques nefastos para proveerse de energía en la tierra. Con el fin de obtener de ellas
medios de existencia, de prevenir o de contrarrestar sus embates, es preciso entonces ''pagar lo que se debe'', ''pagar la ira del monte'' para evitar los estragos de la
lluvia o del granizo; es necesario ofrecer alimentos, objetos para apartar sus deseos,
sus ansias insatisfechas.

Vale decir que, en el siglo XVIII, la idolatría sigue siendo algo enteramente distinto
de una ''supervivencia'' y que no ha dejado de organizar algunos de los vínculos
del hombre con lo divino apoyándose en la permanencia de un entorno, de un
paisaje todavía poblado por los ''señores de las montañas, de las grutas y de los
cielos''. Tanto como persiste una representación tradicional de la divinidad que
poco tiene que ver con las entidades personalizadas que propone el cristianismo.
Esto es válido para los otomíes de la sierra de Puebla, para los indios de Oaxaca,
pero también para las aldeas de las alturas del valle de México, expuesto sin embargo
a la influencia de una capital mestiza y española. En Churubusco, a las propias
puertas de México, en pleno siglo XVIII los ancianos y las ancianas aún vigilan celosamente las ruinas de su templo pagano, pues se supone que éstas todavía esconden
la fuerza del pueblo, mientras que en 1756, en Coatepec, en el valle de Toluca, los
indios siguen cuidando una serpiente que encarna al guardián de la comunidad y
recibe ofrendas de vino y de aguardiente. Prueba ésta de que el viejo *calpulteotl*,
el protector tutelar, aún no ha muerto. Habrá que aguardar el desarraigo, la emi-
gración y la instalación miserable en las ciudades bulliciosas de la posguerra para
que el vínculo con el entorno natural empiece a disolverse.

¿Quiénes son ésos para quienes la idolatría aún tiene sentido? Encontramos,
sin mucha dificultad, figuras familiares en adelante: el gobernador preocupado
por mantener la tradición para fundamentar su autoridad, los ancianos del pueblo siempre anónimos, presentes en todas partes hasta las orillas de la ciudad
de México y en la ciudad misma, los curanderos, los responsables de la parroquia,
los fiscales, las compañías de voladores que durante las fiestas evolucionan por los
aires y se lanzan al vacío desde lo alto de un gran poste[5] (LÁMINA 16), los conjuradores de granizo y de nubes, etc. No son todos y, mucho menos, indios. No son
gente aislada y, menos aún, marginales: los indios que visitan las montañas del

[4] AGN, *Inquisición*, vol. 1176, fol. 75r.; López Austin (1980), I, pp. 291, 369-370, 82; AGN, *Inquisición*, vol. 1149, exp. 24, fol. 83v.
[5] BN, *Fondo franciscano*, caja 102, exp. 1534.

valle de México residen a veces en la ciudad y sostienen relaciones de negocios con las autoridades y los comerciantes españoles. ¿Cuál es la actitud de la administración colonial? Las compañías de voladores que surcan la región de México gozan de la tolerancia de los alcaldes mayores pero deben comprarla. ¿Y la Iglesia? Muchos curas se manifiestan indulgentes para preservar la paz, "para evitar litigios" y maniobras de sus fieles, propensos a llevarlos ante los tribunales al menor pretexto. ¿Significa eso que, a fuerza de amenazas y corrupción los "idólatras" se mantienen en primera fila? El secreto de las montañas y de los precipicios inaccesibles, la clandestinidad, la discreción siguen siendo para todos una regla intangible. Y sobre todo la necesidad de desconfiar de la fracción del pueblo que no aprueba esas prácticas. La ruptura del consenso, brecha abierta desde el siglo XVI y los inicios de la evangelización, sigue reflejando el mismo número de opciones religiosas que de estrategias locales. A lo cual se añade una vez más que a menudo es difícil y discutible la oposición indios ortodoxos-indios "idólatras" ya que las divisiones dependen casi siempre de los contextos más que de los individuos.

Sin embargo existen núcleos de idólatras que de un modo deliberado se sitúan al margen e incluso fuera de la sociedad colonial. Como esos "maestros de idolatría" que todavía recorren las sierras de Puebla y de Oaxaca y dirigen, cuando pueden, "casas de idolatrías" que sus adeptos llaman las "casas buenas". Una vez más la distancia, el aislamiento, lo inaccesible de las comarcas no podrían explicar el fenómeno. En los pueblos de las montañas del perímetro de la ciudad de México, en pleno siglo XVIII, algunos indios sostenidos por las comunidades condenan los contactos con los españoles, luchan contra la escuela parroquial, desalientan la frecuentación de los sacramentos y pregonan una moral que no es la de la Iglesia. La existencia de esta franja al parecer irreductible ayuda a comprender mejor por qué la idolatría no ha desaparecido, por qué ha conservado desde los espacios periféricos la capacidad de responder a las exigencias colectivas o individuales de supervivencia, que difícilmente han cambiado desde los tiempos prehispánicos.

El embarazo, el parto, el matrimonio, la muerte, el deseo se siguen considerando en un enredo de prácticas y de interpretaciones tan desarrollado como en el siglo XVII, pero desprovisto de la unidad y de la homogeneidad que, bajo la película de los sincretismos, sin dificultad permitían percibir ahí los antiguos hilos de la idolatría. Cierto es que numerosos rasgos evocan aún el acervo autóctono. Todavía se tiembla ante el canto siniestro del tecolote que anuncia la muerte, se temen los eclipses de sol y de luna. El complejo del *tonalli*, ese conjunto de interpretaciones que vinculaban la vida a la circulación y a la difusión de una energía divina, claramente asoma de vez en cuando, pero sin prolongarse de manera sistemática, como en el siglo XVII, en ritos, invocaciones, calendarios. Subsisten piezas, se ha desvanecido o dislocado el conjunto ante la invasión de adopciones de origen europeo y africano que confieren a espacios enteros de las culturas indígenas el aspecto de una amalgama mal definida. Véanse, por ejemplo, las prácticas y las creencias divergentes que suscita la muerte. Por una parte subsisten usos antiguos, las ofrendas alimentarias sobre las tumbas, el depósito de los instrumentos de trabajo o de los juguetes en la sepultura del difunto. Por la otra, los indios confiesan espontáneamente que creen en el fuego del purgatorio y en la resurrección de la carne. El tonalismo que antaño vinculaba cada ser a un animal particular inspira de un modo lejano historias de metamorfosis ("generalmente creen que sus difuntos se convierten en bueyes"), mientras que algunos ritos cristianos captados fuera de contexto, desnaturalizados y asociados entre sí constituyen prácticas extrañas que escapan tanto a la idolatría como al cristianismo. Según los casos, pueden arder muertos en el purgatorio, trabajar en el más allá o decir misa ahí, reaparecer en la tierra en bueyes o resucitados.[6] Habrá quien pretenda que estas variantes corresponden a las distintas suertes que aguardaban a los muertos en tiempos prehispánicos. Ello equivaldría a sacrificar supervivencias en aras del culto y negarse a ver la reunión heteróclita que progresivamente mina las culturas indígenas. No es que desde esta época y por doquiera las amenace la desaparición. La evolución difiere de manera considerable según los medios y las etnias. Al respecto, el obispado de Oaxaca una vez más hace las veces de conservatorio y los etnólogos (como también los turistas) del siglo XX sacarán provecho. En cambio, el deterioro de la idolatría se percibe ampliamente en las regiones más abiertas a la aculturación, los valles de México, de Puebla y de Cuernavaca, el Bajío.[7] La idolatría del siglo XVIII ha perdido de manera definitiva la capacidad de servir de red a la generalidad de lo real. Desposeída de su monopolio desde el siglo anterior, todavía opera en contextos circunscritos (las montañas, los elementos, la enfermedad) donde sin duda continúa esbozando síntesis parciales. Mas, por lo que toca al siglo XVIII, nos sería muy difícil reconstituir un cuadro análogo al de la primera mitad del siglo XVII (LÁMINA 16).

Frente a la idolatría, un cristianismo indígena, interiorizado y, como es del todo evidente, reinterpretado, ha conquistado de manera progresiva un arraigo y una inmediatez que le permiten cubrir y explicar amplios sectores de la realidad india. En el siglo XVIII echa raíces, "cristaliza" en cierto modo las potencialidades acumuladas durante dos siglos. Y antes que nada adquiriendo la inmemorialidad. Si a fines del siglo XVII las memorias de los pueblos descuidan los remotos tiempos de antes de la Conquista para fijarse en orígenes cristianos y coloniales, la memoria ordinaria con mayor facilidad deja la gentilidad en punto muerto. A falta de actas, de indicaciones, de testimonios de las generaciones distantes, concedía a las instituciones recientes, a decir verdad ya con dos siglos de antigüedad, los prestigios de la inmemorialidad. El origen de una fiesta, de un culto, de una cofradía y con frecuencia de un pueblo se perdía en tiempos oscuros o antes bien derivaba de un tiempo omnipresente, sin origen y sin fin, análogo en ello al tiempo divino de las sociedades antiguas: la inmemorialidad. Por lo demás, ¿de qué medios dispo-

[6] Rivadeneira y Barrientos, *Disertaciones*. . . , *op. cit.*, pp. 64-66.

[7] AGN, *Bienes Nacionales*, vol. 663, exp. 19. Sobre México y Guerrero, Manuel Pérez, *Farol indiano y guía de curas indios*. . ., México, Francisco de Rivera Calderón, 1713; sobre Puebla, Andrés Miguel Pérez de Velasco, *El ayudante de cura instruido*. . ., Puebla, Colegio Real de San Ignacio, 1766.

nía la aplastante mayoría de la población para conservar una conciencia del pasado remoto? En realidad de poca cosa. Los indios de las ciudades y de las poblaciones grandes a veces podían asistir a fiestas barrocas organizadas por las autoridades españolas en las que figurantes suntuosamente ataviados representaban a los soberanos de tiempos idos: Xólotl, Quinatzin, Tezozómoc. Pero, ¿qué podían ellos captar de esos festejos de espectáculo en grande concebidos por eruditos criollos necesitados de exotismo? Las danzas organizadas por los pueblos a fines del siglo XVII poseen un alcance muy distinto pero, de una manera general, se refieren a la Conquista y a la llegada de los religiosos. De manera bastante paradójica, parece ser que, en vez de conservar la memoria de la irrupción española y de las sociedades que la habían sufrido, las danzas de la Conquista contribuyeron más a establecer esa inmemorialidad. Difundidas por los españoles y los religiosos, fueron la adaptación local de un arquetipo ibérico (los combates entre moros y cristianos) que cayó en terreno indígena en el transcurso del siglo XVII. A medida que se difundían por las ciudades y en los campos, los combates arreglados que oponían a indios cristianos y "chichimecas" y se organizaban en torno al culto a Santiago perdieron toda connotación histórica para no ser más que la celebración periódica, el rito de una situación hecha inmemorial. A decir verdad, sólo los indios que todavía tenían anales a su disposición, los notables, o archivos familiares, los nobles, podían alimentar una idea más o menos clara de la distancia histórica, del mundo antiguo e incluso del siglo de la Conquista.[8]

Sin embargo existía un pasado distinto de los cantos que se escuchaban sin comprenderlos bien a bien, o del relato de la historia verdadera o ficticia del pueblo al que se pertenecía. El que fijaban los testamentos, desde luego, cuando existían y se habían conservado. Aquellos documentos que aparecen desde la segunda mitad del siglo XVI podían ofrecer el hilo material de un contacto con las generaciones anteriores. Como es evidente, aquella memoria escrita sólo concierne a una parte de la población indígena, los caciques y los notables, huelga decirlo, cuyos testamentos prolijos llenan varias decenas de páginas. Pero para las "fortunas" de menos de treinta pesos había también la fórmula de la "memoria testamentaria" donde, en una sola hoja, el testador dictaba lo esencial. A diferencia de aquellos discursos interminables de los caciques y de los nobles, son, huelga decirlo, memorias lacónicas en todos los sentidos de la palabra. Pero también memorias claramente menos estereotipadas, menos tributarias de los efectos de estilo de un notario español o indígena. El testador sólo por excepción toma la pluma pero la diversidad, el aspecto inacabado, por no decir apresurado, el tono con frecuencia muy personal de esos textos hacen de ellos testimonios inestimables sobre aquello que estos sectores de la población indígena transmitían a sus hijos y a su posteridad. ¿Quiénes son?

---

[8] Arturo Warman, *La danza de moros y cristianos*, México, SepSetentas, 1972; Romero de Terreros, *Torneos, mascaradas y fiestas reales en Nueva España*, IX, México, Editorial Cultura, 1918, pp. 42-48; AGI, *Audiencia de México*, 1042, "Festivo y real aparato [de] Pásquaro" [1701]; Agustín de Vetancurt, *Teatro mexicano de los sucesos religiosos. . .*, México, María de Benavides, 1697, p. 58.

Indios que poseen un mínimo de bienes, es decir un techo, una milpa por exigua que sea, en ocasiones apenas los medios para sufragar los gastos de sepultura. Indios que pagan tributo y que por tanto pertenecen a la masa de los macehuales, desprovista de los privilegios que conservan los nobles o que adquieren los que se hacen pasar por tales. Sin ninguna pretensión estadística, las apreciaciones siguientes ofrecen el interés de llamar la atención hacia la existencia y la generalización de actitudes nuevas entre los nahuas de los valles de México y Toluca.

Se encomienda el alma a Dios, se abandona el cuerpo a la tierra, se implora la intervención mariana. La miseria del testador —"no tengo nada delante de Dios"— le prohíbe todo legado piadoso que aseguraría el reposo de su alma. Toca a otros, a los parientes cercanos, velar por ellos: "Mi hermano Nicolás Salvador ha de sacar el dinero para mi entierro [. . .] Les suplico a dicho mi tío y mi hermano no se olviden de mí y manden hacer algunos sufragios por mi alma [. . .] Allí está una hija mía que se llama María Juana, que ella ha de dar tres pesos para una misa para ayuda de mi alma." En total, un pequeño capital de fórmulas y de intenciones piadosas en que se mezclan los deseos del testador y las intervenciones de los fiscales, topiles, alguaciles o incluso las de los ancianos que ayudan a levantar el acta. Un capital que revive cada vez que un heredero descifra o, con mayor frecuencia aún, se hace leer esos pequeños textos que tejen la memoria cristiana de las familias y conservan el recuerdo de los ascendientes y de los allegados. Devoción personal, creencia en el purgatorio, piedad mariana, invocación de la corte celestial, obligaciones rituales integran ese vínculo profundamente cristianizado en que se refugia en lo sucesivo casi toda la ancestralidad. Redactados en náhuatl, mucho más rara vez en español, traducidos para su presentación ante los tribunales, esos testamentos revelan hasta qué grado el cristianismo en el siglo XVIII se ha constituido en parte integral del patrimonio de la comunidad y con bastante frecuencia, al parecer, del patrimonio familiar e individual.[9]

Arraigado en las memorias, incluso en las más humildes, el cristianismo indígena se apoya también en un territorio. Esta vez la cosa es más antigua. La destrucción de los templos paganos en el siglo XVI, la construcción de la iglesia, de las capillas, las cruces plantadas en las cimas fueron primero imposiciones más o menos bien recibidas. Los *Títulos primordiales* muestran a qué grado, desde fines del siglo XVII, la asociación del pueblo con un santo patrono y la posesión de una iglesia se viven como elementos tan inseparables como esenciales de la vida comunitaria. En el siglo XVIII, la toma de posesión corrientemente es posesividad. Cuando los indios de Santa María Chicmecatitlán, a unos 50 kilómetros al sur de Puebla, a propósito de su iglesia y de su atrio sostienen que "todo es nuestro y ninguno manda en ellos", expresan estentóreamente un sentimiento que comparten los demás pueblos. En

    9 AGN, *Tierras*, vol. 2539, exp. 6; vol. 2616, exp. 4; vol. 2554, exp. 10; vol. 2540, exp. 5; vol. 2546, exp. 14; vol. 2535, exp. 14; vol. 2201, exp. 6; *Bienes Nacionales*, legajo 414; Margarita Loera y Chávez (1977), pp. 66-99.

1771, los gobernadores y los alcaldes de Tlatelolco reivindican con la misma energía la propiedad de la iglesia parroquial "...que se fabricó a costa del dinero y trabajo de nuestros parientes, abuelos y causantes antiguos[. . .] Dichos religiosos [franciscanos] no tienen derecho para destituirnos de lo que es nuestro''. En San Miguel Totolapan, en las tórridas márgenes de Michoacán, en 1795: "Nuestros mayores franquearon los fondos y nosotros los hemos conservado. La institución de las fiestas, la dedicación de los santos fue de aquellos y la continuación nuestra. Los indios, somos los que hemos hecho esto; los indios, los que hemos criado y aumentado los fondos; los indios, los que hemos siempre cuidado y no hay razón para que siendo sus dueños, se nos prive de ellos. . .'' Pero el santuario también es el lugar de los muertos, de ese pueblo de los desaparecidos cuyo regreso anuncian ciertos títulos. Los testamentos hablan de la solicitud con que los notables piden que se les sepulte cerca del altar del santo de su predilección. Pero si, como en la vieja Europa, los caciques y los notables tienen una prioridad que nadie les discute, otros indios más oscuros expresan un deseo análogo. Sin embargo, la influencia indígena no se limita a la iglesia parroquial, a sus campanas, al atrio que es también cementerio de la comunidad y donde se representan los misterios de la Pasión. Más libre aún, se ejerce en una cantidad de capillas, de ermitas, de oratorios que los curas sólo visitan de manera bastante esporádica. La proliferación de esos recintos es muy antigua. Se remonta cuando menos a la segunda mitad del siglo XVI puesto que, desde 1585, el III Concilio Mexicano, al denunciar su elevadísimo número, reclamó una severa supervisión de esas fundaciones. En el momento de las "congregaciones" de fines del siglo XVI, los indios aceptaron de muy mala gana la destrucción forzada de sus capillas y de sus ermitas, por lo demás de tan mala gana como el abandono de las sepulturas de sus allegados, sobre las que en secreto volvían a orar y a depositar velas. Pensemos que, a fines del siglo XVII, el pueblo de Xochimilco, en los alrededores de México, abrigaba un santuario para 150 indios, en tanto que hacia la misma época en Tlalnepantla, al noroeste de la capital, se contaba una iglesia para 125 indígenas. Huelga decir que las capillas de los poblados sin sacerdote se hallaban en la práctica abandonadas en manos de los indios que se encargaban de su mantenimiento, del culto a las imágenes, de la conservación de las pilas bautismales de las que, por nada del mundo, ninguna comunidad, por pequeña que fuese, habría aceptado deshacerse.[10] Mas hacer del cristianismo el culto de la iglesia parroquial o el de las capillas también equivale a menospreciar la manera en que en lo sucesivo inviste la existencia cotidiana de los indígenas. Cierto es que los santuarios domésticos que han sustituido a los oratorios prehispánicos aparecen desde la segunda mitad del siglo XVI, pero esos *santocalli* conservaban en el siglo XVII una situación ambigua, sometida aún a la influencia de la idolatría, como

---

[10] AGN, *Criminal*, vol. 334, "El cura de S. María Chicmecatitlán. . ." [1811]; AGI, *Gobierno México*, 727, "Carta de los governadores. . . de Tlatelolco" [1771]; AGN, *Criminal*, vol. 326, exp. 2; AGN, *Indios*, vol. 69, exp. 399, fol. 310v.: AGN, *Tierras*, vol. 2553, exp. 3; *Bienes Nacionales*, leg. 1076, exp. 9; AGI, *Audiencia de México*, 26, exp. 80A; A. de Vetancurt, *Teatro mexicano*, *op. cit.*, pp. 56-57, 72.

lo revelaron las encuestas de los extirpadores. Como hemos de ver, esto ocurre mucho menos en el siglo siguiente.

Todos esos espacios se hallan literalmente saturados de imágenes desde fines del siglo XVI y aún más en el siglo XVII. Los inventarios de iglesia enumeran, hasta en los pueblos más modestos, cuadros y estatuas por decenas. En Patamban, una parroquia franciscana de 2 000 fieles situada en el noroeste de Michoacán, se cuentan en la iglesia, en forma de lienzos o de estatuas, cinco San Franciscos, un San Pedro y un San Pablo, un San Pedro de Alcántara, cinco San Antonios, dos San Buenaventuras, un San Diego de Alcalá, dos San Juanes, un San Cristóbal, un Santo Domingo, un San Miguel, una Santa Verónica, una Nuestra Señora de la Asunción, una más de los Siete Dolores, una Santa Clara, varias efigies de Jesucristo. Agreguemos algunos cuadros, una Adoración de los Reyes Magos, un Nacimiento del Niño Jesús, los Estigmas de San Francisco. Allí o en cualquier otra parte la acumulación contradice la descripción que brevemente despacha esos "retablos de pinturas de indios que no se pueden llamar altares" y esas "otras imágenes pequeñas y varias, hechas y deshechas de mano de los indios [. . .] sin orden puestas y sin poder conocer sus vocaciones. . .".

Esta proliferación sugiere selvas de imágenes que se pierden en una explosión de formas y de colores a la que con frecuencia se ha designado con el término vago de "barroco indígena". Los ejemplos más famosos proceden de los santuarios de las inmediaciones de la ciudad de Puebla, en primer lugar de los cuales está la minúscula iglesia de Tonantzintla, cuyo exuberante interior poblado de un miríada de ángeles indígenas da vértigo al visitante, arrastrado pronto en el torbellino multicolor y dorado que se eleva hasta la brillante linternilla de la cúpula. Se tiene la impresión de estar en presencia de una copia indígena de la famosa capilla del Rosario, en el convento de Santo Domingo de Puebla (1690), pero de una copia que multiplicaría el virtuosismo contenido de los artistas españoles acentuando al infinito la proliferación de los motivos. Se podrían citar otros ejemplos de esta floración de líneas y de imágenes que materializa la aprehensión indígena de un barroco que, en las ciudades, ya cede terreno ante el neoclasicismo naciente de las últimas décadas del siglo XVIII.[11] Los santuarios se vencen bajo los estucos policromos, las imágenes de renombre bajo el oro, la plata y los diamantes. Pero basta con penetrar en los interiores de los principales notables de los pueblos para encontrar el eco de la profusión de los santuarios y seguir el reflejo tembloroso de las velas reverberado en el oro de las estatuas y en los espejos de los marcos. En su casa, don Miguel Roldán (en 1743 es el gobernador indígena de Cholula) posee una Virgen de la Soledad, enmarcada en madera negra salpicada de oro, coronada por un baldaquino de madera dorada sobre fondo encarnado, una Virgen de Guadalupe, dos Bautismos de San Juan, tres San Migueles, una Huida a Egipto, un Jesús de la

---

[11] AGI, *Audiencia de México*, 2713 [1754]; Toussaint, *Colonial Art in Mexico*, The Texas Pan American Series, Austin, University of Texas Press, 1967, pp. 203-205; Pedro Rojas, *Tonantzintla*, México, UNAM, 1956; Constantino Reyes Valerio, *Tepalcingo*, México, INAH, 1960.

Caída, dos Vírgenes de los Dolores, tres Santiagos, un San Nicolás, una Virgen del Carmen, una Virgen de los Remedios, un *Ecce Homo*, un San Gaetano, un viejo grabado del Juicio Final, un retrato del rey, etc., sin contar unos 40 cuadritos y una colección de ornamentos de toda especie, entre ellos dos estrellas de madera adornadas con imágenes de San Agustín y de San Marcial. Entre las estatuas un Jesús con sus efectos (una camisa de Cambrai, una camisa de Bretaña y dos túnicas) colocado detrás de un marco de madera esculpida, a su vez coronado por un águila dorada que porta un pequeño espejo. Otro espejo de cristal sirve de dosel a la imagen. En otra parte, por otras habitaciones se suceden un Niño Jesús, un San José, una Virgen del Rosario con sus ornamentos, un San Antonio, un San Juan Bautista, un San Miguel, un San Pedro, dos ángeles. Más modesto el recinto de un principal de Chalco, al sureste del valle de México: don Francisco Ximenes, quien no habla español, posee poco antes de su muerte ocurrida en 1706 un crucifijo, cuatro estatuas y otros tantos cuadros. El gobernador de Xocotitlán, entre los mazahuas del norte del valle de Toluca, se halla en posesión de unas 30 pinturas, una docena de grabados, un crucifijo y dos estatuas. Decenas de casos más dan fe por dondequiera, en casa de los notables, de la existencia de un capital de imágenes con frecuencia impresionante. Es evidente que sólo una encuesta sistemática apoyada en los testamentos podría permitir el descubrimiento de variantes regionales y un mejor conocimiento de las dominantes y de la evolución de esta iconografía. No ignoramos que estos notables son los grandes proveedores de las iglesias y de las capillas de su pueblo, más que nadie ellos tienen medios para adquirir estatuas en la ciudad, para ordenarlas a los artistas, para mandar restaurar un cuadro, una escultura.

Pero ¿qué ocurre con los medios más modestos? Parece ser que ellos también poseen algunas imágenes, aun cuando su cantidad y la calidad de su factura se hallen lejos de alcanzar las de los precedentes. Basta con volver a los testamentos que hemos atisbado. Es frecuente que los interesados leguen sus oratorios, incluso una o dos imágenes de santos debidamente identificadas o con mayor frecuencia aún designadas anónimamente con el término de *los santos*: "A mi hijo Antonio Nicolás le dejo la casa y oratorio con todos los santos." "Es mi hijo Gaspar Miguel, le dejo la casa y oratorio. . ." Al respecto podríamos también multiplicar los ejemplos. La profusión de las imágenes asegura el arraigo territorial de las representaciones cristianas, al sembrar por doquiera referencias visibles que, tanto como los santuarios y las capillas, sirven de soporte material al cristianismo indígena.[12] En este aspecto, revelando una situación que en muchos lugares en ocasiones parece frisar la saturación, los inventarios de las iglesias y los testamentos indígenas descubren una omnipresencia de la imagen cristiana. Pero es probable que la difusión material del objeto no sea sino la dimensión más anodina.

Estas imágenes no son objetos. Sólo existen por medio de la carga colectiva e individual que suscitan y que se confunde con el culto a los santos. Los evangeliza-

[12] AGN, *Tierras*, vol. 650, exp. 2; vol. 1820, exp. 1; vol. 2169, exp. 1; vol. 1874, exp. 2; vol. 2554, exp. 6; vol. 2450, exp. 5; vol. 2546, exp. 16.

dores bautizaron los pueblos, los barrios, las iglesias, las capillas y a los hombres abrevando en el repertorio de los nombres de santos. Se pintaron vidas de santos, se contaron en sermones, se difundieron en el mundo indígena. El culto a la Virgen cobró un impulso paralelo a partir de la segunda mitad del siglo XVI. Etapa importante fue la adopción local de un santo patrono. En el siglo XVI no es raro que los indígenas hayan tratado de multiplicar los puntos de comparación entre las divinidades locales y aquello que era sólo un nombre y una imagen en ocasiones difícilmente descifrable. En cambio, en el transcurso del siglo XVII los santos patronos fueron percibidos como una dimensión esencial de la identidad del pueblo, tanto de su realidad como de su suprarrealidad. En fin, la hermandad importada de España fue desde el principio pieza importante en la difusión del culto a los santos. Pero las huellas escritas que dejaron las hermandades (constituciones, libros de contabilidad, patentes) sólo descubren el rostro aparente, a veces ficticio, de la institución, el que supuestamente se conformaba a la norma eclesiástica y reproducía con fidelidad el modelo propuesto. En cuanto a la otra cara, fuera de los escándalos o de los asuntos resonantes, se nos escapa casi en su totalidad. Esta dificultad, esta discreción no son propias de la hermandad, pero aquí tal vez sean aún más temibles que en otra parte. Desde los principios de su apostolado las órdenes mendicantes fundaron hermandades u hospitales (a los que se vinculaban éstas). Esas instituciones se habían concebido como el medio más seguro de profundizar la cristianización de los fieles —lo que los textos llaman la "policía cristiana"— y de familiarizarlos con las obligaciones, los ritos y las devociones del catolicismo. Se regían por constituciones escritas, dictadas por los religiosos o por el Ordinario. Una hermandad como la de la Virgen de la Concepción de Coatlán hubo de elegir en 1577 dos mayordomos, dos diputados, un escribano. Tenía la obligación de celebrar las fiestas de Nuestra Señora. Las constituciones estipulaban también que en cada fiesta sería cantada una misa por todos los cofrades que asistieran con velas encendidas, adornadas con tres coronas. Tres o cuatro cofrades debían encargarse de ayudar a los agonizantes "a morir bien" y todos se comprometían a asistir a las exequias del cofrade fallecido. La mala conducta, la ebriedad, el concubinato eran motivos de expulsión y los gastos de la hermandad debían destinarse de manera exclusiva a sufragar las necesidades del culto. Como instrumento de difusión del culto mariano y de la "muerte cristiana", pero también como respuesta material a las epidemias que cundían por aquel entonces, la hermandad de Coatlán se hallaba enteramente en manos del cura secular, quien vigilaba de cerca su funcionamiento.

A fines del siglo XVI ya había numerosas cofradías en la ciudad de México. Pero se tuvo que aguardar el siglo XVII para que se multiplicaran por toda la Nueva España en formas relativamente variadas, con frecuencia a instigación de los notables locales. Sólo en el valle de México se contaron pronto por centenas y algunos indicios sugieren que en ciertos pueblos todos los indios, o casi todos, pertenecían a alguna hermandad. Idéntica situación había en Michoacán, donde por mucho tiempo subsistían hospitales creados en el siglo XVI y puestos bajo la férula de los indios priostes. Si algunas hermandades sólo constituían en manos de los regulares un medio para financiar una parte de las misas que celebraban, otras adquirieron poco a poco una autonomía relativa a medida que la sociedad indígena se apoderaba de una institución en la que percibía un factor de estabilidad, de duración, de cohesión y de identidad colectiva, que, por lo demás, no dejó de provocar choques con la autoridad eclesiástica. La hermandad era así una identidad colectiva ante los españoles, ante los mestizos, ante los negros y ante los mulatos que no podían ser miembros de la hermandad y aun menos tener entrada a las funciones de mayordomos o de oficiales, y proporcionaba una seguridad basada en los bienes amasados por la institución y que eran considerados propiedad del santo. Pero no olvidemos la inserción social de la institución. Desde luego y antes que nada es un instrumento de dominación social y económica en manos de los notables, de los gobernadores, de los fiscales, de los alguaciles que perciben el producto de la venta de las cosechas o del ganado, recaudan cuotas, demuelen y reconstruyen capillas, compran imágenes, ornamentos, adelantan las sumas necesarias para las festividades sin rendir cuentas ni al "común" ni al cura. La hermandad "clásica" es por tanto una institución bastante rígida cuando se somete a las reglas habituales. De manera muy oficial debe conservar sus archivos, llevar sus libros de contabilidad, hacer la lista de sus miembros. Eso en cuanto a la fachada, a la imagen que era conveniente ofrecer a las autoridades eclesiásticas. Pero, a decir verdad, no es sino la cara aparente de una institución mucho más diversa.[13]

Desde fines del siglo XVI, la ciudad de México se encontraba invadida por asociaciones piadosas que los indios multiplicaban fuera del control de la Iglesia. El III Concilio Mexicano enumeraba 300 hacia 1585. Al parecer, en el transcurso del siglo XVII el fenómeno hasta entonces urbano en esencia se amplificó y se propagó a los campos. Indios cada vez más numerosos tomaron la iniciativa de crear fundaciones pías sin pasar por la institución eclesiástica, en este caso el Provisorato de los Naturales. Se ahorraban así trámites engorrosos, caros, cuyo sentido y cuya necesidad con frecuencia no percibían. Eludían las habituales formalidades escritas que precedían la constitución de la hermandad y fijaban sus condiciones de ingreso y de funcionamiento. Nacían fundaciones que adoptaban las formas más diversas. En su origen había con frecuencia un gesto sencillo. El legado piadoso de un cacique, de un notable o de un simple indio tributario que dedican un pedazo de tierra a uno o varios santos. El alquiler y la explotación de ese terreno producen los recursos necesarios para la conservación de la imagen y la celebración de la fiesta anual del destinatario celestial. El cura puede designar a un mayordomo encargado de administrar el donativo, pero la mayoría de las veces son los herederos del

---

[13] Gibson (1967), pp. 130-137; *Códice Franciscano* (1941), pp. 65-69; Josefina Muriel, *Hospitales de la Nueva España*, México, Jus, 1956, 2 vols.; AGN, *Indiferente General* (Coatlán) [1577]; Bancroft Library (Berkeley), *MM268*; A. de Vetancurt, *Teatro mexicano, op. cit.*, *passim*; AGN, *Clero Regular y Secular*, vol. 103, exp. 11.

legatario los que conservan y dirigen lo que se llama *mayordomía*, y están a cargo de cumplir con las obligaciones que le son inherentes. Llega a suceder que algunas familias desaparezcan o que por una u otra razón pierdan la mayordomía que entonces pasa a otras manos. También puede ocurrir que ciertos indios, instalados de un modo más o menos subrepticio en las "tierras del santo", se dediquen espontáneamente al mantenimiento de su culto, tanto que entre ellos se termina por escoger al mayordomo y a los diputados encargados de administrar los ingresos de la explotación. Así ocurre con la "hermandad" de la Virgen de la Soledad de Acambay, al norte del valle de Toluca. En las tierras donadas por un principal del pueblo "viven de quinze a dieciséis familias de las cuales se elije cada año un mayordomo y un diputado", a cuyo cargo está pagar las misas debidas a la Virgen. Pero existen formas todavía más rudimentarias. Basta con que cuatro o cinco indios se reúnan y decidan festejar cada año al santo de su predilección. Elegido mayordomo por sus iguales, uno de los indios se dedica entonces a recaudar fondos tras pedir autorización al cura de la parroquia, y lo que a ojos de la Iglesia no pasa de ser una simple colecta emprendida de manera voluntaria por algunos individuos en realidad cobra una dimensión muy distinta para los interesados: "los indios llaman de cofradías las misas que se celebran cada mes". A decir verdad, cuando la mayordomía agrupa a un número de indios más importante, se constituye en *hermandad*, en una confraternidad. El paso siguiente es el reconocimiento oficial y la constitución de una cofradía, pero los indios rara vez lo dan, limitándose la mayor parte del tiempo a usurpar ese nombre.

Los indios que participan en esas fundaciones, las mayordomías o las hermandades, no reciben ninguna patente, no pagan ningún derecho, no mandan decir ninguna misa por los difuntos, sino que les basta con vivir en el barrio o en el pueblo para considerarse "cofrades" y contribuir a la fiesta del santo. En cuanto a la imagen, en vez de ser depositada en la iglesia parroquial, la mayoría de las veces se conserva en una pequeña capilla, en ocasiones incluso en un simple oratorio, sobre un altar doméstico. Para la Iglesia no hay en ello sino una "devoción piadosa", apenas tolerada. En fin, como último caso, también es posible que, en el origen de la fundación, se halle el culto privado de una imagen milagrosa. En 1698, el hijo del cacique de Ocotitlán aceptó depositar en la iglesia un *Ecce Homo* que se cubría de un sudor milagroso y al que él veneraba de manera muy especial. Sus descendientes ofrecieron a la imagen un retablo, milpas y campos de magueyes y, sobre todo, lograron conservar la mayordomía hasta principios del siglo XIX. De modo un tanto más modesto, algunos indios tributarios adquirían imágenes a las que podía ocurrir que el vecindario atribuyera ciertas virtudes. La casa del poseedor era entonces centro de una devoción más o menos efímera, los fieles le llevaban cirios, flores y dejaban su óbolo. Sin embargo resulta singularmente difícil estudiar estas formas que se colocan al margen de las instituciones oficiales y de lo escrito. Cuando mucho se observa que son en extremo numerosas y que tanto como las hermandades reconocidas, si no es que más, expresan la piedad indígena. Tepotzotlán, pueblo otomí situado al norte de la ciudad de México, sólo sostiene tres cofradías —dos de españoles y una sola de indios— pero acoge seis hermandades. Esta desproporción, que sin salvedades se encuentra en todos los pueblos, revela la influencia considerable de esas asociaciones en la vida cotidiana indígena. Ésta encuentra en ellas un marco flexible y relativamente autónomo, puesto que algunos indios no vacilan en pretender que las hermandades escapan a la jurisdicción del Ordinario.[14]

Con recursos fijos o sin ellos, las cofradías, las hermandades y las mayordomías recurren con frecuencia a la colecta para financiar misas, sermones, luminarias, fiestas, banquetes y fuegos artificiales o para reconstruir o restaurar un santuario. Atestiguadas ya en el siglo XVII, estas recaudaciones se pueden efectuar en el espacio del pueblo, pero en ocasiones rebasan por amplio margen sus confines. En nombre de una cofradía, de una hermandad o simplemente de una imagen, algunos indios recorren una y otra vez los caminos del centro de la Nueva España, yendo de pueblo en pueblo. Rodeados de algunos músicos, los recolectores portan la imagen en una especie de relicario, a su paso los acogen multitudes, se organizan danzas en torno a la imagen que en cada etapa es instalada en el altar de algún particular. Los recolectores venden grabados piadosos, rosarios, pequeñas alhajas de plata que representan la imagen. Cada vez las ventas y las limosnas redondean el peculio amasado lentamente. En teoría, los indios deben pedir una "licencia" al provisor de los Naturales y someterse en todo a los curas y a los jueces eclesiásticos de las comarcas que recorren. En realidad, libres en sus itinerarios, con frecuencia incontrolables e incontrolados, interesados en reunir sumas redondas de las que nadie les impide disponer a su antojo para cubrir supuestos gastos, hábiles para negociar con el cura el precio de su paso, los recolectores encarnan de maravilla el dinamismo, la movilidad y la expansión del cristianismo indígena fuera de los límites acostumbrados del barrio o del pueblo. Los contactos establecidos aquí y allá, la hospitalidad que encuentran en los pueblos visitados, las congregaciones y las celebraciones que marcan su paso, dibujan redes complementarias de aquellas de las peregrinaciones, también más elásticas, al parecer imprevistas e improvisadas, sometidas todavía menos a la vigilancia de la Iglesia y del Estado.[15]

Mucho más difícil es sondear los motivos íntimos de las devociones cuyas múltiples facetas hemos visto. Acordes o no con las normas impuestas por la Iglesia, todas se cristalizaban en torno a una imagen. Ese punto parece esencial pues aclara de qué manera el cristianismo indígena encuentra allí a la vez la expresión de una presencia física, la materia de una reflexión y el soporte de una inversión personal masiva y de una solidaridad local.

"Ahora dejo un hijo mío que se llama Balthasar Antonio, le dejo un mi padre

[14] AGN, *Tierras*, vol. 1874, exp. 2; *Indiferente General*, "Varios oficios del virrey Revillagigedo [1794] con Informes de los curas de Acambay, Atotonilco el Grande, Temascaltepec del Valle, Tepozotlán" [1777]; AGN, *Tierras*, vol. 2467, exp. 2.

[15] AGN, *Bienes Nacionales*, leg. 732; *Clero Regular y Secular*, vol. 22; *Cofradías*, vol. 18, *passim*.

Santo Cristo para que le sirva, que le compre velas y copal y flores. . .'' En 1705, cerca de Tenango del Valle, Nicolasa Anna se expresa aproximadamente en los mismos términos: "A mi hijo Antonio Nicolás le dejo la casa con todos los santos y a Nuestra Señora la Virgen. Que les venere y sirva mi hijo Antonio Nicolás.'' El legado puede ser de imágenes; puede ser de tierras dedicadas al servicio de las imágenes a la manera de las fundaciones que acabamos de describir. Un padre deja así uno o varios campos pidiendo a sus hijos que sirvan a "la Santísima Trinidad, a Jesús de Nazaret, a San Pedro, a la Virgen de Guadalupe, a San Antonio, a la Virgen de los Remedios, al Santísimo Redentor de la Columna, al Cristo en el Sepulcro. . .'' A falta de tierra, en ocasiones se legan así instrumentos, herramientas, un hacha de carpintero, una yunta de bueyes, cuyo trabajo se dedica a los santos, a los que no se debe dejar con ninguna carencia. Hasta en los estratos más modestos de la población indígena se adivina entonces la inextricable asociación de los bienes materiales y del servicio de los santos, del instrumento y de la imagen. Entre los más desposeídos la obligación ritual incluso parece ser más importante que la transmisión de bienes. De esta actitud se da amplia fe entre los nahuas de fines del siglo XVII y durante el siglo XVIII. No podemos dejar de compararla con los comportamientos que denunciaban los extirpadores de idolatría de la primera mitad del siglo XVII. En aquel entonces era frecuente que en los oratorios de los indios de Morelos, del valle de Toluca y de Guerrero se disimularan objetos sagrados, vinculados al linaje que habitaba o había habitado la morada. Santos y "pequeños ídolos'' coexistían sobre el altar doméstico, sin que por ello se les rodeara del mismo respeto. Los indios demostraban a esos objetos un apego tan apasionado que su confiscación por lo común era teatro de episodios en particular dramáticos. Escogidos por algún antepasado, aquellas figurillas, aquellos vasos de barro, aquellas plantas disecadas supuestamente escondían una fuerza de la que dependía la propiedad del hogar. La coexistencia física de esas piezas y de las imágenes cristianas fue producto de una elección y de una imposición. Los indios se mostraban al mismo tiempo interesados en captar la influencia de potencias suplementarias y de engañar a los curas o a los indios de iglesia que visitaban su casa. Al paso de las décadas, de los desplazamientos de población, de las hecatombes demográficas, del infortunio de las memorias, del retroceso de la idolatría es posible imaginar que los santos sustituyeran física y simbólicamente las antiguas deidades. Ello gracias a una transición insensible, del todo opuesta a la imposición del santo patrono en lugar del dios cuyos templos y cuyas efigies se habían destruido. De yuxtaposición táctica a coexistencia aceptada, de acercamiento a sustitución, la imagen cristiana sucedió en el altar el ídolo hecho añicos. No sin ciertos cambios en la naturaleza y la transmisión de los objetos, tampoco sin ciertas "permanencias''.

Respecto de esas "permanencias'' o, para ser más precisos, de los pesos, pues nada resiste el tiempo, no podemos dejar de señalar el arrebatado y exclusivo apego que los indios demostraban a esas imágenes, sea cual fuere su origen. Apego que se manifiesta en una inversión material con frecuencia desproporcionada en comparación con los magros recursos de los que disponen. No vacilan en dedicar una buena parte de su haber a la restauración de la imagen, a la decoración del oratorio, a la compra de vestimenta, sin contar las ofrendas habituales o las más ricas de las fiestas, tanto como aceptan muy difícilmente deshacerse de ella en beneficio de una capilla o de una iglesia. En el seno de una familia, las imágenes pueden ser objeto de robos, de conflictos violentos que más de una vez se zanjan a cuchilladas y que expresan de un modo muy negativo el valor extremo que se les atribuye. A decir verdad la intensidad del vínculo con la imagen sirve para cimentar como antaño tanto la solidaridad del grupo como su continuidad. Fomenta una cadena de obligaciones, de cargos que los descendientes están obligados a asumir: "mi Señor de Chalma está aquí para que le sirvan todos los hermanos, los primos y los sobrinos"; "[Lego esto] para que mi sobrino les sirva a mis santos como yo les vine a servir unos días aquí en la tierra." Aparece la misma constante en la asociación del santo, primero con el oratorio, luego con la casa, en ocasiones con el instrumento de trabajo. "Mi casa y mi santo", esta fórmula se repite con frecuencia en los testamentos. ¿No son acaso los santos los "dueños de mi casa"?

Pero así como las "pinturas" o las iniciaciones chamánicas incorporan rasgos nuevos que terminan por modificar profundamente su contenido, así el culto a los santos es más que una cristianización de las deidades del hogar. Mientras que los ídolos domésticos seguían las líneas de la filiación y no salían de la casa, los santos con frecuencia se dispersan entre los hijos y son transmisibles a la esposa. La nueva importancia de la pareja, del vínculo conyugal, del carácter indisoluble de la alianza, las costumbres de la herencia ligadas a la práctica testamentaria y a sus reglas no pueden dejar de pesar sobre la circulación de las imágenes santas. Esta evolución es apreciable en la propia naturaleza de la relación que une al detentor con la imagen. Trátase de una relación familiar, calcada del modelo de la familia cristiana. Más exactamente de una relación filial que hace de las imágenes los padres y las madres del indio: "Ellos [mis herederos] han de servir a mi querida madre Señora Santa Ana [. . .] a mi querida madre de Guadalupe y a mi querido padre San Antonio de Padua." La posesividad ejercida sobre esas imágenes ("*mis* santos", "*mi* Señora de la Concepción", "*mi* Señora de Guadalupe") al parecer es bastante similar a la que caracterizaba la posesión de los "idolillos". Mas la tonalidad es distinta. En lo sucesivo mezcla al mismo tiempo un vínculo personal y un sentimiento de propiedad que antes que nada se experimenta como la de un individuo antes de ser la del grupo, por lo demás al igual que el resto de bienes transmitidos. Con toda evidencia hay en ello la huella de un concepto español, jurídico, de la propiedad que se ejerce de manera paralela a la influencia del modelo cristiano de la familia.[16]

Esta evolución del vínculo con la divinidad es inseparable de otro concepto de la

16 AGN, *Tierras*, vol. 2616, exp. 7; vol. 2540, exp. 5; vol. 2467, exp. 2; vol. 2547, exp. 7; vol. 2201, exp. 6; vol. 2551, exp. 8; vol. 2539, exp. 5; vol. 2533, exp. 5; *Criminal*, vol. 274, exp. 4; *Bienes Nacionales*, leg. 446, exp. 7.

potencia divina. El santo no es un nombre puesto a una fuerza, ya no es, como las deidades de principios del siglo XVII, una colección de objetos con frecuencia informes, algunos antropomorfos y otros no. El santo es una persona lo bastante individuali- zada para que con ella se mantengan relaciones familiares, para que se le designen padrinos. Inversamente, aunque no estoy seguro de que ello carezca de precedentes prehispánicos, la imagen ineficaz será tratada como a una persona a la que se castiga, se enterrará un Niño Jesús traspasándole los pies y la cabeza con clavijas de made- ra. Henos aquí lejos de aquellos indios que en 1582 todavía trataban una estatua de la Virgen de *dios*, es decir *teotl*, como si fuera una fuerza neutra y sin rostro.

Con bastante aproximación se podrían hacer extensivas estas consideraciones a la relación que el pueblo (o el barrio) mantiene con sus imágenes. Como hemos visto en los títulos, el santo patrono es el dueño de las tierras, el padre de la comunidad. Pero otras imágenes cristalizan nexos igualmente intensos, en ocasiones todavía más poderosos. Cuando, por ejemplo, irradian una fuerza que se ha hecho eviden- te mediante el milagro cristiano. El gesto de elevar una capilla, de organizar una fiesta en honor de la imagen es entonces una afirmación de identidad y de poder ante los pueblos vecinos menos bien dotados. Aun así, una pesadez prehispánica se disuelve en una cristianización de la hierofanía. Los santos son personas. Las imágenes se mueven, caminan, sudan, sangran, lloran como personas y como sólo las personas pueden hacerlo. Así sucede en Ayotzingo, en Tultitlán, en Tlatelolco, en Tulantongo, en San José, dentro del valle de México, pero también en Tlalpu- jahua o Tepetlazingo, etc. La posesividad, el apego a los santos cobran a veces formas violentas que recuerdan en una escala del todo distinta los conflictos domésticos y familiares que podía desatar la detentación de las imágenes. En 1621, a voz en cuello, armados de arcos y de flechas, los otomíes de Ixmiquilpan arrancaron de manos del alcalde mayor el cristo milagroso que reclamaban las autoridades de Mé- xico. Mucho después, en 1786, los indios de Cuautitlán, bajo la dirección de todos sus gobernadores, arrastran a su cura ante los tribunales porque pretendía retirar de la parroquia una imagen de la Inmaculada Concepción. La inmemorialidad, la sujeción a la imagen, la fundación pía, el reconocimiento oficial, los milagros, la sepultura de los cofrades en la capilla de la Virgen, todo en ellos expresa la inte- riorización profunda de una relación con el santo que en realidad recubre una rela- ción específica con el tiempo, con la muerte, con lo sobrenatural y con la sociedad. Una asimilación que se expresa en la fórmula perentoria: "La mencionada imagen no es de español alguno, sino propia de los naturales."

Sin que por tanto haya que oponer dos esferas paralelas de las que una corres- pondería al grupo doméstico y la otra a la comunidad, es frecuente que una devo- ción individual, apoyada en un milagro incluso modesto, se constituya en culto de un barrio, de un pueblo, hasta de toda una región. El proceso inaugurado a fines del siglo XVI prosigue a lo largo de todo el siglo XVIII, llegando a lugares remotos. De la misma manera, a veces es difícil distinguir la parte del grupo y la del indivi- duo en las luchas que rodean la posesión de las imágenes. La imagen es una fuente de poder y de prestigio tanto para quien la detenta como para la facción a cuyo cuidado se encuentra. Si dispone de medios, el feliz detentor puede verse incitado a imponer su santo en lugar del patrono de la comunidad, con peligro de desencadenar fuertes resistencias. De modo más modesto, poseer una imagen que se presta a la iglesia para la Cuaresma o para una fiesta es un privilegio nada despreciable.

Las imágenes también son objeto de una investidura colectiva que se manifiesta de manera brillante con motivo de la fiesta: "Cada pueblo tiene distintos barrios, cada barrio su santo titular y cada santo su fiesta anual. Ésta la costean sólo los indios de aquel barrio por su gusto, por su antojo, por su devoción y por cumplir con la institución de sus mayores." La fiesta refleja una intensificación periódica de todas las relaciones establecidas en torno a la imagen, de todas las apropiaciones a las que se entregan los indios. Bajo esta forma, el fenómeno también se remonta al siglo XVII. Pero sólo en el siglo XVIII se generaliza, aprovechando la conjunción de un debilitamiento de la influencia eclesiástica (en el que adelante insistiremos), del resurgimiento demográfico y de los progresos de la cristianización de los indígenas. Por doquiera se repiten las mismas tramas: se hace a un lado al cura, reducido a sus funciones de celebrante, cuando no incluso se prescinde del todo de él para cantar vísperas solemnes o para celebrar solos la Semana Santa. Los fieles invaden la iglesia pese a las protestas del cura, mientras el atrio y los cementerios hormiguean noche y día de indígenas que beben y comen alegremente en medio de músicos, de cohetes, de fuegos artificiales, de barricas de pulque y de aguardiente. El consumo de alimentos y la intoxicación alcohólica son entonces ocasión para la reafirmación de una identidad colectiva a escala del pueblo o simplemente del barrio. Este exceso de alimento, de alcohol, de música y de ruido se emparienta con lo que sabemos de las fiestas campesinas del Antiguo Régimen, en parte a causa de nuestros observadores que proyectan una mirada española sobre las cosas, en parte porque reúne elementos análogos. Pero levantando una cortina, una barrera entre el mundo indígena que comulga en el pulque y los demás, los intrusos, el cura que denuncia la inmoralidad y la borrachera, ¿no sigue constituyendo la intoxicación el instrumento propiamente indígena de una actualización de lo divino, la entrada colectiva a otra realidad que los indios han edificado en gran parte en torno a sus santos? Consumido ya antes de la Conquista en ocasión de las grandes festividades, ¿no desde fines del siglo XVI se ofrece el pulque al santo, antes de que se distribuya entre los asistentes? Por lo demás, nadie ignora que las imágenes poseen plantas de maguey, que las cofradías son grandes productoras de pulque y que el brebaje que producen se consume en parte en el transcurso de las ceremonias y de las festividades que organizan. En otras palabras, pulque, imagen y cofradía forman un tríptico que probablemente constituya una de las claves de la sociabilidad indígena de la Colonia y del México independiente.[17]

[17] Gibson (1967), p. 135; AGN, *Bienes Nacionales*, leg. 420, exp. 19; vol. 1086, exp. 10; *Clero Regular y Secular*, vol. 103, exp. 11; BN, *Fondo franciscano*, caja 109, exp. 1494; AGN, *Tierras*, vol. 1478, exp. 10; AGN, *Historia*, vol. 437; Taylor (1979), p. 59.

Ocupando un lugar principal que con probabilidad aún no había adquirido en tiempos de Ruiz de Alarcón y de Jacinto de la Serna, la imagen cristiana sirve de signo de unión entre los miembros del grupo doméstico, entre el grupo y la comunidad, entre la casa y las tierras, entre el pasado y el futuro. De la imagen se desprende un haz de nexos múltiples, a su vez centuplicados por el número de imágenes que conservan los individuos, el grupo doméstico y la comunidad. Estos lazos materiales y sociales, que abrazan y duplican los circuitos de la alianza y de la filiación, se establecen, se deshacen y se redistribuyen en el curso de las generaciones. Tejen una trama continua, una realidad coherente en la que gran parte de la existencia india puede encontrar un sentido y una razón de ser. La credibilidad y presencia de esta realidad no obedecen únicamente a su coherencia ni a su textura. Derivan más de la naturaleza del objeto al que por comodidad llamamos imagen, pero que los indios designan mediante el nombre de santo, el santo, los santos. En realidad, el santo no se presenta nunca como un objeto, como una estatua o una pintura, jamás se plantea como la efigie de otra cosa y por consiguiente jamás como representación en el sentido en que nosotros lo entendemos. Los indios nunca distinguen entre el santo y sus representaciones, como si este tipo de relación no revistiera pertinencia alguna a sus ojos. La imagen es el santo o, antes bien, el santo es el santo. ¿Es en estas condiciones un acto en esencia satisfactorio tratar al santo como objeto cuya función profiláctica o terapéutica se deseara precisar o que ocultara una fuerza?

Parecería que, antes que tener un sentido por descifrar, una "lectura" por ofrecer o un empleo al que se redujeran, las imágenes de los santos son "instrumentos de evocación",[18] "puntos de arraigo" de una realidad reconstruida, arreglada por los propios indios. Como soportes multiplicados profusamente que sustituyeran lo aleatorio de la creencia vivida como iniciativa subjetiva por la evidencia de la presencia o, si así se desea, de la creencia como estado de hecho. Ninguna adhesión previa, ninguna duda ni ninguna impugnación: la imagen es el santo. Aporta una presencia irrecusable al propio corazón del hogar como el santo patrono se imponía al pueblo. Lograda fundiendo el significante (el objeto) y el referente (la entidad divina), esta inmediatez con toda probabilidad constituye uno de los elementos motores que alimentan la plausibilidad del conjunto y que dan una coherencia, una unidad a elementos tan dispares como los sacerdotes españoles, los lugares de culto, las liturgias y el calendario cristiano, la tierra, la casa, la muerte, etc. Parecería que el cristianismo indígena se reprodujera y orientara la percepción indígena del mundo a partir de ese apoyo omnipresente o, si se prefiere, de esta aprehensión de lo divino (en el sentido lato) que es la imagen del santo. Se trata a las claras de un cristianismo indígena pues si el santo concreta una relación personalizada, "familiarizada" diría yo, con la potencia divina (conforme a la tradición cristiana), la matriz —o si así se prefiere la *forma del contenido*— sigue siendo indígena y pare-

---

[18] Remo Guidieri, "Statue and Mask. Presence and Representation in Belief", *Res*, 5, Harvard, pp. 15-22.

cida a lo que se sabe de los cultos prehispánicos. La falta de distancia entre el significante y el referente, la interpenetración del signo y del sentido remiten a acciones propias de la consideración que las sociedades de antes de la Conquista parecen haber reservado de un modo sistemático a su "sacralidad". Los paquetes-relicarios eran los dioses. La víctima del sacrificio era el dios, no lo representaba, no se limitaba a manifestar su presencia; el sacerdote que se ponía la piel desollada del "dios" sacrificado de ese modo se confundía con él; el hombre-dios era a un mismo tiempo la fuerza divina y la corteza, la deidad y su caparazón; las "pinturas" no representaban a los dioses, se identificaban con ellos.

La especificidad de la relación de identidad entre la efigie y lo divino en el icono cristiano tal vez proceda de la doble prioridad concedida al Verbo y a la Escritura. El Verbo se opone a la Materia en una dualidad que desconocen las culturas prehispánicas. La escritura permite concebir, expresar y analizar mejor las distintas relaciones posibles entre la "materia" sensible de la imagen y la "cosa representada", para retomar los términos de un franciscano del siglo XVI. En cambio, el ídolo era una presencia que mostrar o que disimular. No tenía por qué hacerse explícita ni remitía más que a sí misma, como una unidad cerrada, y no a un referente último, lejano, inaccesible, que sería lo divino. El *tonalli* que encerraba la imagen era una fuerza que se fundamentaba en ella. No era en absoluto lo que la imagen habría evocado, designado o recordado. En su finitud, el ídolo prehispánico no buscaba manifestar ni mostrar ninguna otra cosa. De ahí el aspecto con frecuencia informe, no antropomorfo, oculto, secreto —se los disimulaba a la vista de los indios— de los paquetes-relicarios tanto de antes de la Conquista como del siglo XVII. En cambio, el santo se deja ver; pero sólo se deja ver a sí mismo. Por este motivo sigue siendo —en parte— un ídolo. Omnipresente, citado sin cesar (por los indios tanto como por los curas) y, sin embargo, en realidad nadie habla de él. De ahí la extrema dificultad de definirlo en nuestras fuentes y de distinguirlo —lo que es ya otra empresa— de las imágenes populares del cristianismo mediterráneo.

¿Hasta dónde puede extenderse el espacio autónomo que se procuran así las comunidades indígenas? El siglo XVII nos ha dado un principio de respuesta ofreciendo el espectáculo de iniciativas reducidas a individuos o a grupos estrechos. El cristianismo indígena del siglo XVIII está animado por una lógica de apropiación aún más sistemática debido a que se basa en una experiencia colectiva, en una sedimentación, en una interiorización sin proporción común con lo que se observaba en el siglo anterior. De ahí los desbordamientos, algunos de los cuales son habituales mientras que otros, más radicales pero también más atípicos, aclaran ciertas tendencias y determinadas modalidades de ese proceso general.

Desde los primeros tiempos de la evangelización algunos indios habían desempeñado funciones eclesiásticas y garantizado la celebración de ciertos ritos cristianos. De manera enteramente lícita, algunos allegados, un sacristán o una comadrona podían, en ausencia del cura, administrar el bautizo a un recién nacido. De un modo más clandestino, sin duda desde el siglo XVI, los cantores toman la responsabilidad de celebrar exequias, mediante infracciones más o menos graves al derecho canónico. A falta de saberlos, se suprimen los responsos y, como antaño, se colocan cerca del difunto ''la comida para el viaje y los instrumentos de su oficio para que trabaje en la otra vida''. Se da fe de esta práctica entre los nahuas, los otomíes y otras etnias en pleno siglo XVIII. Dado el caso, los cantores no vacilan en vestir los ornamentos sacerdotales. Vale decir que la muerte sigue siendo en gran parte un monopolio indígena, marcado no sólo por rasgos de inspiración prehispánica sino también por creencias de origen colonial. Por lo demás, la muerte figurada mediante una calavera rodeada de rayos luminosos por lo regular ocupa un lugar en los oratorios domésticos a fines del siglo XVII y se le destinan ofrendas de cirios y de incienso para posponer su llegada.

En otro terreno, en el del teatro, la población indígena se mueve más a sus anchas. Como la cofradía o el culto a los santos, el teatro tampoco resistió la influencia de los indios. No desconocemos el papel que el teatro misionero desempeñó en la evangelización de los indios en el siglo XVI. Algunos religiosos introdujeron la costumbre de representar escenas de la historia santa, proporcionaron los temas, las tramas, las puestas en escena e hicieron participar a los indígenas en aquellos espectáculos edificantes que tomaron de las culturas autóctonas la lengua, ciertos trajes y algunas danzas. Los fines de aquel teatro eran múltiples. Se trataba de mostrar los orígenes remotos y exóticos del cristianismo, de transmitir un mensaje moral, un ''ejemplo'' y, sobre todo, de presentar modelos de buena y mala conducta de una manera patente y accesible a la mayoría. La experiencia tuvo un éxito sorprendente en relación con sus limitados medios. Pero, con la decadencia de las órdenes mendicantes, la empresa poco a poco dejó de ser un instrumento puesto de manera exclusiva al servicio de la Iglesia. En el siglo XVII se definió una práctica del teatro más específicamente indígena, aunada a una explotación que siguió sirviendo con fines misioneros, uno de cuyos ejemplos es la difusión del culto a la Virgen de Guadalupe. En México y hasta en los puntos más retirados, los indios habían tomado por su cuenta la costumbre de representar en los atrios de las iglesias, en las capillas o en los cementerios dramas que podían durar varias horas. Las representaciones nahuas se basan en tramas escritas, más o menos elaboradas, inspiradas sin duda en textos de los primeros evangelizadores y que circulan en vastas regiones, de Amecameca a Huejotzingo, del valle de México al de Puebla a uno y otro lado del Popocatépetl. Es probable que aquellos manuscritos ''de los que sacaban los personajes'' no carezcan de relación con cierta literatura piadosa en lengua indígena cuya influencia y cuya difusión en general se han subestimado. Cierto es que de ella sólo quedan títulos: el *Testamento de Nuestro Señor*, las *Revelaciones de la Pasión*, las *Plegarias de Santiago, San Bartolomé, San Cosme y San Damián*. Estos textos —y muchos otros cuyo rastro sería necesario encontrar— probablemente hayan guiado a los redactores de las piezas. Por lo demás, sabido es que cantores, catequistas, escritores se encargan de copiar, de compilar, con frecuencia de reformar las tramas que se hallan a su cuidado o que ellos toman de algún pueblo vecino. Este trabajo literario es también un trabajo de interpretación durante el cual los indios se toman libertades con la tradición católica. Mas, ¿quiénes son? Es probable que pertenezcan al estrato letrado que elaboró los *Títulos primordiales*. También se sabe que en los pueblos importantes, por ejemplo en Huejotzingo, los "primeros papeles" —los de Jesucristo, la Virgen, María Magdalena, los Apóstoles— son acaparados por los caciques locales y sus familias, que por lo general aprenden su texto de memoria. Tanto mujeres como hombres forman parte del elenco mientras que, al menos en el caso de Huejotzingo, los macehuales se contentan con encargarse de los papeles secundarios y con hacer de comparsas. Sea cual fuere la importancia de la participación de los notables, el teatro indígena no deja de ser un fenómeno colectivo, por no decir de masas. Los preparativos llevan un tiempo considerable, cerca de dos meses del año, y ocupan un número importante de indios, puesto que en las Pasiones se distribuyen no menos de 30 a 40 papeles. Reina entonces una efervescencia comparable a la que rodea la preparación de las fiestas tradicionales. Los indios tienen así, a una fecha fija, la posibilidad de producir, bajo la dirección de los notables, su propia representación del cristianismo y de interpretarlo en todos los sentidos de la palabra improvisando una parte de sus parlamentos e inventando sus trajes.

Para los indios, la representación es más una presentación o más exactamente una re-presentación. Reproduce idéntico un personaje o un rito que, en el caso de la Eucaristía, es monopolio exclusivo del sacerdote católico. Incluso es productora de reliquias puesto que los asistentes se reparten el carmín que colorea las heridas de la imagen, recogiéndolo en pedazos de tela o de algodón. Conservados piadosamente, estos objetos curan a los enfermos que recurren a ellos. Desde 1621 señalaba un observador: "Es tan poco el talento de los indios que muchos de ellos no sabrían hacer distinción y diferencia en que sólo era representación y no misa verdadera." En estas condiciones, ¿no constituye la representación dramática un modo más de llegar a lo divino, una aprehensión carnal, tan real como la sangre que corre de las llagas de aquel que, con los rasgos de Cristo, es azotado con violencia, tan real como el pan de la hostia que poco antes ha consagrado ese mismo indio? Con toda evidencia es imposible e impensable establecer una filiación *directa* de los ritos prehispánicos con el drama indígena de la Nueva España, lo que no impide observar sorprendentes correspondencias. El indio que, por espacio de 40 días, *era* el dios Quetzalcóatl y repetía la muerte de éste bajo el cuchillo del sacrificio se comportaba y hablaba según un código preciso, "decía su papel", "era servido y reverenciado como [el dios]". Lo mismo ocurría con la víctima que *era* el dios Tezcatlipoca y sin dificultad podríamos acumular los ejemplos de ese nexo singular del "actor ritual", del hombre con el dios, cuyos orígenes ha estudiado de manera extraordinaria Alfredo López Austin. El "actor" colonial se prepara para la representación sometiéndose a la penitencia cristiana; se confiesa y comulga. En cuanto a los personajes nefastos, luego del espectáculo sus intérpretes sienten la necesidad de pedir la absolución. ¿No se interrumpen en Huejotzingo las representaciones de la Pasión a mediados del siglo XVIII, a partir del día en que el indio que "actúa" de Judas muere de un modo accidental en un acceso de ebriedad? Nadie se atreve entonces a retomar el papel, por vivirse tan intensamente el vínculo entre la figura por representar y su titular.

No está de más insistir en un proceder que nosotros sentimos como una confusión pero que, a fin de cuentas, es sólo una manera distinta, también concebible, de imaginar la relación entre el significante y el referente, desde la perspectiva de la colisión, de la interpenetración violenta de uno en otro, del encuentro. Por lo demás, ¿no se basa en el mismo principio la percepción de la imagen del santo? Es comprensible que la re-presentación (tanto como el santo o como la visión) pueda ser una de las vías indígenas de la evocación (en el sentido más enérgico) de una realidad cristianizada. Como escenografía y *presentación* de su propia realidad, el teatro indígena presta entonces su marco y su materialidad a una visión colectiva, representada de manera periódica. Abre una entrada en masa y directa a aquello cuyas llaves pretende reservarse la Iglesia.[19]

En ciertas condiciones, la lógica de la apropiación puede desembocar en la superación y en la impugnación del cristianismo. Nuestros indios "herejes" del siglo XVII rebasaban los límites de la ortodoxia sin tratar por ello de romper con la Iglesia o con el cristianismo. Los arrebatos del siglo XVIII indican que ese paso suplementario se ha dado. Han de recordarse las prácticas sacrílegas de los indios de Coatlán, Morelos, del encarnizamiento de que hacen gala contra efigies a las que trataban como a personas en ritos nocturnos. En ello ha de verse una de las expresiones más exacerbadas del nexo con la imagen y con el santo. En ello se reconocerá una prolongación de las escenas de flagelación tomadas del repertorio de las Pasiones, pero también un estallido de agresividad del todo condicionada, esta vez por una realidad cristianizada y con toda probabilidad inspirada en los excesos mestizos o españoles que perseguía la Inquisición. Resulta revelador que lejos de disimular, como antes, viejas "idolatrías", la frecuentación de las capillas, la corrupción de los ritos cristianos expresen la influencia indígena sobre el cristianismo, el sometimiento de ese capital simbólico. Muy lejos de allí, entre Querétaro y San Luis Potosí, en el pueblo de San Luis de la Paz, medio siglo después la Iglesia desenmascara conductas bastante análogas. Son las cofradías reunidas en capillas que, esta vez, prestan su marco a otras reuniones nocturnas en que los indios se embriagan con *peyotl*, visten ornamentos sagrados, azotan las cruces con cirios o las entierran con cabezas de perro u osamentas humanas cuando no amenazan a una imagen de la Santa Muerte con darle latigazos si no les concede el milagro que exigen. Desviaciones hacia la blasfemia pero también hacia la brujería, estas creencias y estas prácticas las hemos recordado menos por su frecuencia o por su representatividad que porque muestran, como en Morelos, las virtualidades ocultas en la relación con las

---

[19] AGN, *Bienes Nacionales*, leg. 1113, exp. 45; leg. 1087, exp. 2; Horcasitas, *El teatro náhuatl, op. cit.*, pp. 25-30, 36, 87-88, 193, 421; *Inquisición*, vol. 1072, fol. 242r.; vol. 1037, fol. 288r.; *Bienes Nacionales*, leg. 90, exp. 10; *Inquisición*, vol. 339, exp. 81, fol. 574r.

efigies cristianas y porque materializan una ruptura-superación que vivieron, sin concebirla propiamente como tal, los indios herejes del siglo XVII. Mas se observará que estos comportamientos se producen en el aislamiento, como si la autonomía y la omnipotencia buscadas sólo pudieran ejercerse en la clandestinidad y en escenarios estrechamente circunscritos.

Es probable que el trato y la manipulación de las imágenes alcancen el paroxismo en cierto movimiento mesiánico que he estudiado en otra parte. Con una amplitud excepcional, el fenómeno contribuye a precisar nuestra interpretación de la imagen indígena y el modo en que participa en la evocación, en el surgimiento de otra realidad. El movimiento culmina en 1761 al sureste del valle de México y al noreste de Morelos. El líder asegura que los grandes santuarios de la región son diablos y manda quemar los grabados de los santos afirmando que están malditos. Ese indio y sus numerosos adeptos vuelven a descubrir en 1761 las actitudes y los argumentos que los evangelizadores habían tenido dos siglos atrás contra las efigies indígenas. Con toda su ambigüedad puesto que estas imágenes caídas son consideradas demonios y al mismo tiempo tratadas como vulgares trozos de madera buenos para leña, como "invenciones", como "confecciones del mundo" en el sentido de que son objetos fabricados por los hombres.

El carácter iconoclasta de aquellos indios perdona las "imágenes buenas", aquellas que se les han "aparecido", que han "venido del cielo" y que en realidad los indios elaboran con sus propias manos. En un principio su santo es concebido como copia, como la "imitación" de una efigie informe que luego recibe un nombre, un "título" antes de ser el santo, la divinidad. Hay en ello reconocimiento de la intervención humana al mismo tiempo que negación de esa misma intervención. Buen ejemplo de negación ("lo sé, pero de todos modos. . .") que permite conciliar dos proposiciones antitéticas, las que se ve intervenir en muchos otros procesos de aculturación. De manera del todo excepcional, los testimonios muestran las modalidades materiales del procedimiento: "Antonio le mandó abrir la imagen de la Palma, y habiéndole hecho un hueco en el pecho, le introdujo el mismo Antonio en él unos corazones de caña, granos de maís disciplinados, un pedazo de mazorca y una vinagrera de vidrio con sangre de doncella que sacó de la mano derecha a su hija María Antonia; que en la cabeza le mandó hacer otro hueco y metió en él un corazón de paloma blanca; y que después le mandó cerrar los referidos huecos [. . .]. En un hueco que le mandó abrir en el vientre le introdujo un pedazo de piedra azul de rayo, diciendo Antonio que aquello era el corazón del santo." En otra parte he hablado de las relaciones que existen entre esta práctica y los usos prehispánicos, aun cuando no pueda haber transmisión directa. A pesar de lo cual no deja de subsistir una relación común con la efigie, no por medio del objeto sino *en* el objeto, en la oquedad de la materia. Una relación que se expresa, no con palabras, con discursos, ni en una teología ni tampoco exactamente en un rito sino, antes bien, en una práctica material, en un vaciamiento. Asimismo he indicado la posible reminiscencia de un concepto prehispánico de las energías vitales que sugiere el

nexo introducido entre el pedernal y el corazón del santo. La impregnación del corazón por el fuego celeste que significa aquélla remite al concepto de *tonalli* y a la
manera en que las sociedades prehispánicas concebían la investidura del ser humano
o de los objetos por la potencia divina. Mediante estos testimonios excepcionales
tal vez se capte mejor el sentido del encierro del santo en él mismo, que contiene
la fuerza y que por consiguiente sólo remite a sí mismo. Digo excepcionales, menos
por su carácter extraño que porque verbalizan un vínculo que por lo común los indios no sienten necesidad de enunciar. Ellos adoran, piden, agradecen, recompen-
san o amenazan al santo, no especulan respecto a los nexos del significante y del referente como pueden hacerlo la Iglesia y, más rara vez, el historiador, salvo, desde
luego, cuando las reglas del juego se trastornan y los santos oficiales son destrona-
dos por otros que vienen a sucederlos. Dentro de ese movimiento, de las prácticas
de que se rodea y de la representación del mundo y del más allá que suscita, las
imágenes de nuevo hacen las veces de introductores y de evocadores de una realidad distinta, concebida y vivida por algunos indios fuera de toda injerencia eclesiástica.

Otro efecto de rebasamiento, también excepcional pero igualmente revelador
de potencialidades profundas, está ligado a la capacidad que tenían algunos indios de
identificarse con la divinidad. En ocasiones, la identificación rebasaba la escena
dramática para cobrar dimensiones del todo inauditas. Pensemos en aquellos hombres-dios cristianos, los primeros de los cuales vemos aparecer en la segunda mitad
del siglo XVII. Las fuentes revelan su aparición esporádica en el siglo XVIII. En San
Miguel el Grande (hoy San Miguel de Allende), un curandero indígena se hace llamar
en 1770 Dios Padre, una india, que vive con él ejerciendo el mismo oficio, Dios
Espíritu Santo y un mestizo que los acompaña, Dios Hijo. Un cuarto de siglo después, no lejos de ahí, en las reuniones nocturnas de San Luis de la Paz, el mayordomo del ''Señor Patrono San Luis'' se hace adorar como si fuera Dios, instalado
sobre el altar, vestido con los ornamentos sacerdotales, predicando y prometiendo
conceder todo lo que los indios le pidan. Una india recibe los mismos honores.
Pero volvamos al movimiento del Popocatépetl (1761). Es ejemplar debido a que
constituye un resultado, una totalización y una síntesis de todas las empresas de
captura de lo sobrenatural cristiano que se producen y se multiplican desde principios del siglo XVII. Hacia 1757, en los confines del valle de México y de la región de
Cuautla, Antonio Pérez, un pastor indígena, encuentra a un misterioso dominico
que le enseña el arte de curar. Es la trama banal (a fuerza de sernos ahora familiar)
de la iniciación sincrética con dominante cristiana donde flota, vago, el recuerdo de
los venerables. Segunda trama que se encadena a la primera: Antonio adquiere
una imagen —la pintura de un Cristo— que despierta la devoción de los indios.
La piedad individual y la piedad colectiva se mezclan en este episodio que termina
mal, puesto que la Iglesia proscribe la devoción. En ese momento es cuando, ante la
hostilidad del clero, Antonio toma un camino que lo aparta de la Iglesia e incluso
del cristianismo indígena. Pero esta separación obedece menos a la forma del pro-

ceder que al contenido que le es dado. Esa forma se apoya en el papel que los indios conceden a las imágenes, como acabamos de ver, pero también retoma el tema de la mariofanía —la Virgen aparece en una gruta del volcán Popocatépetl— prolongándola, aunque siga siendo la tradición mariana, mediante la confección de una imagen. La lista de adopciones no termina en la mariofanía, incluye la totalidad de los ritos y de los sacramentos cristianos, prosigue con la usurpación de las funciones sacerdotales. Antonio se vuelve sacerdote, arzobispo, pontífice, y, finalmente, Dios. Allí se desboca la proyección acelerada de una historia ya atisbada en el siglo XVII gracias a episodios dispersos. La accesión a la divinidad era sólo un primer paso, detrás de Antonio se precipitan por decenas indios que se transforman en los ángeles, en los Apóstoles, en la Virgen o, antes bien, en las Vírgenes, las Tres Marías, los Tres Reyes, la Santísima Trinidad. Los hechos ocurren como si lo que sólo era adopción de papel pasajero en ocasión de una fiesta litúrgica se constituyera en realidad cotidiana. Llevado al extremo, este engranaje de la desviación y de la apropiación desemboca en el establecimiento de una aprehensión de lo real apoyado no sólo en imágenes creadas por los indios, sino también en esas decenas de hombres-dios que realizan en su persona la ósmosis viva del referente y del signo. Mientras que una transmutación del espacio, del entorno descubre, en el volcán Popocatépetl, la superposición del infierno, del purgatorio y del paraíso. En tanto que se despliega un enfoque también transformado del tiempo, en que se conjugan las reminiscencias del viejo tiempo divino (al que algunos de los fieles tienen un acceso privilegiado) con un tiempo humano que en esta ocasión deja de ser cíclico para orientarse hacia un fin del mundo cristianizado como Apocalipsis.

Construida sobre estructuras espaciales y temporales, sobre soportes humanos y materiales, puesta sobre el papel en letras que difunden la mariofanía del Popocatépetl, esta realidad es, con toda evidencia, totalmente incompatible con el mundo colonial tal como lo conciben los españoles, los mestizos, las "gentes de razón". Incompatibilidad esta que deriva, de manera paradójica, de elementos adoptados sin excepción de la Iglesia colonial: el imperativo de la creencia y de la conversión, el exclusivismo religioso ("el verdadero Dios era el suyo"), la economía de la redención y de la condenación eterna. Reunidos, estos rasgos imprimen al movimiento un radicalismo explosivo y una conciencia universalista que lo precipitan hacia la ruptura y la repulsa inapelable de la dominación de la Iglesia y del rey: la credibilidad del edificio así construido exige la eliminación de los incrédulos en un Apocalipsis que sólo perdonará a los fieles de la Virgen. La sobrepuja mesiánica, milenarista y apocalíptica es la única salida ofrecida a esos indios que vuelven contra los dominadores (españoles, mestizos e indios aculturados) el trato que por mucho tiempo les estuvo reservado. Este "irrealismo" manifiesto, este andamiaje fabuloso desembocan en una toma de conciencia lúcida de la explotación colonial, en una impugnación radical y en un conjunto de propuestas de acción ("el mundo era una torta que se había de repartir entre todos [. . .] Todas las riquezas les habían de quedar a los naturales") donde por otra parte aún se trasluce la huella del cristianismo. En efecto, éste plantea la *creencia* individual como condición para la participación en el movimiento y le abre una perspectiva *universal* de la totalidad de la Nueva España y del mundo. Además permite concebir a la sociedad indígena ya no como un conglomerado de pueblos, o cuando mucho de etnias, sino como un conjunto, los "naturales", vinculados por una fe común en la Virgen del volcán. La idea no es nueva, se remonta a los primeros tiempos de la cristianización. Lo que importa es que aquí es retomada por los propios indios y por indios que, en su mayoría, pertenecen al mundo de los macehuales, a una plebe rural cada vez más numerosa y más hambrienta de tierras. A esos indios sin pasado les está prometido un porvenir emancipado, asimismo inspirado en una interpretación cristianizada del tiempo.

Por excepcional que sea, el movimiento de Antonio Pérez no está totalmente aislado. Actualiza tendencias hundidas en el cristianismo indígena y descubre lo que habría significado para los indios la reconquista de un dominio total de lo real. Habría sido preciso extenderse a otros casos menos favorecidos por las fuentes, pero reveladores de la amplitud del fenómeno. Pienso, por ejemplo, en un movimiento aparecido en las montañas escarpadas de la sierra Madre Oriental en torno a Tulancingo, Tututepec, Tenango de Doria y Pahuatlán en 1769. Entre estos otomíes de la Sierra, la aculturación religiosa es menos sensible, el sustrato de la idolatría más manifiesto. No por ello dejan numerosos rasgos de acercar este movimiento al de Antonio Pérez. Los protagonistas adoptan la identidad de personajes divinos, son Dios ("Señor del Cielo y de la Tierra"), la Virgen de Guadalupe, los santos. Juan Diego, uno de los cabecillas, debe unirse con su Virgen luego de su resurrección. Las imágenes cristianas tomadas de las iglesias se mezclan con otras imágenes que fabrican los indios. Se construyen febrilmente algunos templos, se plantan cruces por doquier. La espera del fin del mundo y del descenso (o de la caída a tierra) de Dios dan a las predicciones de aquellos indios un tinte apocalíptico que va acompañado por una inversión sistemática de los papeles espirituales y sociales. Asoma aquí, por lo demás como en los adeptos de Antonio Pérez, el deseo de obligar a los españoles a reconocer la supremacía indígena y a someterse a la manera en que esos indios conciben la divinidad, las relaciones sociales y políticas, el espacio y el sentido de la historia.

En la sierra otomí de Tututepec, al pie del Popocatépetl o en las márgenes boscosas de Michoacán es claro que el aumento en el número de seres humanos incrementa de un modo considerable las tensiones y multiplica los conflictos que, en ocasiones, se expresan por boca de los hombres-dios. Se sabe que, entre 1760 y 1820, los sentimientos campesinos estallan en el centro de México y en el obispado de Oaxaca el doble de veces que en la primera mitad del siglo. Entonces se esbozan en ciertas condiciones respuestas mesiánicas y milenaristas que basan en la apropiación sistemática de las imágenes y de los santos, en la radicalización del cristianismo indígena y en la repulsa del cristianismo oficial, su condena de la dominación colonial. Corresponden a la voluntad sin precedente y sin mañana de imponer un enfoque de la realidad que ya no es el de los vencedores. Es ésta una tentativa efímera, sueño de un dominio recobrado de la realidad que sigue siendo ilusorio puesto que carece de los medios sociales y políticos para su realización; pero es asimismo encuentro de personalidades "carismáticas", de un cristianismo indígena y de un sustrato autóctono que confieren a ese malestar generalizado una expresión ideológica, una proyección religiosa y una dimensión política.[20]

La idolatría de las periferias y el servicio de los santos tienen en común proponer y operar dos estructuraciones potenciales de la realidad, que, como hemos visto, no son coincidentes. La idolatría estancada plantea un nexo específico con el entorno natural, con las montañas, con las nubes, con el aire al que confiere un sentido y un ser, mientras que el servicio de los santos se desarrolla de manera dinámica en una red de imágenes y de oratorios que cuadricula el espacio habitado, se adapta a la historia de las familias e instaura una relación personalizada con lo divino. La idolatría colonial y el cristianismo indígena corresponden pues a dos registros que en el siglo XVIII son percibidos a un mismo tiempo como distintos y equivalentes, puesto que, por regla general, los mismos individuos recurren a ellos según los momentos y los contextos. Si bien es cierto que la idolatría ha perdido su monopolio, su propia persistencia basta para demostrar que el cristianismo, aunque esté revisado y corregido por los indígenas, no puede pretender regir a su vez la totalidad de las relaciones con la realidad. Entre ambos, o al margen de ellos, existen temores, creencias, ademanes, prácticas que en verdad no derivan ni de los santos, ni de los antiguos dioses, ni de ninguna teoría de la mancha o del *tonalli*. Como si hubiera quedado una playa vacía que hubiese adoptado en parte la forma de la brujería colonial. ¿Cómo no interrogarse sobre el significado de la proliferación de prácticas y de acusaciones dondequiera que la justicia (eclesiástica y cada vez más civil) acepta conceder una mirada a lo que con demasiada frecuencia desprecia? Cuando la idolatría no explica el acaecimiento, cuando no da cuenta de él la intervención del santo, entonces interviene aquélla. Esa brujería se distingue de la brujería prehispánica en que se ha desprendido de la matriz de la idolatría que definía el funcionamiento de las fuerzas y las reglas del juego. Y ello con tanta mayor facilidad cuanto que se han intensificado los contactos con los demás grupos. La brujería indígena del siglo XVIII —cuando menos la del valle de México, de Morelos, de la región de Tlaxcala, de las ciudades y de sus alrededores— no tiene espacio propio ni objetos específicos, tampoco supone un saber extenso, ha dejado de ser monopolio —real o imaginario— de corporaciones maléficas. Esa brujería tiende a ser un conglomerado de creencias que acoge sin orden ni concierto adopciones africanas y europeas. Constituye un dispositivo flexible y ligero, un conjunto de claves cuyos orígenes son lo bastante confusos para que indios, mestizos, mulatos o incluso españoles puedan sin excepción encontrar en él lo que buscan. Por lo demás, a diferencia del culto de los santos y de la idolatría, con frecuencia y de un modo ex-

---

[20] Archivo Casa Morelos (Morelia), *Doc. Inquisición*, leg. 41, "Contra varios indios de San Luis la Paz" [1797]; AGN, *Inquisición*, vol. 1415, fols. 85-87v.; *Bienes Nacionales*, leg. 663; Gruzinski (1985a), pp. 111-179; AGN, *Criminal*, vol. 308, exp. 1.

plícito funciona según el modo de la negación: "Sé muy bien que no debo creer en esas cosas, pero. . ." Esta "pobreza" y esta heterogeneidad le permiten operar la unión entre la idolatría y el cristianismo indígena. La brujería aún mantiene con la idolatría nexos que se traslucen en ritos terapéuticos y en creencias, en tanto que el cristianismo indígena a menudo le presta sus desviaciones sacrílegas y blasfemas. Por consiguiente, la brujería ofrece la posibilidad de una transición, de un acercamiento basados en una red lo bastante vaga para abrirse a interpretaciones múltiples. ¿No se reduce la mayoría de las veces la brujería a una expresión de los resortes afectivos (el temor, la ira, la envidia) organizada de acuerdo con un esquema persecutorio lo bastante simple y estereotipado para funcionar en culturas y contextos distintos? En fin y sobre todo, la brujería acapara un campo común a todos los grupos de la sociedad colonial, el tratamiento de la enfermedad y del infortunio. A ese respecto, desde el siglo XVII, en torno a algunos principios constantes aceptados por todos los grupos étnicos —la extracción del mal, concebido bajo la forma de un cuerpo extraño y con frecuencia inmundo, su transferencia a un objeto, un animal u otra persona— se ordena un conjunto de creencias que toman su sentido, su coherencia, de sus fines prácticos y de su eficacia inmediata. Gracias a estas características se halla la brujería en posibilidad de ofrecer un terreno, un lenguaje, un sentido comunes a los indios y a los demás, españoles, mestizos o mulatos que, cada vez en mayor número, atraviesan la existencia cotidiana de los indígenas. Los españoles no sólo se creen víctimas de hechizos y piden a algunos indios descubrir a los autores, sino que ellos mismos son brujos bastante buenos, de creer a cierto indio de Querétaro. No se debe olvidar que en el siglo XVIII todavía hay gente de iglesia que cree en la brujería indígena e, inversamente, que es acusada por los indios de prácticas diabólicas. La relativa autonomía de la brujería respecto a los referentes culturales no hace sino reflejar una sociedad en que el mestizaje biológico y cultural ocupa un sitio avasallador. Así, cuando algunos indios consultan al *tlamatini* o *tepatiani*, con frecuencia les importa poco si es indio o mestizo, pardo o moreno.

La acusación de brujería puede involucrar grupos indeseables, a indios ajenos al pueblo o a rebeldes al pago del tributo, facciones rivales que quieren separarse de la comunidad. En el aspecto colectivo permite deshacerse de los supuestos desviacionistas o de tenerlos a merced y en ocasiones de hacerlo sin conocimiento del cura y de las autoridades españolas. De los otomíes de la región de San Juan del Río a los nahuas de Cuautla o de Zacualpan, en el oeste de Morelos, o a los chinantecos de Oaxaca, el procedimiento se repite, monótono, en la segunda mitad del siglo XVIII. Mas la originalidad de la brujería del siglo XVIII sin duda no reside ahí. Sin cesar toma cada vez más caminos individuales, singulares, improvisados, se vierte en estrategias interpersonales cuando que el servicio de los santos y la idolatría rigen dentro de marcos institucionalizados y preestablecidos las relaciones del individuo o del grupo con lo divino. Los dos campos poseen sus espacios propios, sus liturgias, sus formularios, sus objetos de culto; imponen prácticas restrictivas que subordinan al inquiridor a las fuerzas que interroga. En cambio, el terreno de la brujería colonial da más libre curso a la improvisación, a la iniciativa personal. La interpretación de lo occidental, la identificación de un responsable, la difusión de un rumor extraño ocupan desde hace mucho en él un lugar importante. En el siglo XVIII, lo que al parecer cambia es la frecuencia de la brujería o más exactamente la frecuencia de la acusación de brujería. El ataque por brujería ya no es imaginado como monopolio de brujos especializados o de grupos maléficos cuyos aterradores nombres se repetían las sociedades prehispánicas y a los que todavía se temía en el campo en el siglo XVII. Bajo la probable influencia de las creencias ibéricas, la acusación de brujería al parecer se banaliza en el siglo XVIII. Todo conflicto, todo accidente, toda muerte no explicada son imputables a la brujería y cualquier indio puede ser blanco potencial de un ataque. Por tanto lo que se teme ya no es sólo la agresión de un brujo profesional, social y culturalmente marcado, sino la del otro, la del vecino, la del compadre, la de un pariente cuyo verdadero rostro hay que saber desenmascarar bajo la apariencia inocente. No está descartado que, en la brujería colonial, cierto deterioro de la sociabilidad tradicional (en la que intervienen tanto las normas cristianas del matrimonio y de la familia, la definición y la práctica españolas de la propiedad, las presiones de la dominación colonial como el debilitamiento de ciertas presiones domésticas y comunitarias) encuentre así un campo de acción, una fuente y un exutorio suplementarios. A este respecto, la violencia secreta o murmurada de la brujería al parecer con frecuencia hace eco a la violencia doméstica. Las tensiones constantes, los estallidos violentos por los que, en ciertas regiones, pasa la pareja indígena y la oponen a los suegros y la enfrentan contra los aliados, no sólo parecen manifestar el difícil surgimiento de la unidad conyugal sino asimismo expresar, a su manera, una redefinición progresiva del vínculo del individuo con el grupo.

A esta insistencia en el individuo, con frecuencia a expensas de las solidaridades comunitarias, familiares o espirituales, se agregan la debilidad de los puntos de referencia, la superficialidad de las referencias culturales que rodean la brujería. Esta conjunción parece privilegiar lo subjetivo, lo fantasmagórico que hace crecer el rumor, la acusación y el miedo. Una parte de los chinantecos de Oxitlán, un pueblo perdido en las montañas boscosas del noreste del obispado de Oaxaca, denuncia en 1750 a brujos que se transforman en chivos, tienen reuniones en las que beben la sangre de sus víctimas, celebran misas negras, chupan la sangre de los niños que devoran. Una india incluso se transforma "en una persona que viaja en carroza, como si fuera reina". Los denunciantes dan a rivalidades políticas —en que por lo demás están implicados el cura y el alcalde mayor de Teutila—, querellas internas, disputas de vecindario, e incluso a una tentativa de suicidio (cosa rara en el medio indígena) interpretaciones tomadas en parte de la demonología europea. No por ello deja el conjunto de configurar un revoltijo heteróclito de creencias, de temores, de delirios tributarios de la imaginación de cada cual, una amalgama en que se mezclan manifestaciones de nahualismo, resabios de sacrifi-

cios humanos, apariciones con obsesiones de devoración y monstruos abortivos que
consumen los fetos que arrancan del vientre de sus madres. El miedo pánico borra
los puntos de referencia culturales ordinarios y satura un espacio singular y desconocido que roza la demonología occidental sin caer en ella —pues nunca se cita al
diablo— y se aparta de una idolatría indígena que sólo aparece como distante fi-
ligrana. La proliferación de las acusaciones de brujería, la multiplicación de sus
blancos, la disparidad de las interpretaciones, el surgimiento de una producción
fantasmagórica que privilegia el delirio individual, y cuyo rastro se descubre tanto
entre los nahuas de Morelos como entre los chinantecos de Oaxaca, no sólo manifiestan una mayor permeabilidad del mundo indígena a la sociedad colonial. En
el corto plazo, revelan la instauración de un nuevo campo que se concretará en el
folklore indígena. En fin y sobre todo, invitan a seguir el desarrollo de una trama
cultural distinta de las matrices de la idolatría y del culto a los santos, frágil, inestable, efímera, sujeta a los azares de las creencias, desprovista de base institucional, de legitimidad local y de coherencia profunda, que prefigura lejanamente el
universo desarraigado en que se debaten en la actualidad los mestizos y los indios.[21]

INTERLOCUTORES OBLIGADOS

Si los desbordamientos del cristianismo indígena sólo conducen a calle; ,nes sin salida, si la brujería no inquieta a las autoridades coloniales es porque los macehuales
y los pequeños notables no podrían representar por sí solos la integridad de las
sociedades indias y porque se hallan lejos de dominar los elementos de los que
se componen sus culturas. Por más que se haga de él una aplicación de admirables mecanismos de defensa y de adaptación, el cristianismo indígena no podría
ocultar el peso de otros componentes esenciales por igual de las sociedades indias, aun cuando, por comodidad, en ocasiones se tenga tendencia a hacer abstracción de ellos.

Desde el siglo XVI, los testamentos de la nobleza indígena no dejan de expresar
una piedad ejemplar y pródiga. Revelan existencias acomodadas, transcurridas a la
sombra de vastas moradas decoradas con una profusión de cuadros y de estatuas
de santos. Se adivinan devociones fervientes y ostentosas, donaciones suntuosas.
Se reconstituyen los estrechos lazos que ligan a esos nobles con las hermandades, se
conoce la prominencia que de un modo invariable se les concede en las ceremonias, la jerarquía que debe concedérseles, los cirios que se les ofrecen en las grandes procesiones de Corpus Christi. Imaginamos funerales solemnes en presencia de
los notables indígenas con reyes de armas y blasones entre el estrépito de los tambo-

[21] AGN, *Cédulas Reales*, vol. 86, exp. 140, fol. 298r.; Pérez de Velasco, *El ayudante de cura. . ., op. cit.*, pp. 93, 95; AGN, *Criminal*, vol. 147, exp. 19; vol. 255, fol. 11v.; vol. 175, exp. 5; *Inquisición*, vol. 527, exp. 9; vol. 1284, fol. 208r.; vol. 960, exp. 17; *Judicial*, vol. 61, "Causa contra Antonio Isidro. . ." [1796]; *Bienes Nacionales*, leg. 663, "Causa contra Ma. Paula" [1818].

res. Las larguezas de los caciques, el prestigio y los bienes que conservan, el marco que aseguran y el ejemplo que dan constituyen un elemento importante en la vida de los pueblos o de las ciudades pequeñas. Por su presencia y por su mediación, los caciques encarnan en las grandes fiestas (Corpus Christi, Semana Santa o los autos de fe de la capital) la integración de las comunidades indígenas a la sociedad colonial. Pero sostienen de manera aún más activa el campo de acción de la Iglesia por dos caminos vinculados estrechamente: el del sacerdocio y el de las fundaciones pías. Desde el siglo XVI, familias indígenas, como los ricos españoles, se dedicaron a reunir un capital cuyo producto debía garantizar la celebración de las misas en memoria de los generosos donantes. En los siglos XVII y XVIII, la fundación obedece cada vez más a estrategias familiares destinadas a proteger una parte del patrimonio y a garantizar la entrada de los miembros de la familia a la carrera eclesiástica. A ejemplo de los modestos legados hechos a una imagen, la capellanía consagra y perpetúa el nexo entre una donación piadosa y una familia indígena que en el largo plazo permanece como su beneficiaria. En ambos casos el gesto es —o puede ser— fuente de prestigio. Pero se percibe el abismo que en realidad separa ambas acciones. Los caciques basan en el capital invertido la esperanza de un ascenso social mientras que, excluidos del sacerdocio, los macehuales invisten un objeto de una fuerza sagrada. En unos el trabajo de un capital financiero asegura al detentor un ingreso regular, en otros el trabajo del detentor subviene a las necesidades de la imagen. En los primeros sólo se aprecia la asimilación fiel de los modelos españoles; en los segundos el santo, capital simbólico tanto como capital social, es instrumento de una reinterpretación del cristianismo y embrión de una reorganización de la realidad indígena. A decir verdad, esta distancia expresa aquella, más general, que se abre entre la nobleza indígena, aculturada, en busca de integración, y el resto de las poblaciones indígenas.

Tal vez resulte sorprendente descubrir que la carrera eclesiástica constituye para los caciques una vía de ascenso social cuyo valor aprecian cabalmente. Al parecer, fue a fines del siglo XVII cuando algunos indios empezaron de manera regular a recibir el sacerdocio. Hacia mediados del siglo XVIII, la Nueva España cuenta con unos 50 sacerdotes indígenas, lo que es poco en comparación con los aproximadamente 400 sacerdotes jesuitas que reúne la Compañía o con las 573 parroquias del centro del país. Pero es más si se piensa que esos sacerdotes indios reciben de manera exclusiva parroquias indígenas en que se puede sacar provecho de su dominio de la lengua local. En general son indios caciques, acomodados, dotados de una capellanía cómoda que al parecer fue, al menos en el obispado de Puebla, una condición *sine qua non* para la obtención del sacerdocio. Entre ellos se encuentran los herederos de los indígenas que, en el siglo XVI, descubrieron la escritura y la literatura de Occidente, más modestos en bienes y en poder, pero todavía brillantes. A fines del siglo XVII y a principios del XVIII, en la región de Tlaxcala y Puebla algunos sacerdotes indígenas no vacilan en manejar la pluma, dejando obras de teatro e incluso ese *Manual de confesores* publicado en 1715. No es un caso aislado. La ciudad de México brinda otros ejemplos de esos curas letrados, vinculados a la aristocracia india de la capital y que golpean "la ignorancia, la superstición y la idolatría" de sus fieles indígenas. Una vez más, son dos procederes del todo opuestos, dos relaciones con el cristianismo sin proporción común, el de los nobles que se basan en la Iglesia española, el de los macehuales cuya marginación puede en algunos casos desembocar en el mesianismo, a menos que desemboque en el sacrilegio y la blasfemia. Las palabras "ignorancia" y "superstición" que florecen bajo la pluma de aquellos curas consagran la brecha inconmensurable que se ha abierto entre ellos y los avatares "populares" y coloniales de sus antiguas culturas. Distancia esta que no implica el abandono despectivo de las poblaciones indígenas sino, antes bien, una conmiseración por esos indios que, "privados de instrucción sólo tienen de racional lo que la naturaleza les infunde", si hemos de leer a uno de los portavoces más activos de aquel medio. Dicho lo cual, no todos los curas indígenas buscan "disipar la ignorancia" en pos de las Luces. Algunos sacerdotes provienen de familias de provincia, nobles más oscuros, hijos de maestros de capilla, de fiscales o de gobernadores, descendientes de mayordomos de las cofradías. Otros se deslizan en la carrera y fracasan: la sombra de una bisabuela negra, la mácula de una abuela mulata o bruja, padres perseguidos por la justicia, un título de cacique dudoso barren con el apoyo dado por un padrino morisco, lacayo del arzobispo, o por la posesión de una capellanía. Siendo esto así, sacerdotes y religiosas indígenas pertenecen en su mayoría a un estrato dirigente que conserva una influencia simbólica y social innegable en la sociedad indígena. Mediante su piedad, los modelos que interiorizan y la dominación que todavía ejercen, ellos integran los medios indígenas a la sociedad de la Nueva España, un poco como la brujería, aunque a un plano enteramente distinto, vinculando y mezclando los dos mundos. Cierto es que la asimilación a la que pueden aspirar los aleja cada día más de la masa de las poblaciones indígenas y que si la lengua, la etnia aún los ligan a sus congéneres, su mirada se confunde con la de la Iglesia y la de las élites coloniales.[22]

El desarrollo de un cristianismo indígena en el siglo XVIII también es producto de la evolución global de la sociedad colonial y, en particular, de la Iglesia. A primera vista parecería que el marco religioso se hubiera aligerado. La Nueva España contaba con alrededor de 5 000 sacerdotes hacia 1650; siglo y medio después, al alba de la Independencia, con una población que sin embargo se había cuadruplicado, daba cabida aproximadamente a 6 000. Se trata sólo de aproximaciones y a decir verdad habría que comparar de manera exclusiva datos tocantes a las parroquias

22 AGN, *Tierras*, vol. 2001, exp. 1; vol. 2555, exp. 3; 1926, exp. 1; *Descripción del arzobispado* (1897), p. 227; AGN, *Bienes Nacionales*, leg. 185, exp. 90; leg. 1674, exp. 2; leg. 1540, exp. 1; AGI, *Gobierno México*, 1937, "Real Acuerdo de la Audiencia de México" [1757], "Informe del Consejo de Indias" [1758] y "El Consejo de Indias sobre cartas de Juan Cyrilo de Castilla" [1766]; AGN, *Indios*, vol. 90, exp. 47; *Bienes Nacionales*, leg. 373; Mariano Cuevas, *Historia de la Iglesia en México*, México, Patria, 1946, IV, pp. 108, 181; Horcasitas, *El teatro náhuatl*, *op. cit.*, p. 516; Nicolás Simeón de Salazar Flores Citlalpopoca, *Directorio de confesores. . .*, Puebla, Viuda de Miguel de Ortega, 1715; Silvio Zavala, *¿El castellano, lengua obligatoria?*, México, SEP, s.f., pp. 77, 73.

indígenas. No por ello deja de ser cierto que si la población indígena se ha triplicado o casi, el número de sacerdotes se halla lejos de haber seguido pareja evolución. Digamos incluso que era relativamente más importante en la época barroca que en tiempos de las Luces. A lo cual se agrega la incidencia de las secularizaciones, es decir, la transferencia progresiva de las parroquias indígenas de manos de los regulares a las de los seculares. El retroceso de la influencia de los regulares, el fortalecimiento del poder episcopal, la aplicación estricta de los decretos tridentinos, el deseo de la Corona de hacerse de una parte de los diezmos hasta entonces percibidos en su totalidad por los mendicantes fueron el origen de esas medidas de "secularización". Esporádico desde fines del siglo XVI, el movimiento prosiguió a un ritmo irregular en el transcurso del siglo XVII para reactivarse a un ritmo mayor en 1749, cuando la Corona decidió dotar de seculares todas las parroquias regulares vacantes a la muerte de su titular. Tres años después el clero regular sólo administraba la cuarta parte de las parroquias del arzobispado de México. A partir de 1757 la secularización siguió un ritmo más lento, para acelerarse de nuevo en 1770 con el impulso del arzobispo Lorenzana. En 1813, a unos años de la Independencia, de las 715 parroquias de las cuatro diócesis de México, Puebla, Oaxaca y Valladolid, sólo quedaban 23 en manos de los regulares. La secularización era cosa acabada.

¿Cómo reaccionan los indios ante esa brutal transferencia? Difícilmente soportan ver a los sacerdotes seculares despojar las cofradías de sus ornamentos, despedir una parte del personal indígena que servía a los religiosos, proscribir costumbres introducidas por los mendicantes, prohibir fiestas que se desarrollaban en los patios de los conventos, demoler iglesias y capillas. La innovación sufrida, la interrupción de la costumbre inmemorial, la ruptura con los fundadores, la pérdida de credibilidad del clero que exhibe sus querellas internas, la libertad de acción y la audacia que los indios se descubren precipitaron el surgimiento de un cristianismo indígena, como probablemente las transformaciones progresivas de la geografía religiosa. Éstas se preparan desde el último cuarto del siglo XVII y corresponden a la vez a la expansión de las haciendas y al resurgimiento demográfico. Ya no es tiempo de capillas desiertas, de iglesias ruinosas en pueblos desesperadamente vacíos de habitantes. Se repueblan ciudades pequeñas, surgen aldeas que tratan de emanciparse de la tutela de la vieja cabecera. Las escisiones, las demandas de separación proliferan en el transcurso del siglo XVIII. La apertura de un lugar de culto es entonces un signo principal de autonomía y los indios multiplican los trámites, los procesos para obtener su reconocimiento. Estas creaciones revisten tanto mayor importancia cuanto que se desarrollan al margen de los pueblos tradicionales y, en el caso de las haciendas, acostumbran a los indios a compartir su existencia material y religiosa con los demás trabajadores de la explotación, españoles, mestizos o mulatos. A esos indios gañanes, acasillados o calpaneros —es decir, instalados de fijo— se agrega el aporte de una mano de obra fluctuante, temporal (los indios de *quadrilla*), trabajadores de posición incierta que logran sustraerse al cura del que dependen sin estar vinculados propiamente a la capilla de la hacienda.

La tradición, la costumbre, cimentaban equilibrios frágiles entre las exigencias de la Iglesia y las pretensiones de los indios. Cierto es que nadie pensaba en verdad poner en tela de juicio el papel del sacerdote en su dimensión sacramental, a excepción, desde luego, del caso de los movimientos mesiánicos que ya hemos atisbado. Pero los indios no vacilan en criticar su mala administración, sus ausencias demasiado repetidas, la no residencia, el desorden de sus registros, su ignorancia de las lenguas indígenas, el desenfado con el que tratan los objetos del culto, sus costumbres ligeras. ¿Celo de indios fervientes? A veces. Pero también y con mayor frecuencia maniobra indirecta para intimidar u obtener el traslado de un cura que sobrepasa los derechos que prescribe la costumbre o que interviene demasiado en aquello que los indios consideran "cosa suya". Querer "abolir la antiquísima costumbre" o introducir "novedades" bastan para alzar a la comunidad contra su cura.

A decir verdad, los derechos parroquiales constituyen un terreno espinoso. En el siglo XVI, los religiosos hicieron uso de ellos a su antojo en sus doctrinas, sin tolerar ninguna intervención del obispo. La reconquista operada por el clero secular modificó las bases del juego. Las complejas tarifas que no abolían la costumbre practicada en el plano local alimentaban controversias infinitas, poniendo a prueba la paciencia del investigador deseoso de saber más acerca de ellas y de salvar esa barrera de argucias, de deposiciones y contradeposiciones. El aumento de los derechos en especie o la introducción de nuevos derechos, el costo de los entierros y de las misas considerado exorbitante, sobre todo en tiempos de hambre y de epidemia, la obligación de pagar las primicias, el constreñimiento de los servicios personales agitaron incansablemente la historia de numerosísimos pueblos. Los indios se ponían en huelga de misa o, no sin cierto maquiavelismo, dejaban de celebrar sus fiestas, privando así a la parroquia de ingresos apreciables, en tanto que el cura se negaba a enterrar a los muertos mientras no se liquidaran los derechos.

Los indios disputaban al cura el derecho de escoger a los fiscales como lo hacían en cuanto a sus gobernadores. No admitían que el cura desconociera los privilegios de una cabecera. Tampoco toleraban que el cura se permitiera regentear las cofradías, cambiar los santos patronos, supervisar las procesiones, tocar a los santos y las imágenes. Los indios pretendían administrar las cofradías, las hermandades a su antojo, sin intervención del cura, sin remitirse al juez eclesiástico de la jurisdicción al que de un modo sistemático se descartaba de la elección del mayordomo, de la designación de los recolectores, de las transacciones operadas e incluso de la celebración de las fiestas. El silencio e incluso la clandestinidad estaban al día en ese terreno. La naturaleza, la localización, el valor de los bienes, los ingresos que procuraban, los libros de constituciones —cuando existían— con frecuencia se ocultaban al cura, ¡quien a veces desconocía hasta la existencia de las hermandades que abrigaba su parroquia! Las contabilidades eran inexistentes o, en el mejor de los casos, de manera manifiesta estaban arregladas, alineando un activo y un pasivo que imperturbablemente se equilibraban.

Si en ocasiones el cura recibía el apoyo de una parte de los notables, también es objeto de presiones, de chantajes desenfrenados que lo obligan a someterse o a retirarse. Más reveladoras aún son las estrategias de evitación que sabotean el poder del sacerdote. Para escapar a la obligación dominical, algunos pretenden que oyen misa en una parroquia vecina, cuyos fiscales complacientes les proporcionan, mediante dinero, el indispensable certificado de asistencia y de instrucción cristiana. Otros se hacen pasar por enfermos y los mismos fiscales presentan otras constancias. También el matrimonio es objeto de fraudes y subterfugios. Es fácil encontrar testigos dispuestos a jurar cualquier cosa a cambio de una invitación a la boda; fácil también, con ayuda del fiscal y del escribano, presentar informaciones falsificadas para disimular la condición de uno de los cónyuges y sobre todo la existencia de algún lazo de parentesco, de unas primeras nupcias o de un impedimento que hagan la unión ilícita e incestuosa; asimismo fácil obtener que la prometida sea "depositada" antes del matrimonio bajo custodia de los futuros suegros y maquillar así la cohabitación prenupcial. Para quien vive en concubinato es posible obtener un acta falsa de matrimonio o escoger casarse en una parroquia apartada ante un vicario poco exigente o poco escrupuloso. Agreguemos prácticas menos sutiles y más expeditas, como las de evitar comulgar, confesarse, casarse, las de desertar de la misa, de no pedir el bautizo para los recién nacidos, de ocultar a los moribundos para enterrarlos a escondidas. Así logran escabullirse en lo esencial del pago de los derechos parroquiales, pero eso es también signo de una indiferencia opuesta a cierto cristianismo, el del cura y de sus vicarios, cuando que se está dispuesto a poner sumas importantes, muy superiores a los derechos de arancel, para honrar a los santos. El ausentismo impide efectuar el habitual conteo dominical antes de la misa y por tanto conocer el número de fieles. Cuando las tensiones se intensifican, el mismo ausentismo es una fuga hacia parajes más aislados, hacia otro pueblo o hacia la ciudad. Entonces se deja crecer el cabello para perderse entre las multitudes mestizas y de ese modo escapar al tributo. Estos indicios recabados en los procesos, las transformaciones del mapa religioso corroboran lo que sugiere la evolución global de los efectivos del clero. El auge del cristianismo indígena probablemente sea contemporáneo de un relajamiento de la influencia eclesiástica tanto como lo es del resurgimiento demográfico. Así se explicarían la vitalidad, la autonomía y la combatividad que se expresan a placer en las hermandades, en las cofradías, en el culto a los santos y en las fiestas indias.[23]

LOS PRIMEROS EMBATES DE LA MODERNIDAD

Pero el agitado *statu quo* que rige las relaciones de las poblaciones indígenas con

[23] Cuevas, *Historia de la Iglesia. . .*, *op. cit.*, V, pp. 36-37; AGI, *Audiencia de México*, 879, 2714, 2712, 2716, 35, exp. 37A/D; AMNAH, *Fondo franciscano*, 183; *Bienes Nacionales*, leg. 450; leg. 1182, exp. 28; leg. 153; sobre los conflictos que oponían los indios a los curas, *véanse* AGN, *Indios, Indiferente General, Bienes Nacionales, Clero Secular* y *Regular, Criminal*.

el clero se vio impugnado de un modo brutal en la segunda mitad del siglo XVIII. El cristianismo tal como lo practican y lo han pervertido los indios inquieta a la Iglesia antes de preocupar a la Corona. Una Corona adentrada, como es sabido, por el camino del absolutismo esclarecido y deseosa de transformar a fondo el Imperio para someterlo mejor al poder del monarca y a los intereses de la metrópoli. Carlos III y sus allegados multiplicaron las reformas políticas, institucionales y económicas sin preocuparse mucho por las realidades locales. No dejaron de tomarla contra las culturas populares y en particular contra las culturas indígenas, orquestando una segunda aculturación de alcances sin precedente. Se tomaron medidas contra las fiestas, las danzas, los "falsos milagros" y las pretendidas "revelaciones"; contra devociones que reúnen un barrio o que atraen multitudes indígenas y mestizas, tachadas de "cultos indebidos y perniciosos que dan ocasión a los libertinos para burlarse de los verdaderos milagros". Las peregrinaciones y las romerías a Chalma y Amecameca suscitan la misma inquietud; la ebriedad y las tabernas abiertas a avanzadas horas de la noche, la promiscuidad, la obscenidad, las mujeres de mala vida y sobre todo las masas que se concentran en aquel entonces obsesionan a las autoridades eclesiásticas y civiles. El teatro indígena sufre los mismos embates. En 1756 y 1769 se prohíben no sólo las *nescuitiles* (o Pasiones indígenas), sino también las representaciones de *Pastores y Reyes*, con el pretexto de impedir la profanación de los ornamentos del culto por parte de los indios. En la segunda mitad del siglo XVIII los indios tropiezan con curas que por la noche les cierran la entrada a la iglesia —sobre todo con ocasión de la Semana Santa— y que pretenden regentear la ocupación de los cementerios. Curas que sustituyen las imágenes "viejas e indecentes", que los obligan a vestir correctamente cuando desfilan en las procesiones, que quieren prohibirles alquilar y portar trajes y armas para representar a los centuriones de la Semana Santa. Estas últimas medidas se sitúan en la línea de las que excluyen el teatro indígena. A partir del decenio de 1770 y sobre todo de fines del siguiente, las autoridades civiles intervienen para "moderar" los excesos en las procesiones de Semana Santa, en tanto que el obispo de Michoacán simple y sencillamente las prohíbe en una parte de su diócesis y el de Oaxaca emprende la guerra contra todas las festividades profanas que animan las iglesias y sus alrededores. Ciertamente, parece ser que estas decisiones con frecuencia quedaron sin efecto. La prudencia ordena posponer medidas con las que hay peligro de encrespar a los indios y, a decir verdad, su estricta aplicación desencadena los desórdenes que se quieren frenar. La prohibición de los armados (los soldados de la Pasión) en torno a la capital al parecer fue más efectiva. Como se vanagloriaba el cura de Azcapotzalco, hace de los indios simples espectadores, "sólo desempeñan el papel de asistentes", mientras que españoles y mestizos se visten de soldados y de centuriones. Frustrados, desposeídos, los indios afluyen a las parroquias donde se ha logrado conservar la práctica. Sea como fuere, muchos administradores ilustrados de fines de siglo comparten la exasperación de este subdelegado (1794): "[Me escandalizo] al ver que un tan corto número de tributarios gasten tanto en fiestas que no conducen a otra cosa que a debilitarse las fuerzas, siendo como son unos esclavos voluntarios de la iglesia por una devoción mal entendida. . ." Devociones fuera de lugar, cultos "inconsiderados", piedad desviada. . . Las sociedades indígenas descubren un nuevo lenguaje y un nuevo Occidente que los golpea en el corazón de su vitalidad recobrada.

Una ofensiva de envergadura enteramente distinta habría de tomarla contra las cofradías cuyo número, cuyos gastos y cuya autonomía fueron objeto de constante preocupación. Una vez más, los indios enfrentaron las triquiñuelas de la Iglesia antes de tropezar con las del Estado. Al parecer, el arzobispo Lorenzana fue el primero que propuso "extinguir" de manera sistemática todas las cofradías indígenas, ofreciendo reunir sus bienes bajo la tutela de un *mayordomo de razón*, en otras palabras, de un español. El proyecto implica ni más ni menos la desaparición de una institución indígena esencial. Pero fue apenas en 1794 cuando el arzobispo de México informa de su acción para anunciar a la Corona que de las 951 cofradías de su diócesis ha abolido 500, o sea más de la mitad. En esta diócesis las cofradías indígenas resultaron las más afectadas, mientras que, por consejo del intendente que predicaba prudencia, las de Oaxaca salieron mejor libradas. Como hemos visto, la mayoría de las cofradías poseen una existencia autónoma, funcionan fuera de toda supervisión y de toda regla, sin libro de contabilidad, sin bienes ni fondos suficientes. Son incapaces de presentar sus constituciones y con suma frecuencia nunca las han tenido. En el mejor de los casos sólo han recibido la aprobación del Ordinario. Por consiguiente, en adelante necesitan, para subsistir, solicitar un real permiso, aun cuando su fundación se remonte a principios del siglo XVII. No nos atrevemos a imaginar las dificultades materiales y administrativas que encontraron los mayordomos y los cofrades que hubieron de intentar plegarse a la nueva legalidad. A decir verdad, son poco conocidas las reacciones indígenas. Se sabe que la perspectiva que se les ofrece de pertenecer a cofradías dirigidas por españoles provoca malestar y descontento. Cuando los españoles y la "gente de razón" pretenden apoderarse de las imágenes de las cofradías, so pretexto de restaurarlas y de hacerse cargo de los bienes de la institución, se incuba o estalla el motín y los indios persiguen a pedradas a los intrusos españoles a los que tratan de "perros negros". También es probable que la extinción oficial haya traído un recrudecimiento de las formas "salvajes", soluciones flexibles que escapan a toda influencia eclesiástica y civil.

También fue a fines de los años 1780 y en el decenio de 1790 cuando las autoridades civiles dan en prohibir las colectas que se hacen en los pueblos a nombre de una cofradía o de una imagen. Los desdichados recaudadores son encarcelados por los intendentes, los subdelegados y los corregidores, se confiscan las estatuas, las limosnas, se rechazan las nuevas peticiones. Como el reconocimiento oficial de las cofradías, la obtención del permiso trae consigo trámites largos y complejos. Es necesario entregar un informe detallado de las dotaciones y las rentas de la imagen, de la designación del mayordomo, de los motivos de la solicitud, para que al fin se tropiece con frecuencia con una negativa de aprobación, pues "los sabidos abusos

que hay en estas demandas son bastantes causas que justifican su prohibición'',
"Si para cada imagen se hubiese de conceder una demanda, dentro de breve vol-
verían a llenarse los pueblos de esta especie de vagamundos. . .''.

No podría exagerarse el efecto de esas medidas que valen más por lo que hacen
presagiar que por su aplicación inmediata. Pero esbozan el nuevo marco en que
evolucionarán en lo sucesivo las culturas indígenas. Algunos prelados ilustrados y
sobre todo el Estado de las Luces por medio de sus intendentes, sus subdelegados, su
burocracia se empeñan en reorientar y en supervisar la existencia de los indios. Bajo
el efecto conjugado del despotismo de los Borbones y de la influencia de las Luces,
los imperativos de la civilización sustituyen poco a poco a los de la cristianización.
El orden público, el bienestar material, el interés por la redituabilidad, la "decen-
cia" de los individuos, de las imágenes, de las reuniones, de las fiestas, la estricta
separación de lo profano y lo sagrado son algunas de las nuevas limitaciones a que
han de enfrentarse los indios en lo sucesivo. A este respecto son ejemplares las
*Reglas para que los naturales de estos reynos sean felices en lo espiritual y tempo-
ral*, que publica el arzobispo Lorenzana en 1768. ¿No se refieren más a la disposición del hábitat, a la higiene, al vestido, al matrimonio, que a las obligaciones espirituales propiamente dichas? Tras haber velado mucho tiempo por la salvación
de los indios, Occidente intervenía por primera ocasión en su felicidad material.

El embate contra la religiosidad indígena no es una acción aislada. A decir verdad es inseparable de una doble empresa que, sin ser en verdad ignorada, conoce
en el siglo XVIII un desarrollo sin igual: la alfabetización y la castellanización de los
indios. La difusión del castellano fue siempre un objetivo que obsesionó a la Corona española. En ella veía el modo de extender su influencia sobre las poblaciones
indígenas y de consolidar su dominación. Desde el siglo XVI se concibieron y se
promulgaron algunas medidas, pero sin mucho éxito. El asunto no dejó de cobrar
nuevos ímpetus en el transcurso del siglo XVII: Felipe IV en 1634, Carlos II en 1686
promovieron una política de castellanización, pero las autoridades eclesiásticas les
opusieron, no sin razón, la falta de fondos, la penuria de los maestros, la resistencia de los indios. A fines de siglo, en 1690, la Corona intentó hacer del conocimiento del castellano una condición indispensable para el acceso a los empleos y a
los cargos en los pueblos. Sin embargo, las escuelas de la Iglesia vegetaban, en las
parroquias secularizadas la enseñanza del catecismo ya sólo era impartida por algún
indio viejo mientras que con frecuencia se habían abandonado la lectura y la escritura. Fue apenas a mediados del siglo XVIII cuando la empresa conoció un repentino
renuevo. En 1754, el arzobispado de México aloja ya 84 escuelas de castellano;
cuenta con 262 de ellas en 1756, en 61 de las 202 parroquias que reúne la diócesis.
El arzobispo de México, Rubio y Salinas, muestra entonces gran optimismo: "Creo
que con el trato y comunicación nuestra llegarán a olvidar sus lenguas y con la erección de escuelas se aficionarán a leer y escribir con deseo de conseguir las ciencias y
artes liberales, ennobleciendo sus espíritus y saliendo de la pobreza, desnudez y miseria en que viven. . ." Se trataba ni más ni menos de "abolir sistemáticamente

el uso de las lenguas indígenas" para reducir a los indios a la "vida civil", de favorecer "la unión y la mezcla con los españoles" y, de manera más concreta, de establecer escuelas en que maestros pagados con los bienes comunales y el excedente dejado por el pago del tributo enseñaran el catecismo, la lectura y la escritura del castellano. En 1768 y 1769, el arzobispo Antonio Lorenzana y Buitrón acomete con mayor brío aún el asunto, insistiendo en la necesidad de romper el aislamiento de las poblaciones indígenas y en asociarlas a la vida económica y social del país. El marqués de Croix, virrey de México, y Carlos III apoyan esta política, por no poder el despotismo ilustrado tolerar un pluralismo lingüístico que obstaculice "la perfecta subordinación al soberano". Pero le dan un giro distinto haciendo de la escuela y del castellano un instrumento de consolidación del Estado en detrimento de la Iglesia y de los súbditos "americanos". Las medidas se sucederán en los años 1780 y se repetirán hasta el fin de la dominación española a pesar de numerosas oposiciones. A principios de los años 1780 el país por primera vez se cubre de escuelas, si hemos de creer en los informes de los alcaldes mayores: casi la totalidad de los jóvenes indígenas aprendería el castellano bajo el cuidado de sus maestros. Cuidémonos de creer que el paso de la escolarización obligatoria fue dado de pronto. La crisis agrícola y el hambre de 1785-1786 dan razón de la mayor parte de las escuelas abiertas durante esos años. En otras partes las escuelas se adaptan al ciclo agrícola, abriendo sólo entre "las siembras y la cosecha". Sin embargo, es innegable que a fines del siglo XVIII y en los primeros años del siglo XIX se asiste por doquiera a una ofensiva sin precedentes de la escuela y del castellano, aun cuando las debilidades y las contradicciones de la empresa impidan exagerar el efecto sobre las culturas indígenas en el corto plazo.

Resulta indiscutible que, ante las medidas de la Iglesia y luego las del Estado, existe una demanda escolar real en ciertos sectores de la sociedad indígena. Inútil es subrayar que en ello encontramos la separación señalada en repetidas ocasiones entre las élites urbanas y el resto de las poblaciones. Cuando en 1728 (o unos años después) los portavoces de la nobleza india de México reclaman la reapertura del colegio de Tlatelolco, expresan —en vano— el deseo de confiar a manos indígenas la educación de las poblaciones autóctonas. Como en el caso del sacerdocio, esos medios captan el alcance considerable de esa tajada política. En 1754, el sacerdote indígena Julián Cirilo y Castilla se rebela contra la obligación impuesta a los indios de aprender el castellano, invocando las leyes que prohíben que se use con ellos la menor coerción. Pero es de los que exigen para sus congéneres los beneficios de la educación. Esta preocupación se manifiesta mediante acciones concretas, puntuales, emprendidas por gobernadores indígenas que deploran la falta de escuelas o la ruina de las que existen. Al margen de esas demandas se perfilan también iniciativas más aisladas. Emanan de indios que dirigen o que pretenden abrir escuelas públicas. A media distancia entre el letrado marginal y el institutor, interesados en instruir a los indígenas y, probablemente, no exentos de segundas intenciones políticas, algunos de ellos pretenden ser caciques y con ello tal vez ganen reforzar su influencia sobre el pueblo. Por lo demás, no son los únicos indios que intervienen en la educación de otros. Desde el siglo XVI, fiscales, cantores y sacristanes cumplen con esta función enseñando —en principio— el catecismo a los niños. Parece ser que, en ocasiones, incluso enseñan también a leer y escribir. En fin, desde mucho tiempo atrás algunos doctrineros indígenas desempeñan de un modo más discreto este empleo. Se conoce aún menos a estos hombres a los que la Iglesia y el Estado atribuyen todos los defectos y que, en el transcurso del siglo XVIII, iban a enseñar a domicilio algunos rudimentos a los niños de los indios que los recibían. El contenido de la enseñanza impartida por los doctrineros sigue siendo un misterio. ¿No era más que una red de "supersticiones y absurdos" como afirma la Iglesia? ¿O es preciso adivinar en ello la huella de una cultura letrada autónoma, análoga a la que se expresa en el teatro indígena o en los escritos que persigue el provisor del arzobispado? Se pierde uno en conjeturas ante lo que revela una vez más la pluralidad de los niveles de cultura en el seno de las sociedades indígenas del siglo XVIII, tanto más cuanto que probablemente resultaría erróneo identificar los estratos dirigentes con la demanda escolar. Cabe preguntarse si los escribanos, los intérpretes indígenas —los *nahuatlatos*— que detentan el monopolio de la comunicación escrita entre el mundo indio y el mundo castellano no contribuyeron a frenar una política que socavaba sus posiciones.

Sea como fuere, a mediados del siglo XVIII, fuera de las ciudades y de sus alrededores inmediatos, los indios refunfuñan o se niegan a hablar castellano, aun cuando lo dominen. En materia religiosa, para orar y para confesarse, en su abrumadora mayoría, sólo emplean su lengua. Ante los notables y los ancianos del pueblo, nunca se atreven a hablar español. En los demás lugares y de manera general, sólo aprenden el mínimo exigido para el ejercicio de los cargos de la comunidad o requerido para los contactos comerciales que traban con los españoles. Cierto es que los curas criollos que hablan su lengua los alientan en esa actitud negativa puesto que la castellanización de los autóctonos abriría la entrada de las parroquias indígenas a sacerdotes llegados de la metrópoli y que, por consiguiente, desconocen los idiomas locales. La oposición a la escuela es por tanto general, a veces virulenta. Los padres se quejan de la violencia, de la deficiencia o de la ignorancia del maestro que se les ha impuesto; difícilmente soportan tener que contribuir para el salario del maestro de escuela y aún menos ver a sus hijos perder el tiempo en la escuela cuando mediante su trabajo podrían subvenir a las necesidades de la familia. Por su parte, las autoridades indígenas con frecuencia prefieren desviar en beneficio propio los fondos destinados a los maestros, cuando no se oponen a que los bienes de la comunidad sirvan para pagar su sueldo.

La negativa indígena al parecer recubre escollos y móviles más profundos. Si los indios, "como idiotas", parecen no ser sensibles al "bien espiritual y a la cultura de sus hijos", si "no abrazan un proyecto tan útil para la juventud", es porque se aferran a eso que las autoridades designan con desprecio mediante el nombre de "superstición, irreligiosidad y odiosa y ciega barbarie", en otras palabras, a todo lo que constituye lo esencial de las culturas indígenas del siglo XVIII. Si la presencia del sacerdote con frecuencia es objeto de un *statu quo*, si de mucho tiempo atrás ha sido aceptada y asimilada por la comunidad, el maestro y la escuela (tal como la Iglesia del siglo XVIII y luego el Estado ilustrado los conciben) introducen un elemento perturbador que se desliza entre el pueblo, los padres y sus hijos. Ambos imponen una carga suplementaria que pone en tela de juicio la economía de la comunidad en la medida en que, a principios del siglo XIX, la administración trata por todos los medios de desviar los fondos comunitarios de su uso festivo para cubrir el sueldo del maestro o de la maestra. Sueldo éste que casi en todas partes rebasa el monto anual de los gastos causados oficialmente por las fiestas. La política escolar de la Corona amenaza el frágil equilibrio de las culturas indígenas, hecha de repulsa, de compromiso y de aprehensión del mundo exterior. En ello, la ofensiva escolar y lingüística converge con las medidas dirigidas contra el cristianismo indígena; consuma la política de secularización que liquidaba a los regulares hostiles a la castellanización; significa un dominio económico mucho más estrecho de las comunidades, al imponer una gestión obligatoriamente "transparente" y puesta bajo la mirada constante de los subdelegados. Pero también favorece un intervencionismo cultural en el que se verá el principio de otra secularización, esta vez en el sentido de una laicización de la vida indígena: "Los bienes de las comunidades de cada pueblo en función de su producto anual deben ser destinados primero a las escuelas primarias antes de subvenir a las fiestas. . ." Pero acabar con las fiestas significa afectar las cofradías y el culto de los santos y, por encima de ello, sacudir el edificio de creencias y de prácticas, el espacio relativamente autónomo, los puntos de referencia existenciales y la sociabilidad que los indios de manera laboriosa han construido mediante toques sucesivos. Mas se trata apenas del punto de arranque, con frecuencia efímero y superficial, de una política que cobró cuerpo en el transcurso del siglo XIX al impulso de los liberales y luego tras la Revolución Mexicana. Demasiados factores, demasiadas oposiciones, demasiada insuficiencia material y un gran desconocimiento de las realidades locales se conjugaban para que esas medidas tuvieran en el siglo XVIII verdaderas repercusiones. Arrastrada en la tormenta napoleónica, la España de los Borbones no contó ni con el tiempo ni con los medios para "civilizar" a sus indios.[24]

Los primeros embates de la modernidad no podrían disimular caminos más antiguos y más brutales de aculturación, los vinculados a la organización del trabajo y de la producción o a la urbanización. Esos caminos suponen otros desarrollos culturales que he pasado por alto en la medida en que a pesar de todo durante largo tiempo siguen siendo minoritarios. Como teatro tienen, por ejemplo, las minas, esos mataderos donde se consumen generaciones de indios, al mismo tiempo que desde el siglo XVI constituyen un terreno privilegiado de concurrencia de las etnias y de integración a la economía occidental. Las minas atraen una mano de obra

[24] Sobre las fuentes de esta "segunda aculturación", *véase* Gruzinski (1985b).

que abandona de manera temporal o definitiva la comunidad indígena para compartir la existencia de los negros libres y esclavos, de los mulatos y de los mestizos en las cuadrillas de mineros. Esos indios descubren, con frecuencia brutalmente, nuevos modos de vida. Si de ese modo escapan a las obligaciones comunitarias, al pago del tributo y al dominio de los principales, si reciben un salario en dinero y en especie e incluso una parte de la producción a cambio de su trabajo, en adelante quedan hundidos en el mundo móvil, inestable, de las minas, universo lejano, extraño cuando se trata de los yacimientos del norte del país, de los desiertos de Zacatecas, donde ya son más de 1 500 hacia 1572. Una parte se adapta a ese desarraigo total y aprende a pasar de una mina a otra al ritmo de la explotación de los veneros de plata, ''conforme a como andan las minas''. Otros abrazan el comercio, se hacen vendedores ambulantes. Pronto, carpinteros, albañiles indígenas saben vender sus servicios, cuando no se alquilan a varios mineros a la vez, gastan su paga en un día y se endeudan de por vida. Cierto es que los menos afortunados, la mayoría, se pudren en las tinieblas húmedas de galerías sin aire donde beben el aguardiente vendido por el dueño de la mina. Mas no es posible olvidar que esos indios del valle de México, de Michoacán o de Tlaxcala con frecuencia llegan a las minas del norte del país por su propia voluntad.

El obraje constituye otro espacio de desarraigo y de miseria. Ese taller-prisión es uno de los pilares de la economía colonial, pues de la mano de obra que allí se hacina depende la producción de tejidos, de ropa, de sombreros, de calzado, de pan del virreinato. La promiscuidad de las razas y de los sexos, el encierro de trabajadores voluntarios y de delincuentes que purgan una condena, la ausencia de toda práctica religiosa y a veces incluso la prohibición de contactos con el exterior, los malos tratos, el endeudamiento ilimitado alarman al III Concilio Mexicano en 1585 y a la Corona por la misma época. Sometido a una explotación a menudo desatada, el indio olvida allí lo poco de cristianismo que la Iglesia ha podido inculcarle en otra parte. Los dueños no celebran las fiestas religiosas, impiden a sus trabajadores establecer uniones estables obligándolos al concubinato o a las relaciones fugaces. A fines del siglo XVIII, la situación parece haber empeorado. Los testimonios pintan un universo ya concentracional, revelan los tráficos de toda especie que se desarrollan allí y las utilidades por la venta de los condenados al mejor postor. Las condiciones de trabajo y de existencia en las minas se encuentran entre las más duras que hayan tenido que soportar los indios de la Nueva España.

Hay otros lugares donde se desvanece la influencia de la Iglesia y de la comunidad indígena. Los trapiches de las regiones calientes en que indios y negros explotan la caña de azúcar, las haciendas que atraen una mano de obra temporal o fija que se establece en sus tierras. Sin embargo, fuerza es que los lazos con la comunidad de origen se hayan roto de un modo definitivo, aun cuando ya se esbocen formas de sociabilidad, de religiosidad e incluso de festividad propias de la gran explotación de hacienda. Por lo demás, un paternalismo interesado garantiza a los gañanes afincados en la hacienda una seguridad elemental que ellos aprecian cuando la cosecha es mala. Pero es preciso aguardar el siglo XIX para que ese mundo pase a ocupar un primer plano en el escenario de México.

La ciudad es por excelencia el teatro de todos los mestizajes sociales, culturales y físicos: la ciudad, es decir, en el siglo XVI, esencialmente México, antes de que se desarrollen en el XVII Puebla, Valladolid, Querétaro. Los indios de la capital viven en principio en dos parcialidades, las de San Juan y de Santiago. Allí practican ese cristianismo indígena que he descrito, con mayor precocidad que en los campos puesto que se ven enfrentados a una fuerte presencia eclesiástica desde principios de la evangelización. Capillas, iglesias y cofradías estructuran una cotidianidad que trata de conjugar la conservación de las identidades indígenas y la permeabilidad del mundo exterior. Mas, ¿qué hay de los que, numerosos y de manera más o menos subrepticia, habitan los cuarteles españoles, se hacinan en los patios de sus amos, se visten como mestizos o blancos, burlándose de la Iglesia y de las leyes que separan las poblaciones? Sensible ya tras la gran inundación de 1629, la mezcla de etnias preocupa a las autoridades al día siguiente del motín de 1692. Entonces tratan en vano de imponer a los indios el uso de su traje tradicional, la segregación y el retorno a las parcialidades. Tampoco logran devolver a sus pueblos a los indios *extravagantes* que deambulan por la ciudad. Ésta, por el anonimato relativo que permite, por la movilidad que favorece, por las diversiones que ofrece, ejerce una atracción en toda la población indígena, vagabundos, indios que violan el destierro, esposas fugitivas, hijos de caciques de provincia ''que se encaprichan con la ciudad y cobran horror por sus pueblos''. El problema de esos indios ''llegados de otra parte'' se planteó con agudeza desde principios del siglo XVII. Una cofradía (1619) y luego una parroquia (1677-1678) fueron encargadas sucesivamente de reagrupar a aquellos inmigrantes ''zapotecas, mixtecas, indios de la sierra de Meztitlán. . .'' Era un cuadro tan relajado y tan insatisfactorio que, en 1753, el virrey decidió su supresión, explicando que la parroquia sólo sirve para atraer a la capital a ''indios vagabundos y ociosos'', cuya residencia se desconoce. No menos de 10 000 indios componían en 1750 aquella población, en tanto que, 30 años después, se calculaba que cada día entraban en la ciudad y salían de ella de 18 000 a 20 000 personas. Desde el siglo XVII, aquella masa en movimiento hacía malabares con las identidades étnicas, presentándose según los casos como indios, como mestizos e incluso como españoles.

Para aquellos que rompen los nexos comunitarios tratando de fundirse con la sociedad mestiza, con la plebe urbana, y de deslizarse entre las filas de los blancos comunes, para los que aprenden el castellano y multiplican los lazos de compadrazgo con los mulatos o los blancos se abren los submundos de la delincuencia, de la prostitución y del alcoholismo. Sin duda, en el siglo XVII e incluso a principios del XVIII la preparación del pulque (zumo fermentado del maguey) aún va acompañada de prácticas rituales y de ofrendas al fuego, y las bebidas que marcan las fiestas de las cofradías, los funerales y las solemnidades cristianas hacen eco hasta en las grandes ciudades a las celebraciones colectivas de antes de la Conquista. Ello no impide que esta forma de consumo sea inseparable de manifestaciones patológicas ya presentes en las sociedades prehispánicas y exacerbadas por la colonización española. La comercialización del producto en las ciudades, su venta por parte de mestizos y españoles, su difusión en medios mezclados, la competencia en fin de otros brebajes alimentaron esa progresiva pérdida de sentido que a decir verdad está emparentada con una "secularización" del alcohol en el siglo XVII y aún más en el siglo XVIII. El marco de la pulquería, la taberna colonial, que rompe con la mirada del grupo doméstico o de la comunidad, favorece esa evolución abriendo la gama de las bebidas consumidas y por consiguiente de las maneras de beber. Pues si los indios siguen consumiendo pulque o tepache, muy pronto cobran gusto por el vino de Castilla antes de descubrir alcoholes destilados como el mezcal, aguardientes de mala calidad o incluso esos licores de granada, de capulín, de coco. Privados de connotaciones antiguas y de los diques tradicionales, aquellos alcoholes introducidos por los conquistadores estimularon un consumo individual y solitario, en que la búsqueda de la intoxicación barre con todo referente cultural. De las pulquerías de los siglos XVII y XVIII los observadores dejan descripciones negras, sin exotismo, tabernas sucias que obstruyen las calles y las plazas, riñas y homicidios, maridos que dilapidan los ingresos de la casa, mujeres golpeadas, abortos, imposible huida de la miseria y de la enfermedad, "seres cubiertos de inmundicias y transformados en troncos vivientes en medio de las calles", ruinas humanas que se derrumban sobre niños azorados antes de ir a morir en hospitales sórdidos. Queda por saber si el fenómeno cobró en realidad las proporciones que le atribuyeron el clero y las autoridades del virreinato, demasiado inclinados a confundir la ebriedad crónica y la expresión tradicional de conductas rituales y festivas. En el transcurso del siglo XVII, los contemporáneos denunciaron unánimemente el constante aumento en el consumo del pulque, sin que se pueda verificar la exactitud de sus dichos. Pero se sabe que en los alrededores de México, en las tierras dejadas en barbecho, abandonadas por las poblaciones diezmadas, el maguey con frecuencia sustituyó al maíz. En 1692, numerosos testimonios revelan que las ciudades de Puebla y Querétaro, los campos de Michoacán e incluso las comarcas más remotas del obispado de Oaxaca se veían azotados por la misma "epidemia". Si nos limitamos a la capital, el fenómeno es indiscutible y se amplía al siglo XVIII: hacia 1784 la ciudad de México cuenta con 200 000 habitantes y con más de 600 pulquerías que reúnen fácilmente cerca de un centenar de consumidores en su interior y en los alrededores inmediatos.

Sin embargo, evitemos hacer de la pulquería el grado cero de la aculturación, callejón sin salida de los indios que han perdido ya todo punto de referencia en la vida. También es una de las piezas clave de una cultura mestiza, semitolerada, semiclandestina, al margen de las normas invocadas por la Iglesia y por la Inquisición. Una cultura distinta de la fachada de leyes y de limitaciones de la que se rodea el poder colonial. Abrigando amores clandestinos, abriendo sus reductos oscuros a los concubinos, a las prostitutas, a los travestis, encubriendo tráficos ilícitos, la pulquería enseña a los indios otro Occidente que es al mismo tiempo complemento y contrapié de aquel que la Iglesia y la Corona se empeñan en imponerle. Crisol activo de aculturación y de sociabilidad interétnica, la pulquería sirve de fondeadero a una vasto registro de desviaciones que vinculan de manera indistinta a negros, mulatos, mestizos, indios y españoles, con gran conmoción de las autoridades españolas, como si la embriaguez compartida disolviera las barreras y los antagonismos. Si las pulquerías conducen a fin de cuentas a las prisiones donde se traban otras complicidades y por el mismo camino a los obrajes, donde el alcohol de nuevo sirve de compañero de la miseria, las tabernas también son espacios de vida, los únicos que ofrecen una opción distinta al hogar doméstico. Allí se come, se duerme, allí se hacina a más de 50 seres entre el humo de los tabacos, los gritos, en medio de un estrépito ensordecedor que en ocasiones cubre la voz del sacerdote que oficia la misa en la iglesia vecina, porque la pulquería también es un foco constante de anticlericalismo y tanto como la idolatría, e incluso de manera más duradera, pone en tela de juicio la conquista espiritual de los indígenas manteniendo un proceso de aculturación y de desculturación en el que la Iglesia difícilmente tiene influencia.[25]

Vale decir que si la pulquería es el resultado de una desculturación profunda, de la búsqueda de una "técnica de sobrevivencia", también señala el aprendizaje y la interiorización de una cultura de la pobreza en que el desarraigo y los mestizajes prefiguran las culturas "populares" del México independiente. Son éstas culturas basadas en los mestizajes de los cuerpos, de las creencias y de las prácticas, pero también culturas ambiguas, del margen y de la enajenación: las autoridades coloniales y los medios criollos que dominan la Nueva España saben apreciar lo que la embriaguez crónica de los indígenas y de los demás puede tener de tranquilizante para el orden establecido. Los burdos tejidos de la corrupción y de la ganancia ciñen demasiado el mundo de las tabernas para que éste pueda escapar de la máquina colonial: del agricultor (asentista) de maguey al más insignificante corregidor, al ínfimo alguacil de doctrina, todos saben de paso sacar partido a la ebriedad indígena y a la menor desviación, vender su tolerancia y cobrar por su laxismo. Hermana de la brujería que reúne los mundos, la corrupción colonial atropella de manera igual de clandestina las normas y los valores, esbozando compromisos más o menos durables entre las fuerzas, los apetitos y los intereses contradictorios que organizan la vida indígena, mestiza y blanca. Como la brujería, la corrupción es una práctica ejemplarmente colonial en la medida que se empeña en responder a una cotidiani-

---

[25] Ignacio del Río, "Sobre la aparición del trabajo libre asalariado. . .", *El trabajo y los trabajadores en la historia de México*, México, El Colegio de México, 1979, pp. 92-111; las *minas*: *Descripción del arzobispado* (1897), *passim*; Silvio Zavala y María Castelo, *Fuentes para la historia del trabajo en la Nueva España*, I y II, México, CEHSMO, 1980; AGN, *Civil*, vol. 241, fol. 93r.; los *obrajes*: AGI, *Audiencia de México*, 20, 21, 26; Israel (1975), p. 20; las *haciendas*: John M. Tutino, "Provincial Spaniards. . .", en Altman y Lockhart (1976), pp. 177-194; sobre la *ciudad*: Gibson (1967), p. 401; AGN, *Indios*, vol. 32; AGI, *Audiencia de México*, 2712 [1753], 332 [1670], 333 [1692], 872, 1656 [1746], 75 [1638], 766 [1658]; AGN, *Bienes Nacionales*, leg. 223, exp. 86; Taylor (1979), pp. 35-57.

dad que de un modo continuo escapa a los aparatos, a los modelos, a los proyectos de la lejana metrópoli. Al mismo tiempo que consolida de manera insidiosa o brutal la dominación de los grupos peninsulares o criollos sobre la Nueva España, obliga al indígena que la padece (o que se beneficia con ella) a arreglárselas al margen de la comunidad, del grupo doméstico, de las normas establecidas, antiguas y españolas. Mediante la habilidad mostrada por los indios para eludir la influencia social y moral de la Iglesia o de la Corona comprando la complicidad de los fiscales, de los alguaciles o de los corregidores, inventando modos de vida más o menos clandestinos, se presiente una aculturación (progresiva y acelerada) de la persona que en más de una ocasión he sugerido. Habría que insistir en el destino de esos indios *naborías* que en la ciudad o en las minas aprenden una sociedad y una economía que los obligan a asimilar nuevos códigos de comportamiento, a conjugar la iniciativa y la movilidad, en resumen, a recorrer toda la gama de la aculturación desde el siglo XVI y en el espacio de unos cuantos años. He ahí algo para matizar la evolución general que he tratado de reconstituir. Para una minoría de indios que no pertenece a la nobleza, el contacto con Occidente puede manifestarse en una rápida asimilación de las conductas económicas, acaso tan profunda como la difusión de la estética y del alfabeto europeos en otros medios. Lo mismo ocurre con las prácticas sociales entre aquellos que, desde los años 1530, descubren al mismo tiempo que inventan la bigamia como solución al matrimonio cristiano, con todo lo que de mentira sobre el pasado y de cambio de identidad supone. Doble singularización operada respecto a los valores prehispánicos y a los que difunde la Iglesia. Pero también singularización que desemboca en el anonimato. En el transcurso del siglo XVII, los indios ladinos de la capital incluso son tan transparentes que, salvo por la ropa y por el corte del cabello, "no hay otro signo para distinguir a numerosísimos indios de los españoles". Esta invisibilidad explica que los archivos casi no ayuden a desentrañar los móviles de esos hombres que circulan de un extremo a otro de la Nueva España, de una referencia étnica a otra. Durante toda la época colonial el clero se inquieta por los indígenas *ladinos y españolados* que viven en las ciudades y en las grandes poblaciones, alimentando en contra de estos indios "no sólo racionales sino también bastante hábiles" una desconfianza en todo instante, como si su hispanización los sustrajera de manera progresiva de la dependencia de la Iglesia, como si gracias a la protección de sus compadres españoles, sus "hermanos de tabernas", lograran burlar toda localización. La imagen es exagerada pero llama la atención hacia indios que, durante toda la época colonial, a título individual abandonan los signos de su origen (la lengua, la ropa), prueban conductas desconocidas, improvisan comportamientos fuera de los caminos que les habrían prescrito la comunidad, la costumbre indígena o la Iglesia. Desde el siglo XVI, en ninguna parte mejor que en la ciudad de México se enfrentaron algunos indios a redes de relaciones múltiples, a obligaciones, a fidelidades contradictorias, compartidas entre el cura de la parroquia, las autoridades indígenas de su barrio, los deseos de un amo español que los acoge en su domesticidad y las relaciones con esos negros y esos mestizos que sirven de padrinos a sus hijos, de testigos en ocasión de un matrimonio. Estos indios tienden a multiplicar los comportamientos originales en contextos en perpetua evolución, al mismo tiempo que abdican a su identidad indígena cada vez que la ocasión se presta para ello. El caos colonial —los espacios inmensos en que la movilidad es extrema, trasposición torpe o utópica de modelos europeos en tierra americana, incapacidad de las autoridades para "apegarse" a realidades sociales particularmente móviles— contribuyó de manera poderosa a favorecer el surgimiento de actitudes singulares y de rupturas individuales entre aquellos indios que escapaban a los marcos de sus sociedades sin caer por ello en la anomia, incluso en la muerte. Pues el desdibujamiento de las referencias autóctonas no resultó sólo en el abismo de la deculturación y del etilismo, preparó el surgimiento lento de un individuo que muy pronto aprende a orientarse en la sociedad colonial. Como si la pérdida de los marcos de referencia ancestrales hubiese forzado a algunos seres a singularizarse entre los demás y a forjarse itinerarios hasta entonces desconocidos. Si esta franja de comportamientos aislados sigue siendo un hecho minoritario en el seno de las sociedades indígenas, no por ello deja de prefigurar uno de los principales efectos de la occidentalización y uno de los rasgos sobresalientes de la sociedad mestiza que se impone en el siglo XVIII, aliando con mayor o menor fortuna el desarraigo, el desorden y la adaptación. Mas, no hay que olvidarlo, el distanciamiento, la singularización respecto a referencias autóctonas o cristianas sólo marcan en realidad una primera etapa, que no conduce ineluctablemente a la capacidad para asumir un destino individual. Como tampoco se ignora que, ayer como hoy, el cambio de identidades con frecuencia no es sino un preludio de la pérdida de toda identidad. A este respecto, los siglos XIX y XX gravitaron con un peso determinante sobre las tendencias que de manera sumaria acabo de esbozar.[26]

[26] AGI, *Audiencia de México*, 2329 [1778], 872, 559, 2333; Pérez, *Farol indiano*, *op. cit.*, *passim*, y Pérez de Velasco, *El ayudante de cura. . .*, *op. cit.*, pp. 68, 87; Taylor (1979), p. 154.

CONCLUSIÓN

ESTOS tres siglos recorridos brevemente descubren la naturaleza y la amplitud de la occidentalización que acompañó la empresa colonial. Occidentalización más que aculturación, pues la aculturación de las poblaciones indígenas de México es inseparable de una dominación colonial proteiforme que incansablemente dicta el sentido del cambio. La occidentalización nada tiene de un proceso acartonado. Reajusta de manera continua sus objetivos al ritmo de Europa occidental y no de las evoluciones locales. De ahí ese desfasamiento, esas brechas perpetuas que explican el que indios recién ganados para un cristianismo barroco de pronto sean conminados a abrazar la "civilización" de las Luces, antes de que el liberalismo o el jacobinismo les propusieran otros modelos, antes de que una sociedad de consumo *made in USA* les mostrara sus escaparates sin que, desde luego, jamás se les dieran los medios para alcanzar los paraísos esgrimidos uno tras otro ante sus ojos. Mas la occidentalización puesta en marcha a partir del siglo XVI carecía de medios para sus ambiciones, del mismo modo que estaba tejida con intereses y objetivos contradictorios que obstaculizaban de un modo singular los proyectos de integración a la sociedad colonial. Ese desfasamiento permitió a las poblaciones indígenas un respiro, una libertad de acción y de reacción de las que en gran parte carecen en la actualidad. De ahí una cascada de compromisos para reparar las "redes rotas", de síntesis tan variables como las regiones, como los grupos sociales o como las épocas en que se desarrollaron. De ahí también el surgimiento continuo de experiencias individuales y colectivas que mezclaron la interpretación con la improvisación y con la copia fascinada, pues si los indios de la Nueva España trataron de conformarse a modelos impuestos, siempre lo hicieron inventando adaptaciones, "combinaciones" (en todos los sentidos de la palabra) que tomaron las formas más diversas. No hay duda de que el curso estrecho de un relato lineal que paraliza el movimiento y destruye las diferencias explica mal la multiplicidad, la irreductibilidad y la simultaneidad de las acciones. Sin embargo, es tarea del historiador restituir el enfrentamiento renovado sin descanso entre las poblaciones indígenas y las exigencias, los vagabundeos y las consecuencias cambiantes de la dominación colonial. Occidentalización más que hispanización, pues aquélla implica códigos, modelos, técnicas y políticas que rebasan los confines de la península ibérica, trátese de las Luces del siglo XVIII, de la Contrarreforma o de las empresas de los misioneros de Carlos V. La occidentalización no podría reducirse a los azares de la cristianización y a la imposición del sistema colonial; anima procesos más profundos y más determinantes: la evolución de la representación de la persona y de las relaciones entre los seres, la transformación de los códigos figurativos y gráficos, de los medios de expresión y de transmisión del saber, la mutación de la temporalidad y de la creencia, en fin, la redefinición de lo imaginario y de lo real en que los indios fueron destinados a expresarse y a subsistir, forzados o fascinados. Al margen de las manifestaciones brutales o autoritarias de la dominación colonial, y tal vez mejor que ellas, la fascinación de Occidente —de lo escrito, del libro, de la imagen, de las técnicas, de los santos y de las ciudades— también explica su irresistible influencia.

No hay que olvidar el elemento crucial de la muerte demográfica. La muerte colectiva tuvo un efecto considerable en las memorias, las sociedades y las culturas, instaurando malquistamientos, rupturas con frecuencia irremediables. Con menos brutalidad, el resurgimiento del siglo XVIII encendió tensiones que de nuevo pusieron en peligro el equilibrio de la comunidad: demasiados hombres para menos tierra. Las sociedades indígenas hubieron entonces de reaccionar ante situaciones diametralmente opuestas. Sin embargo, esas inversiones nunca lograron destruir los resortes de la creatividad indígena, ni siquiera en lo más intenso del estiaje demográfico, y aun así los desplazaron. Así, alterando las relaciones de fuerza y liquidando un renacimiento mexicano tan prometedor, la crisis dejó el campo libre a otros estratos de la población indígena que se aprovecharon de ella para producir formas igualmente originales e innovadoras, aun cuando permanecieran destinadas a la marginalidad y a la clandestinidad.

Cortes claros, inversión de las tendencias, presiones y limitaciones de toda especie, dejar hacer mezclado con indiferencia e impotencia, confieren a las culturas indígenas de la Nueva España las apariencias de lo híbrido y de lo inconcluso. ¿Habrá a este respecto palabra más tipo ''comodín'' y engañosa que tradición (o tradicional), de la que he abusado y que, como se ve mejor ahora, recubre una reconstitución y una pérdida de todos los instantes? Desprovistos de los prestigios de lo arcaico, privados de sus pirámides y de sus sacrificios humanos, los indios de la Nueva España dejan la sensación de escapar sin cesar a las matrices del investigador. Difícilmente se prestan a la sistematización, cuando sus predecesores sirvieron con mayor o menor fortuna para explicar teorías inspiradas en el marxismo, en el *cultural materialism* y en quién sabe cuántos otros esquemas. Pero invitan a proseguir una antropología de lo provisional, de la mezcla y de la yuxtaposición a los que por lo demás, querámoslo o no, nos enfrentamos de manera cotidiana. ¿No prefigura por múltiples conceptos la historia de las culturas indígenas y mestizas de la Nueva España los intercambios y los choques en que se precipitan nuestras culturas ''sincréticas'', sin estar en absoluto preparadas para ello? Todo conduce a una cruza de las etnias, de los códigos, una superposición de las realidades, una brusca puesta en contacto o en armonía de los elementos más exóticos, una fusión profunda o un acercamiento superficial en el extravío de una uniformación o de una desculturación en masa. . .

Este estado de equilibrio inestable, de mutación ininterrumpida pide no sólo interrogarse acerca de la idea de tradición sino también de la coherencia que por lo común concedemos a las sociedades y a los edificios culturales que se descubren para nosotros. En reiteradas ocasiones tuve la intuición de que la indeterminación, la coexistencia de los rasgos contradictorios, la ausencia de referencias o su desaparición, la descontextualización de los rasgos, de una manera general lo discontinuo eran —hasta cierto límite— propicios para la eclosión de nuevos ordenamientos culturales. Me habría gustado hurgar más en esta pista y sacudir hábitos de pensamiento que nos inclinan a definir conjuntos más cerrados, más lógicos y más coherentes de lo que en realidad fueron. Por lo demás, ¿habré escapado a ello cada vez que olvidé que las sociedades prehispánicas eran ciertamente menos uniformes de lo que permiten augurar los escritos de los cronistas españoles o los testimonios de sus informantes indígenas? Invito a descubrir en las configuraciones culturales y en los arreglos simbólicos, las zonas vagas, los márgenes no codificados que dejan al individuo y al grupo, cuando éstos saben resistir el vértigo del vacío, una iniciativa con frecuencia apreciable. Invito también a explorar los criterios constitutivos de otras realidades distintas de la nuestra y a sondear los factores que apoyan su verosimilitud, que garantizan su expresión o alteran su credibilidad al paso de los tiempos, de los grupos y de las culturas. Tal vez sea desbrozando estos caminos, midiendo el carácter en extremo relativo de nuestras categorías (el tiempo, lo religioso), devolviendo a otras formas de expresión la parte esencial que les corresponde (lo visual, lo afectivo) como el historiador y el antropólogo dejarán de coleccionar los territorios y las monografías a fin de inventar para sí otras miradas.

FUENTES Y BIBLIOGRAFÍA

LAS FUENTES Y EL MÉTODO

Octubre de 1973. La tibia luminosidad del *ottobrate* romano a lo largo de la orilla del Tíber que conduce a la umbrosa vía del Penitenzieri y al Archivum Historicum Societatis Jesu. Casi 10 años después, el ascenso del *campus* de Berkeley, bajo un cielo pulido por la brisa del Pacífico, hacia la Bancroft Library. Luego la helada meseta de Austin en la soledad texana. Entretanto, Sevilla, Madrid, México. . . Algunas etapas de un largo itinerario a la medida de la extraordinaria dispersión de los archivos sobre México. Nosotros nos hemos limitado a las colecciones y a los fondos más considerables, en primer lugar de los cuales se encuentran los del Archivo General de la Nación (AGN) de México. Sobre la época colonial, los archivos nacionales mexicanos conservan los documentos elaborados por las principales instituciones de la Nueva España:
—los grandes tribunales civiles y penales de la Audiencia (Salas de Justicia y del Crimen);
—la jurisdicción especial reservada a los indios, el Juzgado General de Indios (o de los naturales);
—la Inquisición;
—el arzobispado de México y su tribunal encargado de manera exclusiva de los asuntos indígenas, el Provisorato de Naturales, acerca del cual no ignoramos que intervenía en segunda instancia en materia de concubinato, bigamia, superstición, idolatría y hechicería;
—en fin, a partir del siglo XVIII la Secretaría del Virreinato, que reagrupa los servicios del virrey.

Varias familias de fuentes resultaron ser fecundas en particular:
—los procesos de la justicia eclesiástica ordinaria dispersos en los fondos de Bienes Nacionales, Criminal, Indiferente General, Clero Secular y Regular;
—los de la justicia eclesiástica extraordinaria (Inquisición) mientras los indios estuvieron sometidos a la Inquisición monástica y luego episcopal. La excelente conservación de los archivos de la Inquisición casi hace lamentar que los indios hayan escapado a las persecuciones del tribunal a partir de 1570. Quedan los testimonios a menudo irremplazables de sus cómplices o de sus clientes españoles, negros o mestizos quienes, menos felices, tuvieron disputas con el tribunal;
—los casos presentados ante el Juzgado General de Indios (Indios, Clero Regular y Secular), que ejercía su jurisdicción sobre la población indígena en materia civil y criminal;
—los litigios de tierras, los títulos de propiedad, los documentos indígenas y los croquis que los acompañan;

—los testamentos indígenas redactados en un número bastante variado de asuntos civiles y criminales (Tierras, Civil, Bienes Nacionales);

—las grandes encuestas realizadas por la administración del virreinato y las jurisdicciones regionales (corregidores, alcaldes mayores, intendentes, subdelegados) sobre las cofradías y los bienes de las comunidades (Cofradías, Indios, Clero Secular y Regular), etcétera.

Cierto es que los fondos del arzobispado de México, que ingresaron en el siglo XIX al AGN, son incompletos, están dispersos y todavía sepultados en el Indiferente General que hemos explorado por espacio de dos años (1978-1979), en ocasiones no sin cierto éxito. No hemos podido consultar los documentos que aún en la actualidad obran en poder del arzobispado, todavía menos localizar y utilizar la totalidad de los archivos de su oficialidad, el provisorato, aunque de importancia capital puesto que, como acabamos de recordarlo, los indios escapaban a la competencia de la Inquisición y que en cuestión de fe y de matrimonio eran juzgados por el provisor del arzobispado (o de las otras diócesis). Numerosos restos revelan la riqueza asombrosa de un fondo que, de reaparecer en su totalidad, podrá ser objeto de un tratamiento mecánico, análogo al que han hecho posible los archivos de la Inquisición (Alberro, 1988).

Quedan, para consolarnos de esta desaparición o de esta inaccesibilidad, los archivos de dos grandes órdenes religiosas, los franciscanos y los jesuitas. Los primeros se hallan repartidos entre la Biblioteca Nacional de México y el Museo Nacional de Antropología e Historia, los segundos se conservan de modo parcial en la provincia mexicana de la Compañía de Jesús, que ha aceptado abrirnos sus puertas, y en parte en el AGN, en los fondos Misiones y Jesuitas. En lo esencial, hemos explotado informes redactados por los curas franciscanos o por los misioneros jesuitas sobre las poblaciones que trataban de cristianizar.

Habría sido preciso explorar centenares de archivos locales y parroquiales (o el microfilme que han preparado los mormones y que conserva el AGN, y examinar los de las diócesis de Puebla, de Oaxaca y de Michoacán. Nos faltó tiempo. Sin embargo, las colecciones de microfilmes de la Biblioteca del Museo Nacional de Antropología e Historia nos han permitido familiarizarnos con los de Puebla, Tlaxcala, Tehuacán y, en cuanto a Michoacán, el de la Casa de Morelos.

De suyo se entiende que, por más ricos que sean, los archivos mexicanos exigen ser completados por los fondos españoles, en primer lugar los de Sevilla. Completados o sustituidos, si pensamos que los archivos del palacio del virrey ardieron durante el motín de junio de 1692 y que sólo pocas cosas subsisten de los fondos criminales anteriores al siglo XVIII. Pero sobre todo, la historia de la Nueva España se puede captar globalmente en el Archivo General de Indias, por medio de las correspondencias de los virreyes, de los obispos, de la Audiencia de México, las actas (Informes, Sumarias) redactadas sobre asuntos de importancia, trátese de trastornos alarmantes (los motines de la ciudad de México en el siglo XVII, los del Bajío y de

Guanajuato en el siglo XVIII), de expedientes espinosos (la condición de la mano de obra en los obrajes, el alcoholismo, la secularización de las parroquias, etc.) o de procesos más o menos sonados sometidos a la Corona y sus consejos. Han merecido nuestra atención sobre todo los fondos Justicia, Patronato y Audiencia de México. El Archivo General de Indias conserva también una parte de las *Relaciones geográficas* que hemos explotado profusamente.

Los fondos de Madrid resultan menos generosos desde la perspectiva que nosotros hemos elegido. Entre otras piezas, citaremos las *Relaciones geográficas* del siglo XVI (Archivo Histórico Nacional), las del siglo XVIII (Biblioteca Nacional) o algunos expedientes sobre la secularización de las parroquias regulares (Biblioteca del Palacio Real).

Paradójicamente, empezamos nuestro viaje en Roma. Paradójicamente, pues el privilegio del patronato de que gozaba la Corona española y que hacía del rey patrocinador de la Iglesia (y de su virrey mexicano un vicepatrocinador) abrió entre Roma y el imperio español distancias que hubiéramos creído infranqueables. Una feliz nominación nos hizo entonces descubrir archivos a menudo sin equivalente en España y México: los de los dominicos y de los agustinos, de la ex Congregación de *Propaganda Fide*, del Archivio Segreto Vaticano (ASV). Las decisiones de la Congregación de *Propaganda Fide* en materia de sacerdocio indígena, los informes que le enviaron algunos misioneros a partir de 1622, los procesos de beatificación de la *Congregación de los ritos* (ASV), las actas de los capítulos de las provincias dominicas y agustinas han ofrecido una abundante cosecha de la que apenas darán una imagen bastante parcial las páginas siguientes. En fin, el Archivum Historicum Societatis Jesu y el de los franciscanos han hecho aportaciones para uno de los informes de gran precisión sobre la actividad de los jesuitas en el mundo criollo e indígena (en las famosas *Cartas Anuales* o *Cartas Anuas*). En cuanto a la segunda de las relaciones, manuscritos de crónicas y textos indígenas del mayor interés. Sin olvidar numerosas piezas redactadas o recabadas por los Colegios Apostólicos de *Propaganda Fide* (Querétaro, Guatemala, Zacatecas) a cuyo cargo se hallaban los franciscanos.

Si la etapa romana resulta un tanto inhabitual, en cambio el americanista sabe que se impone el rodeo texano y californiano: para las *Relaciones geográficas* del siglo XVI (Netty Lee Benson Library de Austin, Texas), para los Concilios mexicanos (Bancroft Library, Berkeley). Muchos otros fondos norteamericanos hubiesen podido y debido completar esta investigación, pero también esta vez faltaron los recursos y el tiempo.

Algunas bibliotecas fueron hitos en este recorrido. También aquí prevalece la dispersión. El estudio de los fondos impresos de la Biblioteca Nacional de México, de la Biblioteca de la Ciudad de México, de la del Museo Nacional de Antropología e Historia, del Centro de Estudios Históricos Condumex sería incompleta sin la consulta de las colecciones de la Bancroft Library de Berkeley y sobre todo de la Netty Lee Benson Library de Austin, una de las más ricas si no es que la colección más rica en el mundo dedicada a la América Latina. Nos dedicamos en particular a recontar y a analizar obras religiosas, catecismos, manuales de confesión, compilaciones de sermones, tratados para el uso de los curas publicados en la Nueva España del siglo XVI al siglo XVIII.

Habría sido preciso visitar la New York Public Library, el British Museum y, como es evidente, la Bibliothèque Nationale de París. Pero creímos que había llegado el momento de la recapitulación y que era preferible dejar para después estas nuevas investigaciones.

A través del espejo

Una documentación considerable permite entonces estudiar a los indios de la Nueva España o más exactamente captar lo que representaban para las autoridades españolas. Una población de tributarios, de paganos por cristianizar y luego de neófitos que vigilar y que denunciar, pueblos por crear, por desplazar, por concentrar, por separar de aquellos de los españoles. Sabido es que la mirada colonial se preocupa poco de las variantes étnicas: la etiqueta de indio —que ha inventado— es a ese respecto un término tan eficaz como nivelador, tan pertinente a ojos de la Corona y de la Iglesia como extraño para el mundo que dominaban. Cierto es, a pesar de todo, que los conquistadores y los evangelizadores tuvieron el cuidado de distinguir de las masas anónimas (los macehuales) los grupos dirigentes merecedores de ciertas consideraciones y objeto de una atenta desconfianza. Mirada contabilizadora de los cuerpos, de los bienes y de las almas en la que perpetuamente se leen el encuentro, el choque entre una voluntad ilimitada de empresa y unos grupos que (por su voluntad o no) aceptan o no plegarse a ella.

Por lo demás, estos materiales han inspirado una historia institucional, demográfica, económica y social de los indios de la Colonia explicada con éxito e incluso con brillantez por los trabajos de Ch. Gibson, S. F. Cook, W. Borah o D. López Sarrelangue.

Para duplicar esa mirada disponemos de la obra excepcional de los cronistas del siglo XVI, Motolinía, Sahagún, Durán, Mendieta y muchos otros interesados, para acabar mejor con las idolatrías, en describir las sociedades indígenas antes del contacto, preocupados también de salvar lo mejor a sus ojos. Enfoque admirable para su tiempo, prefigurador de la diligencia etnográfica, pero cuya densidad y cuyo carácter al parecer exhaustivos con frecuencia corren el riesgo de ocultar las inflexiones sutiles o manifiestas que él mismo imprime a la realidad indígena. Y, por otra parte, ¿cómo sorprenderse de que esos autores exploren el mundo amerindio utilizando casillas y vocabularios europeos (por ejemplo, el de Ambrosio Calepino)? A menudo sucede además que el exotismo que sentimos al leer su testimonio en realidad emana más de la España del siglo XVI que de las culturas indígenas. Más de una golondrina historiadora ardió en ello y nosotros no nos atreveríamos a afirmar que estamos a salvo. Mas no por ello dejan esas fuentes de trazar los marcos incomparables de una comprensión global de los mundos indígenas en la hora de la Conquista y, nos atreveríamos a agregar, durante todo el siglo XVI. Pues habrá de lamentarse que, explotados profusamente por los arqueólogos y los historiadores para describir las religiones, las sociedades, las economías antiguas, esos textos hayan servido con menor frecuencia para arrojar luz sobre el mundo que los inspiró y que ya estaba cristianizado y aculturado cuando se les dio forma.

Quedan aún las fuentes indígenas. Por paradójico que sea, los indios del México colonial han dejado una cantidad impresionante de testimonios escritos. En ello se aprecia una pasión por la escritura ligada con frecuencia al deseo de sobrevivir, de salvar la memoria del linaje, de la comunidad, a la intención de conservar las identidades y los bienes. . . Así ocurre con los historiadores y con los curas indígenas que los trabajos de A. M. Garibay contribuyeron a dar a conocer mejor pero acerca de los cuales quedan muchas cosas por hacer. Insistiremos en ello. Lo mismo sucede con una abundante bibliografía más oscura, en general anónima, surgida en el seno de las comunidades indígenas —los anales, los *Títulos primordiales*—, que revela en cantidad de regiones la existencia precoz de una práctica de la escritura y de un interés por la expresión enteramente original. A ello se agrega por doquiera, más estereotipado, más sometido a las presiones del derecho español, el inmenso fondo constituido por las notarías y las municipalidades indígenas, los testamentos, las actas de compra y venta, los donativos, las deliberaciones, las contabilidades redactadas en lengua indígena y hacia los cuales J. Lockhart y algunos autores más han llamado la atención de los investigadores. Cierto es que sólo los nobles y los notables escriben. Lo cual no obsta para que nos deshagamos del clisé de los ''pueblos sin escritura''. En numerosos pueblos de México se maneja la pluma con igual frecuencia y tal vez mejor que en algunas aldeas de Castilla o de Europa hacia la misma época.

Otros indios tuvieron que explicar en forma oral conductas o creencias que reprobaba la Iglesia. Cada vez aporta el documento su parte de informaciones, a condición de que se sepa ponderar lo que han podido agregar (o retirar) al testimonio original la técnica de la escritura, los propósitos del encuestador, la intervención del notario y del escribano, los azares de la conservación. A condición, claro está, de distinguir el origen de los testimonios, de distinguir entre el indio ''idólatra'' que hábilmente se esfuerza por confundir al juez eclesiástico y el inculpado temeroso que se limita a balbucear lo que la Iglesia pretende arrancarle, o de identificar al delator mal intencionado que ajusta cuentas acerca de las cuales los archivos guardan silencio.

La generalidad de esas fuentes resulta indisociable de las técnicas de expresión europeas o de situaciones coloniales. Sólo la arqueología y el análisis de las pictografías permiten en principio traspasar esa cortina. En principio pues, paradójicamente, la falta del filtro occidental no resuelve gran cosa. Los indios que pintaron los códices alineando sobre las hojas de amate sus pictografías multicolores no dejaron ninguna guía de lectura. De suerte que la clave, el sentido de ese modo de expresión, sin equivalente en nuestro mundo, se nos escapan en gran parte y tal vez de manera irremediable, sea cual fuere el interés de los trabajos realizados en los últimos años. . . Con tanto mayor razón cuanto que, en realidad, muchas piezas "prehispánicas" fueron pintadas después de la Conquista, agregando al peligro de considerar indígena una asimilación sutil, alguna primera interpretación apenas discernible. . . Sombra próxima o lejana de una occidentalización que acompaña de manera inseparable nuestros pasos.

El paso sistemático a la escritura (al estado que fuere) y por tanto la imposibilidad de llegar a la oralidad, la inevitable relación con Occidente en forma del cura, del juez, de los tribunales, de los administradores y del fisco marcan y precisan los límites de nuestra empresa. No se deduzca de ello que estemos condenados, por falta de algo mejor, a desentrañar el "discurso-sobre-los-indios". Ello equivaldría a tener en poco los testimonios encontrados y las innumerables producciones del arte indígena en la época colonial. Confesemos simple y sencillamente que del mundo indígena sólo se captan reflejos a los que sin falta y de manera más o menos confusa se añade el nuestro. Pretender pasar a través del espejo, captar a los indios fuera de Occidente es un ejercicio peligroso, la mayoría de las veces impracticable, globalmente ilusorio. A menos de hundirse en una maraña de hipótesis de las que fuerza es admitir que sin cesar pueden ponerse en duda.

Sin embargo queda un campo todavía considerable, el de las reacciones indígenas a los modelos de conducta y de pensamiento introducidos por los europeos, el del análisis de su percepción del mundo nuevo que engendra en la violencia y con frecuencia en el caos la dominación colonial. Falta captar e interpretar los reflejos que por sí solos siguen siendo testimonios excepcionales cuyo equivalente no siempre se tiene en las sociedades de Antiguo Régimen. Es inútil agregar que la cantidad y la calidad de los documentos que poco a poco hemos reunido han gravitado con un peso determinante en la orientación de nuestras gestiones.

El juego de paciencia

Los límites marcados por las fuentes y las perspectivas abiertas en la Introducción explican el abandono de todo enfoque en serie. Contar los matrimonios, los bautizos aporta indicios de conformidad exterior a un modelo, pero no dice nada de su interiorización. De igual modo tampoco hemos seleccionado exploraciones efectuadas en series de gran interés (las cofradías y las fiestas de fines del siglo XVIII), pues nos arrastraban a un terreno —la visión de la administración española— que no era el que nosotros habíamos seleccionado. ¿No teníamos la impresión de que a medida que se acumulaban los porcentajes éstos nos alejaban de la realidad indígena que perseguíamos? Con los archivos de las oficialidades (o provisoratos) también habríamos podido dedicarnos a cálculos análogos a los que se hicieron a partir de los archivos inquisitoriales. Pero, como hemos dicho, de ellos sólo subsisten restos cuyos tesoros no podrían constituir verdaderas series. Sea como fuere, habríamos topado con el mismo escollo, arrastrados a la pista de la historia de la represión eclesiástica más que a la de nuestros indios. Lo cual no mengua en nada el valor de estas tentativas que, ampliadas a otros terrenos —los testamentos indígenas— y conducidas con prudencia en torno a los fondos considerables que se han conservado, deberían dar cuerpo o invalidar algunas de nuestras hipótesis.

Esa prudencia o estas impotencias obligan a un proceder con frecuencia impresionista, plagado de acumulaciones, de yuxtaposiciones, de coincidencias, que en última instancia sólo se apoya en la relación de los datos recabados en las fuentes más distintas. De ahí la constitución de un gigantesco embrollo donde en más de una ocasión una pieza sevillana acaba por encajar entre un complemento mexicano y unos elementos romanos. Donde una referencia prehispánica aclara una información colonial de origen indígena y/o español. Donde el texto de un cronista hace explícita la confesión de un indio. Deleite de ese largo *giocho di pazienzia* al hilo del cual el descubrimiento de los documentos y a menudo el azar de las lecturas desempeñan un papel esencial por las orientaciones y las reorientaciones sucesivas que no dejan de imprimir al proyecto inicial. Como la conjunción de 1974 de algunas fuentes jesuitas y de elementos de etnopsiquiatría abrevados en la obra de Georges Devereux y, más tarde, la revelación de una literatura indígena de una riqueza insospechada en el momento en que recorríamos los trabajos ya antiguos que Jack Goody (1968, 1977) realizó en torno a la *literacy* en las sociedades tradicionales.

Frustrado en toda ponderación cuantitativa, el proceder incita a realizar estudios de casos con todos los riesgos que implica esta opción, aunque de esa suerte también permite reflexionar sobre las culturas indígenas por medio de los individuos y no exclusivamente de esas entidades vagas (y en ocasiones vagamente míticas) que son los ''grupos'', las comunidades, las ''etnias'', los indios. Estamos convencidos de que el estudio profundo de un caso individual permite, tanto como la multiplicación de las muestras, observar los engranes de una cultura, definir las inflexiones que le son propias, a condición de saber y de poder distinguir la dialéctica de la idiosincrasia personal y de los registros culturales, registros que se habrán hecho evidentes por otros medios y por otras fuentes.

FUENTES IMPRESAS Y PICTOGRÁFICAS

Antes que ofrecer una lista exhaustiva de las fuentes que hemos utilizado, preferimos indicar aquellas que fueron las más fecundas tanto como las que, en muchísimos aspectos, podrían prolongar o enmendar nuestros trabajos. En las principales obras que señalamos aquí con asterisco (*) se encontrarán posibles complementos.

1. *Colecciones de documentos*

Actas de Cabildo de la ciudad de México, 54 vols., México, 1889-1916.

Carrasco P., Pedro y Jesús Monjarás Ruiz, *Colección de documentos sobre Coyoacán*, Colección Científica, Fuentes (Historia Social): 39 y 65, 2 vols., México, INAH, 1976-1978.

Cartas de Indias. . ., Madrid, Ministerio de Fomento, 1877.

Colección de documentos inéditos relativos al descubrimiento, conquista y organización de las antiguas posesiones españolas de América y Oceanía. . ., 42 vols., Madrid, M. Bernaldo de Quirós, 1864-1884.

Colección de documentos para la historia de Oaxaca, México, 1933.

Cuevas, Mariano (compilador), *Documentos inéditos del siglo XVI para la historia de México*, México, Talleres del Museo Nacional de Arqueología, Historia y Etnología, 1914 (2ª edición: Editorial Porrúa, 1975).

Florescano, Enrique (compilador), *Fuentes para la historia de la crisis agrícola de 1785-1786*, Documentos para la Historia: 1, 2 vols., México, Archivo General de la Nación, 1981.

García, Genaro, *Documentos inéditos o muy raros para la historia de México*, México, Editorial Porrúa, 1974 (1ª edición: México, 1905-1911).

García Icazbalceta, Joaquín (comp.), *Colección de documentos para la historia de México*, 2 vols., Editorial Porrúa, 1971 (1ª edición: México, J. M. Andrade, 1858-1866).

————, *Nueva colección de documentos para la historia de México*, Francisco Díaz de León, 1892.

Hanke, Lewis, *Cuerpo de documentos del siglo XVI*, México, FCE, 1943 (2ª edición: 1977).

Konetzke, Richard (comp.), *Colección de documentos para la historia de la formación social de Hispanoamérica, 1493-1810*, 3 vols., Madrid, CSIC, 1952-1953.

Martínez, Hildeberto, *Colección de documentos coloniales de Tepeaca*, Colección Científica, Catálogos y Bibliografías: 134, México, INAH, 1984.

* Paso y Troncoso, Francisco del (comp.), *Epistolario de Nueva España, 1505-1818. . .*, 16 vols., México, Antigua Librería Robredo de José Porrúa e Hijos, 1939-1942.

* ————, *Papeles de Nueva España publicados de orden y con fondos del gobierno mexicano por Francisco del Paso y Troncoso* Serie, Geografía y Estadística, 7 volúmenes, Madrid, Sucesores de Rivadeneyra, 1905-1906 (las *Relaciones geográficas* fueron objeto de una nueva edición de René Acuña, México, UNAM, 9 vols., 1982-1987).

* *Procesos de indios idólatras y hechiceros*, Publicaciones del Archivo General de la Nación, III, México, Tip. Guerrero Hnos., 1912.

* *Proceso inquisitorial del cacique de Tetzcoco*, Publicaciones de la Comisión Reorganizadora del Archivo General y Público de la Nación, I, México, Eusebio Gómez de la Fuente, 1910.

Reyes García, Luis, *Documentos sobre tierras y señoríos en Cuauhtinchan*, Colección Científica, Fuentes (Historia Social): 57, México, INAH, 1978.

Velázquez, Primo Feliciano (comp.), *Colección de documentos para la historia de San Luis Potosí*, 4 vols., San Luis Potosí, 1897-1988.
* Zavala, Silvio, y María Castelo, *Fuentes para la historia del trabajo en Nueva España*, 8 vols., México, FCE, 1939-1946 (2ª edición: México, CEHSMO, 1980.

2. Fuentes eclesiásticas

En cuanto a la producción del siglo XVI, la *Bibliografía mexicana del siglo XVI* (México, FCE, 1981) de Joaquín García Icazbalceta todavía constituye un precioso instrumento de trabajo.

Acosta, S. J., José de, *Historia natural y moral de las Indias*, edición preparada por Edmundo O'Gorman, México, FCE, 1940.
Aguilar, Francisco de, *Relación breve de la conquista de la Nueva España*, edición de Jorge Gurría Lacroix, México, 1977.
Alegre S. J., Francisco J., *Historia de la Compañía de Jesús en Nueva España*, 3 vols., México, 1941 y Roma, Institutum Historicum S. J., 1956.
Anglería, Pedro Mártir de, *Décadas del Nuevo Mundo*, 2 vols., México, José Porrúa e Hijos, 1964-1965.
* Balsalobre, Gonzalo de, "Relación auténtica de las idolatrías. . ." en *Tratado de las idolatrías, supersticiones, ritos, hechicerías y otras costumbres gentílicas de las razas aborígenes de México*, tomo XX, México, Ediciones Fuente Cultural, 1952, pp. 339-390.
Basalenque, O. S. A., Diego, *Historia de la provincia de San Nicolás Tolentino de Michoacán de la Orden de N. P. San Agustín*, México, Barbedillo y Comp., 1886 y México, Editorial Jus, 1963.
Beaumont, Pablo de la Purísima Concepción, *Crónica de Michoacán*, México, Talleres Gráficos de la Nación, 1932.
* Burgoa, Francisco de, *Geográfica descripción*, 2 vols., México, AGN, 1934.
————, *Palestra historial*, 2 vols., México, AGN, 1934.
Cartas de religiosos de Nueva España, cf. arriba García Icazbalceta, *Nueva colección de documentos para la historia de México*, y México, Salvador Chávez Hayhoe, 1941.
Ciudad Real, Antonio de, *Tratado curioso y docto de las grandezas de la Nueva España*, edición de Josefina Quintana y Víctor M. Castillo Ferreras, Serie de Historiadores y Cronistas de Indias: 6, 2 vols., México, IIH, 1976.
Clavijero, Francisco Javier, *Historia antigua de México*, prólogo de Mariano Cuevas, México, Editorial Porrúa, 1976.
* *Códice franciscano, siglo XVI*, cf. arriba García Icazbalceta, *Nueva colección. . .*, y México, Chávez Hayhoe, 1941.
Córdova, Juan de, *Arte en lengua zapoteca*, México, Pedro Ocharte, 1578 (reedición: México, 1886).

Dávila Padilla, Agustín, *Historia de la fundación y discurso de la provincia de Santiago de México de la Orden de predicadores por las vidas de sus varones insignes y casos notables de Nueva España*, Bruselas, 1625 (reedición: México, La Academia Literaria, 1955).

* Durán, Diego, *Historia de las Indias de Nueva España e Islas de tierra firme*, edición preparada por Ángel María Garibay, 2 vols., México, Editorial Porrúa, 1967.

Descripción del arzobispado de México hecha en 1570 y otros documentos, edición de Luis García Pimentel, México, José Joaquín Terrazas, 1897 (reedición: México, 1976).

Escobar, Fray Matías de, *Americana Thebaida*, México, Imprenta Victoria, 1924.

Espinosa, Isidro Félix de, *Crónica de los Colegios de Propaganda Fide de la Nueva España*, México, José Bernardo de Hogal, 1746 (2ª edición: Washington, Academy of Franciscan History, 1964).

————, *Crónica de la provincia franciscana de los apóstoles San Pedro y San Pablo de Michoacán*, México, Editorial Santiago, 1945.

Florencia, Francisco de, *Historia de la provincia de la Compañía de Jesús de Nueva España*, México, Editorial Academia Literaria, 1955 (2ª edición).

Gante, Pedro de, *Doctrina cristiana en lengua mexicana*, edición facsimilar de la de 1553, México, Centro de Estudios Históricos Fray Bernardino de Sahagún, 1981.

García Pimentel, Luis (comp.), *Relación de los obispados de Tlaxcala, Michoacán, Oaxaca y otros lugares en el siglo XVI*, México, París, Madrid, 1904.

González Dávila, Gil, *Teatro eclesiástico de la primitiva iglesia de las Indias occidentales, vidas de sus arzobispos, obispos y cosas memorables de sus sedes. . .*, 2 vols., Madrid, 1649-1655 (2ª edición, Madrid, Porrúa, 1959).

Grijalva, Juan de, *Crónica de la orden de N. P. S. Augustín en las provincias de la Nueva España en quatro edades desde el año de 1533 hasta el de 1592*, México, 1624 (2ª edición: México, 1924).

Joan Baptista, *Confessionario en lengua mexicana y castellana*, México, Melchior Ocharte, 1599.

————, *Advertencias para los confessores de los naturales. . .*, México, Melchior Ocharte, 1600.

La Anunciación, Juan de, *Doctrina Christiana muy cumplida a donde se contiene la exposición . . .*, México, Pedro Balli, 1575.

La Cruz y Moya, Juan de, *Historia de la santa y apostólica provincia de Santiago de predicadores de México en la Nueva España*, 2 vols., México, 1954-1955.

* La Peña Montenegro, Alonso de, *Itinerario para párrocos de indios. . .*, Madrid, Pedro Marín, 1771.

La Rea, Alonso de, *Crónica de la orden de N. Seráfico P. S. Francisco. . .*, México, 1643 (2ª edición: J. R. Barbedillo y Cía., 1882).

* La Serna, Jacinto, "Manual de ministro de indios. . ." en *Tratado de las idola-*

trías, supersticiones, ritos, hechicerías y otras costumbres gentílicas de las razas aborígenes de México, tomo X, México, Ediciones Fuente Cultural, 1952, pp. 41-368.

* Las Casas, Bartolomé de, *Apologética historia sumaria*, edición preparada por Edmundo O'Gorman, Serie de Historiadores y Cronistas de Indias: I, 2 vols., México, UNAM, IIH, 1967.

León, Martín de, *Camino al cielo en lengua mexicana con todos los requisitos necessarios. . .*, México, Diego López Dávalos, 1611.

Lorra Baquio, Francisco, *Manual mexicano de la administración de los santos sacramentos*, México, Diego Gutiérrez, 1634.

Martínez de Araujo, Juan, *Manual de administrar los santos sacramentos en el idioma de Michoacán*, México, María de Benavides, 1690.

* Mendieta, Gerónimo de, *Historia eclesiástica indiana*, 4 vols., México, Editorial Salvador Chávez Hayhoe, 1945.

Mijangos, Joan de, *Espejo divino en lengua mexicana en que pueden verse los padres y tomar documento para acertar a doctrinar bien a sus hijos y aficionallos a las virtudes*, México, Diego López Dávalos, 1607.

* Motolinía, Toribio de Benavente, *Memoriales o Libro de las cosas de la Nueva España y de los naturales de ella*, edición preparada por Edmundo O'Gorman, Serie de Historiadores y Cronistas de Indias: 2, México, UNAM, IIH, 1971.

Navarro y Noriega, Fernando, *Catálogo de los curatos y misiones que tiene la Nueva España en cada una de sus diócesis o sea la división eclesiástica de este reyno. . .*, México, 1813.

Palafox y Mendoza, Juan de, *Virtudes del indio*, Madrid, Imprenta de M. de los Ríos, 1893.

* Pérez, Manuel, *Farol indiano y guía de curas de indios. . .*, México, Francisco de Rivera Calderón, 1713.

* Pérez de Velasco, Andrés Miguel, *El ayudante de cura instruido. . .*, Puebla, Colegio Real de San Ignacio, 1766.

————, *El pretendiente de curato instruido*, Puebla, Colegio Real de San Ignacio, 1768.

* Ponce de León, Pedro, "Breve relación de los dioses y ritos de la gentilidad. . .", en *Tratado de las idolatrías, supersticiones, ritos, hechicerías y otras costumbres gentílicas de las razas aborígenes de México*, tomo X, México, Ediciones Fuente Cultural, 1952, pp. 371-380.

* *Relación de las ceremonias y ritos y población y gobierno de los indios de la provincia de Michoacán* (1541), edición de José Tudela y José Corona Núñez, Morelia, Blasal Editores, 1977.

Relación de los obispados de Tlaxcala, Michoacán, Oaxaca y otros lugares en el siglo XVI, edición preparada por Luis García Pimentel, México, París, Madrid, 1904.

* Ruiz de Alarcón, Hernando, "Tratado de las supersticiones. . .", en *Tratado de*

las idolatrías, supersticiones, ritos, hechicerías y otras costumbres gentílicas de las razas aborígenes de México, tomo XX, México, Ediciones Fuente Cultural, 1952, pp. 17-180 (ediciones inglesas: Albany, 1982, Michael D. Coe y Gordon Whittaker, comps.; y University of Oklahoma Press, Norman, 1984, J. Richard Andrews y Ross Hassig, comps.).

* Sahagún, Bernardino de, *Historia general de las cosas de Nueva España*, edición de Ángel María Garibay K., 4 vols., México, Editorial Porrúa, 1977 (1ª edición: México, 1956).

Serra, Ángel, *Manual de administrar los santos sacramentos*, México, Joseph Bernardo de Hogal, 1697.

* Torquemada, Juan de, *Monarquía indiana*, edición preparada bajo la coordinación de Miguel León Portilla, Serie de Historiadores y Cronistas de Indias: 5, 7 vols., México, UNAM, IIH, 1975-1983.

Vázquez de Espinosa, Fray Antonio, *Descripción de la Nueva España en el siglo XVII. . . y otros documentos del siglo XVII*, México, Editorial Patria, 1944.

Velázquez de Cárdenas y León, Carlos Celedonio, *Breve práctica y régimen del confessionario de indios. . .*, México, Imprenta de la Biblioteca Mexicana, 1761.

Vetancurt, Agustín de, *Teatro mexicano. Descripción breve de los sucesos exemplares, históricos, políticos, militares y religiosos del nuevo mundo occidental de las Indias*, 2 vol., México, 1697-1698.

* Villavicencio, Diego Jaimes Ricardo, *Luz y método de confessar idólatras. . .*, Puebla, Diego Fernández de Léon, 1692.

Zumárraga, Juan de, *Doctrina breve muy provechosa de las cosas que pertenecen a la fe católica*, Tenuchtitlán-México, Juan Cromberger, 1544.

3. *Fuentes civiles*

La compilación de Beristáin y Souza sigue siendo una introducción útil a pesar de sus lagunas y de sus errores:

Beristáin y Souza, José Mariano, *Biblioteca hispanoamericana septentrional*, Amecameca, Oficina de don Alejandro Valdés, 1883 (3ª edición: México, Ediciones Fuente Cultural, 1947).

Cervantes de Salazar, *Crónica de la Nueva España*, Madrid, Hauser y Menet, 1914 y México, 1936.

* Cortés, Hernán, *Cartas y documentos*, Introducción de Mario Hernández Sánchez Barba, México, Editorial Porrúa, 1963.

* Díaz del Castillo, Bernal, *Historia verdadera de la conquista de Nueva España* (edición conforme a la de 1944 con la introducción y notas de Joaquín Ramírez Cabañas), 2 tomos, México, 1968.

Díez de la Calle, Juan, *Memorial y noticias sacras y reales del imperio de las Indias occidentales al muy católico, piadoso y poderoso señor Rey de las Españas y Nuevo Mundo, D. Felipe IV. . .*, Madrid, 1646 (México, 1932).

Dorantes de Carranza, Baltasar, *Sumaria relación de las cosas de la Nueva España con noticia individual de los descendientes legítimos de los conquistadores y primeros pobladores españoles*, México, Imprenta del Museo Nacional, 1902 (reimpresión: México, Jesús Medina, ed., 1970).

Gage, Thomas, *The English American: A New Survey of the West Indies, 1648*, A. P. Newton, Londres, 1928.

Gómez de Cervantes, Gonzalo *La vida económica y social de la Nueva España en el siglo XVI*, Biblioteca Histól ca Mexicana de Obras Inéditas: 19, México, Editorial Porrúa, 1944.

Guijo, Gregorio M. de, *Diario 1 48-1664*, 2 vols., México, Editorial Porrúa, 1953.

Gemelli Carreri, Giovanni Francesco, *Viaje a la Nueva España*, México, UNAM, IIB, 1976.

Herrera, Antonio de, *Historia gen ral de los hechos de los castellanos en las islas y Tierra Firme de el mar Océano*, Asunción, Editorial Guaranía, 1945.

Humboldt, Alejandro de, *Ensayo político sobre el reino de la Nueva España*, México, Editorial Porrúa, 1966.

El libro de las tasaciones de pueblos de la Nueva España. Siglo XVI, prólogo de Francisco González de Cossío, México, AGN, 1952.

López de Velasco, Juan, *Geografía y descripción universal de las Indias recopiladas por el cosmógrafo cronista Juan López de Velasco desde el año de 1571 al de 1574. . .*, Madrid, Boletín de la Sociedad de Geografía, 1894.

López de Villaseñor, Pedro, *Cartilla vieja de la nobilísima ciudad de Puebla*, México, IIE, Imprenta Universitaria, 1961.

Relación de méritos y servicios del conquistador Bernardino Vázquez de Tapia. . ., estudio y notas de Jorge Gurría Lacroix, México, UNAM, 1972.

Robles, Antonio de, *Diario de sucesos notables (1665-1703)*, 2 vols., México, Editorial Porrúa, 1946.

Solís, Antonio, *Historia de la Conquista de Méjico*, Buenos Aires, Emecé, 1944.

Villaseñor y Sánchez, José Antonio, *Theatro americano. Descripción general de los reynos y provincias de la Nueva España y sus jurisdicciones. . .*, 2 vols., México, Viuda de don José Bernardo de Hogal, 1746-1748 y Editorial Nacional, 1952.

————, *Suplemento al Theatro americano (La ciudad de México en 1755)*, México, UNAM, 1980.

Zorita, Alonso de, *Breve relación de los señores de la Nueva España*, México, Chávez Hayhoe, s. f., y UNAM, 1942.

4. *Fuentes jurídicas*

Aguiar y Acuña, Rodrigo, *Sumario de la recopilación general de las leyes*, México, 1677.

Álvarez, José María, *Instituciones de derecho real de Castilla y de Indias*, Estudio preliminar de Jorge Mario García Laguardia y María del Refugio González, Serie A, Fuentes, 2 tomos, México, UNAM, IIJ, 1982 (1ª edición: 1818-1820).

Barrio Lorenzot, Francisco del, *Ordenanzas de gremios de la Nueva España*, México, Secretaría de Gobernación, 1920.

Beleña, Eusebio Ventura, *Recopilación sumaria de todos los autos acordados de la Real Audiencia y Sala del Crimen de esta Nueva España*, 2 tomos, México, Felipe de Zúñiga y Ontiveros, 1787 (1ª edición facsimilar con un prólogo de María del Refugio González, México, UNAM, IIJ, 1981).

Carreño, Alberto María, *Cedulario de los siglos XVI y XVII. . .*, México, Ediciones Victoria, 1947.

Concilio III Provincial Mexicano celebrado en México el año de 1585, publicado por Mariano Galván Rivera, México, Eugenio Maillefert y Compañía, 1859.

Encinas, Diego de, *Cedulario indiano*, Madrid, Cultura Hispánica, 1946.

Ordenanzas de minería y colección de las órdenes y decretos de esta materia, México, J. de Rosa, 1846.

Palacios, Prudencio Antonio de, *Notas a la recopilación de leyes de Indias*, estudio, edición e índices de Beatriz Bernal de Bugeda, México, UNAM, 1979.

Puga, Vasco de, *Provisiones, Cédulas, Instrucciones de su Magestad. . .*, México, 1563, Colección de Incunables Americanos, vol. 3, Madrid, Cultura Hispánica, 1945.

Recopilación de leyes de los reynos de las Indias, Madrid, Bartholomé Ulloa, 1774, 1791, 3 vols., Madrid, 1943.

Rodríguez de San Miguel, Juan N., *Pandectas hispano-americanas*, con una introducción de María del Refugio González, Serie A, Fuentes, 3 vols. México, UNAM, IIJ, 1980 (1ª edición: México, 1839).

Solórzano Pereira, Juan, *Política indiana*, Amberes, Enrico y Cornelio Verdussen, 1703 (reedición: México, SPP, 2 vols.).

Vera Fortuno, Hipólito, *Colección de documentos eclesiásticos de México, o sea antigua y moderna legislación de la iglesia mexicana*, Amecameca, 1887.

5. Fuentes lingüísticas

Una introducción general en:
El volumen 5 del *Handbook of Middle American Indians. Linguistics*, Norman A. McQuown, editor general, Austin, University of Texas Press, 1967.

En cuanto al náhuatl, un instrumento de trabajo no superado aún:
Rémi Siméon, *Dictionnaire de la langue nahuatl ou mexicaine*, París, Imprimerie Nationale, 1885 (reimpresión: Graz, 1963; traducción al español: México, Siglo XXI, 1977).

Y la bibliografía recopilada por:

Ascensión H. de León Portilla en *Estudios de Cultura Náhuatl*, México, UNAM, X, 1972, pp. 409-441.

Alvarado, Francisco de, *Vocabulario en lengua misteca*, México, Pedro Balli, 1593.

Arenas, Pedro, *Vocabulario manual de las lenguas castellana y mexicana. . .*, México, Henrico Martínez, 1611.

Basalenque, Diego, *Arte de la lengua matlaltzinca*, edición de L. Manrique C., México, Biblioteca Enciclopédica del Estado de México, 1975.

——————, *Arte de la lengua tarasca*, México, Francisco Rivera Calderón, 1714.

Córdova, Juan de, *Arte en lengua zapoteca*, México, Pedro Balli, 1578.

Cortés y Zedeño, Gerónimo Thomás de Aquino, *Arte, vocabulario y confesionario en el idioma mexicano según se habla en el obispado de Guadalajara*, Puebla, Colegio Real de San Ignacio, 1765.

Gilberti, Maturino, *Arte de la lengua de Michuacán*, México, Juan Pablos, 1558.

——————, *Vocabulario en la lengua de Michuacán*, México, Juan Pablos, 1559.

La Barreda, Nicolás de, *Doctrina christiana en lengua chinanteca*, México, 1730.

Lagunas, Juan Baptista de, *Arte y diccionario con otras obras en lengua de Michoacán*, México, Pedro Balli, 1574.

* Molina, Alonso de, *Vocabulario en lengua mexicana y castellana. . .*, México, Antonio de Espinosa, 1571.

——————, *Arte de la lengua mexicana y castellana*, México, Pedro Ocharte, 1571.

Nágera y Anguas, Diego de, *Doctrina y enseñanza de la lengua mazahua. . .*, México, Juan Ruyz, 1637.

Olmos, Andrés de, *Arte para aprender la lengua mexicana*, publicado por Rémi Siméon, París, 1875.

Paredes, Ignacio de, *Compendio del arte de la lengua mexicana. . .*, México, Imprenta de la Biblioteca Mexicana, 1759.

Quintana, Agustín de, *Arte de la lengua mixe. . .*, Puebla, 1729.

——————, *Confessionario en lengua mixe. . .*, Puebla, Viuda de Miguel de Ortega, 1733.

Tapia Zenteno, Carlos de, *Noticia de la lengua huasteca. . .*, México, Imprenta de la Biblioteca Mexicana, 1767.

Vázquez Gastelu, Antonio, *Arte de la lengua mexicana*, Puebla, Diego Fernández de León, 1689.

Vetancurt, Agustín de, *Arte de la lengua mexicana. . .*, México, Francisco Rodríguez Lupercio, 1673.

6. *Fuentes indígenas y mestizas manuscritas*

Un panorama general de estas fuentes en:

El volumen 15 del *Handbook of Middle American Indians. Guide to Ethnohisto-rical Sources. Part Four*, Howard F. Cline ed. del volumen, Austin, University of Texas Press, 1975.

Alva Ixtlilxóchitl, Fernando de, *Obras históricas*, edición de Edmundo O'Gorman, Serie de Historiadores y Cronistas de Indias: 4, 2 vols., México, UNAM, IIH, 1977.

Alvarado Tezozómoc, Fernando, *Crónica mexicáyotl*, traducción del náhuatl e introducción de Adrián León, México, UNAM, Instituto de Historia e INAH, 1949.

——, *Crónica mexicana*, notas de Manuel Orozco y Berra, México, Editorial Leyenda, 1944 (reimpresión de la edición de 1878).

Anales de Tecamachalco, edición de Antonio Peñafiel, México, 1903 (reimpresión de Editorial Innovación, 1981).

Anales de Tlatelolco, en *Corpus Codicum Americanorum Medii Aevi*, tomo II, edición de Einar Munksgaard, Copenhague, 1945, y México, Robredo, 1948 (reedición: México, Rafael Porrúa, 1980).

Castillo, Cristóbal del, *Fragmentos de la obra general sobre Historia de los mexicanos escrita en lengua náhuatl. . .*, edición de Francisco del Paso y Troncoso, Florencia, 1908 (reimpresión: México, Editorial Erandi, 1966).

Chimalpahin Cuauhtlehuanitzin, Francisco de San Antón Muñón, *Die Relationen Chimalpahin's zur Geschichte Mexico's*, edición de Günter Zimmermann, Hamburgo, Cran de Gruyter, 1963-1965.

——, *Relaciones originales de Chalco-Amequamecan*, paleografía, introducción y glosa de Silvia Rendón, México, FCE, 1965.

——, *Octava relación*, edición y versión castellana de José Rubén Romero Galván, Serie de Cultura Náhuatl, Fuentes: 8, México, UNAM, IIH, 1983.

Códice Aubin. Manuscrito azteca de la Biblioteca de Berlín. Anales en mexicano. . ., México, 1902 (una edición facsimilar publicada en México, Editorial Innovación, 1980).

Códice Chimalpopoca, Anales de Cuauhtitlán y Leyenda de los Soles, traducción de Primo Feliciano Velázquez, México, UNAM, Instituto de Historia, 1945.

Muñoz Camargo, Diego, *Historia de Tlaxcala*, México, Ateneo Nacional de Ciencias y Artes de México, 1947.

——, *Descripción de la ciudad y provincia de Tlaxcala de las Indias y del mar Océano. . .*, edición de René Acuña, México, UNAM, IIF, 1981.

Pomar, Juan Bautista, "Relación de Texcoco", en Joaquín García Icazbalceta, *Nueva colección de documentos para la historia de México*, III, México, 1891.

Ponce de León, Pedro, "Breve relación de los dioses y ritos de la gentilidad" en Ángel María Garibay K., *Teogonía e historia de los mexicanos*, México, Editorial Porrúa, 1965.

7. *Fuentes indígenas pintadas*

Una guía reciente de las "pinturas" y de los trabajos a que han dado lugar:
Guzmán, Virginia y Yolanda Mercader M., *Bibliografía de códices, mapas y lienzos del México prehispánico y colonial*, 2 vols., Colección Científica, Fuentes para la Historia: 79, México, INAH, 1979.

Una orientación global en:
* *Handbook of Middle American Indians, Guide to Ethnohistorical Sources. Part Three*, vol. 14, Howard Cline, editor del volumen, Austin, University of Texas Press, 1975.

Algunos instrumentos de trabajo:
Barlow, Robert Hayward y Byron Mac Afee, *Diccionario de elementos fonéticos en escritura jeroglífica (Códice mendocino)*, México, UNAM, Instituto de Historia, 1949.

Benson, Elizabeth P. (comp.) Mesoamerican Writing Systems, Washington, Dumbarton Oaks Research Library, 1973.

Galarza, Joaquín, *Estudios de escritura indígena tradicional azteca-náhuatl*, México, AGN, 1979.

Glass, John B., *Catálogo de la colección de códices*, México, Museo Nacional de Antropología, INAH, 1964.

Matos Higueras, "Catálogo de los códices indígenas del México antiguo", *Suplemento del Boletín bibliográfico de la Secretaría de Hacienda*, México, 1957.

* Robertson, Donald, *Mexican Manuscripts Painting of the Early Colonial Period*, The Metropolitan Schools, New Haven, Yale University Press, 1959. Importante introducción histórica que es también una reflexión sobre los principios de la colonización.

Boban, Eugène, *Documents pour servir a l'histoire du Mexique. Catalogue raisonné de la collection de M. E. Eugène Goupil. . .*, 2 vols., París, F. Leroux, 1891.

Codex Chavero, en Chavero, Alfredo, *Pinturas jeroglíficas. Segunda parte*, México, Imprenta del Comercio de J. E. Barbero, 1901.

Codex Cuautitlán, en Barlow, Robert H., "El códice de los alfareros de Cuautitlán", *Revista Mexicana de Estudios Antropológicos*, XII, 1941 (1952), pp. 5-8.

Codex Florentino, *véase adelante* Sahagún.

Códices indígenas de algunos pueblos del Marquesado del valle de Oaxaca. . ., México, AGN, Talleres Gráficos de la Nación, 1933.

Codex Magliabecchiano, CL. XIII.3 (B.R.232) Biblioteca Nazionale Centrale di Firenze, *Codices Selecti*, XXIII, Ed. Ferdinad Anders, Akademische Druch-u Verlagsanstalt, Graz, 1970.

Codex Mendocino o *Colección Mendoza, Antigüedades de México* basadas en la recopilación de Lord Kingsborough, vol. 1, México, Secretaría de Hacienda y Crédito Público, 1964, pp. 1-150.

—————, James Cooper Clark, ed., 3 vols., Londres, Waterloo & Sons, 1938.

Codex Mexicanus 23-24, Mengin, Ernst (comp.), "Commentaire du [. . .] de la Bibliothèque Nationale de Paris", *Journal de la Société des Américanistes*, París, XLI, 1952, pp. 387-498.

Codex Osuna, México, Instituto Indigenista Interamericano, 1947.

Codex Ramírez. Relación de los indios que habitan esta Nueva España según sus historias, estudio y apéndice por Manuel Orozco y Berra, México, Editorial Leyenda, 1944 (edición Editorial Innovación, 1979). (*Véase* arriba Alvarado Tezozómoc, *Crónica mexicana*. . .)

Codex Sierra, fragmento de una nómina de gastos del pueblo de Santa Catarina R. Texupan, Mixteca Baja, bajo la dirección de Nicolás León, México, Museo Nacional, 1906 y México, Museo Nacional de Arquitectura, Historia y Etnografía, 1933.

Codex Telleriano-Remensis, Antigüedades de México basadas en la recopilación de Lord Kingsborough, vol. I, México, Secretaría de Hacienda y Crédito Público, 1964, pp. 151-338.

Codex de Tlatelolco, en Barlow, Robert H. y Heinrich Berlin, *Anales de Tlatelolco. Unos anales históricos de la nación mexicana*. . ., México, 1948. (*Véase* arriba *Anales de Tlatelolco*.)

Codex Vaticano Latino 3738 o *Codex Vaticano-Ríos* o *Codex Ríos*, en *Antigüedades de México* basadas en la recopilación de Lord Kingsborough, vol. 3, México, Secretaría de Hacienda y Crédito Público, 1964, pp. 7-314.

Codex Xólotl, edición de Ch. E. Dibble, Publicaciones del Instituto de Historia, 1ª serie: 22, México, UNAM, 1951.

Historia tolteca-chichimeca, con estudios de Paul Kirchhoff, Lina Odena Güemes y Luis Reyes García, México, INAH, 1976.

Lienzo de Tlaxcala (El), textos de Josefina García Quintana y Carlos Martínez Marín, México, Cartón y Papel de México, 1983.

Martín de la Cruz, *Libellus de medicinalibus Indorum herbis. Manuscrito azteca de 1552*, México, Instituto Mexicano del Seguro Social, 1964.

Sahagún, Fray Bernardino de, *Florentine Codex, General History of the Things of New Spain*, 12 vols., traducido del náhuatl al inglés con notas de Charles E. Dibble y Arthur J. O. Anderson, Monographs of the School of American Research, Santa Fe, University of Utah, 1950-1969.

BIBLIOGRAFÍA

Los trabajos de G. Aguirre Beltrán y de Ch. Gibson dominan la historiografía de las sociedades indias de la Nueva España. Más próximo a nosotros, W. B. Taylor ha ampliado el campo de sus curiosidades pero se debe a Nancy M. Farris el haber sabido hacer un enfoque fino, coherente y original de los interrogantes planteados por las sociedades indígenas posteriores a la Conquista en:

* *Maya Society Under Colonial Rule. The Collective Enterprise of Survival*, Princeton, 1984.
La bibliografía elaborada por John Glass ("Annotated References" en *Handbook of Middle American Indians*, vol. 15, 1975, Austin, University of Texas, pp. 537-724) ofrece un resumen exhaustivo hasta principios de la década de los 70. En el mismo volumen, un panorama de las fuentes manuscritas indígenas. Por lo que toca a las "pinturas", utilícese el vol. 14 de la misma colección. Salvo en raras ocasiones, sólo hemos tomado en cuenta obras disponibles en el momento de redactar este estudio (en 1984-1985).

Aguirre Beltrán, Gonzalo, *La población negra de México, 1519-1810*, México, FCE, 1972 (1ª edición: 1946).
————, *Formas de gobierno indígena*, México, Imprenta Universitaria, 1953.
————, *Medicina y magia. El proceso de aculturación en la estructura colonial*, SEP/INI, México, 1973.
————, *El proceso de aculturación en México*, México, Universidad Iberoamericana, 1970.
Alberro, Solange, *Inquisition et société au Mexique, 1571-1700*, Centro de Estudios Mexicanos y Centroamericanos, vol. 15, México, 1988.
Alpers, Svetlana, "L'oeil de l'histoire. L'effet cartographique dans la peinture hollandaise *au* XVIIᵉ siecle", *Actes de la Recherche en Sciences Sociales*: 49, 1983, pp. 71-99.
Altman, Ida y James Lockhart (comps.), *Provinces of Early Mexico. Variants of Spanish American Regional Evolution*, Los Ángeles, UCLA, 1976.
Anderson, Arthur, Frances Berdan y James Lockhart, *Beyond the Codices. The Nahua View of Colonial Mexico*, Berkeley y Los Ángeles, University of California Press, 1976.
Arrom, Silvia Marina, *The Women of Mexico City, 1790-1857*, Stanford, 1985.
Arróniz, Othón, *Teatro de evangelización en Nueva España*, México, UNAM, 1979.
Bakewell, Peter, *Silver Mining and Society in Colonial Mexico, Zacatecas 1546-1700*, Cambridge, 1971.
Baudot, Georges, *Utopie et Histoire au Mexique. Les premiers chroniqueurs de la civilisation mexicaine (1520-1569)*, Tolosa, Privat, 1977.
Bonfil Batalla, Guillermo, *Cholula, la ciudad sagrada en la era industrial*, México, UNAM, 1973.
Borah, Woodrow, *New Spain's Century of Depression*, Ibero-Americana: 35, Berkeley y Los Ángeles, 1943.
————, *El juzgado general de indios en la Nueva España*, México, FCE, 1985.
———— y S. F. Cook, *The Aboriginal Population of Central Mexico on the Eve of the Spanish Conquest*, Ibero-Americana: 45, Berkeley y Los Ángeles, 1963.
————, *The Population of the Mixteca Alta, 1520-1960*, Ibero-Americana: 50, Berkeley y Los Ángeles, 1968.

————, *Essays in Population History*, 3 vols., Berkeley, 1971-1979.

Bourdieu, Pierre, *Le sens pratique*, París, Éditions de Minuit, 1980.

Braden, Charles S., *Religious Aspects of the Conquest of Mexico*, Durham, 1930.

Brading, David, *Miners and Merchants in Bourbon Mexico 1763-1810*, Cambridge, 1971.

————, *Los orígenes del nacionalismo mexicano*, México, Sepsetentas: 82, 1973.

————, *Haciendas and Ranchos in the Mexican Bajío, León 1700-1860*, Cambridge, 1978.

Cardona, Giorgio Raimondo, *Antropologia della scrittura*, Turín, Loescher Editore, 1981.

Carrasco Pizana, Pedro, *Los otomíes. Cultura e historia prehispánicas de los pueblos mesoamericanos de habla otomiana*, México, UNAM, 1950.

————, "The Civil-Religious Hierarchy in Mesoamerican Communities: Pre-Spanish Background and Colonial Development", *American Antropologist*, LXIII, 1961, pp 483-497.

————, "Family Structure of Sixteenth Century Tepoztlán", en Robert Manners (comp.), *Process and Patern in Culture: Essays in Honor of Julian H. Steward*, Chicago, 1964, pp. 185-210.

————, "La transformación de la cultura indígena durante la colonia", *Historia Mexicana*, XXV, 1975, pp. 175-202.

————, "The Joint Family in Ancient Mexico: The Case of Molotla", en Hugo G. Nutini, Pedro Carrasco y James M. Taggart (comps.), *Essays on Mexican Kinship*, Pittsburgh, 1976, pp. 45-64.

————, Johanna Broda *et. al.*, *Estratificación social en la Mesoamérica prehispánica*, México, INAH, 1976.

Castillo F., Víctor M., *Estructura económica de la sociedad mexica*, México, UNAM, 1972.

Chance, John K., *Race and Class in Colonial Oaxaca*, Stanford, 1978.

Chevalier, François, *La formation des grands domaines au Mexique. Terre et société aux XVIe-XVIIIe siècles*, París, Institut d'Ethnologie, 1952.

Christian, William A., Jr., *Local Religion in Sixteenth Century Spain*, Princeton, 1980.

Clendinnen, Inga, *Ambivalent Conquests, Maya and Spaniards in Yucatan 1517-1570*, Cambridge, 1987.

Cline, Howard F., "Civil Congregations of the Indians in New Spain, 1598-1606", *The Hispanic American Historical Review*, XXIX, 1949, pp. 349-369.

Cuevas, Mariano, *Historia de la Iglesia en México*, 5 vols., México, Editorial Patria, 1945-1947 (5ª edición).

Dahlgren de Jordán, Barbrö, *La Mixteca. Su cultura e historia prehispánicas*, México, Imprenta Universitaria, 1954.

Davies, Nigel, *Los señoríos independientes del imperio mexica*, México, INAH, 1968.

————, *Los mexicas: primeros pasos hacia el imperio*, México, UNAM, 1973.

————, *The Aztecs: a History*, Londres, 1973.

————, *The Toltec Heritage. From the Fall of Tula to the Rise of Tenochtitlan*, Norman, 1980.

Decorme, Gérard, *La obra de los jesuitas mexicanos durante la época colonial, 1572-1767*, México, 1941.

Devereux, Georges, *Essais d'ethnopsychiatrie générale*, París, Gallimard, 1971.

————, *Ethnopsychanalyse complémentariste*, París, Flammarion, 1972.

Duverger, Christian, *L'esprit du jeu chez les Aztèques*, París-La Haya, 1978.

————, *La fleur létale. Économie du sacrifice azteque*, París, Seuil, 1979 (edición en español: México, FCE, 1983).

Eco, Umberto, *La estructura ausente*, Barcelona, Lumen, 1978.

Everett Boyer, Richard, *La gran inundación. Vida y sociedad en la ciudad de México (1629-1638)*, México, Sepsetentas: 218, 1975.

Farris, Nancy M., *Crown and Clergy in Colonial Mexico 1759-1821: The Crisis of Ecclesiastical Privilege*, Londres, The Athlone Press, 1968.

Favre, Henri, *Changement et continuité chez les Mayas du Mexique*, París, Anthropos, 1971 (edición en español: Siglo XXI, 1973).

Fernández de Recas, Guillermo S., *Cacicazgos y nobiliario indígena de la Nueva España*, México, Biblioteca Nacional, 1961.

Florescano, Enrique, *Origen y desarrollo de los problemas agrarios de México*, México, Era, 1976.

———— e Isabel González Sánchez, *La clase obrera en la historia de México. De la Colonia al Imperio*, México, Siglo XXI, 1980.

Foster, George M., *Culture and Conquest: America's Spanish Heritage*, Nueva York, 1960.

————, *Tzintzuntzan. Mexican Peasants in a Changing World*, Boston, 1967.

Francastel, Pierre, *La figure et le lieu*, París, Donoël-Gonthier, 1970.

Frost, Elsa Cecilia, Michael C. Meyer *et al.*, *El trabajo y los trabajadores en la historia de México*, México, El Colegio de México, 1979.

Fuente, Julio de, *Yalalag. Una villa zapoteca serrana*, México, INI, 1977.

Galinier, Jacques, *N'yuhu. Les Indies Otomis. Hiérarchie sociale et tradition dans le sud de la Huasteca*, México, Mission Archéologique et Ethnologique Française au Mexique, 1979.

Gallini, Clara, *Il consumo del sacro. Feste lunghe di Sardegna*, Bari, Laterza, 1971.

García Icazbalceta, Joaquín, *Don Fray Juan de Zumárraga, primer obispo y arzobispo de México*, 4 vols., México, Editorial Porrúa, 1947.

García Martínez, Bernardo, *El Marquesado del Valle. Tres siglos de régimen señorial en Nueva España*, México, El Colegio de México, 1969.

Garibay, Ángel M., *Historia de la literatura náhuatl*, 2 vols., México, Editorial Porrúa, 1953.

————, *Poesía náhuatl*, 3 vols., México, UNAM, 1964-1968.

Geertz, Clifford, *The Interpretation of Cultures*, Nueva York, Basic Books, 1973.

Gerhard, Peter, *A Guide to the Historical Geography of New Spain*, Cambridge, 1972.

————, "Congregaciones de Indios de la Nueva España antes de 1570", *Historia mexicana*, XXVI, 1977, pp. 247-295.

Gernet, Jacques, *Chine et christianisme. Action et réaction*, París, Gallimard, 1981.

Gibson, Charles, *Tlaxcala in the Sixteenth Century*, New Haven, 1952 (reeditado por Stanford, 1967) (edición en español en prensa, México, FCE).

————, "The Aztec Aristocracy in Colonial Mexico", *Comparative Studies in Society and History*, vol. II, 2, La Haya, enero de 1960.

————, *The Aztecs Under Spanish Rule. A History of the Indians of the Valley of Mexico, 1519-1810*, Stanford, 1964 (edición en español: Siglo XXI, 1967).

Ginzburg, Carlo, *Il formaggio e i vermi*, Turín, Einaudi, 1976.

Gómez Canedo, Lino, *Evangelización y conquista. Experiencia franciscana en Hispanoamérica*, México, Editorial Porrúa, 1977.

————, *La educación de los marginados durante la época colonial. Escuelas y colegios para indios y mestizos en la Nueva España*, México, Editorial Porrúa, 1982.

Gómez Orozco, Federico, *El mobiliario y la decoración en la Nueva España en el siglo XVI*, México, UNAM, 1983.

González Obregón, Luis, *Rebeliones indígenas y precursores de la Independencia mexicana en los siglos XVI, XVII y XVIII*, México, Ediciones Fuente Cultural, 1952.

González Sánchez, Isabel, *Haciendas y ranchos de Tlaxcala en 1712*, México, INAH, 1969.

Goody, Jack, *The Domestication of the Savage Mind*, Cambridge, 1977.

———— (comp.), *Literacy in Traditional Societies*, Cambridge, 1968.

Greenberg, James B., *Santiago's Sword. Chatino Peasant Religion and Economics*, University of California Press, Berkeley y Los Ángeles, 1981.

Greenleaf, Richard E., *Zumárraga and the Mexican Inquisition, 1536-1543*, Academy of American Franciscan History, Washington, 1962.

————, "The Inquisition and the Indians of New Spain: A Study in Jurisdictional Confusion", *The Americas*, XXII, 1965, pp. 138-166.

————, *The Mexican Inquisition of the Sixteenth Century*, Albuquerque, 1969 (edición en español: México, FCE, 1981).

————, "Religion in the Mexican Renaissance Colony", en *The Roman Catholic Church in Colonial Latin America*, bajo la dirección de R. E. Greenleaf, Nueva York, Alfred Knopf, 1971.

————, "The Mexican Inquisition and the Indians: Sources for the Ethnohistorians", *The Americas*, XXXIV, 1978, pp. 315-344.

Gruzinski, Serge, "Délires et visions chez les Indiens du Mexique", *Mélanges de l'École Française de Rome*, LXXXVI, 2, 1974, pp. 445-480.

————, "Le passeur susceptible. Approches ethnohistorique de la Conquête spirituelle du Mexique", *Mélanges de la Casa de Velázquez*, XII, 1976, pp. 195-217.

————, "La mère dévorante: alcoolisme, sexualité et déculturation chez les Mexicas (1500-1550)", *Cahiers des Amériques latines*, XX, 1979, pp. 5-36.

————, "La conquista de los cuerpos. Cristianismo, alianza y sexualidad en el altiplano mexicano: Siglo xvi", *Familia y Sexualidad en Nueva España*, México, Sep/80, 1982, pp. 177-206.

————, *Les Hommes-Dieux du Mexique. Pouvoir indien et société coloniale, XVIe-XVIIIe siècles*, París, Archives Contemporaines, 1985a (edición en inglés: Stanford, 1989).

————, *El poder sin límites, cuatro respuestas indígenas a la dominación española*, México, INAH, 1989.

————, "Confesión, alianza y sexualidad entre los indios de Nueva España. Introducción al estudio de los confesionarios en lenguas indígenas", en *El afán de normar y el placer de pecar*, México, Joaquín Mortiz, 1988, pp. 169-215.

————, "La Segunda Aculturación: el estado ilustrado y la religiosidad indígena en Nueva España (1775-1800)", *Estudios de Historia Novohispana*, UNAM, VIII, 1985b, pp. 175-201.

————, "La memoria mutilada: construcción y mecanismos de la memoria en un grupo otomí de la mitad del siglo xvii", ponencia, *II Simposio de Historia de las Mentalidades: la Memoria y el Olvido*, México, INAH, 1985c, pp. 33-46.

————, "Colonial Indian maps in XVIIth Century Mexico: An Essay in Mixed Cartography", *Res*, 13, primavera de 1987, Cambridge, pp. 46-61.

Guidieri, Remo, *L'abondance des pauvres*, París, Seuil, 1984.

Hanke, Lewis, *El prejuicio racial en el Nuevo Mundo*, México, Sepsetentas núm. 156, 1976.

Heyden, Doris, *Mitología y simbolismo de la flora en el México prehispánico*, México, UNAM, 1983.

Historia de la lectura en México (Seminario de historia de la educación en México de El Colegio de México), México, El Colegio de México-El Ermitaño, 1988.

Hobsbawm, Eric y Terence Ranger (comps.), *The Invention of Tradition*, Cambridge, 1983.

Huerta Preciado, María Teresa y Patricia Palacios, *Rebeliones indígenas de la época colonial*, México, INAH, 1976.

Ichon, Alain, *La religion des Totonaques de la Sierra*, París, CNRS, 1969 (edición en español: México, INI, 1973).

Israel, J. I., *Class and Politics in Colonial Mexico, 1610-1670*, Oxford Historical Monographs, Londres, 1975.

Ivins, Jr., W. M., *Imagen impresa y conocimiento de la imagen fotográfica*, Barcelona, Gustavo Gili, 1975.

Jiménez Moreno, Wigberto, *Estudios de historia colonial*, México, 1958.

Jiménez Rueda, Julio, *Herejías y supersticiones en la Nueva España*, México, UNAM, 1946.

Karttunen, Frances y James Lockhart, *Nahuatl in the Middle Years: Language Contact Phenomena in Texts of the Colonial Period*, Publications in Linguistics: 85, Berkeley, University of California Press, 1976.

Katz, Friedrich, *Situación social y económica de los aztecas durante los siglos XV y XVI*, México, UNAM, 1966.

Keen, Benjamin, *The Aztec Image in Western Thought*, New Brunswick, 1971.

Klor de Alva, J. Jorge, "Spiritual conflict and Accommodation in New Spain: Toward a Typology of Aztec Responses to Christianity", en *The Inca and Aztec States 1400-1800. History and Anthropology*, Nueva York, Londres, Academic Press, 1982, pp. 345-366.

Kobayashi, José María, *La educación como conquista. Empresa franciscana en México*, México, El Colegio de México, 1974.

Kubler, George, *Mexican Architecture of the Sixteenth Century*, 2 vols., New Haven, Yale University Press, 1948 (edición en español: México, FCE, 1983).

Lanternari, Vittorio, *Movimenti religiosi di libertà e di salvezza dei popoli oppressi*, Milán, Feltrinelli, 1974.

La Peña, José F. de, *Oligarquía y propiedad en Nueva España*, México, FCE, 1983.

Lavrín, Asunción (comp.), *Sexuality and Marriage in Colonial Latin America*, Lincoln y Londres, University of Nebraska Press, 1989.

León Portilla, Miguel, *La filosofía náhuatl estudiada en sus fuentes*, México, UNAM, 1974.

————, *Culturas en peligro*, México, Alianza Editorial, 1976.

————, *Toltecáyotl. Aspectos de la cultura náhuatl*, México, FCE, 1980.

Leonard, Irving, *Baroque Times in Old Mexico*, Ann Arbor, 1959.

Liehr, Reinhard, *Ayuntamiento y oligarquía en Puebla 1787-1810*, 2 vols., México, Sepsetentas: 242-243, 1976.

Lindekens, René, *Essai de sémiotique visuelle*, París, Klincksieck, 1976.

Llaguno, José A., *La personalidad jurídica del indio y el III Concilio Provincial Mexicano*, México, Editorial Porrúa, 1963.

Loera y Chávez, Margarita, *Calimaya y Tepemaxalco. Tenencia y trasmisión hereditaria de la tierra en dos comunidades indígenas. Época colonial*, México, INAH, 1977.

López Austin, Alfredo, *Hombre-Dios. Religión y política en el mundo náhuatl*, México, UNAM, 1973.

————, *Textos de medicina náhuatl*, México, UNAM, 1975.

————, *Cuerpo humano e ideología. Las concepciones de los antiguos nahuas*, 2 vols., México, UNAM, 1980.

López Sarrelangue, Delfina Esmeralda, *La nobleza indígena de Pátzcuaro en la época virreinal*, México, UNAM, IIH, 1965.

MacAndrew, John, *The Open Air Churches of Sixteenth Century Mexico: Atrios, Posas, Open Chapels and Other Studies*, Cambridge, 1965.

Madsen, William, *The Virgin's Children. Life in an Aztec Village Today*, Urbana, 1951.

————, "Christo-paganism, a Study in Mexican Religious Syncretism", en *Nativism and Syncretism*, Nueva Orleáns, Tulane University, 1960, pp. 105-179.

Martin, Norma F., *Los vagabundos en la Nueva España*, México, Editorial Jus, 1957.

Martino, Ernesto de, *Sud et magia*, Milán, Feltrinelli, 1972.

Mathes, Miguel, *Santa Cruz de Tlatelolco. La primera biblioteca académica de las Américas*, México, Secretaría de Relaciones Exteriores, 1982.

Medina Rubio, Arístides, *La Iglesia y la producción agrícola en Puebla 1540-1795*, México, El Colegio de México, 1983.

Miranda, José, *El tributo indígena en la Nueva España durante el siglo XVI*, México, El Colegio de México, 1980 (1ª edición: 1952).

————, *La función económica del encomendero en los albores del régimen colonial (Nueva España 1525-1531)*, México, UNAM, 1965.

Monjarás Ruiz, Jesús, *La nobleza mexica*, México, Edicol, 1980.

Moreno, Manuel M., *La organización política y social de los aztecas*, México, INAH, 1971.

Moreno Toscano, Alejandra (bajo la dirección de), *Ciudad de México. Ensayo de construcción de una historia*, México, INAH, 1978.

Morin, Claude, *Santa Inés Zacatelco (1646-1812). Contribución a la demografía histórica colonial*, México, INAH, 1973.

————, *Michoacán en la Nueva España del siglo XVIII*, México, FCE, 1979.

Muriel, Josefina, *Hospitales de Nueva España*, 2 vols., México, UNAM y Jus, 1956-1960.

————, *Las indias caciques de Corpus Christi*, México, UNAM, 1963.

————, *Cultura femenina novohispana*, México, UNAM, 1982.

————, *Cultura femenina novohispana*, México, UNAM, 1982.

Nutini, Hugo, *San Bernardino Contla. Marriage and Family Structure in a Tlaxcalan Municipio*, Pittsburgh, 1968.

————, *Ritual Kinship. The Structure and Historical Development of the Compadrazgo System in Rural Tlaxcala*, 2 vols., Princeton, 1980-1984.

————, y Barry L. Isaac, *Los pueblos de habla náhuatl de la región de Tlaxcala y Puebla*, SEP/INI, 1974.

Olivera, Mercedes, *Pillis y macehuales. Las formaciones sociales y los modos de producción de Tecali del siglo XI al siglo XVI*, México, Casa Chata, CISINAH, 1978.

Padden, R. C., *The Hummingbird and the Hawk. Conquest and Sovereignty in the Valley of Mexico 1503-1541*, Nueva York, Harper Torchbooks, 1970.

Parsons, Elsie Clews, *Mitla, Town of the Souls and Other Zapoteco-speaking Pueblos of Oaxaca, Mexico*, Chicago, 1936.

Pastor, Rodolfo *et al.*, *Fluctuaciones económicas en Oaxaca durante el siglo XVIII*, México, El Colegio de México, 1979.

Paz, Octavio, *Sor Juana Inés de la Cruz o las trampas de la fe*, México, FCE, 1982.

Pérez Rocha, Emma, *La tierra y el hombre en la villa de Tacuba durante la época colonial*, México, INAH, 1982.

Phelan, John Leddy, *The Millenial Kingdom of the Franciscans in the New World*, Berkeley, University of California, 1956 (edición en español: México, UNAM, 1972).

Pino, Virve, *La secularización de las parroquias en la Nueva España y su repercusión en San Andrés Calpan*, México, INAH, 1981.

Powell, Philip Wayne, *Soldiers, Indians and Silver. The Northward Advance of New Spain, 1550-1600*, Berkeley y Los Ángeles, University of California Press, 1952 (edición en español: México, FCE, 1977).

Prem, Hans J., *Milpa y hacienda: tenencia de la tierra indígena y española en la cuenca del alto Atoyac, Puebla, México, 1520-1650*, Wiesbaden, Franz Steiner Verlag, 1978.

Quezada Ramírez, Noemí, *Los matlatzincas. Época prehispánica y época colonial hasta 1650*, México, INAH, 1972.

————, *Amor y vida amorosa entre los aztecas*, México, UNAM, 1960.

Reyes Valerio, Constantino, *Tepalcingo*, México, INAH, 1960.

————, *Arte indocristiano. Escultura del siglo XVI en México*, México, INAH, 1978.

Ricard, Robert, *La "Conquête spirituelle" du Mexique. Essai sur l'apostolat et les méthodes missionnaires des ordres mendiants en Nouvelle-Espagne de 1523-1524 à 1572*, París, Institut d'Ethnologie, 1933.

Robertson, Donald, *Mexican Manuscript Paintings of the Early Colonial Period*, New Haven, Yale University Press, 1959.

Signorini, Italo, *Padrini e compadri, un'analisi antropologica della parentela spirituale*, Turín, Loescher Editore, 1981.

Smith, Mary Elizabeth, *Picture Writing from Ancient Southern Mexico*, Norman, University of Oklahoma Press, 1973.

Soberanes Fernández, José Luis, *Los tribunales de Nueva España. Antología.* México, UNAM, 1980.

Soustelle, Jacques, *La famille otomi-pame du Mexique central*, París, Institut d'Ethnologie, 1937.

————, *L'univers des Azteques*, París, Herman, 1979 (edición en español: México, FCE, 1982).

Spores, Ronald, *The Mixtec Kings and their People*, Norman, University of Oklahoma Press, 1967.

Steck, Francis Borgia, *El primer colegio de América, Santa Cruz de Tlatelolco*, México, Centro de Estudios Franciscanos, 1944.

Stevenson, Robert, *Music in Aztec and Inca Territory*, Berkeley, University of California Press, 1976.

Super, John C., *La vida de Querétaro durante la colonia 1531-1810*, México, FCE, 1983.

Tanck Estrada, Dorothy, *La educación ilustrada 1786-1836*, México, El Colegio de México, 1977.

Taylor, William B., *Landlord and Peasant in Colonial Oaxaca*, Stanford, Stanford University Press, 1972.

————, *Drinking, Homicide and Rebellion in Colonial Mexican Villages*, Stanford, Stanford University Press, 1979.

Toussaint, Manuel, *Arte colonial en México*, México, UNAM, 1948.

————, *Pintura colonial en México*, México, UNAM, 1965.

Tranfo, Luigi, *Vida y magia en un pueblo otomí del Mezquital*, SEP/INI, 1974.

Tutino, John M., *Creole Mexico. Spanish Elites, Haciendas and Indian Towns 1750-1810*, University of Texas, 1976 (mec.).

Ulloa, Daniel, *Los predicadores divididos. Los dominicos en Nueva España, Siglo XVI*, México, El Colegio de México, 1977.

Vargas Lugo, Elisa, *Las portadas religiosas de México*, México, UNAM, 1969.

Warman, Arturo, *La danza de moros y cristianos*, México, Sepsetentas: 46, 1972.

Warren, J. Benedict, *La conquista de Michoacán 1521-1530*, Morelia, Fimax Publicistas, 1977.

————, *Vasco de Quiroga and his Pueblo-Hospitales of Santa Fe*, Washington, 1977.

Weckmann, Luis, *La herencia medieval de México*, 2 vols., México, El Colegio de México, 1984.

Whitecotton, Joseph W., *The Zapotecs: Princes, Priests and Peasants*, Norman, University of Oklahoma Press, 1977.

Zantwijk, Rudolf A. M. Van, *Los servidores de los santos. La identidad social y cultural de una comunidad tarasca en México*, SEP/INI, 1974.

Zavala, Silvio, *La encomienda indiana*, México, Editorial Porrúa, 1973.

————, *¿El castellano lengua obligatoria?* México, SEP, sin fecha.

————, y María Castelo, *Fuentes para la historia del trabajo en la Nueva España*, 8 vols., México, CEMSMO, 1980.

ABREVIATURAS

A Ruiz de Alarcón
AGI Archivo General de Indias (Sevilla)
AGN Archivo General de la Nación (México)
AMNAH Archivo del Museo Nacional de Antropología e Historia (México)
ARSI Archivum Romanum Societatis Jesu
BN México, Biblioteca Nacional (México)
exp. expediente
FCE Fondo de Cultura Económica

INAH Instituto Nacional de Antropología e Historia
LS La Serna
P Ponce de León
PNE Papeles de Nueva España
RGM *Relaciones geográficas de Michoacán* (edición de José Corona Núñez, 1958)
SEP Secretaría de Educación Pública
UNAM Universidad Nacional Autónoma de México

ÍNDICE

La composición de este libro fue realizada en
los talleres de Buenorromo Editores, Querétaro
No. 157, Col. Roma. Se usaron tipos Gara-
mond de 8:9, 9:11, 10:12 y 12 puntos. El tiro
fue de 2 000 ejemplares. La edición estuvo al
cuidado del autor.